清代學術名著叢刊

山海經箋疏

［清］郝懿行　撰
沈海波　校點

上海古籍出版社

圖書在版編目(CIP)數據

山海經箋疏 /（清）郝懿行撰；沈海波校點．—上海：上海古籍出版社，2019.3
（清代學術名著叢刊）
ISBN 978-7-5325-9080-3

Ⅰ.①山… Ⅱ.①郝… ②沈… Ⅲ.①歷史地理—中國—古代②《山海經》—注釋 Ⅳ.①K928.631

中國版本圖書館 CIP 數據核字(2019)第 014359 號

本書出版得到國家古籍整理出版專項經費資助

清代學術名著叢刊
山海經箋疏
［清］郝懿行　撰
沈海波　校點
上海古籍出版社出版、發行
（上海瑞金二路 272 號　郵政編碼 200020）
（1）網址：www.guji.com.cn
（2）E-mail：guji1@guji.com.cn
（3）易文網網址：www.ewen.co
蘇州越洋印刷有限公司印刷
開本 850×1168　1/32　印張 14.25　插頁 5　字數 242,000
2019 年 3 月第 1 版　2019 年 3 月第 1 次印刷
印數：1—4,100
ISBN 978-7-5325-9080-3
I·3348　定價：76.00 元
如有質量問題，請與承印公司聯繫

點校山海經箋疏序

山海經是一部先秦古籍，内容包羅萬象，從山川地理、植物、醫藥、礦産，到神話、人物、方國、祭祀、風俗，堪稱研究上古中國社會歷史的寶庫。由於山海經索解匪易，所載山川名物大多已不可確考，所以歷來爲學者視爲怪誕之書。清代考據之學大盛，出現了一批研究山海經的著作，其中成就最爲突出者，是郝懿行所著山海經箋疏。山海經箋疏自問世後即獲得學者們的高度評價，成爲乾嘉學派的代表性著作之一。

一、郝懿行生平及學術成就

郝懿行（一七五七——一八二五），字恂九，號蘭皋，一字尋韭，山東棲霞人，清嘉慶四年（一七九九）進士，官户部江南司主事。長於名物訓詁及考據，是乾嘉學派的代表性人物之一。兄弟三人，郝懿行居長，又有姊妹五人。父郝培元，字萬資，號梅菴，兩舉優行、貢生，候選訓導，有著作梅叟閒評行世。

郝懿行七歲（一七六三）入家塾，讀論語、孟子。乾隆四十年（一七七五）入邑庠，四十二年（一七七七）娶上林村林中立女爲妻（九年後亡故），四十三年（一七七八）補廪生，受知于學使趙鹿泉，人稱「棲霞四傑」之一。乾隆五十一年（一七八六）秋，決科大課，拔郝懿行第一，爲齊魯之冠，以優貢生入太學。五十二年（一七八七）春，與福山河北村王照圓共事福山名儒王古邨爲師。同年冬，與王照圓完婚。乾隆五十三年（一七八八）七月初，赴濟南鄉試，中舉人。嘉慶四年（一七九九）春己未科會試，中進士，授户部江南司主事。

郝懿行爲人謙遜、廉直而耿介，别無他嗜，惟孜孜求學；不輕與人接，遇非知音者，可以相對竟日無一語；及至談論經義，則喋喋忘倦。不以仕宦爲意，惟以讀書治學爲務，嘗自勖云：「少年居家，以讀書爲孝愛；出仕做官，以讀書爲忠勤；修身以讀書爲卓德，立名以讀書爲奇勳。」所得薪俸大多用於購書，晚年貧病交集，仍典衣購書，雖至家徒四壁、庭院蓬蒿叢生，却處之晏如。一生著述等身，遺著由其妻王照圓和其孫郝聯薇搜集、整理，編爲郝氏遺書，包括爾雅義疏、易説、書説、詩説、鄭氏禮記箋、春秋説略、春秋比、竹書紀年校證、汲冢周書輯要、荀子補注、山海經箋疏等二十餘種，以及詩文、雜著等，共計近四百卷。其妻王照圓亦博涉經史，著有列女傳補注、列仙傳校正、夢書、曬書堂閨中文存、葩經小記等。夫妻常以詩相唱和，並一同切磋學問，時人有「高郵王父子，棲霞郝夫婦」之譽。

郝懿行的著作在其生前大多未曾刊刻行世，至其孫郝聯薇始廣爲搜求刊刻，故有不少竟至散佚，甚至連爾雅義疏的原稿也都逸失，幸虧有抄本流傳而得以存世。

郝懿行平生最有代表性的著作有三部：爾雅義疏、春秋説略和山海經箋疏。爾雅義疏最受世人矚目，其稿初成之時，學者們即紛紛傳抄，王念孫還爲之正音删蕪，筆削而成十九卷本。道光六年（一八二六），阮元將爾雅義疏收入皇清經解。春秋説略歷時二十載始成其稿，對歷代學者關於春秋一書的分歧意見逐一澄清，自視爲不失毫釐之作。至於山海經箋疏，夏曾佑曾將孙詒讓墨子閒詁與之相提並論，亦足見其成就之高。

二、山海經箋疏的特點

郝懿行依鄭玄注經不敢改字之例，採取謹慎的態度，雖對經文多有校訂，但僅在箋疏中提出意見，而不輕易進行删改。其自叙曰：「凡所指擿，雖頗有依據，仍用舊文，因而無改，蓋放鄭君康成注經不敢改字之例云。」（山海經箋疏敘）山海經箋疏最爲學者所稱道者，是其考校之精。阮元評價此書時説：「吴氏廣注徵引雖博，而失之蕪雜；畢氏校本于山川考校甚精，而訂正文字尚多疏略。今郝氏究心是經，加以箋疏，精而不鑿，博而不濫，粲然畢著，斐然成章。余覽而嘉之，爲之栞版以傳。」（刻山海經箋疏序）

郝懿行對山海經的研究大致可以分爲以下四類：

一、校訂經、注文字之錯訛脱衍。如西山經：「又西三百二十里，曰嶓冢之山。漢水出焉，而東南流注於沔。」郭璞注曰：「至江夏安陸縣，江即沔水。」郝懿行箋疏曰：「地理志云：武都郡武都，『東漢水受氐道水，一名沔，過江夏謂之夏水，入江』。又云：『沮水出東狼谷，南至沙羡，南入江。』水經則云：沔水『出武都沮縣東狼谷』。是沮水即沔水，沔水即東漢水也。地理志云『東漢水受氐道水』，即此經云『東南流注於沔』矣。又案地理志及水經竝言漢水入江，此注云『江即沔水』，是知郭本經文作『注于江』，今本譌爲『沔』也。水經注及藝文類聚引此經，竝作『江』字，可證。又，此注云『江即沔水』，『江』上脱『入』字，『江』下脱『漢』字，遂不復可讀。」經此考訂，經文及郭注之意始得通順。

二、闡釋經文字義，糾正郭注之誤。如西山經：「華山，冢也。」郭璞注曰：「冢者，神鬼之所舍也。」郝懿行箋疏曰：「此皆山也，言神與冢者，冢大於神。爾雅釋詁云：『冢，大也。』釋山云：『山頂，冢。』是其義也。郭以冢爲墳墓，蓋失之。」

三、訓詁名物。如西山經：「又西百七十里，曰南山……獸多猛豹。」郭璞注曰：「猛豹，似熊而小，毛淺有光澤，能食蛇，食銅鐵，出蜀中。」郝懿行箋疏曰：「猛豹即貘豹也。爾雅云：『貘，白豹。』郭注云：『似熊，小頭庳腳，黑白駁，能舐食銅鐵。』説文云：『貘，似熊而黄黑色，出蜀中。』『貘』，通作『獏』。白帖引廣志云：『貘，大如驢，色蒼白，舐鐵消千斤，其皮温暖。』……『貘豹』、『猛豹』，聲近而轉。」名物之訓詁向來是郝懿行之所長，這與他多年鑽研爾雅等書有關。山海經一書所涉礦産、植物等極多，郝懿行的箋疏正好可以發揮他在這方面的特長。

四、考證地理。如北次三經：「沁水出焉，南流注于河。」郭璞注曰：「至滎陽縣東北入河，或出穀述縣羊頭山也。」郝懿行箋疏曰：「『穀述』當爲『穀遠』，字之譌也。地理志云：上黨郡穀遠，『羊頭山世靡谷，沁水所出』。是郭所本也。沁水一名涅水。地理志云：上黨郡涅氏，『涅水也』。顔師古注云：『涅水出焉。』水經云：『沁水出上黨涅縣謁戾山。』注云：『沁水即涅水也，或言出穀遠縣羊頭山世靡谷。』是酈氏合沁、涅爲一水也。地理志又云：『沁水東南至滎陽入河。』顔師古注云：『今沁水至懷州武陟縣界入河。』此云至滎陽，疑轉寫錯誤。』今案顏氏之説非也。水經亦云『至滎陽縣北入河』，滎陽在河南，武陟在河北，相去不遠，説俱得通。今沁水至河南濟源縣入河矣。」郝懿行對山川地理同樣諳熟，所以在地理考證方面的成就並不在畢沅之下。

郝懿行自述曰：「計創通大義百餘事，是正譌文三百餘事。」（山海經箋疏叙）而這些成果已足以使他的這部著作成爲啓辟門户之作。

值得一提的是，郝懿行撰成山海經箋疏後，曾廣邀當世學者校勘審定，預其事者有阮元、孫星衍、臧庸、姚文田、王引之、吴鼒、鮑桂星、宋湘、陳壽祺、涂以輈、程國仁、張業南、徐名紱、馬瑞辰、孔繼堠、嚴可均、阮常生、牟廷相、錢侗、洪頤煊、張澍。這些學者的審定意見都極具慧識，郝懿行在山海經箋疏刊刻時曾大量加以引述。如山海經訂譌「句餘之山至會稽之山」條引嚴可均之語曰：「經内道里計算不同，有直行者，有旁通者，有曲繞者，故里數參差互異，即如南次二經之句餘、會稽，中間豈容一千五百里？恐皆從經首之柜山起算也。若推是而言，諸山里數或多有合，但須按全經一一計之。」郝懿行對此評曰：「山海經古圖不可見，世有好古而工畫者，本嚴氏之説繪諸尺幅，百里之迴，一覽可盡，誠希古之絶業。」因此，山海經箋疏不僅僅是郝懿行個人的研究成果，而且還體現了嘉慶時期學術界對山海經的整體研究水準。

三、山海經箋疏的學術貢獻及可商榷之處

山海經一書雖爲先秦舊籍，但因其内容頗顯光怪陸離，所以歷來不受人們重視。西漢學者劉歆校書秘閣時，勘定山海經爲十八卷，以爲「可以考禎祥變怪之物，見遠國異人之謡俗」，「博物之君子，其可不惑焉」（上山海經表）。然而，此書在漢代却少有問津者。至東晉，郭璞始爲山海經作注，其云：「蓋此書跨世七代」，「非天下之至通，難與言山海之義矣。嗚呼，達觀博物之客，其鑒之哉！」（注山海經叙）但此後一千多年，仍然鮮有學者涉足此書，直到明代才有王崇慶山海經釋義、楊慎山海經補注問世。

清代考據之學大盛，山海經開始受到重視，也出現了一批研究專著，如吴任臣山海經廣注、汪紱山海經存、畢沅山海經新校正，其中吴氏之書最爲早出，還被收進了四庫全書。嘉慶九年（一八〇四），郝懿行撰成山海經箋疏，其自述曰：「而此經師訓莫傳，遂將湮泯。郭作傳後，讀家稀絶，途徑榛蕪，訖於今日，脱亂淆譌，益復難讀。」「今世名家，則有吴氏、畢氏。吴徵引極博，汎濫於群書；畢山水方滋，取證於耳目。二書於此經，厥功偉矣。至於辨析異同，栞正譌謬，蓋猶未暇以詳。今之所述，并採二家所長，作爲箋疏。箋

以補注，疏以證經。卷如其舊，別爲訂譌一卷，附於篇末。」（山海經箋疏叙）郝懿行在前人的基礎上，以箋補注，以疏證經，廣徵博引，正名辨物，刊正謬誤，其成就後來居上，超過了吴任臣和畢沅。在此書撰寫過程中，其妻王照圓也多有貢獻。阮元在爲此書作序時說：「蘭皋妻王安人，字瑞玉，亦治經史，與蘭皋共著書于車鹿春廡之間」，「于此經疏並多校正之力，亦可尚異之也」。（刻山海經箋疏序）阮元並于嘉慶十四年（一八〇九）爲之刊刻印行。清末張之洞在書目答問一書中推薦山海經讀本，首列山海經箋疏，次列山海經新校正，並特別指出：「郝勝於畢。」

光緒七年（一八八一）十二月，經順天府尹游百川代奏進呈郝懿行所著春秋說略、春秋比、爾雅義疏、山海經箋疏，上諭：「前據順天府尹游百川呈進，已故户部主事郝懿行所著書四種，當交南書房翰林閱看。據稱郝懿行學問淵博，經書湛深，嘉慶年間海内推重所著春秋比、春秋說略、爾雅義疏、山海經箋疏，各書精博邃密，足資考證。所進之書，即著留覽。欽此。」光緒十二年（一八八六），無錫李澹平因阮氏所刻之原版被毁，遂於上海還讀樓重刻此書。蔡爾康校刊山海經箋疏序曰：「我朝稽古右文，吴氏、畢氏先後有廣注、校本之作，嘉慶間棲霞郝氏箋疏成，得儀徵相國審定刊行，然後斐然粲然，讀者益收賞奇析疑之助。」又曰：「余方以筆墨叢累，枯坐斗室，檢覽一過，如身乘博望之槎，遍覽十洲、三島草木鳥獸之狀；又如身與塗山之會，周旋於貫胸、交頸、三首、長臂之間，爽目怡心，爲之稱快不置。而因余之快，又以知讀是編者之同快無疑已。」當時名家爲此書作序者，還有江標重刻山海經箋疏後序、宦懋庸重刊山海經箋疏後序。

當然，郝懿行的箋疏也存在若干問題，比如在關於山海經的時代問題上，郝懿行曰：「藝文志不言此經誰作，劉子駿表云『出於唐、虞之際』，以爲『禹別九州，任土作貢，而益等類物善惡，著山海經』。王仲任論衡、趙長君吳越春秋亦稱禹、益所作。顏氏家訓書證篇云：『山海經禹、益所記，而有長沙、零陵、桂陽、諸暨，由後人所羼，非本文也。』今攷海外南經之篇，而有説文王葬所；海外西經之篇，而有説夏后啓事。夫經稱夏后，明非禹書；篇有文王，又疑周簡：是亦後人所羼也。」（山海經箋疏叙）郝懿行篤信山海經爲禹、益所作，於是將書中一切不利的證據都歸結于「後人所羼」，這就不免有泥古之嫌了。

以下就郝懿行山海經箋疏中的兩個問題略作辨析。

其一，山海經的早期注本問題。

郭璞是最早替山海經作注的學者，所著山海經傳在隋書經籍志及舊唐書經籍志之中皆有著録。然而，郝懿行却提出了郭氏之前已有人給山海經作過訓解的觀點。郝氏云：

郭注南山經兩引「璨曰」，其注南荒經「昆吾之師」又引音義云云，是必郭已前音訓注解人，惜其姓字爵里與時代俱湮，良可於邑。（山海經箋疏敘）

此説值得商榷。郭璞注山海經時不僅僅引過郝氏所列的以上三條，在其注語中還引用了大量的「或曰」之説。如：

或曰：「龍魚似狸，一角。」（海外西經「龍魚」條注）

或曰：有喬國，今伎家喬人，蓋象此身。（海外西經「長股之國」條注）

或曰：「纓」宜作「癭」。（海外北經「拘纓國」條注）

或曰：即奇肱人。（大荒南經「張肱之國」條注）

觀此，似乎郭氏之前確已有人替山海經作過訓解。然按郭璞注大荒南經「昆吾之師」曰：「昆吾，古王者號。音義曰：『昆吾，山名，谿水内出善金。』二文有異，莫知所辨測。」山海經既云「昆吾之師」，則昆吾很明顯是人名，音義謂爲山名者，恐怕並非釋此經之語。疑郭氏所引音義，係漢書音義。考史記司馬相如列傳「琳瑉琨珸」集解引漢書音義曰：「琨珸，山名也，出善金。」郭璞所引音義與此大略相同。漢書音義作者有數家，而漢書司馬相如傳顔師古注及文選卷七李善注皆引作「張揖」，知此漢書音義當爲張揖所作。

郭璞注山海經叙曰：「蓋此書跨世七代，歷載三千，雖暫顯於漢，而尋亦寢廢。其山川名號，所在多有舛謬，與今不同，師訓莫傳，遂將湮泯。道之所在，俗之所喪，悲夫！余有懼焉，故爲之創傳，疏其壅閡，辟其茀蕪，領其玄致，標其洞涉。庶幾令逸文不墜於世，奇言不絶於今，夏后之跡靡栞於將來，八荒之事有聞於後裔，不亦可乎！」郭氏注山海經時已是「師訓莫傳」，可見替山海經作傳者始自郭氏。因此，郭氏注中所引「璨曰」、「或曰」云云者，不可能是舊疏，當係有人對涉及山海經的各種傳説的一些不同解釋，而非有關山海經的專門注疏。郭璞引各家之説，僅爲廣見聞耳，然郝懿行于此有所誤解。

其二，山海經的篇目問題。

劉歆上山海經表曰：「所校山海經凡三十二篇，今定爲一十八篇，已定。」這「三十二篇」之數引起後代學者的困惑。畢沅認爲，三十二應是三十四之誤，其篇目包括五藏山經二十六篇、海外經四篇、海内經四篇，不含大荒經以下五篇在内（畢沅山海經新校正山海經古今篇目考山海經三十四篇禹益作）。之所以説古本山海經中不包括大荒經以下五篇，是因爲郭注本目録在大荒東經的篇題下有注語曰：「此海内經及大荒經本皆進在外。」「進在外」即散逸在外的意思，所以畢沅認爲大荒經以下五篇是劉歆校經時才收進去的（畢沅山海經新校正山海經古今篇目考十八篇劉歆所增）。郝懿行對山海經的篇目問題也很感困惑，他説：「山海經古本三十二篇，劉子駿校定爲一十八篇，即郭景純所傳是也。今考南山經三篇、西山經四篇、北山經三篇、東山經四篇、中山經十二篇，并海外經四篇、海内經四篇，除大荒經以下不數，已得三十四篇，則與古經三十二篇之目不符也。」迷茫之餘，他只能歎息説：「然則古經殘簡，非復完篇，殆自昔而然矣。」（山海經箋疏叙）

其實，所謂的古本三十二篇的問題並不難理解，只不過是畢沅和郝懿行等學者對劉向父子校經的情况有所疏略，所以産生疑問。北史文苑傳樊遜議校書事曰：

案漢中壘校尉劉向受詔校書，每一書竟，表上，輒言臣向書、長水校尉臣參書、太常博士書，中外書合若干本，以相比較，然後殺青。

也就是説劉向、劉歆父子校理某部書的時候，必先廣泛收集所能看到各種寫本，或内府所藏、或私家所藏，皆網羅無遺。如劉向管子序録曰：

所校中管子書三百八十九篇，太中大夫卜圭書二十七篇，臣富參書四十一篇，射聲校尉立書十一篇，太史書九十六篇，凡中外書五百六十四篇，以校除複重四百八十四篇，定著八十六篇，殺青而書可繕寫也。

管子經校訂後只有八十六篇，而劉向所據以校理的各種寫本却達到了五百六十四篇。這是一種科學的校書方法，在參校各種寫本之後，可以去重複、補不足，儘可能地恢復其原貌。又如劉向在校理荀子時，參考了内府所藏的各種寫本共計三百二十三篇，除去重複的二百九十篇後，定爲三十二篇。此類例子比比皆是，在此不贅述。因此，劉向、劉歆父子但凡在序録中説「所校某書×篇」，這個「×篇」就是指他們所收集到的各種寫本的篇數總和。所以，劉歆上山海經表所説「所校山海經凡三十二篇」，應當是指劉歆校理山海經時收集到的各種寫本共有三十二篇。而「今定爲一十八篇」者，就是從三十二篇中去除重複後的篇目數。

四、山海經箋疏的各種版本

阮元對郝懿行的學術欣賞有加，所以在山海經箋疏成書後特地爲之作序，並於嘉慶十四年（一八〇九）刊刻印行，是爲阮氏琅嬛仙館刻本，亦即山海經箋疏的首刻本。同治年間，郝懿行之孫郝聯薇將其刻入郝氏遺書。光緒十二年（一八八六），李瀡平重刻此書，是爲還讀樓刻本。同年又有程氏永凝堂刊本（該刊本未見，據日本藏先秦兩漢文獻研究漢籍書目載，現藏東京大學文學部中國哲學中國文學研究室）。光緒年間有書商以還讀樓本爲底本石印。民國時期有兩個主要版本，一是一九一七年的龍溪精舍叢書本，二是中華書局的四部備要本（係根據郝氏遺書排版鉛印）。茲就幾個主要的版本略作考證。

（一）阮氏琅嬛仙館本

琅嬛仙館爲阮元之室名，以琅嬛福地之神仙藏書傳説而命名。阮氏琅嬛仙館刻本實際上是此後出現的各種版本的母本，最爲善本。該書原版在太平天國年間被毁。

（二）郝氏遺書本

郝懿行去世後，其妻王照圓收集整理其遺著，以求彰顯於世。後其孫郝聯薇任順天府東路同知時，輯其遺著爲郝氏遺書，並陸續刊刻。光緒七年（一八八一），山海經箋疏經順天府尹游百川代奏進呈。光緒八年（一八八二），郝聯薇刻山海經箋疏，補入游百川的進呈奏摺以及上諭。郝氏遺書本以阮氏琅嬛仙館刻本的補刻本爲底本，對原刻中的一些錯誤有所校正，頗具參考價值。郝氏遺書本增補的内容主要有以下三部分：

其一，在山海經圖讚「夏后啓」條後增加了雙行小字注文：張澍曰：「『果僠九代』，『果』宜作『樂』字。」

其二，阮氏琅嬛仙館本中的山海經訂譌訖于「句於之山至會稽之山」條，郝氏遺書本在此之後續補了二十二條，係錢侗（前五條）、洪頤煊（次六條）和張澍（末十一條）之校勘審定意見，分别爲「冉遺之魚」、「名曰肥遺」、「發鳩之山」、「是多僕纍、蒲盧」、「有山名曰常陽之山」、「南山經杻陽之山，其中多玄龜，可以爲底」、「單張之山有鳥焉，可以已痸」、「京山其陰有玄䃜」、「燕山多嬰石」、「中山經崍山有草多䪥、韭，多約空奪」、「大荒東經有女和月母之國」、「西山經槐江之山，爰有淫水，其清洛洛」、「黄帝是食是饗」、「積石之山」、「北山經倫山獸，川在尾上」、「東山經子桐之山」、「中山經實惟河之九都」、「半石山嘉榮」、「海外北經禺强」、「大荒南經有女子名羲和」、「海外西經圖讚夏后啓果僠九代」、「訂譌崇武之山有木，員葉白柎」。山海經箋疏曾得到當時諸多名家的校勘審定，阮元刊刻時以山海經箋疏審定校勘爵里姓氏列出名單，而錢侗、洪頤煊和張澍並不見於該名單中。據此推測，這三人在初刻時尚未完成審定，所以也就没有被列入山海經箋疏審定校勘爵里姓氏；而郝聯薇則將他們的審定意見補入山海經訂譌。

其三，阮氏琅嬛仙館本之末附山海經叙録及郝懿行山海經箋疏叙，郝氏遺書本則調整了二者的順序。

（三）還讀樓本

江標重刻山海經箋疏後序曰：「棲霞郝蘭皋先生箋疏山海經十八卷，並附圖讚一卷、訂譌一卷，已于嘉慶間刊行，越七十餘年，無錫李君澹平重刊於上海。」刊刻者李澹平爲無錫人，光緒年間旅居上海，以醫術聞名，人稱「醫隱」，又工於畫。其生平事迹不詳，孫家振退醒廬筆記載其佚事，曰：

梁溪李澹平先生，好讀書，博通今古，旁及泰東西諸籍，尤喜研習醫理，饒有心得，而自以醫鳴。清光緒間遊滬，稅屋法租界大馬路還讀樓書肆，精舍一楹，奇書萬卷，先生寢饋其中，怡然自樂，門外車馬喧闐，一若不知也者，其襟懷淡定如是。有時間作擘窠大字，極龍蛇飛舞之致，又工鐵筆，金石之氣盎然。旅居既久，邦人士咸争與訂交，察知其邃於醫，遇有不適，均向之乞治，輕症輒應手愈，重症則間參西法治療。時上海尚鮮西醫，以是人皆奇之，然先生之醫名乃大噪，漸至應接不暇，始薄取診金，且乘輿赴病家而戒輿夫要索輿資。行道越十數年，活人無算，第始終未嘗懸榜于門以醫生自居也。先生少年入武庠，故臂力絶巨，並長於騎射之學，第其人殊恂恂儒雅，且身材弱不勝衣，絶不類武夫。一日，有友人欲試其技，苦無弓箭，即有之亦無從覓射圃，先生笑謂：「射藝久已荒廢，開弓恐不能命中，奚必是？有一技或足博公等粲，請嘗試之。」乃出青蚨五十文，以右手拇指與無名指力抵之，甫一用勁，碎其兩端之錢二枚，其餘四十八文則均完好如故，屢試之無不皆然，衆咸驚愕。余與先生交垂十載，此技亦曾親睹之，惜其天不永年，甫逾四旬以瘵疾卒，不得不嘆彼蒼之忌才也。〔一〕

梁溪即無錫之别稱，法租界大馬路即今之金陵路。據此可知，還讀樓原爲法租界内的書肆，由李澹平承租經營。蔡爾康校刊山海經箋疏序曰：「余維君劬學嗜古，曩刻書數種，類足備鄴架珍函。今是編之刻，亦豈徒作郝氏功臣？行見閉户按奇之士、皇華秉節之流，莫不囊隋珠而笥荆璧若是，君之用意固深且遠也。」可知李澹平不僅藏書，而且爲使先賢之著述不致湮没，也曾刻書數種。今所見還讀樓刊刻之書，除山海經箋疏外，尚有薛傳均所著文選古字通疏證。

蔡爾康校刊山海經箋疏序曰：「吾友李君澹平以所刊山海經箋疏告蕆，攜本眎余，屬弁數言。」此序作於「光緒第一丙戌五月」，即光緒十二年（一八八六）五月。此刻本之牌記

〔一〕孫家振：退醒廬筆記頁三十八—三十九，上海：上海書店出版社，一九九七年。

曰：「光緒十二年六月下旬上海還讀樓校刊印行。」但江標重刻山海經箋疏後序和宧懋庸重刊山海經箋疏後序均作於光緒十三年（一八八七）正月。由此可知，此刻本初步刻成於光緒十二年（一八八六）年中，此後又有所補刻，直至次年初才刻成印行。

宧懋庸重刊山海經箋疏後序曰：「郝注行于嘉慶間，歲久漶漫。李君澹平出善本，重刊行世，意甚盛也。」所謂善本，即阮氏琅嬛仙館刻本。蔡爾康校刊山海經箋疏序亦曰：「惜其原版已不可得，李君憾焉，爰取篋藏初印本精梓而詳校之，將以餉遺同志。」還讀樓刻本增加了順天府府尹游百川的奏摺、光緒七年的上諭，以及蔡爾康、江標、宧懋庸的序，其他内容則與阮氏琅嬛仙館刻本完全相同。

比勘阮氏琅嬛仙館本，可知還讀樓本刊刻不精，雖有對原刻本進行校正之處，但手民之誤甚多，故其版本價值有限。

（四）三色繪圖石印本

光緒年間出現了一種三色繪圖石印本，該石印本封面題「欽定郝注山海經」，共六册，以還讀樓刻本爲底本，不同之處是增加了五卷山海經圖，前五册卷首各配圖一卷。這五卷分爲靈祇、異域、獸族、羽禽、鱗介，共有一百四十四幅，摹自吴任臣增補繪像山海經廣注，一神（獸）一圖，配以神（獸）名、釋名和郭璞的圖讚，以紅、緑兩色套印（也有紅、黑或黑、緑套印）。

該石印本面世後即遭盜版仿冒，筆者所見有光緒辛卯（一八九一）五彩公司石印本、光緒壬辰（一八九二）仲夏五彩公司二次石印本、光緒甲午（一八九四）仲春上海書局三次石印本、光緒乙未（一八九五）仲秋上海書局四次石印本、光緒二十三年（一八九七）梧岡精舍印本、馬崗聯興堂馮烘記刊印本等。由於盜版者衆多，就連上海書局的三印和四印也都各有兩種版式，因此究竟何者爲最初之正版，至今已疑莫能定。

該石印本因爲配有插圖，極受俗衆歡迎，所以流通也極廣。但從版本的角度看，則不足爲道。

（五）龍溪精舍叢書本

一九一五年至一九一七年，廣東潮陽人鄭國勳刊刻叢書，以家塾讀書之所名之曰龍溪精舍叢書，收録四部著作凡五十餘種，其中也包括了山海經箋疏。

據卷首牌記，該叢書以郝氏遺書本爲底本。經比勘郝氏遺書本，可知該刻本刊刻極爲粗劣，手民誤植比比皆是，因此版本價值極低。

五、點校説明

本書以阮氏琅嬛仙館補刻本爲底本，凡卷帙篇次悉依底本，並參校以下各本：

（一）郝氏遺書本，簡稱「郝本」。

（二）還讀樓本，簡稱「還讀本」。

（三）龍溪精舍叢書本，簡稱「龍本」。

本書校勘凡例如下：

（一）底本中明顯形譌字徑改，其餘則出校記説明。

（二）底本與他本異文而兩通者，出校記説明。

（三）郝本在山海經訂譌中增補二十二條内容，今據以補入，以爲參考。

沈海波

二〇一七年五月二十一日

刻山海經箋疏序

左傳稱「禹鑄鼎象物，使民知神姦」。禹鼎不可見，今山海經或其遺象歟？漢書藝文志列山海經于「形法家」；後漢書王景傳，明帝賜景山海經、河渠書以治河。然則是經爲山川輿地有功世道之古書，非語怪也。且與此經相出入者，則有如逸周書王會、楚辭天問、莊、列、爾雅、神農本草諸書。司馬子長于山經怪物不敢言之，史家立法之嚴，固宜耳。然上古地天尚通，人神相雜，山澤未烈，非此書未由知已。郭景純注，于訓詁、地理未甚精徹，然晉人之言已爲近古。吴氏廣注徵引雖博，而失之蕪雜；畢氏校本于山川考校甚精，而訂正文字尚多疏略。今郝氏究心是經，加以箋疏，精而不鑿，博而不濫，粲然畢著，斐然成章。余覽而嘉之，爲之栞版以傳。郝氏名懿行，字蘭皋，山東棲霞人，户部主事。余己未總裁會試，從經義中識拔實學士也。家貧，行修爲學益力，所著尚有爾雅疏諸書。蘭皋妻王安人，字瑞玉，亦治經史，與蘭皋共著書于車鹿春廡之間，所著有詩經小記、列女傳注諸書，于此經疏並多校正之力，亦可尚異之也。

嘉慶十四年夏四月揚州阮元序。

目録

山海經圖讚一卷

山海經訂譌一卷

山海經第一

南山經

南山經之首曰䧿山。懿行案：任昉述異記作「雀山」；文選注王巾頭陁寺碑引此經，作「鵲山」。其首曰招搖之山，懿行案：大荒東經有招搖山，「融水出焉」，非此。高誘注吕氏春秋本味篇云：「招搖，山名，在桂陽。」臨于西海之上，在蜀伏山山南之西頭，濱西海也。懿行案：「伏」，疑「汶」字之譌。史記封禪書云：「瀆山，蜀之汶山也。」蜀志秦宓傳云：「蜀有汶阜之山，江出其腹。」皆是山也。多桂，桂，葉似枇杷，長二尺餘，廣數寸，味辛，白華，叢生山峯，冬夏常青，閒無雜木。吕氏春秋曰「招搖之桂」。懿行案：爾雅云：「梫，木桂。」郭注與此同。多金、玉。有草焉，其狀如韭璨曰：「韭，音九。」爾雅云：霍山亦多之。懿行案：「霍」當爲「藿」字之譌，爾雅云：「藿，山韭。」而青華，其名曰祝餘，或作「桂荼」。懿行案：「桂」，疑當爲「柱」字之譌。「柱荼」、「祝餘」聲相近。食之不飢。有木焉，其狀如穀而黑理，穀，楮也，皮作紙。璨曰：「穀，亦名構。」名穀者，以其實如穀也。懿行案：陶弘景注本草經云穀即今構樹是也。「穀」、「構」古同聲，故穀亦名構。或曰：「葉有瓣曰楮，無曰構。」非也，見陸機詩疏。文選注頭陁寺碑引此經，無「理」字。其華四照，言有光燄也。「若木華赤」、「其光照地」亦此類也，見離騷經。懿行案：若木見離騷經；「若木華赤」見大荒北經；「其華照地」見淮南子。其名曰迷穀，佩之不迷。懿行案：文選注頭陁寺碑引此經同。有獸焉，其狀如禺而白耳，禺，似獼猴而大，赤目長尾，今江南山中多有。説者不了此物名禺，作「牛」字，圖亦作牛形；或作猴，皆失之也。「禺」字音遇。懿行案：説文云：「蝯，善援，禺屬。」又云：「禺，猴屬，獸之愚者也。」郭注凡言圖者，皆謂此經圖象然也。伏行人走，懿行案：太平御覽九百八卷引此經讚曰：「猩猩似狐，走立行伏。」疑「狐」當爲「禺」，聲之譌也。其名曰狌狌，食之善走。生生，禺獸，狀如猿，伏行交足，亦此類也，見京房易。懿行案：「生生」，當爲「狌狌」，説見海內南經。麗麐之水出焉，麐，音作几。而西流注于海，其中多育沛，未詳。佩之無瘕疾。瘕，蟲病也。懿行案：説文云：「瘕，久病也。」郭云「蟲病」者，列仙傳云：「河間王病瘕，下蛇十餘頭。」史記倉公傳云：「蟯瘕。」正義引龍魚河圖云：「犬狗魚鳥不熟，食之成瘕痛。」皆與郭義近。

又東三百里，懿行案：禹貢「五服」皆言里數，水經注云：廬山「有大禹刻石，誌其丈尺里數。」則里地之數蓋始於禹。大戴禮主言篇云：「三百步而里。」是古里短於今里也。曰堂一作「常」。懿行案：文選注上林賦引此經，正作「常」。庭之山，懿行〔一〕案：初學記引此經，作「堂夜之山，多水玉」。疑「夜」字譌。多棪木，棪，別名連，其子似柰而赤，可食，音剡。懿行案：「連」，當爲「速」字之譌。爾雅云：「棪，𣙙其。」郭注同。多白猿，今猿似獼猴而

〔一〕「行」，原誤作「待」，據文意及諸本改。

大，臂腳長，便捷，色有黑有黃；鳴，其聲哀。懿行案：「猿」，俗字也。説文云：「蝯，善援，禺屬。」文選西都賦注、後漢書班固傳注引此注，竝云「臂長，便捷」，無「腳」字；「色黑」，無「黃」字。藝文類聚九十五卷引郭氏讚云：「白猨肆巧，由基撫弓。應眄而號，神有先中。數如循環，其妙無窮。」多水玉，水玉，今水精也。相如上林賦曰：「水玉磊砢。」赤松子所服，見列仙傳。懿行案：廣雅云：「水精，謂之石英。」張揖注上林賦云：「水玉，水精也。」列仙傳云：「赤松子服水玉，以教神農。」竝郭所本。多黃金。懿行案：説文云：「金，五色金也，黃爲之長。」

又東三百八十里，曰猨翼之山。懿行案：初學記二十七卷引此經，作「稷翼之山，多白玉」。其中多怪獸，水多怪魚，凡言怪者，皆謂貌狀倔奇不常也。尸子曰：「徐偃王好怪，没深水而得怪魚，入深山而得怪獸者，多列於庭。」多白玉，懿行案：玉藻云：「天子佩白玉。」藝文類聚八十三卷引廣志曰：「白玉，美者可以照面，出交州。」多蝮虫，蝮虫，色如綬文，鼻上有鍼，大者百餘斤，一名反鼻。「虫」，古「虺」字。懿行案：蝮虺見爾雅及注。「色如綬文」，見北山經大咸之山注。説文云：「虫，一名蝮。」「虺，以注鳴。」是「虫」、「虺」非一字，與郭義異也。多怪蛇，多怪木，不可以上。

又東三百七十里，曰杻陽之山。音紐。懿行案：玉篇有⿰木囟陽山，⿰木囟，思計切。疑「杻」、「⿰木囟」字形相近。注「音紐」，亦當爲「音細」，竝字形之譌也。其陽多赤金，銅也。其陰多白金。銀也，見爾雅。山南爲陽，山北爲陰。懿行案：説文云：「銅，赤金也。」「銀，白金也。」爾雅云：「白金謂之銀。」是皆郭注所本。然案之此經，理有未通。西山經云：羭次之山，「其陰多赤銅」。中次九經云：玉山，「其陽多銅，其陰多赤金」。明赤金與銅非一物矣。又經内銀與白金疊出分見，如西山經皋塗之山「多銀、黃金」，槐江之山「多黃金、銀」，大時之山、數歷之山竝云「多銀」；又北山經少陽之山「多赤銀」；又西山經涇谷之山「多白金」；中山經役山「多白金」。綜諸經之文，白金與銀爲二物，審矣。説文云：「鋈，白金也。」爾雅云：「金美者，謂之鏐。」郭注云：「鏐，即紫磨金。」寇宗奭本草衍義云：「顆塊金，其色深赤。」然則此經赤金即紫磨金，白金即鋈矣，郭氏竝誤注。有獸焉，其狀如馬而白首，其文如虎而赤尾，其音如謡，如人歌聲。其名曰鹿蜀，佩之宜子孫。佩，謂帶其皮毛。　懿行案：「謡」，當爲「䚻」，見説文。　太平御覽九百十三卷引此經圖讚云：「鹿蜀之獸，馬質虎文。攘首吟鳴，矯矯騰羣。佩其皮毛，子孫如雲。」怪水出焉，而東流注于憲翼之水。其中多玄龜，其狀如龜而鳥首虺尾，虺尾鋭。其名曰旋龜，其音如判木，如破木聲。佩之不聾，可以爲底。底，躪也。爲，猶治也。外傳曰：「疾不可爲。」一作「疷」，猶病愈也。　懿行案：「底」，同「胝」，音竹施切。文選難蜀父老注引郭氏三蒼解詁云：「胝，躪也。」「一作『疷』」者，爾雅釋詁云：「疷，病也。」爲疷，則治病使愈，故云「猶病愈」矣。

又東三百里，柢山，柢，音蔕。　懿行案：「柢」上疑脱「曰」字，明藏經本有之。多水，無草木。有魚焉，其狀如牛，懿行案：郭氏江賦云：「潛鵠魚牛。」李善注引此經云：「魚牛，其狀如牛。」今本「魚」下無「牛」字。又，禺禺即鱅鱅，徐廣注史記謂之「魚牛」，非此，見東山經。陵居，蛇尾有翼，其羽在魼下，亦作「脅」。　懿行案：説文云：「胠，亦下也。」廣雅云：「胠，脅也。」經作「魼」者，蓋同聲假借字。又，「胠」有脅音，本聲同之字，故「胠」亦作「脅」。其音如留牛，莊子曰：「執犁之狗。」謂此牛也。穆天子傳曰：「天子之狗，執虎豹。」　懿行案：經作「留牛」，郭引莊子「執犁之狗」，謂此牛也，是「留牛」當爲「犁牛」。東山經首説鱅鱅之魚「其狀如犁牛」，郭云：「牛似虎文者。」然則「留牛」當爲「犁牛」，審矣。今本莊子天地篇作「執貍之狗」，釋文云：「一云『執留之狗』。」郭又引作「執犁之狗」，是莊子本竝無正文，「犂」、「貍」、「留」俱聲有通轉。其名曰鯥，音六。冬死而夏生，此亦蟄類也。謂之「死」者，言其蟄無所知，如死耳。懿行案：太平御覽九百三十九卷引此經圖讚云：「魚號曰鯥，處不在水。厥狀如牛，鳥翼蛇尾。」食之無腫疾。懿行案：說文云：「腫，癰也。」

又東四百里，曰亶爰之山，亶，音蟬。多水，無草木，不可以上。言崇陗也。有獸焉，其狀如貍而有髦，其名曰類，「類」，或作「沛」；「髦」，或作「髮」。懿行案：莊子天運篇釋文引此經，作「其狀如貍而有髮，其名曰師類」。蓋即郭所見本也。「師」，疑「沛」字之譌。自爲牝牡，食者不妒。莊子亦曰：「類自爲雌雄而化。」今貆豬，亦自爲雌雄。懿行案：列子天瑞篇云：「亶爰之獸，自孕而生，曰類。」陳藏器本草拾遺云：「靈貓生南海山谷，狀如貍，自爲牝牡。」又引異物志云：「靈貍一體，自爲陰陽。」據此，則類爲靈貍無疑也。「類」、「貍」聲亦相轉。今魚皮夷地當三姓所屬〔一〕之羅邨，以嘉慶八年冬緣事至京師，譯官色崇額言其地有獸多毛，形頗類狗，體具陰陽，自爲配耦。所說形狀亦即是物，但譯言不了，不得其名耳。郭注「貆豬」即豪彘也，見西山經竹山。

又東三百里，曰基山。其陽多玉，其陰多怪木。懿行案：太平御覽五十卷引此經，「多怪木」上有「多金」二字。有獸焉，其狀如羊，九尾四耳，其目在背，其名曰猼訑，博、施二音。「施」，一作「陁」。懿行案：「『施』，一作『陁』」之「施」，當爲「訑」字之譌。「猼訑」，玉篇、廣韵作「䍡䍦」，疑皆後人所作字也。佩之不畏。不知恐畏。懿行案：此亦羊屬，唯目在背上爲異耳。說文「祋」字注云：城郭市里高縣羊皮以驚牛馬，曰祋。

〔一〕「三姓所屬」，還讀本作「吉林、蒙古」。

本草經云：「羖羊角，主辟惡鬼虎狼，止驚悸。」竝與此經合。太平御覽九百十三卷引此經圖讚云：「猼訑似羊，眼乃在背。視之則奇，推之無怪。欲不恐懼，厥皮可佩。」有鳥焉，其狀如雞而三首六目，六足三翼，其名曰䳜鵂，䳜鵂，急性。敞、孚二音。懿行案：「䳜」蓋「鷩」字之譌，注「敞」亦「敝」字之譌也。玉篇作「鷩鵂」，廣雅釋地本此文作「鷩鵂」，可證。然郭云「鷩鵂，急性」亦譌也。方言云：「憋，惡也。」郭注云：「憋怤，急性也。」「憋怤」、「鷩鵂」字異音同。然則此注當云：「讀如憋怤，急性。」今本疑有脱誤。食之無卧。使人少眠。

又東三百里，曰青丘之山。亦有青丘國在海外。水經云：即上林賦云「秋田於青丘」。懿行案：史記司馬相如傳正義引郭注云：「青丘，山名，上有田，亦有國，出九尾狐，在海外。」又引服虔云：「青丘國在海東三百里。」竝見海外東經，非此也。郭引水經，今無攷。其陽多玉，其陰多青雘。雘，黝屬，音瓠。懿行案：「雘」當爲「臒」。說文云：「臒，善丹也。」初學記五卷引此經，正作「臒」。文選注赭白馬賦引此注，亦作「臒」。有獸焉，其狀如狐而九尾，即九尾狐。其音如嬰兒，懿行案：玉篇引蒼頡篇云：「男曰兒，女曰嬰。」能食人，懿行案：郭注大荒東經青丘國「九尾狐」云：「太平則出而爲瑞。」此經云「能食人」，則非瑞應獸也。且此但言狀如狐，非即真狐，郭云「即九尾狐」，似誤。食者不蠱。噉其肉，令人不逢妖邪之氣。或曰：「蠱，蠱毒。」懿行案：說文云：「蠱，腹中蟲也。」引春秋傳曰：「皿蟲爲蠱，淫溺之所生也。梟桀死之，鬼亦爲蠱。」郭引或曰「蠱，蠱毒」者，秋官庶氏「掌除毒蠱」。又南方造蠱毒，有蛇蠱、金蠶蠱也。經云食此獸者「不蠱」，蓋亦秦人以狗禦蠱之義，見史記秦本紀。有鳥焉，其狀如鳩，懿行案：鳩有數種，具見爾雅。其音若呵，如人相呵呼聲。名曰灌灌，或作「濩濩」。懿行案：灌灌，郭云「或作『濩濩』」，吕氏春秋本味篇云：「肉之美者，貛貛之炙。」高誘注云：「貛貛，鳥名，其形未聞。『貛』，一作

『獲』。」今案「貛」與「灌」、「獲」與「濩」俱字形相近，即此鳥明矣。佩之不惑。懿行案：陶潛讀山海經詩云：「青丘有奇鳥，自言獨見爾。本爲迷者生，不以喻君子。」英水出焉，懿行案：「英」，玉篇作「渶」，云：「水出青丘山。」南流注于即翼之澤。其中多赤鱬，音懦。懿行案：「懦」蓋「儒」字之譌，藏經本作「儒」。其狀如魚而人面，懿行案：太平御覽九百三十九卷引此經圖讚云：「赤鱬之狀，魚身人頭。」其音如鴛鴦，食之不疥。一作「疾」。懿行案：說文云：「疥，搔也。」

又東三百五十里，曰箕尾之山，懿行案：玉篇作「箕山」，無「尾」字。其尾踆于東海，多沙石。「踆」，古「蹲」字，言臨海上，音存。懿行案：說文云：「蹲，踞也。」又云：「夋，倨也。」無「踆」字。汸水出焉，音芳。懿行案：玉篇作「淓」，音與郭同。而南流注于淯，音育。其中多白玉。

凡䧿山之首，自招搖之山以至箕尾之山，凡十山，二千九百五十里。懿行案：今才九山，二千七百里。若連䧿山計算，正得十山。但䧿山雖標最目，其文俄空，當有闕脱。其神狀皆鳥身懿行案：北堂書鈔一百三十三卷引此經，作「人身」。而龍首，其祠之禮：毛言擇牲取其毛色也。周官曰：「陽祀用騂牲之毛。」懿行案：「之毛」當爲「毛之」，見地官牧人職。用一璋玉瘞，半圭爲璋。瘞，薶也。糈用稌米，糈，祀神之米名，先呂反。今江東音所，一音壻。稌，稌稻也，他覩反。「糈」或作「疏」，非也。懿行案：離騷云：「巫咸將夕降兮，懷椒糈而要之。」故知糈，祀神之米名也。或音所、音壻，竝方俗聲轉。其字或作「疏」，亦字隨音變也。稌、稻見爾雅，疑此注衍一「稌」字。一璧，稻米、白菅懿行案：太平御覽七百九卷引此文，作「白蒲」。爲席。菅，茅屬也，音閒。

懿行案：爾雅云：「白華，野菅。」廣雅云：「菅，茅也，席者藉以依神。」淮南説山訓云：「巫之用糈藉。」高誘注云：「糈米所以享神。藉，菅茅。」是享神之禮用菅茅爲席也。

南次二經之首曰柜山，音矩。西臨流黄，懿行案：即流黄辛氏國也，見海内經。北望諸甿，東望長右。皆山名。懿行案：諸甿、長右説見下。英水出焉，西南流注于赤水，其中多白玉，尸子曰：「水方折者有玉，員折者有珠。」多丹粟。細丹沙如粟也。懿行案：周書王會篇云：「卜人以丹沙。」張衡南都賦云：「青艧丹粟。」有獸焉，其狀如豚，懿行案：畢氏本「豚」作「反」，譌。有距，懿行案：説文云：「距，雞距也。」其音如狗吠，其名曰貍力，懿行案：郭注有「一作『貍刀』」四字，諸本俱無，吴氏本有。見則其縣多土功。有鳥焉，其狀如鴟懿行案：「鴟」，玉篇作「雞」。而人手，其腳如人手。鴟，音處脂反。懿行案：鴟有三種，具見爾雅。「手」，廣韵作「首」，非。其音如痺，未詳。懿行案：爾雅云：「鶉之雌者名痺。」吴氏云。其名曰鴸，音株。懿行案：陶潛讀山海經詩云：「鵃鵝見城邑，其國有放士。」或云「鵃鵝」當爲「鴟鴸」，一云當爲「鵰鴸」。其名自號也，見則其縣多放士。放，放逐，或作「效」也。

東南四百五十里，曰長右之山，懿行案：廣韵引此經，「長右」作「長舌」。無草木，多水。有獸焉，其狀如禺而四耳，其名長右，以山出此獸，因以名之。懿行案：廣韵引此經，作「長舌」。其音如吟，如人呻吟聲。見則郡縣大水。懿行案：郡縣之制起於周，周書作雒篇及左氏傳具有其文。畢氏引淮南氾論訓云：「夏桀、殷紂之盛，人跡所至，舟車所通，莫不爲郡縣。」以此證郡縣之名起於夏、殷也。

又東三百四十里，曰堯光之山。其陽多玉，其陰多金。懿行案：太平御覽八百十三卷引此經，作「克光之山，其陰多鐵」。有獸焉，其狀如人而彘鬣，穴居而冬蟄，其名曰猾裹，滑、懷兩音。懿行案：御覽九百十三卷引此經，「猾裹」作「猾褢」。其音如斲木，如人斫木聲。見則縣有大繇。謂作役也。或曰：「其縣是亂。」懿行案：藏經本作「其縣亂」，無「是」字。

又東三百五十里，曰羽山。今東海祝其縣西南有羽山，即鯀所殛處。計此道里不相應，似非也。懿行案：地理志云：東海郡祝其，「禹貢羽山在南，鯀所殛」。郭以爲非此經羽山，是矣。其下多水，其上多雨，無草木，多蝮虫。蚖也。懿行案：本草別録蝮蛇與蚖爲二物，郭以爲蚖即蝮虫，非也。吴氏以「蚖」爲「虮」字之誤，「虮」即「虺」字，亦非。

又東三百七十里，曰瞿父之山，音劬。懿行案：玉篇云：「岎，音父，山名。」蓋「父」或爲「岎」也。但經内諸山以「父」名者非一，既疑，未敢定。又玉篇、廣韵偏傍之字多後人所加，不盡可從〔一〕也，餘多放此。無草木，多金、玉。

又東四百里，曰句餘之山，今在會稽餘姚縣南、句章縣北，故此二縣因此爲名云，見張氏地理志。懿行案：山在今浙江歸安縣東。劉昭注郡國志會稽郡餘姚句章引此經及郭注，與今本同。晉書地理志亦云：餘姚「有句

〔一〕「從」，原誤作「人」，據文意及諸本改。

餘山在南」。「張氏地理志」者，此及西山經鳥鼠同穴之山注竝引之。張氏，張晏也，見水經注。無草木，多金、玉。

又東五百里，曰浮玉之山，懿行案：水經沔水注引此經云云，又引謝康樂云：「山海經浮玉之山在句餘東五百里，便是句餘縣之東山，乃應入海。句餘今在餘姚鳥道山西北，何由北望具區也？以爲郭於地理甚昧矣。言洞庭南口有羅浮山，高三千六百丈。」「會稽山宜直湖南。」是酈氏以羅浮山爲此經浮玉山也。藝文類聚七卷引謝靈運羅浮山賦曰：「得洞經所載羅浮山事，云茅山是洞庭口，南通羅浮。」正與水經注合，茅山即會稽山也。類聚又引羅浮山記曰：「羅浮者，蓋總稱焉。羅，羅山也；浮，浮山也。二山合體，謂之羅浮，在增城、博羅二縣之境。」北望具區，具區，今吳縣西南太湖也，尚書謂之「震澤」。懿行案：具區即震澤，揚州藪也，其太湖乃五湖之總名，揚州浸也，載在職方甚明。郭氏此注及爾雅「十藪」注，竝以具區、太湖爲一，非也。說見爾雅略。東望諸毗。水名。懿行案：「諸毗」，廣雅釋地作「渚毗」，蓋古字通也。又上文柜山「北望諸毗」，郭云「山名」；此云「東望諸毗」，郭云「水名」；又西山經云「北望諸毗之山」，又云「北望諸毗」，郭云「山名」；西山經又云「西流注于諸毗之水」，郭云「水出諸毗山也」；北山經亦云「西流注于諸毗之水」，郭云「水出諸毗山也」。然則諸毗蓋非一山，其水即非一水。此經諸毗蓋在江南，其西、北二經所說皆與此異者也。太平寰宇記云：烏程縣，「毗山在縣東北九里」。蓋此經所謂諸毗矣。有獸焉，其狀如虎而牛尾，其音如吠犬，其名曰彘，是食人。苕水出于其陰，北流注于具區，懿行案：水經注云：「山陰西四十里有〔一〕二谿，東谿廣一丈九尺，冬暖夏冷；西谿廣三丈五尺，冬冷夏暖。二谿北出，行三里，至徐邨，

〔一〕「有」，原誤作「石」，據文意及諸本改。

合成一谿，廣五丈餘，而温涼又雜，蓋山海經所謂苕水也。北逕羅浮山，而下注於太湖，故言出其陰，入於具區也。」案太平寰宇記云苕谿在烏程縣南五十步。霅水亦苕水之異名。其中多鮆魚。鮆魚，狹薄而長頭，大者尺餘，太湖中今饒之，一名刀魚。音祚啓反。懿行案：爾雅云：「鮤，鱴刀。」郭注云：「今之鮆魚也，亦呼爲魛魚。」今案海中亦有刀魚，登、萊閒人呼林刀魚。蓋「林」即「鮤」聲之轉矣。李善注江賦引此經郭注，與今本同。太平御覽九百三十七卷引郭注，「長頭」作「長鬚」；又九百三十九卷引魏武四時食制曰：「望魚側如刀，可以刈草，出豫章明都澤。」蓋亦此類，但「望魚」之名所未攷。

又東五百里，曰成山，四方而三壇。形如人築壇相累也。成，亦重耳。懿行案：爾雅云：「丘，一成爲敦丘。」郭注云：「成，猶重也。」引周禮曰：「爲壇三成。」正與此義相證，故云「成，亦重耳」，言此之成山亦因重累如壇而得名也。其上多金、玉，其下多青雘。閡水出焉，音涿。懿行案：玉篇云：「閡，式旨切。」从「豕」不从「豖」。藏經本亦作「閡」。而南流注于一作「流注于西」。虖勺，虖，音呼。勺，或作「多」，下同。其中多黄金。今永昌郡水出金，如糠在沙中。尸子曰：「清水出黄金、玉英。」懿行案：劉昭注郡國志永昌郡，引華陽國志云：「蘭滄水有金沙，洗取融爲金。」即郭所説也。藝文類聚八卷引尸子，作「清水有黄金」；郭注穆天子傳引尸子，作「龍泉有玉英」。此注「玉英」二字衍，或上有闕脱。

又東五百里，曰會稽之山，今在會稽郡山陰縣南，上有禹冢及井。懿行案：地理志云：會稽郡，山陰，「會稽山在南，上有禹冢、禹井。」越絶書云：「禹到大越，上茅山，大會計，更名茅山曰會稽。」水經注云：「會稽之山，古防山也，亦謂之爲茅山，又曰棟山。越絶云：『棟，猶鎮也。』」藝文類聚八卷引郭氏讚云：「禹徂會稽，爰朝羣臣。不虔是討，乃戮長人。玉匱表夏，糸石勒秦。」四方。其上多金、玉，其下多砆石。砆，武夫石，似玉。今長沙臨湘出之，赤地白文，色蘢葱，不分明。懿行案：子虛賦云：「碝石碔砆。」張揖注云：「皆石之次玉者。」戰國策云『碔砆類玉』是也。」劉昭注郡國志引此經，作「玞石」，水經注作「玦石」，竝誤。玉篇引此經，作「砆石」；又引郭注，「赤地」作「青地」，「分明」作「分了」也。勺水出焉，而南流注于湨。音鶪。懿行案：水經漸江水注引此經，「勺」作「夕」，「湨」作「湖」。

又東五百里，曰夷山，無草木，多沙石。湨一作「浿」。水出焉，而南流注于列塗。懿行案：疑即塗山。說文作「峹」，云：「峹，會稽山。一曰九江當峹也。」

又東五百里，曰僕勾一作「夕」。懿行案：「夕」，疑「多」字之譌。且此經前有虖勺，後有虖勺之山，其字作「勺」，或作「多」，可證。又越絕書云：「麻林山，一名多山」，「越謂齊人多，故曰麻林多」。亦其例也。又上文云會稽山，「勺水所出」，水經注作「夕水」，疑「夕」亦「多」字之譌矣。之山。其上多金、玉，其下多草木，無鳥獸，無水。

又東五百里，曰咸陰之山，無草木，無水。

又東四百里，曰洵一作「旬」。懿行案：玉篇引此經，作「旬山」；太平御覽九百四十一卷引作「旬山」，與郭注合。山。其陽多金，其陰多玉。有獸焉，其狀如羊而無口，不可殺也，禀氣自然。懿行案：「不可殺」，言不能死也，無口不食而自生活。其名曰䍺。音還，或音患。懿行案：廣韵云：「䍺，獸名，似羊，黑色無口，不可殺也。」「䍺」，又作「𦏁」。洵水出焉，音詢。懿行案：地理志云：漢中郡旬陽，「北山，旬水所出，南入沔。」計其道里，似非此。而南流注于閼之澤，音遏。其中多芘蠃。紫色螺也。懿行案：郭云「紫色螺」，即知經文「芘」當爲「茈」字之譌也，古字通以「茈」爲「紫」。御覽引此經，「芘」作「茈」。

又東四百里，曰虖勺之山。懿行案：虖勺已見上文，郭注云：「『勺』或作『多』。」文選注阮籍詠懷詩引此經，作「雩夕之山」。其上多梓、枏，梓，山楸也。枏，大木，葉似桑，今作「楠」，音南，爾雅以爲「枏」。懿行案：梓、枏竝見爾雅。又「梅，枏」，郭注云：「似杏，實酢。」非也。此注得之，説見爾雅略。又玉篇説「枏」，亦本爾雅注而誤。王引之曰：「『爾雅以爲枏』，『枏』疑當作『梅』。」其下多荆、懿行案：廣雅云：「楚，荆也。」「牡荆，曼荆也。」杞。杞，苟杞也，子赤。懿行案：爾雅云：「杞，枸檵。」郭注云：「今枸杞也。」文選注引此經郭注亦云：「杞，枸杞。」是「苟」、「枸」聲同也。其子赤，俗呼「狗嬭子」。廣雅云：「椅乳，苦杞也。」根名「地骨」，故廣雅云：「地筋，枸杞也。」滂水出焉，音滂沱之滂。而東流注于海。

又東五百里，曰區吳之山，無草木，多沙石。鹿水出焉，而南流注于滂水。

又東五百里，曰鹿吳之山。上無草木，多金、石。澤更之水出焉，而南流注于滂水。水有獸焉，名曰蠱雕，「蠱」或作「纂」。其狀如雕而有角，雕，似鷹而大尾，長翅。懿行案：説文云：「雕，鷻也。」玉篇云：「鵰也。」其音如嬰兒之音，是食人。

東五百里，曰漆吳之山，無草木，多博石，可以爲博棊石。懿行案：方言云：「簙，謂之蔽，或謂之棊。」古棊以木，故字从木。然中次七經云：休與之山，有石，「名曰帝臺之棊」。是知博棊古有用石者也。無玉。處于東海，懿行案：「東海」，一本作「海東」。望丘山，其光載出載入，神光之所潛燿。是惟日次。是日景之所次舍。懿行案：楊慎補注云：「經載日月所出入之山，凡數十所。蓋峯巒隱映，壑谷層疊，所見然矣，非必日月出沒定在是也。」

凡南次二經之首，自柜山至于漆吳之山，凡十七山，七千二百里。懿行案：今七千二百一十里。其神狀皆龍身而鳥首，其祠：毛用一璧瘞，糈用稌。稻穬也。懿行案：「穬」字疑衍，或「稉」字之譌。

南次三經之首曰天虞之山。懿行案：山當在交、廣也。藝文聚類八卷引顧微廣州記云：「南海始昌縣西有夫盧山，高入雲霄，世傳云：上有湖水，至甲戌日，輒聞山上有鼓角笳簫鳴響。」疑即斯山也。「天虞」、「夫盧」字形相近，或傳寫之譌。其下多水，不可以上。

東五百里，曰禱過之山。其上多金、玉，其下多犀、犀，似水牛，豬頭庳腳，腳似象，有三蹏；大腹，黑色，三角：一在頂上，一在額上，一在鼻上。在鼻上者，小而不墮，食角也；好噉棘，口中常灑血沫。懿行案：犀，見爾雅，郭注與此同，唯「墮」作「櫝」，是。兕，兕，亦似水牛，青色，一角，重三千斤。懿行案：兕，亦見爾雅，郭注與此同，此注「三」字衍。多象。象，獸之最大者，長鼻，大者牙長一丈，性妒，不畜淫子。懿行案：說文云：「象，長鼻、牙，南越大獸，三年一乳。」初學記二十九卷引郭氏圖讚云：「象實魁梧，體巨貌詭。肉兼十牛，目不踰豕。望頭如尾，動若丘徙。」有鳥焉，其狀如鵁鵁，似鳧而小，腳近尾，音骹箭之骹。懿行案：爾雅云：「鳽，頭鵁。」郭注與此略同。而白首，三足或作「手」。人面，其名曰瞿如，音劬。懿行案：「瞿」，玉篇、廣韻竝作「鸜」。玉篇云：「鸜，鳥似白鵁。」「白」字衍也。廣韻云：「鸜，三首三足鳥。」「白首」作「三首」，或字之譌，或所見本異也。其鳴自號也。泿水出焉，音銀。懿行案：水經云：「泿水出武陵鐔城縣北界沅水谷。」注引此經爲釋。而南流注于海。懿行案：水經云：泿水「又東至南海番禺縣西，分爲二：其一南入於海，其一又東過縣東，南入於海」。注云：「泿水又東，逕懷化縣，入於海。」其中有虎蛟，蛟，似蛇，四足，龍屬。懿行案：郭氏江賦云：「水物怪錯，虎蛟鉤蛇。」本此。水經注引裴淵廣州記云：「泿水有鯌魚。」博物志云：「東海蛟鯌魚生子，子驚，還入母腸，尋復出。」與水經注合，疑蛟鯌即虎蛟矣。所以謂之「虎」者，初學記三十卷引沈瑩臨海水土異物志云：「虎鯌長五尺，黃黑班，耳目齒牙有似虎形，唯無毛，或變化成虎。」然則「虎蛟」之名蓋以此。又任昉述異記云：「虎魚老者爲蛟。」疑別是一物也。其狀魚身而蛇尾，其音如鴛鴦，食者不腫，懿行案：説文云：「腫，癰也。」可以已痔。懿行案：説文云：「痔，後病也。」

又東五百里，曰丹穴之山，懿行案：爾雅云：「岠齊州以南，戴日爲丹穴，丹穴之人智。」莊子讓王篇云：越王子搜「逃乎丹穴」。釋文引爾雅。其上多金、玉。丹水出焉，而南流注于渤海。渤海，海岸曲崎頭也。懿行案：「渤」，俗字也。説文云：「郣，海地。一曰地之起者曰郣。」史記封禪書作「激海」，漢書武帝紀作「教海」，揚雄傳作「勃解」，竝通。有鳥焉，其狀如雞，懿行案：史記司馬相如傳正義、文選注顏延之贈王太常詩、藝文類聚九十九卷及初學記五卷引此經，「雞」竝作「鶴」，薛綜注東京賦引作「鵠」。五采而文，名曰鳳皇。首文曰德，翼文曰義，背文曰禮，懿行案：海内經作「翼文曰順，背文曰義」，廣雅與海内經同。膺文曰仁，腹文曰信。懿行案：周書王會篇云：「西申以鳳鳥。鳳鳥者，戴仁抱義，掖信歸有德。」是鳥也，飲食自然，懿行案：初學記引此經，作「不飲不食」，誤。自歌自舞，見則天下安寧。漢時鳳鳥數出，高五六尺，五采。莊周説鳳，文字與此有異。廣雅云：「鳳，雞頭、燕頷、蛇頸、龜背、魚尾。雌曰皇，雄曰鳳。」懿行案：鶠，鳳，其雌皇，見爾雅。郭引廣雅「龜背」，今本作「鴻身」，爾雅注與此注同，唯「五六尺」作「六尺許」也。説文云：「天老曰：鳳之象也，鴻前麐後，蛇頸魚尾，鸛顙鴛思，龍文龜背，燕頷雞喙，五色備舉，出於東方君子之國，翱翔四海之外，過崑崙，飲砥柱，濯羽弱水，莫宿風穴，見則天下大安寧。」類聚引郭氏讚云：「鳳皇靈鳥，實冠羽羣。八象其體，五德其文。附翼來儀，應我聖君。」

又東五百里，曰發爽或作「嚣」。懿行案：藝文類聚九十五卷引此經，亦作「發爽」。之山，無草木，多水，多白猿。懿行案：類聚引「猿」作「猨」。汎水出焉，而南流注于渤海。

又東四百里，至于旄山之尾。其南有谷，曰育遺，或作「隧」。懿行案：「遺」、「隧」古音相近。大雅桑柔篇云：「大風有隧。」此經之「隧」，爲凱風所出，即風穴也。説文云鳳皇「莫宿風穴」，蓋即此。多怪鳥，廣雅曰：「鵔鶵、鶡明、爰居、鴡雀，皆怪鳥之屬也。」懿行案：今本廣雅作「鵕離、延居、鵅雀，怪鳥屬也。」「離」、「鶵」古通用，「延」、「爰」聲相近；「鵅」與「鴡」、「鵔」與「鵕」，竝字形之譌。又廣雅上文已云「鶡明，鳳皇屬」，不應又爲怪鳥，疑郭氏誤記爾。凱風自是出。凱風，南風。懿行案：爾雅云南風曰「凱風」。

又東四百里，至于非山之首。其上多金、玉，無水，其下多蝮虫。

又東五百里，曰陽夾之山，無草木，多水。

又東五百里，曰灌湘之山。一作「灌湖射之山」。上多木，無草，多怪鳥，無獸。

又東五百里，曰雞山。懿行案：雞山在今雲南。郡國志云：永昌郡博南，「南界出金。」劉昭注引華陽國志云：「西山高三十里，越得蘭滄水，有金沙，洗取融爲金。」今案，博南西山疑即雞山，蘭滄水即黑水矣。又，益州滇池有黑水祠。劉昭注引華陽國志云：「水是温泉也。」其上多金，其下多丹雘。雘，赤色者。或曰：「雘，美丹也，見尚書。」音尺蠖之蠖。懿行案：雘，已見上文青丘之山。説文云：「丹，巴、越之赤石也。」「雘，善丹也。」引周書曰：「惟其敷丹」雘。「讀若雀。」黑水出焉，而南流注于海。其中有鱄魚，音團扇之團。懿行案：説文云：「鱄，魚名。」李善注江賦引此經，作「蟳魚」；廣韵亦作「蟳魚」，非也。其狀如鮒懿行案：廣雅云：「鮒，鰿也。」即今鯽魚。「鯽」、「鰿」同字，見玉篇。而彘毛，懿行案：廣韵作「家尾」。其音如豚，見則天下大旱。懿行案：太平御覽九百三十九卷引鱄魚并鵰鳥圖讚云：「鵰鳥栖林，鱄魚處川。俱爲旱徵，災延普天。測之無象，厥類惟玄。」

又東四百里，曰令丘之山，無草木，多火。懿行案：初學記二十五卷引括地圖曰：「神丘有火穴，光照千里。」「神丘」、「令丘」聲相近。楚詞大招篇亦云：「魂虖無南，南有炎火千里。」抱朴子云南海蕭丘有自生之火也。其南有谷焉，曰中谷，條風自是出。東北風爲條風。記曰：「條風至，出輕繫，督捕留。」懿行案：「條風」，吕氏春秋有始覽作「滔風」。淮南墬形訓云：「東方曰條風。」高誘注云：「震氣所生。」劉昭注郡國志九真郡居風，引交州記云：「山有風門，常有風。」郭引「記曰」者，淮南天文訓云：「條風至，則出輕繫，去稽留。」今郭注譌「督捕留」。藏經本「捕」作「逋」，是。有鳥焉，其狀如梟，人面，四目而有耳，其名曰顒，音娛。懿行案：玉篇、廣韵竝作「鶌」。其鳴自號也，見則天下大旱。

又東三百七十里，曰侖者之山。音論説之論，一音倫。其上多金、玉，其下多青雘。有木焉，其狀如穀而赤理，其汗如漆，懿行案：「漆」，當爲「桼」。説文云：「木汁可以髤物。」桼如水滴而下，故此言汁矣。經文「汗」，當爲「汁」字之譌。東次四經云「其汁如血」，可證。太平御覽五十卷引此經，正作「汁」字。其味如飴，懿行案：説文云：「飴，米糱煎也。」方言云：「飴謂之餃。餳謂之餹。」郭注云：「江東皆言餹。」食者不飢，可以釋勞，懿行案：高誘注淮南精神訓云：「勞，憂也。」其名曰白䓘，或作「睾蘇」。睾蘇，一名白䓘，見廣雅。音羔。懿行案：廣雅云：「皋蘇，白䓘也。」在釋草篇。此言木者，雖名爲木，其實草也，正如竹之爲屬，亦草亦木矣。藝文類聚引張協都蔗賦云：「皋蘇妙而不逮，何況沙棠與椰實。」皋蘇味如飴，故以比甘蔗也。云「可以釋勞」者，初學記引王朗與魏太子書云：「奉讀歡笑以藉飢渴，雖復萱草忘憂、皋蘇釋勞，無以加也。」可以血玉。血，謂可用染玉作光彩。懿行案：染玉之説未聞。大戴禮少閒篇云：「玉者猶玉，血者猶血。」盧辯注云：「血，憂色也。」與此義合。

又東五百八十里，曰禺稾之山，多怪獸，多大蛇。

又東五百八十里，曰南禺之山。其上多金、玉，其下多水。有穴焉，水出懿行案：「出」，藏經本作「春」。輒入，夏乃出，冬則閉。佐水出焉，而東南流注于海。有鳳皇、鵷雛。亦鳳屬。懿行案：莊子秋水篇云：「南方有鳥，其名鵷鶵。」本此。釋文引李頤云：「鵷鶵，鸞鳳之屬也。」李善注南都賦引此經，與今本同；又引郭注云：「鳳皇也。」疑誤。

凡南次三經之首，自天虞之山以至南禺之山，凡一十四山，六千五百三十里。懿行案：今才一十三山，五千七百三十里。其神皆龍身而人面，其祠皆一白狗祈，祈，請禱也。懿行案：畢氏云：「『祈』當爲『蠿』。」引説文云：「蠿，以血有所刏涂祭也。」又引周禮鄭注云：「祈，或爲刏。刏與蠿同義。」糈用稌。

右南經之山志，懿行案：篇末此語蓋校書者所題，故舊本皆亞於經。大小凡四十山，萬六千三百八十里。懿行案：經當云「凡四十一山，萬六千六百八十里」，蓋傳寫之誤也。今檢才三十九山，萬五千六百四十里。

山海經第二

西山經

西山經華山之首，曰錢來之山。其上多松，其下多洗石。澡洗可以磢體去垢圿。磢，初兩反。懿行案：「磢」，當爲「瓾」。説文云：「磋，垢瓦石。」有獸焉，其狀如羊而馬尾，名曰羬羊，今大月氏國有大羊，如驢而馬尾。爾雅云：「羊六尺爲羬。」謂此羊也。羬音針。懿行案：「羬」，當從説文作「麙」，「羬」蓋俗體。玉篇午咸、渠炎二切，廣韵巨淹切，與「鍼」同音。「鍼」又之林切，俗字作「針」。是郭注之「針」，蓋因傳寫隨俗，失於校正也。初學記二十九卷引此注亦云：「羬，音針。」則自唐本〔一〕已譌。太平御覽九百二卷引郭義恭廣志云：「大尾羊，細毛薄皮，尾上旁廣，重且十斤，出康居。」即與此注相合。初學記引郭氏圖讚云：「月氏之羊，其類在野。厥高六尺，尾亦如馬。何以審之，事見爾雅。」其脂懿行案：説文云：「戴角者脂。」可以已腊。治體皴。腊，音昔。懿行案：説文云：「昔，乾肉也。籀文作『腊』。」此借爲皴腊之字。今人以羊脂療皴有驗。

西四十五里，曰松果之山。懿行案：山在今陝西華陰縣東南二十七里。李善注西都賦引此經云：「華

〔一〕「本」，原誤作「木」，據文意及諸本改。

首之山西六十里，曰太華之山。」又注長楊賦引此經，作「松梁之山西六十里，曰太華山」。濩水出焉，懿行案：水經注作「灌水」。北流注于渭。懿行案：水經云：河水「又南至華陰潼關」。注云：「灌水注之，水出松果之山，北流逕通谷，世亦謂之通谷水，東北注於河。」案水經注言入河，此經云注渭者，華陰、潼關之閒，河、渭所會，水蓋受其通稱矣。其中多銅。有鳥焉，其名曰螐渠，螐，音彤弓之彤。懿行案：爾雅云：「䳭鴒，雝渠。」廣雅云：「䳭鳥，精列。」「鶺鸈，雃也。」説文云：「雃，石鳥。一名雝渠。」郭注爾雅云：「雀屬也。」又注上林賦云：「庸渠，似鳧，灰色而雞腳，一名章渠。」然則雝渠與螐渠形狀既異，名稱又殊，説者多誤引，今正之。其狀如山雞，黑身赤足，可以已𦢊。謂皮皴起也，音叵駁反。懿行案：「𦢊」，疑當爲「暴」，借爲皴剥之字。

又西六十里，曰太華之山，即西岳華陰山也，今在弘農華陰縣西南。懿行案：説文云：「華山在弘農華陰。」地理志云：京兆尹華陰，「太華山在南」。晉書地理志云：弘農郡華陰，「華山在縣南」。削成而四方，今山形上大下小，陗峻也。懿行案：郭蓋讀「削」爲「陗」，今讀如字。水經注云：「遠而望之，又若華狀。」其高五千仞，其廣十里，仞，八尺也。上有明星、玉女持玉漿，得上，服之即成仙道，險僻不通，詩含神霧云。懿行案：明星、玉女，華山峯名也。藝文類聚七卷引郭氏讚云：「華岳靈峻，削成四方。爰有神女，是挹玉漿。其誰遊之，龍駕雲裳。」鳥獸莫居。有蛇焉，名曰肥𧔥，六足四翼，見則天下大旱。湯時此蛇見於陽山下。復有肥遺蛇，疑是同名。懿行案：「𧔥」，當爲「遺」。劉昭注郡國志及藝文類聚九十六卷竝引此經，作「肥遺」。又，此篇下文有鳥復名「肥遺」，郭云「復有肥遺蛇」者，見北山經渾夕之山、彭毗之山。

又西八十里，曰小華之山。即少華山。懿行案：水經注云太華西南有小華山也。其木多荆、杞，其獸多㸲牛。今華陰山中多山牛、山羊，肉皆千斤，牛即此牛也。音昨。懿行案：穆天子傳云：「春山爰有野牛、山羊。」郭注云：「今華陰山有野牛、山羊，肉皆千斤。」與此注同。是此注「山牛」，當爲「野牛」。其陰多磬石，可以爲樂石。懿行案：秦嶧山刻石文云：「刻茲樂石。」即磬石也。説文云：「磬，樂石。」初學記十六引此經。其陽多㻬琈之玉。㻬琈，玉名，所未詳也。㻬、浮兩音。懿行案：説文引孔子曰：「美哉璵璠，遠而望之，奂若也；近而視之，瑟若也。一則理勝，一則孚勝。」此經「㻬琈」，古字所無，或即「璵璠」之字，當由聲轉。若係「理孚」之文，又爲形變也。古書多假借，疑此二義似爲近之。鳥多赤鷩，赤鷩，山雞之屬，胷腹洞赤冠金，皆黄頭緑，尾中有赤，毛彩鮮明。音作蔽，或作鼈。懿行案：爾雅説雉十有四種，中有鷩雉，郭注與此同。此注「皆黄」，當爲「背黄」字之譌。説文又云：「鵔鸃，鷩也。」可以禦火。其草有萆荔，萆荔，香草也。蔽、戾兩音。懿行案：「萆荔」，説文作「萆藨」，離騷作「薜荔」，竝古字通。狀如烏韭而生于石上，亦緣木而生，烏韭，在屋者曰昔邪，在牆者曰垣衣。懿行案：説文云：「萆藨，似烏韭。」「藨」當爲「歷」，徐鍇繫傳正作「歷」，其以烏韭爲麥門冬，謬也。麥門冬，葉雖如韭，不名烏韭。廣雅云：「昔邪，烏韭也。」本草云：「烏韭，生山谷石上。」唐本草蘇恭注謂之「石苔」。然則此物蓋與今石華相類，蒼翠茸茸，如華附石，其味清香。故離騷云：「貫薜荔之落蕊。」王逸注云：「薜荔，香草也，緣木而生。」是「薜荔」即「萆荔」。郭注本王逸爲説也，「烏韭」二語本廣雅。食之已心痛。懿行案：本草陶注云：「垣衣，主治心煩、欬逆。」

又西八十里，曰符禺之山。懿行案：水經云：渭水「又東過華陰縣北」。注有符禺之山。太平御覽八百七十卷引此經，「禺」作「愚」；九百二十八卷又引作「遇」。其陽多銅，其陰多鐵。其上有木焉，名曰文莖，其實如棗，可以已聾。懿行案：藝文類聚引束皙發蒙記云：「甘棗令人不惑。」疑因此經下文相涉而誤，當云「甘棗令人不聾」。孟詵食療本草云：「乾棗主耳聾。」是也。又本草經云：「山茱萸，一名蜀棗。」別録云：「主耳聾。」其草多條，其狀如葵而赤華，黃實，如嬰兒舌，食之使人不惑。符禺之水出焉，懿行案：水經注云：「渭水又東，合沙溝水。水即符禺之水也，南出符禺之山，北流入於渭。」而北流注于渭。其獸多蔥聾，其狀如羊而赤鬣。懿行案：此即野羊之一種，今夏羊亦有赤鬣者。其鳥多鴖，音旻。懿行案：「鴖」，當爲「䳑」。御覽引此經，正作「䳑」。説文云：「䳑鳥也。」廣韵云：「䳑鳥，似翠而赤喙。」其狀如翠而赤喙，翠，似燕而紺色也。懿行案：翠鷸見爾雅，郭注與此同。可以禦火。畜之辟火災也。懿行案：御覽引此經，「禦」竝作「衛」，疑誤。

又西六十里，曰石脆之山。懿行案：「脆」，當爲「脃」。水經云：渭水「又東過鄭縣北」。注有石脆之山。藝文類聚八十九卷兩引此經，竝作「脆山」，無「石」字。其木多椶、柟。椶，樹高三丈許，無枝條，葉大而員，枝生梢頭，實皮相裹，上行一皮者爲一節，可以爲繩；一名栟櫚。音馬騣之騣。懿行案：李善注西京賦引此注，作「并閭」。廣雅云：「栟櫚，椶也。」説文云：「椶，栟櫚也，可作萆。」「萆，雨衣也。」玉篇云：「椶櫚，一名蒲葵。」類聚引廣志曰：「椶，一名并閭，葉似車輪，乃在巔下有皮纏之，附地起，二旬一采，轉復上生。」是其形狀也。郭注「枝生梢頭」，「枝」，藏經本作「岐」，二字通。其草多條，其狀如韭而白華，黑實，懿行案：「條草」與上文同名異狀。又韭亦白華黑實也。食之已疥。其陽多㻬琈之玉，其陰多銅。灌水出焉，而北流注于禺水。懿行案：水經注云：「小赤水即山海經之灌水也，水出石脃之山，北逕籚加谷於孤柏原西，東北流，與禺水合」。其中有流赭，赭，赤土。懿行案：「赭」，見北次二經少陽之山注。以塗牛馬，無病。今人亦以朱塗牛角，云以辟惡。「馬」，或作「角」。懿行案：本草經云：「代赭石，主鬼疰蠱毒，殺精物惡鬼邪氣。」然則赭辟邪惡，不獨施之牛馬矣。

又西七十里，曰英山。懿行案：水經云：渭水「又東過鄭縣北」。注有英山。其上多杻、橿，杻，似棣而細葉，一名土橿，音紐。橿，木中車材，音姜。懿行案：爾雅云：「杻，檍。」郭注與此同。說文云：「橿，枋也。」「枋木，可作車。」其陰多鐵，其陽多赤金。禺水出焉，北流注于招水。音韶。懿行案：水經注云：禺水「出英山，北流，與招水相得亂流，西北注於灌。灌水又北注於渭」。其中多鮭魚，音同蚌蛤之蚌。其狀如鼈，其音如羊。其陽多箭䉋。今漢中郡出䉋竹，厚裏而長節，根深，筍冬生地中，人掘取食之。䉋，音媚。懿行案：玉篇云：「䉋竹，長節深根，筍冬生。」廣雅云：「箭䉋，䈌也。」「䉋」，廣志作「篃」，見初學記。水經注作「媚」，有媚加谷，又見中山經。其獸多㸲牛、羬羊。有鳥焉，其狀如鶉，懿行案：鷯鶉，見爾雅。黃身而赤喙，其名曰肥遺，食之已癘，癘，疫病也。或曰惡創。韓子曰：「癘人憐主。」懿行案：說文云：「癘，惡疾也。」「或曰惡創」者，韓詩外傳引戰國楚策云：「癘雖癰腫疕疵。」又云：「癘憐王。」此注「人」字衍，「主」又「王」字之譌。所引韓子者，姦劫弒臣篇文也，與外傳、楚策同。可以殺蟲。懿行案：蟲蓋蟯蛕之屬。

又西五十二里，曰竹山。懿行案：山在今陝西渭南縣東南四十里，俗名大秦嶺，亦曰箭谷嶺，蓋因多竹箭得名。其上多喬木，枝上竦者，音橋。懿行案：爾雅云：「木上句曰喬。」其陰多鐵。有草焉，其名曰黄雚，其狀如樗，其葉如麻，白華而赤實，其狀如赭，紫赤色。浴之已疥，懿行案：説文云：「疥，搔也。」此草浴疥，可以去風癢。本草别録云：「對廬主疥，煮洗之，似菴藺。」即此也。又可以已胕。治胕腫也。音符。懿行案：胕腫，見黄帝素問。竹水出焉，北流注于渭。懿行案：水經注云：「渭水又東逕下邽縣故城南，又東與竹水合。水南出竹山，北逕媚加谷，歷廣鄉原東，俗謂之大赤水，北流注於渭。」其陽多竹、箭，箭，篠也。懿行案：説文云：「筱，箭屬，小竹也。」多蒼玉。懿行案：玉藻云：「大夫佩水蒼玉。」丹水出焉，今所在有丹水。東南流注于洛水。懿行案：丹水、洛水皆在今陝西界也。水經注云：上洛縣洛水「東與丹水合，水出西北竹山，東南流注於洛」。其中多水玉，多人魚。如鯑魚，四脚。懿行案：説見北次三經龍侯之山注。有獸焉，其狀如豚而白毛，懿行案：初學記二十九卷及文選長楊賦注引此經，俱「毛」下復有「毛」字。大如笄而黑端，笄，簪屬。懿行案：李善注長楊賦引此經，下有「以毛射物」四字，疑今本脱去之，有郭注可證。名曰豪彘。狟豬也，夾髀有麄豪，長數尺，能以脊上豪射物，亦自爲牝牡。「狟」或作「豭」，吴、楚呼爲「鸞豬」，亦此類也。懿行案：初學記引此經，有云「貓豬，大者肉至千斤」，疑本郭注，今脱去之。藝文類聚九十四卷引郭氏圖讚云：「剛鬣之族，號曰豪豨。毛如攢錐，中有激矢。厥體兼資，自爲牝牡。」案豪彘，今謂之箭豬，其毛狀都如此經及注所説。

又西百二十里，曰浮山，懿行案：水經渭水注有胏浮山，與麗山連麓而在南，蓋此是也。藝文類聚七卷引遊名山志云：「玉溜山，一名地胏山，一名浮山。」即此山，在今陝西臨潼縣南。多盼木，音美目盼兮之盼。懿行案：郭既音盼，知經文必不作「盼」，未審何字之譌。枳葉而無傷，枳，刺針也，能傷人，故名云。懿行案：小爾雅云：「枳，害也。」郭注方言云：「山海經謂『刺』爲『傷』也。」本此。廣雅云：「傷，箴也。」此注「針」當爲「鍼」。木蟲居之。在樹之中。有草焉，名曰薰音訓。草，懿行案：廣雅云：「薰草，蕙草也。」説見嶓冢之山注。麻葉而方莖，赤華而黑實，懿行案：史記司馬相如傳索隱引本草云：「薰草，一名蕙。」廣志云：「蕙草，緑葉紫莖，魏武帝以此燒香。今東下田有草，莖葉似麻，其華正紫也。」臭如蘼蕪，蘼蕪，香草。易曰：「其臭如蘭。」眉、無兩音。懿行案：爾雅云：「蘄茝，蘼蕪。」郭注云：「香草，葉小如萎狀。」引淮南子云：「似蛇牀。」又引此經云：「臭如蘼蕪。」又文選南都賦注引本草經曰：「蘼蕪，一名薇蕪。」陶隱居注曰：「蕙葉，似蛇牀而香。」佩之可以已癘。懿行案：本草別録云：「薰草去臭惡氣。」爾雅疏引此經，作「止癘」。

又西七十里，曰羭次之山。音臾。懿行案：劉昭注郡國志及初學記一卷引此經，竝與今本同；其二十七卷又引作「瑜次之山」，蓋誤。漆水出焉，今漆水出岐山。懿行案：説文云：「漆水出右扶風杜陵岐山。」案杜陵，水經注引作「杜陽」，是也。地理志云：右扶風，「漆水在縣西」。水經云：「漆水出扶風杜陽縣俞山東，北入於渭。」注引此經，與今本同。北流注于渭。懿行案：説文云：「東入渭，一曰入洛。」據此經及水經，則入渭是也。其上多棫、橿，棫，白桵也。音域。懿行案：棫，白桵，見爾雅。其下多竹、箭，其陰多赤銅，其陽多嬰垣之玉。「垣」，或作「短」，或作「根」，或作「埋」，傳寫謬錯，未可得詳。懿行案：「垣」，下文泑山正作「短」。畢氏云：「郭云『或作根』者，當爲『珢』。」説文云：『珢，石之似玉者。』玉篇引張揖埤蒼云：『瓔珢，石似玉也。』珢，居恨、魚巾二切。』是。」有獸焉，其狀如禺而長臂，善投，其名曰嚻。亦在畏獸畫中，似獼猴投擲也。懿行案：「嚻」、「夒」聲相近。説文云：「夒，母猴，似人。」有鳥懿行案：初學記引此經，作「梟」，誤。焉，其狀如梟，人面而一足，曰橐𩇯，音肥。懿行案：廣韻引此經，「橐」作「蠹」。太平御覽四百三十三卷引河圖曰：「鳥一足名獨立，見則主勇强。」即斯類也。冬見夏蟄，服之不畏雷。著其毛羽，令人不畏天雷也。或作「災」。

又西百五十里，曰時山，懿行案：下文大時之山，廣韻引作「太時」，則此時山疑亦當爲時山。地理志云：右扶風雍，「有五時」。説文云：「時，天地五帝所基址，祭地也。」史記索隱云：「時，止也，言神靈之所依止也。」無草木。逐或作「遂」。水出焉，北流注于渭，其中多水玉。

又西百七十里，曰南山。懿行案：即終南山，詩謂之「南山」，在渭水之南。上多丹粟。懿行案：初學記八卷引此經云：「南山多黄，丹水出焉。」疑「多黄」即「多丹粟」之譌脱。丹水出焉，北流注于渭。懿行案：丹水即赤水也。水經注云：「渭水又東逕槐里縣故城南」，「有涌水出南山赤谷」。又云：耿谷水「北與赤水會，又北逕思鄉城東，又北注渭水」。獸多猛豹，猛豹，似熊而小，毛淺有光澤，能食蛇，食銅鐵，出蜀中。「豹」，或作「虎」。懿行案：猛豹即貘豹也。爾雅云：「貘，白豹。」郭注云：「似熊，小頭庳腳，黑白駁，能舐食銅鐵。」説文云：「貘，似熊而黄黑色，出蜀中。」「貘」，通作「獏」。白帖引廣志云：「獏，大如驢，色蒼白，舐鐵消千斤，其皮温暖。」又通作「貊」。郭注中次九經崍山云：「山出貊，貊似熊而黑白駁，亦食銅鐵。」是則貊即貘也。「貘豹」、「猛豹」，聲近而轉。鳥多尸鳩。尸鳩，布穀類也。或曰：「鶻鵃也。」「鳩」，或作「丘」。懿行案：爾雅云：「鳲鳩，鴶鵴。」郭注云：「今之布穀也。」與此注同。又引「或曰：『鶘鸇也』」者，列子天瑞篇云：「鷂之爲鸇，鸇之爲布穀，布穀久復爲鷂。」是郭所本也。又云「『鳩』，或作『丘』」者，聲近假借字。

又西百八十里，曰大時之山。懿行案：廣韻引此經，作「太時」。畢氏云：「山疑即大白山也，在今陝西郿縣東南四十里。」水經注云：太一山「亦曰太白山，在武功縣南，去長安二百里」。上多穀、柞，柞，櫟。懿行案：柞、櫟見爾雅。下多杻、橿，陰多銀，陽多白玉。涔水出焉，音潛。北流注于渭。清水出焉，南流注于漢水。今河内脩武縣縣北黑山亦出清水。懿行案：地理志云：右扶風武功，「斜水出衙領山，北至郿入渭。襃水亦出衙領，至南鄭入沔」。案沔即漢也，東漢水受氐道水，一名沔，亦見地理志。是此經涔水疑即斜水，清水疑即襃水矣。劉昭注郡國志修武，引此郭注，與今本同；其引此經，作「太行之山」，蓋字之譌。

又西三百二十里，曰嶓冢之山。今在武都氐道縣南。嶓，音波。懿行案：山在今甘肅秦州西南六十里。李善注思玄賦引河圖曰：「嶓冢，山名，此山之精上爲星，名封狼。」漢水出焉，懿行案：地理志云：隴西郡西，「禹貢嶓冢山，西漢所出，南入廣漢白水，東南至江州入江。」又云：「氐道，禹貢養水所出，至武都爲漢。」「養」字本作「瀁」。説文云：「瀁，古字作瀁。」是地理志以出氐道者爲漢水，出嶓冢者爲西漢水也。水經則云：「瀁水出隴西氐道縣嶓冢山。」蓋合二水爲一也。又高誘淮南注及水經注引闞駰説，竝以漢即昆侖之洋水，重源顯發而爲瀁水。據此，又以「洋」即「瀁」字省文矣。而東南流注于沔。至江夏安陸縣，江即沔水。懿行案：地理志云：武都郡武都，「東漢水受氐道水，一名沔，過江夏謂之夏水，入江」。又云：「沮水出東狼谷，南至沙羨，南入江。」水經則云：沔水「出武都沮縣東狼谷」。是沮水即沔水，沔水即東漢水也。地理志云「東漢水受氐道水」，即此經云「東南流注于沔」矣。又案地理志及水經竝言漢水入江，此注云「江即沔水」，是知郭本經文作「注于江」，今本譌爲「沔」也。水經注及藝文類聚引此經，竝作「江」字，可證。又，此注云「江即沔水」，「江」上脱「入」字，「江」下脱「漢」字，遂不復可讀。瞯水懿行案：藝文類聚八十九卷引此經，作「瞿水」。出焉，北流注于湯水。或作「陽」。其上多桃枝、鉤端。鉤端，桃枝屬。懿行案：桃枝竹見爾雅。鉤端，廣雅作「篘篅」，云：「桃支也。」「篘篅」，聲近爲「篙簕」。玉篇云：「篙簕，桃枝竹。」獸多犀、兕、熊、羆，羆，似熊而黄白色，猛憨能拔樹。懿行案：吴氏本郭注「能拔樹」下有「一云長頭高腳」六字，與爾雅注合，諸本竝脱去之。鳥多白翰、白翰，白鵫也，亦名鵫雉，又曰白雉。懿行案：翰見爾雅，其字作「鶾」。赤鷩。有草焉，其葉如蕙，蕙，香草，蘭屬也。或以蕙爲薰葉，失之。音惠。懿行案：廣雅云：「菌，薰也，其葉謂之蕙。」本離騷王逸注爲説也。廣雅又云：「薰草，蕙草也。」故南方草木狀云：「蕙草，一名薰草。」是蕙即薰也。草木狀又云：「葉如麻，兩兩相對，氣如蘼蕪，可以止癘，出南海。」與上文浮山薰草名義相合。是張揖、嵇含竝以蕙、薰即爲一草，但不以蕙爲薰葉耳。郭氏不從離騷注，故云「失之」。其本如桔梗，本，根也。懿行案：廣雅云：「犁如，桔梗也。」本草作「利如」。太平御覽引吴普本草云：「一名盧如，葉如薺苨，莖如筆管，紫赤。」莊子徐无鬼篇釋文引司馬彪云：「桔梗治心腹、血瘀、瘕痹。」黑華而不實，名曰蓇蓉，爾雅釋草曰：「榮而不實，謂之蓇。」音骨。懿行案：郭引爾雅脱「英」字。玉篇、廣韵竝有「蓇，蓇蓉，从艸」，皆後人所加也。管子地員篇説：「木屬，有胥容。」「胥」，古字作「肙」，與「骨」形近易混。疑「骨容」即「胥容」也。但草木區別，疑未敢定焉。食之使人無子。

又西三百五十里，曰天帝之山。上多椶、枏，下多菅、蕙。菅，茅類也。懿行案：爾雅云：「白華，野菅。」郭注云：「菅，茅屬。」有獸焉，其狀如狗，名曰谿邊，或作「谷遺」。席其皮者不蠱。懿行案：此即狗屬也。史記封禪書云：秦德公「磔狗，邑四門，以禦蠱菑」。義蓋本此。有鳥焉，其狀如鶉，黑文而赤翁，翁，頭下毛。音汲甕之甕。懿行案：說文云：「翁，頸毛也。」注「頭」字譌。名曰櫟，音沙礫之礫。食之已痔。有草焉，其狀如葵，懿行案：史記司馬相如傳索隱引此經，作「葉如葵」。其臭如蘼蕪，名曰杜衡，香草也。懿行案：爾雅云：「杜，土鹵。」郭注云：「杜衡也，似葵而香。」廣雅云：「楚蘅，杜蘅也。」文選注引范子計然云：「秦蘅出於隴西天水。」史記司馬相如傳索隱引張揖云：「衡，杜衡，生天帝之山。」可以走馬，帶之令人便馬。或曰：「馬得之而健走。」食之已癭。懿行案：說文云：「癭，頸瘤也。」淮南墬形訓云：「險阻氣多癭。」博物志云：「山居之民多癭。」

西南三百八十里，曰皋塗之山。懿行案：史記司馬相如傳索隱引此經，作「鼻塗」。薔音色。或作「蕢」，又作「薑」。懿行案：「薔」，字形近「薑」，「薑」即「菑」字異文。郭注「蕢」、「薑」亦與「薔」、「菑」形近，但別無依據，疑未敢定也。水出焉，西流注于諸資之水。懿行案：淮南墬形訓云：「西南方曰渚資，曰丹澤。」塗水出焉，南流注于集獲之水。其陽多丹粟，其陰多銀、黃金，懿行案：銀與黃金二物也，下文槐江之山「多采黃金、銀」，與此義同。其上多桂木。有白石焉，其名曰礜，懿行案：說文云：「礜，毒石也，出漢中。」本草別録同。可以毒鼠。今礜石殺鼠，音豫，蠶食之而肥。懿行案：本草別録云：「礜石，辛，大熱，有毒，不鍊服，殺人及百獸。」然則不但可以毒鼠矣。博物志云：「鸛伏卵，取礜石入巢助煖。」陶注本草云：「取生礜石納水，令水不冰。」是其性大熱可知。玉篇云：「礜石出陰山，殺鼠，蠶食則肥。」本於郭注，其云「出陰山」則非也。云「蠶食之而肥」

者，淮南説林訓云：「人食礜石而死，蠶食之而不饑。」是郭注所本。有草焉，其狀如稾茇，稾茇，香草。 懿行案：稾茇即稾本也，「本」、「茇」聲近義同。故此經言「稾茇」，中山經青要之山言「稾本」。郭氏注上林賦云：「稾本，稾茇也。」明爲一物。廣雅云：「山茝、蔚香，稾本也。」其葉如葵而赤背，名曰無條，可以毒鼠。 懿行案：本草別録云「逐折殺鼠」，蓋即此。有獸焉，其狀如鹿而白尾，懿行案：史記司馬相如傳索隱引此經，無「白尾」二字。馬足人手前兩腳似人手。 懿行案：史記司馬相如傳索隱引此經，作「人首」，蓋譌。而四角，名曰玃如。音猳嬰之嬰。 懿行案：經文「玃」當爲「玃」，注文「猳嬰」當爲「猳玃」，竝字形之譌也。郭注爾雅「玃父」云：「貑玃也。」是此注所本。廣雅釋地本此經，正作「玃如」可證。太平御覽九百十三卷引作「玃」，無「如」字，疑脱。又案史記司馬相如傳有「蠗蝚」，索隱引此經，作「玃猱」，云：「字或作『蠗』。」然則「玃猱」即「玃如」之異文，「猱」、「如」聲之轉也。説文云：「蠗，禺屬。」玉篇云：「蠗，或作『玃』字。」有鳥焉，其狀如鴟懿行案：鴟有三種，具見爾雅。而人足，名曰數斯，食之已癭。或作「癇」。 懿行案：説文云：「癇，病也。」玉篇云：「小兒瘨癇。」後漢書王符傳云：「哺乳多則生癇病。」

又西百八十里，曰黃山，今始平槐里縣有黃山，上故有宮，漢惠帝所起，疑非此。 懿行案：郭注本地理志，槐里在右扶風，「有黃山宮，孝惠二年起」。晉書地理志云：始平郡槐里「有黃山宮」。無草木，多竹、箭。盼水出焉，音「美目盼兮」之盼。 懿行案：郭既音「盼」，知經文必不作「盼」，未審何字之譌。西流注于赤水，其中多玉。有獸焉，其狀如牛而蒼黑，大目，其名曰犛。音敏。 懿行案：周書王會篇云：「數楚每牛。」每牛者，牛之小者也。廣韵「犨」音切同美，是也，畢氏云。有鳥焉，其狀如鴞，懿行案：廣雅云：「鷙鳥，鴞也。」形狀見陸機詩疏。青羽赤喙，人舌能言，名曰鸚䳇。鸚䳇，舌似小兒舌，脚指前後各兩，扶南徼外出五色者，亦有純赤白者，大如鴈也。懿行案：說文云：「鸚䳇，能言鳥也。」初學記三十卷引廣州記云：「根杜出五色鸚䳇，曾見其白者，大如母雞。」又引南方異物志云：「鸚鴞有三種，交州巴南盡有之。」又引郭氏圖讚云：「鸚鴞慧鳥，棲林啄蘂。四指中分，行則以觜。」藝文類聚九十一卷引此讚尚有「自貽伊籠，見幽坐伎」八字。又文選注鸚鴞賦引此經郭注，「脚指」作「脚趾」。

又西二百里，曰翠山。其上多椶、枏，其下多竹、箭，其陽多黃金、懿行案：畢氏本無「金」字。玉，其陰多旄牛、懿行案：旄牛見北山經潘侯之山注。麢、麝。麢，似羊而大角，細食，好在山崖閒。麝，似獐而小，有香。懿行案：麢、麝竝見爾雅，郭注與此同。其鳥多鸓，音壘。懿行案：玉篇云：「䴎，大頰切。」所說形狀正與此同。是經「鸓」當爲「䴎」，注「壘」當爲「疊」，竝字形之譌也。其狀如鵲，赤黑而兩首四足，可以禦火。

又西二百五十里，曰騩山，音巍，一音隗囂之隗。是錞于西海。錞，猶隄埻也，音章閏反。懿行案：玉篇引此經，作「埻于西海」；又引郭注，作「埻，猶隄也」。今本「埻」字疑衍，「隄」蓋埤障之義。海內東經有埻端國，郭注：「埻，音敦。」西海，謂之青海，或謂之僊海，見地理志金城郡臨羌。又思玄賦舊注云：「黃帝葬於西海橋山。」亦即此。無草木，多玉。淒水出焉，或作「浽」。西流注于海。其中多采石、采石，石有采色者，今雌黃、空青、綠碧之屬。懿行案：穆天子傳云有采石之山，郭注云：「出文采之石也。」劉逵注蜀都賦云：「牂牁有白曹山，出丹青、曾青、空青也。」藝文類聚八十一卷引范子計然曰：「空青出巴郡，白青、曾青出弘農、豫章，白青出新淦。青色者善。」本草經曰：「空青能化銅、鐵、鉛、錫作金。」別録云：「生益州山谷及越巂山有銅處，銅精熏則生空青。」又云：「雌黃生武都山谷，與雄黃同山，生其陰。山有金，金精熏則生雌黃。」又云：「緑青生山之陰穴中，色青白。」陶注云：「此即用畫緑色者，亦出空青中。」蘇頌圖經云：「緑青，今謂之石緑是也。」黃金，多丹粟。

凡西經之首，自錢來之山至于騩山，凡十九山，二千九百五十七里。懿行案：今三千一百一十七里。華山，冢也，冢者，神鬼之所舍也。懿行案：此皆山也，言神與冢者，冢大於神。爾雅釋詁云：「冢，大也。」釋山云：「山頂，冢。」是其義也。郭以冢爲墳墓，蓋失之。其祠之禮：太牢。牛、羊、豕，爲太牢。羭山，神也，祠之用燭，或作「煬」。懿行案：説文云：「燭，庭燎火燭也。」「煬，炙燥也。」齋百日以百犧，牲純色者爲犧。瘞用百瑜，瑜，亦美玉名。音臾。湯或作「温」。懿行案：湯，讀去聲，今人呼「温酒」爲「湯酒」，本此。其酒百樽，温酒令熱。嬰以百珪百璧。嬰，謂陳之以環祭也。或曰：「嬰」即古「罌」字，謂盂也。徐州云。穆天子傳曰「黃金之嬰」之屬也。懿行案：穆天子傳云：「賜之黃金之罌三六。」郭注云：「即盂也，徐州謂之罌。」太平御覽八百六卷引此經云：「羭山之神，祠以黃圭。」藝文類聚八十三卷引作「羭山之神，祠之白珪」。兩引皆異，疑類聚近之。又，疑今本「百」或「白」字之譌也。其餘十七山之屬，皆毛牷用一羊祠之，牷，謂牲體全具也。左傳曰：「牷，牲肥腯者也。」燭者百草之未灰，懿行案：此蓋古人用燭之始。經云「百草未灰」，是知上世爲燭，蓋亦用麻蒸葦苣爲之，詳見詩疏及周禮疏。白蓆采等純之。純，緣也。五色純之，等差其文彩也。周禮：「莞席紛純。」懿行案：「采等」者，聘禮云：「繅三采六等。」等，訓就也，采一帀爲一就。「蓆」，藏經本作「席」。

西次二經之首曰鈐山。音髡鉗之鉗。或作「冷」，又作「塗」。其上多銅，其下多玉，其木多杻、橿。

西二百里，曰泰或作「秦」。懿行案：初學記六卷引此經，正作「秦」。冒之山。懿行案：山在今陝西膚施縣。其陽多金，其陰多鐵。浴水出焉，懿行案：「浴」，當爲「洛」字之譌。初學記六卷及太平御覽六十二卷俱引此經，作「洛水」。又，晉灼引水經洛水云：「出上郡雕陰泰冒山，過華陰入渭，即漆沮水。」是此經浴水即洛水審矣。又詳西次四經白於之山。東流注于河。其中多藻玉，藻玉，玉有符彩者。或作「柬」，音練。懿行案：初學記引此經，「多」作「有」。多白蛇。水蛇。

又西一百七十里，曰數歷之山。懿行案：水經注汧縣有數歷山。其上多黃金，其下多銀，其木多杻、橿，其鳥多鸚䳇。楚水出焉，而南流注于渭，懿行案：水經注云：渭水「逕南田縣南，東與楚水合，世所謂長蛇水。水出汧縣之數歷山」，又南流注於渭，「闞駰以是水爲汧水焉」。其中多白珠。今蜀郡平澤出青珠。尸子曰：「水員折者有珠。」懿行案：穆天子傳云：「北征，舍于珠澤。」郭注云：「今越嶲平澤出青珠。」是初學記二十七卷引華陽國志云：「廣陽縣山出青珠。永昌郡博南縣有光珠穴，出光珠，珠有黃珠、白珠、青珠、碧珠。」

又西百五十里，高山。懿行案：魏志張郃傳云：「劉備保高山，不敢戰。」疑即此也。淮南墜形訓云：「涇出薄落之山。」是薄落山即高山之異名也。又，覽冥訓云：「嶢山崩而薄落之水涸。」高誘注云：「薄落，涇水。」是嶢山亦即高山矣。「嶢」、「高」聲相近。初學記六卷引「嶢」作「硧」，高注有「硧山在雍」四字，爲今本所無也。玉篇引此經，作

「商山」。藏經本「高山」上有「曰」字。其上多銀，其下多青碧、碧，亦玉類也。今越嶲會稽縣東山出碧。懿行案：説文云：「碧，石之青美者。」竹書云：「周顯王五年，雨碧于郢。」莊子曰：「萇弘死於蜀」，其血化爲碧。李善注南都賦引廣志云：「碧有縹碧，有緑碧。」郭注「會稽」當爲「會無」，字之譌。地理志云：越嶲郡會無，「東山有碧」。雄黄。晉太興三年，高平郡界有山崩，其中出數千斤雄黄。懿行案：太興三年，晉元帝之四年也。高平郡，晉書地理志作高平國，故屬梁國，晉初分山陽置也。博物志云：「雄黄，似石流黄。」本草經云：「雄黄，一名黄金石。」别録云：「生武都山谷、燉煌山之陽。」其木多椶，其草多竹。懿行案：竹之爲物，亦草亦木，故此經或稱「木」、或稱「草」。涇水出焉，音經。而東流注于渭。今涇水出安定朝那縣西开頭山，至京兆高陵縣入渭也。懿行案：高誘注淮南墬形訓云：「薄落之山一名笄頭山，安定臨涇縣西。」笄頭即开頭也。高誘及郭注俱本地理志。又下文云：「涇谷之山，涇水出焉。」復云：「東南流注于渭。」與此非一水也。涇水又見海内東經，郭注與此同。其中多磬石、書曰「泗濱浮磬」是也。青碧。

西南三百里，曰女牀之山。懿行案：薛綜注東京賦云：「女牀山在華陰西六百里。」其陽多赤銅，其陰多石涅。即礬石也，楚人名爲涅石，秦名爲羽涅也。本草經亦名曰石涅也。懿行案：吴氏據本草云：「黑石脂一名石墨，一名石涅，南人謂之畫眉石是矣。」又云：「礬石一名涅石，又名羽澤。」二名原自不同，且礬石并無石涅之名，以涅石爲石涅，是郭注之誤也。」又引本草：「石涅一名玄丹，又名黑丹。」孝經援神契曰：「王者德至山陵而黑丹出。」文選東京賦云：「黑丹流淄。」今案吴説是也。然據本草經，礬石一名羽涅，無石涅之名，而郭注引本草經，礬石「亦名石涅」，蓋今本草有脱文也。涅石見北山經賁聞之山。其獸多虎、豹、犀、兕。有鳥焉，其狀如翟而五采文，翟，似雉而大，長尾。或作「鵜」。鵜，雕屬也。懿行案：鸐，山雉，見爾雅，郭注云「長尾」者。薛綜注東京賦引此經，「翟」作「鶴」，「五采」作「五色」。郭云「鵜，雕屬」者，見下文三危之山。名曰鸞鳥，見則天下安寧。舊説鸞似雞，瑞鳥也，周成王時西戎獻之。懿行案：周書王會篇云：「氐、羌鸞鳥。」孔晁注云：「鸞，大於鳳，亦歸於仁義者也。」説文云：「鸞，亦神靈之精也，赤色五采，雞形，鳴中五音，頌聲作則至。周成王時氐、羌獻鸞鳥。」廣雅云：「鸞鳥，鳳皇屬也。」藝文類聚引決疑注云：「象鳳多青色者，鸞。」與説文異。今所見鸞鳥，羽赤色而有點文，説文蓋近之矣。藝文類聚九十九卷引郭氏讚云：「鸞翔女牀，鳳出丹穴。拊翼相和，以應聖哲。擊石靡詠，韶音其絶。」

又西二百里，曰龍首之山。懿行案：太平御覽九百三十卷引三秦記曰：「龍首山長六十里，頭入於渭，尾達樊川，頭高二十丈，尾漸下高五六尺，土赤不毛云。昔有黑龍從山南出飲渭，其行道因成土山，故以名也。」水經渭水注引，「尺」作「丈」，「山南」作「南山」。文選西都賦云：「據龍首。」李善注引此經云：「華山之西，龍首之山。」疑引此經郭注文，今本脱去之也；云華山西者，上文女牀之山在華陰西六百里，又加二百里，則去華山八百里也。其陽多黄金，其陰多鐵。苕水出焉，懿行案：初學記及太平御覽引此經，作「若水」。畢氏云：「『苕』當爲『芮』」，竝字形相近。」東南流注于涇水，其中多美玉。

又西二百里，曰鹿臺之山。今在上郡。懿行案：當爲上黨郡，注脱「黨」字。水經沁水注云：陽泉水「出鹿臺山，山上有水，淵而不流」。太平寰宇記云：「謁戾山一名鹿臺山，山在今汾州府平遥縣西。」謁戾山見北次三經，然案其道里不相應，當在闕疑。其上多白玉，其下多銀。其獸多㸲牛、羬羊、白豪。豪，貆豬也。懿行案：貆豬即豪彘也，竹山之獸，已見上文，以其毛白，故稱白豪。有鳥焉，其狀如雄雞而人面，名曰鳧谿，其鳴自叫也，懿行案：北堂書鈔一百十三卷引此經，「面」作「首」，「鳴」作「名」，蓋形、聲之譌。見則有兵。

西南二百里，曰鳥危之山。其陽多磬石，懿行案：初學記十六卷引此經，與今本同。又經中說磬石者三，俱見西山經。其陰多檀、懿行案：檀，見陸機詩疏及爾雅「魄，榽橀」注。楮，楮，即榖木。懿行案：廣雅云：「榖，楮也。」詳陸機詩疏。其中多女牀。未詳。懿行案：廣雅云：「顛棘，女木也。」又云：「女腸，女菀也。」此經「女牀」，未審何物，若是草屬，或即「女木」、「女腸」之字因形、聲而譌。又太平御覽九百九十一卷引吳普本草云：「女菀，一名織女菀。」今案織女星旁有四星名「女牀」，是女牀或即織女菀之別名矣。鳥危之水出焉，西流注于赤水，其中多丹粟。

又西四百里，曰小次之山。其上多白玉，其下多赤銅。有獸焉，其狀如猿而白首赤足，名曰朱厭，見則大兵。一作「見則有兵起焉」，一作「見則爲兵」。懿行案：北堂書鈔一百十三卷、太平御覽三百二十九卷引此經，竝作「見則有兵」。

又西三百里，曰大次之山。其陽多堊，堊，似土，色甚白。音惡。懿行案：說文云：「堊，白涂也。」爾雅云：「牆謂之堊。」亦謂牆以白堊涂之也。然據北山經，賁聞之山、孟門之山竝多黃堊，中山經蔥聾之山「多白堊，黑、青、黃堊」，明堊非一色，不獨白者名堊也。其陰多碧。其獸多㸲牛、麢羊。

又西四百里，曰薰吳之山，無草木，多金、玉。

又西四百里，曰厎陽之山。音旨。懿行案：「厎」，當爲「底」字之譌，亦如互人國爲氐人，皆形近而譌也。「厷」，藏經本正作「厎」。其木多椶、椶，似松有刺，細理。音即。懿行案：李善注南都賦引此經郭注云：「椶，似松柏。」「柏」字衍。玉篇、廣韵本此注，竝無「柏」字。椆、豫章，豫章，大木，似楸，葉冬夏青，生七年而後復可知也。懿行案：爾雅云：「椈，無疵。」郭注云：「椈，楩屬，似豫章。」子虛賦云：「楩柟豫章。」顔師古注云：「豫即枕木，章即樟木，二木生至七年乃可分別。」後漢書王符傳注云：「豫章，即樟木也。」淮南修務訓云：「楩柟豫章之生也，七年而後知。」是郭注所本，注「復」字衍。其獸多犀、兕、虎、犳、犳，音之藥反。懿行案：玉篇云：犳「獸豹文」。音與郭同。牸牛。

又西二百五十里，曰衆獸之山。其上多㻬琈之玉，其下多檀、楮，多黄金。其獸多犀、兕。

又西五百里，曰皇人之山。其上多金、玉，其下多青雄黄。即雌黄也。或曰：空青、曾青之屬。懿行案：經中既有雄黄，又有青雄黄，或青與雄黄二物也。吳氏引蘇頌云：「『階州山中，雄黄有青黑色而堅者，名曰熏黄』。青雄黄意即此。」今案下文長沙山及北山經譙明山、中山經白邊山，竝多青雄黄。郭云「即雌黄」者，「雌」蓋「雄」字之譌。郭欲明青雄黄即雄黄，又引或説以青與雄黄爲二物，不可的知，故兩存其説也。雌黄及空青、曾青皆見本草經。皇水出焉，西流注于赤水，其中多丹粟。

又西三百里，曰中皇之山。其上多黄金，其下多蕙、棠。彤棠之屬也。「蕙」，或作「羔」。懿行案：蕙與棠二物，彤棠蓋赤棠也。棠有二種，具見爾雅。中山經云陰山「其中多彫棠」，「彫」疑「彤」字之譌。

又西三百五十里，曰西皇之山。其陽多金，其陰多鐵。其獸多麋鹿、麢，大如小牛，鹿屬也。

懿行案：説文云：「麋，鹿屬……冬至解其角。」詳見爾雅。　牸牛。

又西三百五十里，曰萊山。其木多檀、楮。其鳥多羅羅，是食人。羅羅之鳥，所未詳也。懿行案：海外北經有青獸，狀如虎，名曰羅羅。此鳥與之同名。

凡西次二經之首，自鈐山至于萊山，凡十七山，四千一百四十里。懿行案：今四千六百七十里。其十神者，皆人面而馬身。其七神，皆人面牛身，四足而一臂，操杖以行，是爲飛獸之神。其祠之，毛用少牢，羊、豬爲少牢也。白菅爲席。其十輩音背。懿行案：輩，猶類也。軍發以車，百兩爲一輩，見説文。神者，其祠之，毛一雄雞，鈐而不糈，鈐，所用祭器名，所未詳也。或作「思」，訓祈。不糈，祠不以米。懿行案：「鈐」，疑「祈」之聲轉耳。經文「祈而不糈」，即祠不以米之義。思，訓未詳。證以周書大匡篇云：「祈而不賓。」羅匡篇作「勤而不賓」。「勤」、「祈」聲轉，「鈐」、「勤」聲又近。此經「鈐而不糈」，當即祈而不賓之義。郭疑爲祭器名，未必然也。毛采。言用雄色雞也。懿行案：「雄色」，「雄」字譌，藏經本作「雜」。

西次三經之首，曰崇吾之山，懿行案：博物志及史記封禪書索隱引此經，竝作「崇丘」；博物志又作「參隅」。在河之南，北望冢遂，山名。南望䍃之澤，音遙。西望帝之搏獸之丘，「搏」，或作「簙」。東望𧍧淵。音於然反。有木焉，員葉而白柎，今江東人呼草木子房爲柎，音府。一曰：柎，華下鄂，音丈夫字。或作「拊」，音符。懿行案：經文「柎」，當爲「拊」，故郭音「府」。其音「符」者，乃从木旁，傳寫謬誤，遂不復可別，今正之。「一曰：柎，華下鄂」者，本詩鄭箋，云「鄂不韡韡」：「承華曰鄂。不，讀爲拊。拊，鄂足也。『不』、『拊』同。」釋文云：

「柎，亦作『跗』。」是郭義所本也。赤華而黑理，其實如枳，懿行案：說文云：「枳木，似橘。」考工記云：「橘踰淮而北爲枳。」食之宜子孫。懿行案：周書王會篇云：「康民以桴苡。桴苡者，其實如李，食之宜子。」說文引書作「芣苢」。繫傳引韓詩亦云：「芣苢，木名，實如李。」陶注本草「車前子」亦引韓詩，言芣苢是「木似李，食其實宜子孫」，與周書合。是知芣苢有草、有木，周書所說是木類，疑即此。有獸焉，其狀如禺而文臂，豹虎，懿行案：吴氏云「豹虎」字有誤。愚謂或有脱誤。又，虎豹一獸名也，太平御覽九百十三卷載「虎豹」，引博物志曰：「逢伯雲所說有獸，緑本緣文，似豹若虎，毛可爲筆。」然則兹獸兼有虎、豹之體，故獨被斯名矣。「緑本緣文」四字復有脱誤。而善投，名曰舉父。或作「夸父」。懿行案：爾雅云：「貜父，善顧。」非此。又云：「豦，迅頭。」郭注云：「今建平山中有豦，大如狗，似獮猴，黄黑色，多髯鬣，好奮迅其頭，能舉石擿人，貜類也。」如郭所說，惟能舉石擿人，故經曰「善投」，亦因名「舉父」。「舉」、「豦」聲同，故古字通用，「舉」、「夸」聲近，故或作「夸父」。有鳥焉，其狀如鳧而一翼一目，相得乃飛，名曰蠻蠻，比翼鳥也，色青赤，不比不能飛，爾雅作鶼鶼鳥也。懿行案：鶼鶼見爾雅釋地，郭注本此爲說。博物志云：「崇丘山有鳥，一足、一翼、一目，相得而飛，名曰䖟。」又云：「比翼鳥，一青一赤，在參隅山。」今案「䖟」、「蠻」聲之轉，「參隅」、「崇吾」亦聲之轉。見則天下大水。懿行案：此則比翼鳥非瑞禽也。封禪書云「西海致比翼之鳥」，以此侈封禪之符，過矣。

西北三百里，曰長沙之山。懿行案：穆天子傳云送天子「至于長沙之山」，即此。泚水出焉，音紫。北流注于泑水。烏交反；又音黝，水色黑也。懿行案：說文云「泑澤在昆侖下，讀與妏同」，即下文云「東望泑澤」者也。無草木，多青雄黄。

又西北三百七十里，曰不周之山，此山形有缺不周帀〔一〕處，因名云。西北不周風自此山出。懿行案：大荒西經云：「有山而不合，名曰不周負子。」離騷云：「路不周以左轉，指西海以爲期。」王逸注云：「不周，山名，在昆侖西北。」高誘注吕氏春秋本味篇亦云：「不周山在昆侖西北。」竝非也，此經乃在昆侖東南。漢書司馬相如傳注張揖云：「不周山在昆侖東南二千三百里。」亦非也，不周去昆侖一千七百四十里。水經注引此經云：「不周之山，不周之北門，以納不周之風。」今經無此語，疑本郭注，今脱去之。北望諸毗之山，臨彼嶽崇之山，東望泑澤，懿行案：泑澤，漢書西域傳作「鹽澤」，「泑」、「鹽」聲之轉。地理志謂之蒲昌海，云敦煌郡「有蒲昌海」也。河水所潛也，其原渾渾泡泡。河南出昆侖，潛行地下，至蔥嶺，出于闐國，復分流岐出，合而東流，注泑澤，已復潛行，南出於積石山，而爲中國河也。名泑澤，即蒲澤，一名蒲昌海，廣三四百里；其水停，冬夏不增減，去玉門關三百餘里，即河之重源，所謂潛行也。渾渾泡泡，水濆涌之聲也。衮、咆二音。懿行案：此注本水經及漢書西域傳爲説也。河水原委，詳見北山經敦薨之山。此注「蒲澤」，「蒲」字當爲「鹽」。史記大宛傳索隱引此注云：「泑澤即鹽澤。」是也。郭又云「去玉門關三百餘里」，「三」上脱「千」字。水經注作「東去玉門陽關千三百里」，漢書脱「千」字，郭氏仍其失也。爰有嘉果，其實如桃，懿行案：初學記引漢武故事云：「王母種桃，三千歲一著子。」蓋此之類。其葉如棗，黄華而赤柎，懿行案：「柎」，亦當爲「拊」，説已見前。食之不勞。懿行案：勞，憂也。太平御覽九百六十四卷引此經，

〔一〕「帀」，原誤作「市」，據諸本改。

作「其實如桃李，其華赤，食之不飢」，與今本異。

又西北四百二十里，曰峚山。音密。懿行案：郭注穆天子傳及李善注南都賦、天台山賦引此經，俱作「密山」，蓋「峚」、「密」古字通也。初學記二十七卷引此經，仍作「峚山」。其上多丹木，員葉而赤莖，黄華而赤實，其味如飴，食之不飢。丹水出焉，西流注于稷澤，后稷神所馮，因名云。懿行案：澤即后稷所葬都廣之野也，其地山水環之，故得言澤，見海内經。其中多白玉。是有玉膏，其原沸沸湯湯，玉膏涌出之貌也。河圖玉版曰：「少室山，其上有白玉膏，一服即仙矣。」亦此類也。沸，音拂。懿行案：初學記引十洲記云：「瀛洲有玉膏如酒，名曰玉酒，飲數升輒醉，令人長生。」黄帝是食是饗。所以得登龍於鼎湖而龍蜕也。懿行案：注「龍蜕」二字疑譌。太平御覽五十卷引此注，作「靈化也」。登龍鼎湖，見史記封禪書。是生玄玉，言玉膏中又出黑玉也。懿行案：玉藻云：「公侯佩山玄玉。」淮南道應訓云：「玄玉百工。」高誘注云：「二玉爲一工也。」玉膏所出，以灌丹木。丹木五歲，五色乃清，言光鮮也。五味乃馨。言滋香也。黄帝乃取峚山之玉榮，謂玉華也。離騷曰：「懷琬琰之華英。」又曰：「登昆侖兮食玉英。」汲冢書所謂「苕華之玉」。懿行案：竹書云：「斲其名于苕華之玉。」楚詞哀時命篇云：「采鍾山之玉英。」穆天子傳云：「得玉策枝斯之英。」郭氏注引尸子曰：「龍泉有玉英。」又引此經，「玉榮」作「玉策」。李善注思玄賦及李賢注後漢書張衡傳、蔡邕傳引此經，竝作「玉策」。疑「策」俱「榮」字之譌。而投之鍾山之陽。以爲玉種。懿行案：思玄賦注及張衡傳注引此經，竝作「鍾山之陰」；蔡邕傳注引此，復作「鍾山之陽」。淮南俶真訓云：「鍾山之玉，炊以鑪炭，三日三夜而色澤不變。」許慎注云：「鍾山北陸，無日之地，出美玉。」瑾瑜之玉爲良，言最善也。或作「食」。覲、臾兩音。懿行案：瑾瑜，美玉名。玉藻云：「世子佩瑜玉。」上文云「瘞用百瑜」，下文云泑山「其陽多瑾瑜之玉」。「或作『食』」者，黄帝是食是饗，楚詞亦云「食玉英」。藝文類聚八十三卷引郭氏讚云：「鍾山之寶，爰有玉華。光采流映，氣如虹霞。君子是佩，象德閑邪。」堅粟精密，説玉理也。禮記曰：「瑱密似粟。」「粟」，或作「栗」，玉有粟文，所謂穀璧也。懿行案：王引之説經文「粟」當爲「栗」，注文「栗」當爲「粟」，郭引禮記「似粟」當爲「以栗」，又「粟」字重文亦然，俱傳寫之譌也。濁澤有而光，濁，謂潤厚。懿行案：「有而」當爲「而有」。「濁澤」，類聚引作「潤濁」。五色發作，言符彩互映色。王子靈符應曰：「赤如雞冠，黄如蒸栗，白如割肪，黑如醇漆，玉之符彩也。」懿行案：「王子靈符應」，類聚八十三卷引作「王逸正部論」，李善注魏文帝與鍾大理書引亦同；「割肪」竝作「豬肪」；其「正部」蓋「玉部」，字之譌也。郭注「色」，藏經本作「也」。以和柔剛。言玉協九德也。天地鬼神，是食是饗；玉所以祈祭者，言能動天地、感鬼神。君子服之，以禦不祥。今徼外出金剛石，石屬而似金，有光彩，可以刻玉，外國人帶之，云辟惡氣，亦此類也。懿行案：太平御覽八百十三卷引晉起居注云：「咸亨三年，燉煌上送金剛，玉金中不淘不消，可以切玉，出天竺。」又引南州異物志云：「金剛，石也，其狀如珠，堅利無匹，外國人好以飾玦環，服之能辟惡毒。」李時珍本草云：「金剛石即金剛鑽。」引抱朴子云：「扶南出金剛，生水底石上，如鍾乳狀，體似紫石英，可以刻玉。人没水取之，雖鐵椎擊之，亦不能傷，惟羚羊角扣之，則灌然冰泮。」自峚山至于鍾山，四百六十里，懿行案：下又云「四百二十里」。其間盡澤也，是多奇鳥、怪獸、懿行案：穆天子傳云：「春山，百獸之所聚也，飛鳥之所棲也。爰有□獸食虎豹，如麋而載骨，盤□始如鷹，小頭大鼻。」「爰有白鳥、青鵰，執犬、羊，食豕、鹿。」春山即鍾山也。奇魚，皆異物焉。

又西北四百二十里，曰鍾山。懿行案：海外北經云：「鍾山之神，名曰燭陰。」淮南子云：「燭龍在雁門北。」是知鍾山即雁門以北大山也。水經河水注云：「芒千水出塞外，南逕鍾山，山即陰山。」徐廣注史記云：「陰山在五原北。」是也。其子曰鼓，此亦神名，名之爲鍾山之子耳，其類皆見歸藏啓筮。其狀如人面而龍身，啓筮曰：「麗山之子，青羽、人面、馬身。」亦似此狀也。懿行案：海外北經說鍾山之神「人面蛇身」，淮南子說「人面龍身」，是神與其子形狀同。是與欽䲹音邳。懿行案：後漢書張衡傳注引此經，作「欽駓」。莊子大宗師篇作「堪坏」，云：「堪坏得之，以襲昆侖。」釋文云：「崔作『邳』。司馬云：『堪坏，神名，人面獸形。』」淮南子作「欽負」。是「欽」、「堪」、「坏」、「負」竝聲類之字。殺葆江于昆侖之陽，葆，或作「祖」。懿行案：思玄賦云：「過鍾山而中休，瞰瑶谿之赤岸，弔祖江之見劉。」李善注引此經，作「祖江」；張衡傳注同；又陶潛讀山海經詩亦作「祖江」。帝乃戮之鍾山之東，曰𡾋崖。𡾋音遥。懿行案：思玄賦舊注云：「瑶谿、赤岸，謂鍾山東瑶岸也。」李善注引此經，亦作「瑶岸」；張衡傳注同。欽䲹化爲大鶚，鶚，鵰屬也。音鄂。懿行案：鶚，當爲「鳶」。說文云：「鳶，鷙鳥也。」引詩曰：「匪鷻匪鳶。」「鷻，雕也。」其狀如雕而黑文，白首赤喙而虎爪，其音如晨鵠，晨鵠，鶚屬，猶云晨鳧耳。說苑曰「緤吠犬比奉晨鳧」也。懿行案：李善注江賦引此經及郭注，並與今本同。見則有大兵。鼓亦化爲鵕鳥，音俊。其狀如鴟，赤足而直喙，黄文而白首，其音如鵠，懿行案：說文云：「鵠，鴻鵠也。」見即其邑大旱。穆天子傳云鍾山作「春」字，音同耳。穆王北升此山，以望四野，曰：「鍾山是惟天下之高山也。」「百獸之所聚，飛鳥之栖也。」爰有赤豹、白虎、白鳥、青鵰執犬羊、食豕鹿。穆王五日觀于鍾山，「乃爲銘跡于縣圃之上，以詔後世」。懿行案：「鍾山」，穆天子傳竝作「舂山」。郭注云：山海經「舂」字作「鍾」，「音同耳」。

又西百八十里，曰泰器之山。觀水出焉，懿行案：李善注吳都賦引此經，作「秦器之山，濩水出焉」；其注曹植七啓引此經，仍作「泰器之山，濩水出焉」。吕氏春秋本味篇作「藿水」，高誘注云：「藿水在西極。」西流注于流沙。懿行案：海内西經云：「流沙出鍾山。」楚詞招魂云：「西方之害，流沙千里。」王逸注云：「流沙，沙流而行也。」是多文鰩魚，音遥。懿行案：吕氏春秋本味篇云：「味之美者，藿水之魚，名曰鰩。」李善注吳都賦及曹植七啓引此經，竝止作「鰩」，無「文」字。陳藏器本草拾遺云：「此魚生海南，大者長尺許，有翅與尾齊，羣飛海上，海人候之，當有大風。」狀如鯉魚，魚身而鳥翼，蒼文而白首赤喙，常行懿行案：初學記引此經，作「從」；吕氏春秋本味篇亦作「從」。西海，遊于東海，懿行案：西海已見上文，東海即西海之支流，非東方大海也。水經河水注引釋氏西域記曰：「『恒水東流，入東海。』蓋二水所注兩海，所納自爲東西。」即此是也。或説凡水之大者，皆名「海」。史記正義引太康地記曰：「河北得水爲河，塞外得水爲海也。」以夜飛。其音如鸞雞，鸞雞，鳥名，未詳也。或作「欒」。懿行案：「鸞」或作「欒」，古字假借。鸞雞，疑即鸞也。説文云：「鸞，五采雞形。」又，鸞一名雞趣。顧野王符瑞圖云：「雞趣，王者有德則見。」又，鸞車一名雞翹車。蔡邕獨斷云：鸞旗車「編羽毛列繫橦旁，俗人名之『雞翹車』」是也。初學記三十卷引此經，無「雞」字。其味酸甘，食之已狂，懿行案：淮南墬形訓云：「丘氣多狂。」見則天下大穰。豐穰收熟也。韓子曰：「穰歲之秋。」懿行案：韓非五蠹篇云：「飢歲之春，幼弟不饟；穰歲之秋，疏客必食。」是郭所引也。魚見則大穰者，詩言衆魚占爲豐年，今海人亦言歲豐則魚大上也。

又西三百二十里，曰槐江之山。懿行案：吕氏春秋本味篇云：「水之美者，沮江之丘名曰摇水」。疑沮江即槐江，摇水説在下。丘時之水出焉，而北流注于泑水，其中多蠃母。即蝶螺也。懿行案：蝶螺即僕纍，字異音同，見中次三經青要之山。其上多青雄黄，多藏琅玕、黄金、玉。琅玕，石似珠者；藏猶隱也。郎、干二音。懿行案：「藏」，古字作「臧」。臧，善也。此言琅玕、黄金、玉之最善者。爾雅云：「西北之美者，有昆侖虚之璆琳、琅玕。」謂是也。郭訓藏爲隱，失之。其陽多丹粟，懿行案：管子地數篇云：「上有丹沙者，下有黄金。」其陰多采黄金、銀。懿行案：采，謂金銀之有符采者。地理志云：豫章郡，「有黄金采」。即此是矣。説者謂采取黄金，誤也。實惟帝之平圃，即玄圃也。穆天子傳曰：「乃爲銘跡于玄圃之上。」謂刊石紀功德，如秦皇、漢武之爲者也。懿行案：穆天子傳「玄圃」作「縣圃」，前鍾山注引文同。此引作「玄圃」，蓋「玄」、「縣」聲同，古通用。神英招司之，司，主也。招，音韶。其狀馬身而人面，虎文而鳥翼，徇于四海，徇，謂周行也。懿行案：「徇」當爲「𢓊」。説文云：「𢓊，行示也」，「司馬法『斬以𢓊』」。今經典通作「徇」。其音如榴。音留。或作「籒」。此所未詳也。懿行案：説文云：「籒，讀書也，从竹，㨨聲。」疑此經「榴」當爲「㨨」。説文云：「㨨，引也。」莊子云：「挈水若抽。」「抽」即「㨨」字。又，榴榴見下文陰山。南望昆侖，其光熊熊，其氣魂魂。皆光氣炎盛相焜燿之貌。懿行案：熊熊，猶雄雄也；魂魂，猶芸芸也，皆聲之同類。西望大澤，后稷所潛也，后稷生而靈知，及其終，化形遯此澤而爲之神，亦猶傅説騎箕尾也。懿行案：后稷所潛，即謂所葬也。葬之言藏也，已見峚山稷澤。傅説騎箕尾，見莊子大宗師篇，釋文引崔譔云：「傅説死，其精神乘東維，託龍尾，乃列宿。」今尾上有「傅説星」。又云：

「其生無父，母死登假三年而形遯。此言神之，無能名者也。」其中多玉，其陰多榣木之有若。榣木，大木也。言其上復生若木，大木之奇靈者爲若，見尸子。國語曰「榣木不生花」也。懿行案：「花」當爲「危」，字形之譌也；郭引國語者，晉語文。「榣」當爲「櫾」，説文云：「櫾，昆侖河隅之長木也。」即謂此，省作「繇」。穆天子傳云：「天子乃釣于河，以觀姑繇之木。」郭注云：「姑繇，大木也。」又省作「榣」，故韋昭晉語注云：「榣木，大木也。」大荒西經云：「有榣山。」郭注云：「此山多榣木，因名云。」玉篇亦云：「榣，木名。」又通作「瑶」，故楚詞哀時命云：「擥瑶木之檀枝。」王逸注云：「言己既登昆侖，復欲引玉樹之枝。」知此經古本或作「瑶木」也。北望諸毗，山名。槐鬼離侖居之，離侖，其神名。鷹、鸇之所宅也。鸇，亦鴟屬也。莊周曰：「鴟鴉甘鼠。」穆天子傳云：「鍾山上有白鳥、青鵰。」皆此族類也。懿行案：鴟見爾雅。郭引莊子者，齊物論文。東望恒山，四成，成，亦重也，爾雅云「再成曰英」也。懿行案：恒山非北嶽，計其道里，非瞻望所及也。淮南時則訓云：「中央之極，自昆侖東絶兩恒山。」是西極別有恒山明矣。文選注長笛賦引此經，作「桓山四成」。藝文類聚九十卷引家語曰：「孔子在衛，聞哭聲甚哀。顔回曰：『回聞桓山之鳥生四子焉，羽翼既成，將分四海，悲鳴而送之，哀聲似此。』」云云。即此桓山也。其云鳥，蓋亦鷹鸇之屬與？有窮鬼居之，各在一摶。摶，猶脅也，言羣鬼各以類聚處山四脅。有窮，其總號耳。摶，一作「搏」。懿行案：説文云：「膀，脅也，或作髈。」又云：「肋，脅骨也。脅，兩膀也。」是此經之「摶」，依文當爲「膀」，「膀」、「摶」聲近而轉，故假借通用。爰有淫水，其清洛洛。水留下之貌也。淫，音遥也。懿行案：陶潛讀山海經詩云：「落落清瑶流。」是「洛洛」本作「落落」，「淫」本作「瑶」，皆假借聲類之字。陳壽祺曰：「淫無遥音，經文『淫』字必傳寫之譌。」當是也。瑶水即瑶池。史記大宛傳贊云：「禹本紀言昆侖上有醴泉、瑶池。」穆天子傳云西王母觴天子于瑶池，是也。呂氏春秋本味篇又作「搖水」，竝古字通用。郭注「留」當爲「溜」或「流」字。有天神焉，其狀如牛而八足，二首馬尾，其音如勃皇，勃皇，未詳。懿行案：勃皇即發皇也。考工記梓人「爲筍虡，以翼鳴者」，鄭注云：「翼鳴，發皇屬。」發皇，爾雅作「蛂蟥」，聲近字通。見則其邑有兵。

西南四百里，懿行案：自鍾山至此九百里，水經注引此經云：「鍾山西六百里，有昆侖山。」蓋誤。曰昆侖之丘。懿行案：昆侖之丘即海內西經云「海內昆侖之虛在西北，帝之下都」者也。爾雅云：「三成爲昆侖丘。」地理志云：金城郡臨羌，「西北至塞外」，有西王母石室，弱水、昆侖山祠。又云：敦煌郡廣至有「昆侖障」。史記正義引括地志云：「昆侖山在肅州酒泉縣南八十里。」說文云：「丠，从北从一，一地也。中邦之居在昆侖東南。」是則昆侖之丘去中邦蓋不甚遠矣。藝文類聚七卷引郭氏讚云：「昆侖月精，水之靈府。惟帝下都，西羌之宇。嵥然中峙，號曰天柱。」是實惟帝之下都，天帝都邑之在下者也。穆天子傳曰：「吉日辛酉，天子升于昆侖之丘，以觀黃帝之宮，而封豐隆之葬，以詔後世。」言增封于昆侖山之上。懿行案：今本穆天子傳作「而豐□隆之葬」，闕誤不復可讀。或據穆天子傳昆侖丘有黃帝之宮，以此經所說即黃帝之下都，非也。五臧山經五篇內凡單言「帝」，即皆天皇五帝之神，竝無人帝之例，「帝之平圃」、「帝之囿時」，經皆不謂黃帝，審矣。神陸吾司之，即肩吾也，莊周曰「肩吾得之，以處大山」也。懿行案：郭所說見莊子大宗師篇，釋文引司馬彪云：「山神，不死，至孔子時。」其神狀虎身而九尾，人面而虎爪。懿行案：此神「人面虎身，有文有尾，皆白處之」，見大荒西經。是神也，司天之九部及帝之囿時。主九域之部界、天帝苑囿之時節也。懿行案：初學記引河圖云：「天有九部，部署之名。」本此。「囿時」之「時」，疑讀爲

「時」。史記封禪書云：「或曰：自古以雍州積高，神明之隩，故立時郊上帝。」是也。有獸焉，其狀如羊而四角，名曰土螻，是食人。懿行案：土螻，廣韵作「土摟」，云：「似羊四角，其鋭難當，觸物則斃，食人，出山海經。」本此也。周書王會篇云：「州靡費費，食人北方，謂之吐嘍。」與此同名，非一物也。費費即梟陽，見海内南經。有鳥焉，其狀如蠭，大如鴛鴦，名曰欽原，欽，或作「爰」，或作「至」也。蠚鳥獸則死，蠚木則枯。懿行案：「蠚」，疑「茧」字之譌。説文云：「茧，螫也，螫蟲行毒也。」有鳥焉，其名曰鶉鳥，懿行案：鶉鳥，鳳也。海内西經云昆侖開明西、北皆有鳳皇，此是也。埤雅引師曠禽經曰：「赤鳳謂之鶉。」然則南方朱鳥七宿，曰鶉首、鶉火、鶉尾，亦是也。是司帝之百服。服，器服也。一曰：「服，事也。」或作「藏」。懿行案：服，事也，見爾雅。「或作『藏』」者，「藏」古作「臧」，才浪切。百藏，言百物之所聚。有木焉，其狀如棠，棠，梨也。懿行案：棠有赤、白，見爾雅，皆今杜梨也。黄華赤實，其味如李而無核，懿行案：李有無核者，爾雅云：「休，無實李。」郭注云：「一名趙李。」名曰沙棠，懿行案：高誘注吕氏春秋本味篇云：「沙棠，木名也，昆侖山有之。」玉篇作「桬棠」，非也；云「華赤實，味如李」，蓋「華」上脱「黄」字。可以禦水，食之使人不溺。言體浮輕也。沙棠爲木，不可得沈。吕氏春秋曰：「果之美者，沙棠之實。」銘曰：「安得沙棠，刻以爲舟。汎彼滄海，以遨以遊。」懿行案：文選琴賦注引此經，作「御水，人食之使不溺」。初學記二十五卷引此經，有「爲木不沈」句，蓋并引郭注也。銘即郭氏圖讚，「刻」，當爲「制」字之譌。有草焉，名曰薲草，音頻。懿行案：文選注陸機擬古詩十二首引此經文，引字書曰：「薲，亦蘋字也。」其狀如葵，其味如葱，食之已勞。吕氏春秋曰：「菜之美者，昆侖之蘋。」懿行案：郭引本味篇文也，高誘注云：「蘋，大蘋，水藻也。」河水出焉，出山東北隅也。懿行案：爾雅云：「河出昆侖虛，色白。」李賢注後漢書引河圖云：「昆山出五色流水，其白水東南流，入中國，名爲河。」而南流，東注于無達。山名。懿行案：無達即阿耨達也。阿耨，華言無也。水經注云：南河「又東，右會阿耨大水」。釋氏西域記曰：「阿耨達山，西北有大水，北流注牢蘭海者也。」赤水出焉，出山東南隅也。懿行案：莊子天地篇云：「黃帝遊乎赤水之北，登乎昆侖之丘。」李善注文選引河圖云：「昆侖有五色水，赤水之氣上蒸爲霞。」案赤水上有三珠樹，見海外南經。而東南流注于氾天之水。氾天，亦山名，赤水所窮也。穆天子傳曰：「遂宿于昆侖之側，赤水之陽。」陽，水北也。氾，浮劍反。懿行案：大荒南經云：「有氾天之山，赤水窮焉。」是郭注所本。洋水出焉，出山西北隅。或作「清」。懿行案：海內西經「洋」音翔，「或作『清』」者，聲近而轉也。水經注引此經，作「漾水」；高誘注淮南子或作「養水」，竝「洋」字之異文也。而西南流注于醜塗之水。醜塗，亦山名也，皆在南極。穆天子傳曰：「戊辰，濟洋水。」又曰觴天子洋水也。懿行案：「醜塗」，水經注作「配塗」，大荒南經作「死塗」。今本穆天子傳作「庚辰，濟于洋水」。黑水出焉，亦出西北隅也。懿行案：楚詞天問云：「黑水玄趾。」謂此也。黑水亦見海內西經。而西流于大杅。山名也。穆天子傳曰：「乃封長肱于黑水之西河，是惟昆侖鴻鷺之上，以爲周室主。」杅，音于。懿行案：穆天子傳今本無「昆侖」二字，此注蓋衍。是多怪鳥獸。謂有一獸九首、有一鳥六首之屬也。懿行案：九首，開明獸也；又有鳥六首，竝見海內西經。

又西三百七十里，曰樂游之山。懿行案：畢氏云：「疑即樂都也。」穆天子傳曰：『天子西濟于河，爰有温谷樂都。』元和郡縣志云：湟水縣，『湟水亦謂之樂都，水出青海東地亂山中。』」桃水出焉，懿行案：畢氏云：「疑即洮水也。地理志云：臨洮，『洮水出西羌中，北至枹罕東入河。』」西流注于稷澤，懿行案：稷澤已見上文峚山。是多白玉。其中多鮹魚，音滑。懿行案：廣韵及太平御覽九百三十九卷引此經，竝作「鮹」。今作「鮹」，蓋譌。郭音「滑」，亦「滑」字之譌。其狀如蛇而四足，是食魚。

西水行四百里，曰流沙。懿行案：流沙已見上文泰器之山，又詳海内西經。二百里至于蠃母之山，神長乘司之，懿行案：水經注云：禹「西至洮水之上，見長人，受黑玉」。疑即此神。是天之九德也，九德，九氣所生。懿行案：「九氣」之「九」，藏經本作「之」。其神狀如人而犳之藥反。懿行案：犳已見上文宏陽之山。尾。其上多玉，其下多青石而無水。

又西三百五十里，曰玉山，是西王母所居也。此山多玉石，因以名云。穆天子傳謂之羣玉之山，「見其山河無險，四徹中繩，先王之所謂策府，寡草木，無鳥獸」。穆王「于是攻其玉石，取玉石版三乘，玉器服物，載玉萬隻以歸」。雙玉爲瑴，半瑴爲隻。懿行案：地理志云：金城郡臨羌，「西北至塞外，有西王母石室。」西王母，國名，見於竹書紀年及大戴禮。爾雅釋地以西王母與觚竹、北户、日下竝數，謂之四荒，是爲國名無疑。此經及穆天子傳始以爲人名。荀子云：「禹學於西王國。」莊子大宗師篇云：「西王坐乎少廣。」釋文引司馬彪云：「少廣，穴名。」崔譔云：「山名。」蓋亦本此經爲説也。今本穆天子傳作「阿平無險，四徹中繩」；又云「取玉三乘」，無「石版」二字。又「雙玉爲瑴」，初學記二十七卷引此經云：「珏，二玉相合。」蓋引郭氏此注，又誤也。西王母其狀如人，豹尾懿行案：莊子大宗師篇釋文説西王母，引此經作「狗尾」。又西王母穴處，見大荒西經也。虎齒而善嘯，蓬髮戴勝，蓬頭亂髮。勝，玉勝也。音龐。　懿行案：莊子釋文引此經，作「蓬頭戴勝」。郭云「玉勝」者，蓋以玉爲華勝也。後漢輿服志云：「簪以瑇瑁爲擿，端爲華勝。」是司天之厲及五殘。主知災厲、五刑殘殺之氣也。穆天子傳曰：「吉日甲子，天子賓于西王母，執玄圭白璧以見西王母，獻錦組百縷、金玉百斤。西王母再拜受之。乙丑，天子觴西王母于瑶池之上。西王母爲天子謡曰：『白雲在天，山陵自出。道里悠遠，山川閒之。將子無死，尚復能來。』天子答之曰：『予還東土，和理諸夏。萬民均平，吾顧見汝。比及三年，將復而野。』西王母又爲天子吟曰：『徂彼西土，爰居其所。虎豹爲羣，烏鵲與處。嘉命不遷，我惟帝女。彼何世民，又將去子。吹笙鼓簧，中心翱翔。世民之子，惟天之望。』天子遂驅升于弇山，乃紀迹于弇山之石，而樹之槐眉曰『西王母之山』。」弇山即崦嵫山也。案竹書穆王五十七年，西王母來見，賓于昭宫。舜時西王母遣使獻玉環，見禮三朝。　懿行案：厲及五殘皆星名也。李善注思玄賦引此經，作「司天之屬」，蓋誤。月令云：「季春之月，命國儺。」鄭注云：「此月之中，日行歷昴，昴有大陵，積尸之氣，氣佚則厲鬼隨而出行。」是大陵主厲鬼。昴爲西方宿，故西王母司之也。五殘者，史記天官書云：「五殘星出正東東方之野，其星狀類辰星，去地可六七丈。」正義云：「五殘，一名五鋒，出則見五方毁敗之徵、大臣誅亡之象。」西王母主刑殺，故又司此也。郭引穆天子傳，與今本多有異同，其西王母又爲天子吟云「彼何世民，又將去子」，二語今本所無，或脱誤不可讀也。郭又引竹書及禮三朝者，大戴禮少閒篇云：「西王母來獻其白琯。」漢書藝文志有孔子三朝七篇，皆在大戴禮也。有獸焉，其狀如犬而豹文，其角如牛，或作「羊」。其名曰狡，懿行案：周書王會篇云：「匈奴狡犬。狡犬者，巨身四足果。」廣韵作「巨口黑身」爲異，疑即此。而此經狡無犬名，周書狡犬又不道有角，疑未敢定也。其音如吠犬，見則其國大穰。晉太康七年，邵陵扶夷縣檻得一獸，狀如豹文，有二角，無前兩腳，時人謂之「狡」。疑非此。懿行案：郭所説見爾雅「貀無前足」注，以校此注，「豹文」上脱「狗」字。有鳥焉，其狀如翟而赤，名曰胜遇，音姓。懿行案：説文云：「胜，犬膏臭也。一曰：不孰也。」非郭義。玉篇有「鴩」字，音生，鳥也。疑鴩即胜矣。是食魚，其音如録，音録，義未詳。懿行案：吴氏以「録」爲「鹿」之假借字也，古字「録録」、「鹿鹿」竝通用。又案經文作「録」，郭復音「録」，必有誤。見則其國大水。

又西四百八十里，曰軒轅之丘，黄帝居此丘，娶西陵氏女，因號軒轅丘。懿行案：大戴禮帝繫篇云：「黄帝居軒轅之丘，娶于西陵氏之子，謂之嫘祖氏。」史記五帝紀同。淮南墬形訓云：「軒轅丘在西方。」高誘注云：「軒轅，黄帝有天下之號。」即此也。無草木。洵水出焉，音詢。南流注于黑水。其中多丹粟，多青雄黄。

又西三百里，懿行案：水經注引此經，自昆侖至積石千七百四十里。今檢得一千九百里，若加流沙四百里，便爲二千一百里也。曰積石之山。其下有石門，河水冒以西流。冒，猶覆也。積石山今在金城河關西南羌中，河水行塞外，東入塞内。懿行案：水經注引此經，作「河水冒以西南流」。藝文類聚八卷同。初學記六卷引亦同，而脱「流」字。今本又脱「南」字也。然據此經，積石去昆侖一千九百里，而河水猶西南流，其去東入塞内之地尚遠，郭注非也。穆天子傳云：「乃至于昆侖之丘。」又云：「飲於枝洔之中，積石之南河。」正與「河水冒以西南流」合。然則此經積石，蓋括地志所謂大積石山，非禹所導之積石也。禹貢積石在今甘肅西寧縣東南一百七十里，爲中國河之始。水經云：「河水流入於渤海，又出海外，南至積石山，下有石門。」即此經之積石也。其下云：「又南入蔥嶺山，又從蔥嶺出而東北流。其一源出于闐國南山，北流，與蔥嶺所出河合。又東注蒲昌海，又東入塞，過敦煌、酒泉、張掖郡南，又東過隴西河關縣北。」此則禹貢之積石也。據水經所説，積石有二明矣。酈氏作注，疑積石不宜在蒲昌海之上，蓋不知積石有二，而於「河水東入塞」下，妄引此經積石以當之，其謬甚矣。然括地志以河先逕于闐、鹽澤，而後至大積石，亦與水經不合。其云積石有二，則質明可信。自古説積石者多不了，故詳據水經以定之。括地志所説，又見海外北經積石下。案地理志云：金城郡河關，「積石山在西南羌中，河水行塞外，東北入塞内」。是郭所本也，注「門」字衍。是山也，萬物無不有焉。水經引山海經云：「積石山在鄧林山東，河所入也。」懿行案：郭據水經引山海經者，海外北經文也；其云水經，今亡無攷。

又西二百里，曰長留之山。其神白帝少昊居之。少昊，金天氏帝摯之號也。懿行案：「昊」當爲「暤」，「長留」或作「長流」。顔氏家訓書證篇引帝王世紀云：「帝少昊崩，其神降於長流之山，於祀主秋。」蓋「留」通作「流」也。其獸皆文尾，「文」，或作「長」。其鳥皆文首。「文」，或作「長」。是多文玉石。實惟員神磈音隗。氏之宫，是神也，主司反景。日西入則景反東照，主司察之。懿行案：是神，員神，蓋即少昊也。紅光蓋即蓐收，見下文泑山。北堂書鈔一百四十九卷引此經，「反」作「仄」，恐誤。

又西二百八十里，曰章莪之山，無草木，多瑶碧。碧，亦玉屬。所爲甚怪。多有非常之物。有獸焉，其狀如赤豹，懿行案：大雅韓奕篇云：「赤豹黄羆。」穆天子傳云：鍾山「爰有赤豹」。廣韵引此經，無「赤」字。五尾一角，其音如擊石，其名如猙。京氏易義曰：「音如石相擊。」音静也。懿行案：經文「如猙」之「如」，當爲「曰」字之譌。注文「音静」之上，當脱「猙」字也。廣韵云：「猙，獸名，音争，又音浄。」所説形狀與此經同。又

「狢」字注云：「獸如赤豹，五尾。」然則狢亦狰類，或一物二名也。有鳥焉，其狀如鶴，一足，赤文，青質而白喙，懿行案：廣韵作「白面」，疑譌。名曰畢方，懿行案：廣雅云：「木神謂之畢方。」淮南氾論訓云：「木生畢方。」高誘注云：「畢方，木之精也，狀如鳥，青色赤腳，一足，不食五穀。」蓋本此經而說，又小異。匡謬正俗引郭氏圖讚云：「畢方赤文，離精是炳。旱則高翔，鼓翼陽景。集乃災流，火不炎上。」「上」與「炳」、「景」韵。又「畢方」，玉篇、廣韵竝作「鷝鴋」，非也。其鳴自叫也，見則其邑有譌火。「譌」，亦「妖」訛字。懿行案：薛綜注東京賦云：「畢方，老父神，如鳥，一足兩翼，常銜火在人家作怪災。」即此經云「譌火」是也。譌，蓋以言語相恐喝。

又西三百里，曰陰山。懿行案：張揖注漢書司馬相如傳云：「陰山在昆侖西二千七百里。」謂此也，今校經文二千七百八十里矣。地理志云西河郡有陰山，非此。濁浴之水出焉，懿行案：太平御覽八百七卷九百十三卷竝引此經，「浴」作「谷」。而南流注于蕃澤，懿行案：水經沮水注有濁谷水，「東南至白渠，與澤泉合」，疑非此。其中多文貝。餘泉、蚳之類也，見爾雅。懿行案：爾雅說貝云：「餘眂，黃白文。餘泉，白黃文。」有獸焉，其狀如貍或作「豹」。懿行案：初學記二十九卷引此經，亦作「貍」，餘竝同。而白首，名曰天狗，其音如榴榴，或作「貓貓」。懿行案：貓貓，蓋聲如貓也，「貓貓」與「榴榴」聲又相近。北山經譙明山孟槐之獸，音亦與此同。又經內亦有單言「其音如榴」者，此經、注疊字，蓋衍。可以禦凶。

又西二百里，曰符惕之山。音陽。懿行案：藝文類聚二卷、太平御覽九卷及十卷竝引此經，作「符陽之山」，與今本異。其上多椶、枏，下多金、玉，神江疑居之。是山也，多怪雨，風雲之所出也。

懿行案：祭法云：「山林、川谷、丘陵能出雲，爲風雨，見怪物，皆曰神。」即斯類也。

又西二百二十里，曰三危之山，今在燉煌郡，尚書云「竄三苗于三危」是也。懿行案：漢書司馬相如傳張揖注云：「三危山在鳥鼠山之西，與嶓山相近。」水經江水注引此經云：「三危在敦煌南，與嶓山相接。」今經無此語，蓋引郭注之文也。史記正義引括地志云：「三危山有三峯，故曰『三危』，俗亦名卑羽山，在沙州燉煌縣東南三十里。」劉昭注郡國志隴西郡首陽引地道記云：「有三危，三苗所處。」三青鳥居之。三青鳥，主爲西王母取食者，別自棲息於此山也。竹書曰：「穆王西征，至于青鳥所解也。」懿行案：三青鳥之名見大荒西經；爲西王母取食，見海內北經；青鳥所解即三危山，見竹書。藝文類聚九十一卷引郭氏讚云：「山名三危，青鳥所憩。往來昆侖，王母是隸。穆王西征，旋軫斯地。」是山也，廣員百里。其上有獸焉，其狀如牛，白身懿行案：廣韵引此經，作「白首」。四角，其豪如披蓑，蓑，辟雨之衣也，音梭。懿行案：「蓑」當爲「衰」，說文云：「衰，艸雨衣，秦謂之萆。」其名曰傲佪，傲、噎二音。懿行案：據郭音傲，知經文蓋本作「獓」；「佪」字亦錯，當從玉篇作「獓狪」。廣韵「狪」字注引此經同。是食人。有鳥焉，一首而三身，其狀如鵅，其名曰鴟。鵅，似鵰，黑文赤頸，音洛。下句或云「扶獸則死，扶木則枯」，應在上「欽原」下，脱錯在此耳。懿行案：玉篇云：「鵅鳥如鵰，黑文赤首。」本郭注爲說也。今東齊人謂鴟爲「老鵰」，蓋本爲「鵅鵰」，聲近轉爲「老鵰」耳。

又西一百九十里，懿行案：文選琴賦注云：「騩山在三危西九十里。」疑脱「百」字。曰騩山。懿行案：琴賦云：「慕老童於騩隅。」五臣注作「隗」。其上多玉而無石，神耆童居之，耆童，老童，顓頊之子。懿行案：顓頊生老童，見大荒西經。李善注琴賦引此經及郭注，竝與今本同。其音常如鍾磬。懿行案：此亦天授然也，其孫長琴所以能作樂風本此，亦見大荒西經。其下多積蛇。懿行案：今蛇媒所在有之。其蛇委積不知所來，不知所去，謂之蛇媒也。

又西三百五十里，曰天山，懿行案：漢書武帝紀云：「天漢二年，與右賢王戰於天山。」顏師古注云：「即祈連山也。匈奴謂天爲『祈連』，今鮮卑語尚然。」史記正義引括地志云：「祁連山在甘州張掖縣西南二百里。」又云：「天山一名白山，今名折羅漫山，在伊吾縣北百二十里。」晉灼注漢書云：「在西域，近蒲類國，去長安八千餘里。」李賢注後漢書明帝紀引西河舊事曰：「白山冬夏有雪，故曰『白山』。匈奴謂之天山，過之皆下馬拜焉。去蒲類海百里之内。」多金、玉，有青雄黄。英水出焉，而西南流注于湯谷。有神焉，懿行案：初學記、文選注引此經，竝作「神鳥」，今本作「焉」字，蓋譌。其狀如黄囊，赤如丹火，體色黄而精光赤也。懿行案：文選注王融曲水詩序引此經，作「其文丹」。六足四翼，渾敦懿行案：初學記八卷引此經，無「敦」字。無面目，懿行案：史記正義引神異經云：「昆侖西有獸焉，有目而不見，有兩耳而不聞，有腹無五藏，有腸直短，食徑過，名渾沌。」是識歌舞，實爲帝江也。夫形無全者，則神自然靈照；精無見者，則闇與理會。其帝江之謂乎？莊生所云「中央之帝混沌，爲儵忽所鑿七竅而死」者，蓋假此以寓言也。懿行案：莊子應帝王篇釋文引崔譔云：「渾沌無孔竅也。」簡文云：「儵忽取神速爲名，混沌以合和爲貌。」

又西二百九十里，曰泑山。泑，音黝黑之黝。懿行案：北堂書鈔一百四十九卷引「泑」作「岰」。李善注思玄賦引此經，作「濛山」，蓋即淮南子云「日至於蒙谷」是也。尚書大傳云：「宅西曰柳谷。」鄭注云：「西在隴西之西。」案隴西郡有西縣，見地理志。此爲寅餞入日之地，「柳」、「泑」之聲又相近，疑柳谷即泑山矣。神蓐收居之。亦金神也，人面、虎爪、白尾，執鉞，見外傳云。　懿行案：晉語云：虢公夢，有神人面、白毛、虎爪，執鉞，史嚚曰，蓐收也，「天之刑神也」。是郭注所本，「尾」當爲「毛」字之譌。海外西經注亦引外傳，正作「白毛」，可證。月令云：「其神蓐收。」鄭注云：「蓐收，少皞氏之子，曰該，爲金官也。」李善注思玄賦引此經郭注，作「人面、虎身，右手執鉞」，與今本異。其上多嬰短之玉，未詳。　懿行案：上文踰次之山作「嬰垣之玉」，郭云：「垣，或作『短』。」謂此也。依字當爲「嬰珢」。其陽多瑾瑜之玉，其陰多青雄黃。是山也，西望日之所入，其氣員，日形員，故其氣象亦然也。神紅光之所司也。未聞其狀。　懿行案：紅光蓋即蓐收也。思玄賦注引此經，無「紅」字；北堂書鈔引有「紅」字。

西水行百里，至于翼望之山，或作「土翠山」。　懿行案：中次十一經首曰翼望之山，與此同名。大荒南經有翠山，非此。無草木，多金、玉。有獸焉，其狀如貍，一目而三尾，名曰讙，讙，音歡，或作「原」。　懿行案：太平御覽九百十三卷引此經，「讙」作「讙讙」，疑郭注「讙」字本在經文，傳寫者誤入郭注耳。御覽又引此經，「讙」作「原」，與郭注合。其音如奪百聲，言其能作百種物聲也。或曰「奪百物名」，亦所未詳。　懿行案：奪，說文作「奪」，蓋形近誤作「奪」也。御覽引此經，又誤作「泰」。是可以禦凶，服之已癉。黃癉病也。音旦。　懿行案：說文云：「癉，勞病也。」「疸，黃病也。」與郭異。有鳥焉，其狀如烏，三首六尾而善笑，名曰鵸鵌，猗、餘兩音。　懿行案：北山經帶山有鵸鵌鳥，自爲牝牡，與此同名。或曰周書王會篇有「奇榦善芳」，「奇榦」即鵸鵌，「善芳」即「善笑」之譌，非也。服之使人不厭，不厭夢也。周書曰：「服者不昧。」音莫禮反。或曰「眯」，眯目也。　懿行案：厭，俗作「魘」，非。倉頡篇云：「厭，眠內不祥也。」高誘注淮南子云：「楚人謂厭爲昧。」是則厭即昧也，故經作「不厭」，郭引周書作「不眛」，明其義同。今周書王會篇作「佩之令人不眛」。案「眛」，郭音莫禮反，則其字當作「眯」，从目、从米。藏經本作「厭者不眯」，而今本作「眛」，非矣。然「眛」、「眯」古亦通用。春秋繁露郊語篇云：「鴟羽去眯。」「眛」亦作「眯」是也。又說文云：「𥧌，寐而未厭，从㝱省，米聲。」正音莫禮反，是此注「眯」與「𥧌」音義相近。又可以禦凶。

凡西次三經之首崇吾之山至于翼望之山，凡二十三山，懿行案：今才二十二山。六千七百四十四里。懿行案：今才六千二百四十里，又加流沙四百里，才六千六百四十里。其神狀皆羊身人面，其祠之禮：用一吉玉瘞，玉加采色者也。尸子曰：「吉玉大龜。」糈用稷米。

西次四經之首曰陰山。懿行案：上文已有陰山，與此同名。畢氏以此爲彫陰山。然上郡彫陰，應劭云「鵰山在西南」，不名陰山也。上多穀，無石，其草多茆、蕃。茆，鳧葵也。蕃，青蕃，似莎而大。卯、煩兩音。懿行案：茆，見陸機詩疏，云：「江南人謂之蓴菜。」說文云：「茆，鳧葵也。」「薠，青薠似莎者。」子虛賦云：「薛莎青薠。」是「蕃」依字當爲「薠」。李善注南都賦引此郭注，正作「薠」，云：「薠，青薠，似莎而大。」高誘注淮南覽冥訓云：「薠，狀如葴」，「葴，如葭也」，「莎，草名也」。陰水出焉，西流注于洛。懿行案：此渭、洛之洛，即漆沮水也，出白於山，見下文。

北五十里，曰勞山，多茈草。一名茈莀，中染紫也。懿行案：茈草即紫草，爾雅云：「藐，茈草。」廣雅云：「茈莀，茈草也。」是郭所本。弱水出焉，懿行案：地理志云：張掖郡，「刪丹，桑欽以爲道弱水自此，西至酒泉合黎。」此禹貢弱水也。西域傳云條支有弱水、西王母，大荒西經云昆侖丘下弱水環之，皆非此經之弱水也。晉書苻堅載記云：「堅遣安北將軍、幽州刺史苻洛討代王涉翼犍。翼犍戰敗，遁於弱水，苻洛追之，退還陰山。」此經上有陰山、下有弱水，當即是也。而西流注于洛。懿行案：太平寰宇記云：保安軍，「吃莫河在軍北一十里，源出蕃部吃莫川，南流，在軍北四十里入洛河，不勝船筏。」案此則吃莫川即弱水也。今水出陝西靖邊縣，東南流，至保安縣西入洛。

西五十里，曰罷父之山。洱水出焉，音耳。懿行案：玉篇、廣韵竝云洱出罷谷山，「父」、「谷」字形相近，疑此經「父」當爲「谷」字之譌也。隋書地理志云洛源有洱水，即此水也，在今甘肅慶陽府。而西流注于洛，其中多茈、碧。懿行案：茈、碧二物也，茈即茈石。

北百七十里，曰申山。懿行案：水經河水注引此經云：「西次四經之首曰陰山，西北百七十里曰申山。」案自陰山至此，凡二百七十里，水經注脱「二」字。其上多穀、柞，其下多杻、橿，其陽多金、玉。區水出焉，而東流注于河。懿行案：水經云：「河水南過上郡高奴縣，東注云河水，又右會區水。」引此經云云，「區水，世謂之清水」。

北二百里，曰鳥山。懿行案：穆天子傳云：「有鷏鳥之山。」疑即此。「鷏」，玉篇同「鸇」。其上多桑，其下多楮。其陰多鐵，其陽多玉。辱水出焉，而東流注于河。懿行案：穆天子傳云：「天子飲于溽水之上。」疑即是水也。水經注云：「河水又南，右納辱水。」引此經云云，「其水東流，俗謂之秀延水」；「又東會根水」，又東南，露跳水「亂流注於河」。

又北百二十里，曰上申之山。上無草木而多硌石，硌，磊硌，大石貌也。音洛。懿行案：老子下篇云：「不欲琭琭如玉，珞珞如石。」「珞」，本或作「落」，依字當爲「硌」也。玉篇引老子正作「硌」，云：「硌，山上大石。」李善注魯靈光殿賦引此郭注，作「磾硌，大石也」。下多榛、楛。榛，子似栗而小，味美。楛木可以爲箭，詩云：「榛楛濟濟。」臻、怙兩音。　懿行案：榛、楛見陸機詩疏。廣雅云：「亲，栗也。」説文云：「楛木也。」陸機疏云：「形似荆而赤莖，似蓍。」獸多白鹿。　懿行案：周書王會篇云：「黑齒白鹿。」周語云穆王征犬戎，得四白鹿。穆天子傳云：「白鹿一牾，棄逸出走。」其鳥多當扈，或作「户」。　懿行案：玉篇云：「北鳸，鳥名。」疑即此，「鳸」、「扈」古字通。其狀如雉，以其髯飛，髯，咽下須毛也。食之不眴目。音眩。　懿行案：説文云，「旬」或作「眴」，「目摇也」。湯水出焉，東流注于河。　懿行案：水經注云：「河水又南，諸次之水入焉。」「又南，湯水注之。」引此經云云。

又北百八十里，曰諸次之山。諸次之水出焉，而東流注于河。　懿行案：水經注云：諸次水「出上郡諸次山」，引此經云云；「其水東逕榆林塞，世又謂之榆林山，即漢書所謂榆谿舊塞也」；「其水東入長城，小榆林水合焉」；「又東合首積水」，「又東入於河」，引此經云云。是山也，多木無草，鳥獸莫居，是多衆蛇。　懿行案：水經注引此經，作「象蛇」，則與北次三經陽山之鳥同名。今各本竝作「衆蛇」，疑水經注譌。

又北百八十里，曰號山。其木多漆、椶，漆樹似樗也。　懿行案：俗語云：「櫄樗栲漆，相似如一。」見爾雅注及詩釋文。其草多葯、虈、芎藭，葯，白芷，别名虈，香草也。芎藭，一名江蘺。葯，音烏較反。　懿行案：王逸注楚詞九歌云：「葯，白芷也。」廣雅云：「白芷，其葉謂之葯。」是郭所本也。説文云：「茝，虈也，楚謂之蘺，晉謂之虈，齊謂之茝。」是茝、虈即江蘺也。爾雅釋文引本草云：「蘼蕪一名江蘺，芎藭苗也。」是芎藭、江蘺又爲一物。説文云：「芎藭，香草也。」案芎藭即鞠窮，左傳謂之「山鞠窮」。多汵石。汵，或音金，未詳。　懿行案：説文「汵」本字作「淦」，云：「泥也，从水，金聲。」與郭音合。汵石蓋石質柔耎如泥者，今水中、土中俱有此石也。端水出焉，而東流注于河。懿行案：水經注云：「圁水又東逕圁陽縣南，東流注於河。河水又東，端水入焉，水西出號山。」引此經云云。

又北二百二十里，曰盂山。音于。懿行案：水經注引此經郭注云：「盂，或作『明』。」今本脱之。「盂」，疑當作「孟」。太平御覽九百九卷引此經，正作「孟」。大戴禮誥志篇云：「明，孟也。」「明」、「孟」同聲，故「孟」或作「明」。其陰多鐵，其陽多銅。其獸多白狼、白虎，外傳曰：「周穆王伐犬戎，得四白狼、白虎，虎名虦虪。」懿行案：郭引外傳者，周語文也。藝文類聚九十九卷引郭氏讚云：「矯矯白狼，有道則遊。應符變質，乃銜靈鉤。惟德是適，出殷見周。」案白狼銜鉤見緯書。穆天子傳云：「爰有赤豹、白虎。」此注「白虎」下「虎」字衍，「虪」字衍。據爾雅云：「虦，白虎。虪，黑虎。」此注或云「白虎名虦，黑虎名虪」，今本又脱「黑虎名」三字也。其鳥多白雉、白翟。或作「白翠」。懿行案：雉、翟一物二種，經「白翟」當爲「白翠」。生水出焉，懿行案：生水，水經注謂之奢延水，云：「出奢延縣西南赤沙阜，東北流。」引此經所謂生水出盂山者也；又云：「洛川在南，俗因縣土謂之奢延水，又謂之朔水矣。」案地理志，上郡有奢延縣，即酈注所指也。「奢延」合聲爲「生」，「生」、「朔」聲之轉，皆方俗語異，字隨音變也。而東流注于河。懿行案：水經云：河水「又南過離石縣西」。注云：「奢延水注之。」即此經云「東流注于河」矣。離石屬西河郡。

西二百五十里，曰白於之山。懿行案：山在今甘肅安化縣。元和郡縣志云：洛源縣，「白於山一名女郎山，在縣北三十里。」上多松、柏，下多櫟、檀。櫟，即柞。懿行案：櫟見爾雅。其獸多㸲牛、羬羊，其鳥多鴞。鴞，似鳩而青色。　懿行案：鴞見陸機詩疏。　洛水出于其陽，懿行案：洛水，雍州浸。水經注引闞駰，以爲漆沮水也。說文云：「洛水出左馮翊歸德北夷界中，東南入渭。」地理志云，北地郡歸德，洛水出北蠻夷中，入河。淮南墬形訓云：「洛出獵山。」高誘注云：「獵山在北地西北夷中。」是則獵山即白於山之異名矣。又案西次二經「秦冒之山」「洛水出焉」，即斯水也。太平寰宇記云：「洛水源出白於山，經上郡雕陰秦望山。」秦望山當即泰冒山。蓋洛水本出白〔一〕於山，而東經泰冒山。二山一是發源，一是所經，此經則通謂之出也。　而東流注于渭。懿行案：禹貢云：「渭又東過漆沮。」漆沮水即洛水也。水經云：渭水「又東過華陰縣北」。注云：「洛水入焉。」說文云洛「東南入渭」，地理志云「入河」者，合渭而入河也。今則直入於河矣。　夾水出于其陰，東流注于生水。懿行案：畢氏云：「夾水疑即甘肅靖邊縣東莜麥河也，其水合紅柳河，逕塞外，又東至縣，入於奢延水，水即生水也。」

西北三百里，曰申首懿行案：藝文類聚二卷、太平御覽十二卷竝引此經，作「由首」。之山，無草木，冬夏有雪。懿行案：山當在今陝西榆林府北塞外，地極高寒，故不生草木，冬夏有雪。　申水出于其上，潛于其下，是多白玉。

又西五十五里，曰涇谷之山。或無「之山」二字。　懿行案：初學記六卷引此經，亦有「之山」二字。　涇水出焉，或以此爲今涇水，未詳。　懿行案：涇水已見西次二經，高山又見海內東經，俱非此，此則涇谷水也。水經注云：渭水「逕緜諸道東」，「又東南合涇谷水，水出西南涇谷之山」。　東南流注于渭，懿行案：水經注云：「涇

〔一〕「白」，原作「自」，誤，據文意改。

谷水又東北歷董亭下」，「東北流注於渭」，引此經云云。然經云「東南」，酈云「東北」，與經不合。初學記引此經，無「南」字。是多白金、白玉。

又西百二十里，曰剛山，多柒木，懿行案：柒，木名也。廣韻以「柒」爲「漆」俗字，俗又以代紀數之「七」字，竝非。多㻬琈之玉。剛水出焉，北流注于渭。是多神䊼，䊼，亦魑魅之類也。音恥回反。或作「䊼」。懿行案：「䊼」，疑當爲「魋」字之或體。説文云：「魋，神獸也。从鬼，隹聲。」與郭音義俱合。又云「或作『䊼』」者，「䊼」當爲「魅」。説文云：「魅，厲鬼也。」玉篇云：「魅，丑利切。」其狀人面獸身，一足一手，懿行案：説文云：「夔，神魖也，如龍，一足。从夊，象有角、手、人面之形。」許君所説形狀，正與此經合，再證以「魋」字之解，則知「神魖」當爲「神魋」，字之譌也。其音如欽。欽，亦「吟」字假音。懿行案：説文云：「欽，欠皃。」蓋人呵欠則有音聲也。

又西二百里，至剛山之尾。洛水出焉，而北流注于河。懿行案：此又一洛水也，所未能詳。其中多蠻蠻，其狀鼠身而鼈首，其音如吠犬。懿行案：蠻蠻之獸與比翼鳥同名，疑即獱也，「獱」、「蠻」聲相近。説文云：「猵，或作獱，獺屬。」文選羽獵賦注引郭氏三蒼解詁曰：「獱，似狐青色，居水中食魚。」

又西三百五十里，曰英鞮之山，懿行案：玉篇作「莫靴山」。上多漆木，下多金、玉，鳥獸盡白。懿行案：史記封禪書云：蓬萊、方丈、瀛州，「此三神山，其物禽獸盡白」。亦此類。涴水出焉，「涴」，或作「㴨」，音冤枉之冤。懿行案：玉篇正作「㴨」，云：「水出莫靴山。」蓋英鞮山之異文也。而北注于陵羊之澤。

是多冉遺之魚，懿行案：玉篇有「鱅」字，音唯，無訓。太平御覽九百三十九卷引此經，作「無遺之魚」，疑即蒲夷之魚也，見北次三經碣石之山下。「蒲」、「無」聲相近，「夷」、「遺」聲同。魚身蛇首，六足，其目如馬耳，食之使人不眯，懿行案：説文云：「眯，艸入目中也。」可以禦凶。

又西三百里，曰中曲之山。其陽多玉，其陰多雄黄、白玉及金。有獸焉，其狀如馬而白身黑尾，懿行案：爾雅疏引此經，作「身黑二尾」，誤。一角，虎牙爪，音如鼓音，懿行案：爾雅注引此經，「鼓」下無「音」字。其名曰駮，是食虎豹，爾雅説「駮」，不道有角及虎爪，駮亦在畏獸畫中。懿行案：爾雅云：「駮，如馬倨牙，食虎豹。」郭注引此經云：「有獸名駮，如白馬，黑尾倨牙，音如鼓，食虎豹。」今此經無「倨牙」，海外北經有之，郭蓋并引二經之文也。劉逵注吴都賦引此經云：「駮如馬，白身黑尾，一角，鋸牙虎爪，音如鼓，能食虎。」亦并引二文也。管子小問篇云：「桓公乘馬，虎望見之而伏。桓公問管仲，對曰：『意者君乘駮馬而洀桓，迎日而馳乎？』公曰：『然。』管仲對曰：『此駮象也。駮食虎、豹，故虎疑焉。』」説苑又云：「豹食駮，駮食虎，駮之狀有似駮馬。」二書所説竝與此經合。可以禦兵。養之辟兵刃也。有木焉，其狀如棠而員葉，赤實，實大如木瓜，木瓜，如小瓜。懿行案：楙，木瓜，見爾雅。名曰櫰木，音懷。懿行案：爾雅云：「櫰槐，大葉而黑。」非此也。「櫰」通作「槐」，又通作「褢」。廣雅云：「褢，續斷也。」本草別録云：「續斷，一名接骨，一名槐。」陶注云：「有接骨樹。」顔師古注急就篇云：「續斷即今所呼續骨木。」據諸書所説，接骨木即此經櫰木與？食之多力。尸子曰：「木食之人多爲仁者，名爲若木。」此之類。懿行案：大戴禮易本命篇云：「食木者多力而拂。」

又西二百六十里，曰邽山。音圭。懿行案：地理志云：隴西郡，「上邽」。應劭曰：「史記故邽戎邑也。」水經云：「渭水東過上邽縣。」注云：「渭水東歷縣北邽山之陰。」其上有獸焉，其狀如牛，蝟毛，名曰窮奇，音如獋狗，是食人。或云：似虎，蝟毛，有翼。銘曰：「窮奇之獸，厥形甚醜。馳逐妖邪，莫不犇走。是以一名，號曰神狗。」懿行案：窮奇與海内北經所説有異，郭又引或云「似虎」、「有翼」，則與彼實一物矣。銘蓋郭氏圖讚之文。窮奇惡獸，而云「馳逐妖邪」者，後漢禮儀志説大儺逐疫使十二神，有云「窮奇、騰根共食蠱」。是窮奇又能驅逐凶邪，爲人除害，故復號曰「神狗」也。濛水出焉，音蒙。懿行案：水經渭水注云：濛水「出縣西北邽山，翼帶衆流，積以成谿，東流，南屈逕上邽縣故城西，側城南出」。南流注于洋水。懿行案：水經注云：「藉水即洋水也，北有濛水注焉。」又云：「濛水又南注藉水。」引此經云云。其中多黄貝，貝，甲蟲，肉如科斗，但有頭尾耳。懿行案：郭注爾雅釋魚與此注同。蠃魚，音螺。懿行案：蠃，玉篇、廣韵竝作「蠃」，玉篇云：「魚有翼，見則大水。」魚身而鳥翼，音如鴛鴦，見則其邑大水。

又西二百二十里，曰鳥鼠同穴之山。今在隴西首陽縣西南，山有鳥鼠同穴，鳥名曰鵌，鼠名曰鼵。鼵如人家鼠而短尾，鵌似燕而黄色。穿地入數尺，鼠在内，鳥在外而共處。孔氏尚書傳曰：「共爲雌雄。」張氏地理記云「不爲牝牡」也。懿行案：地理志云：隴西郡首陽，「禹貢鳥鼠同穴山在西南」。史記夏本紀正義引括地志云：「鳥鼠山，今名青雀山，在渭州渭源縣西七十六里。」又引此經郭注云：「鳥名鵌，鼠名鼣，如人家鼠而短尾，鵌似鵽而小，黄黑色。穴入地三四尺。鵌，音余。鼣，扶廢反。鵽，丁刮反，似雉也。」所引郭注與爾雅注略同，以校此注則異。然「鼣」，爾雅仍作「鼵」，與此同也。且爾雅説鼠有十三種，中有鼣鼠，郭云：「形則未詳。」若據史記正義所引，是鼣鼠形狀郭亦頗能詮説，不應注雅復云「未詳」。是此注之「鼵」不作「鼣」字，審矣。其上多白虎、白玉。懿行案：李善注子虛賦、劉昭注郡國志引此經，竝與今本同。渭水出焉，而東流注于河。出山東，至弘農華陰縣入河。懿行案：説文云：「渭水出隴西首陽渭首亭南谷，東入河。杜林説夏書以爲出鳥鼠山。」水經與説文同，「渭首亭」作「渭谷亭」。地理志云：鳥鼠同穴山，「渭水所出，東至船司空入河」。其中多鰠魚，音騷。懿行案：「鰠」字見玉篇，音義與此同。其狀如鱣魚，鱣魚，大魚也，口在頷下，體有連甲也。或作「鮎鯉」。懿行案：鱣見爾雅，郭注詳之。鮎、鯉亦見爾雅，然非一魚。注蓋「本作『鮎魚』」。動則其邑有大兵。或脱「無從動則」以下語者。懿行案：太平御覽九百三十九卷引此經圖讚云：「物以感應，亦不數動。壯士挺劍，氣激江涌。騷魚潛淵，出則民悚。」濫水出于其西，音檻。懿行案：水經河水注云：「洮水又北逕狄道故城西」，「東北流，又北，隴水注之，即山海經所謂濫水也。水出鳥鼠山西北高城嶺」。西流注于漢水。懿行案：博物志「濫」作「温」，云：「水出鳥鼠山，下注漢水。」水經注云濫水注於洮水，與此經異。多𩵹魮之魚，如、玭兩音。懿行案：郭氏江賦云：「文魮磬鳴以孕璆。」李善注引此經，亦作「文魮」，又引郭注作「音毗」，無「𩵹」字之音，是「𩵹魮」古本作「文魮」可證。其狀如覆銚，懿行案：説文云：「銚，温器也。」鳥首而魚翼魚尾，懿行案：玉篇引此經，無「魚翼」二字，江賦注引此經，「魚翼」無「魚」字。音如磬石之聲，是生珠玉。亦珠母蚌類，而能生出之。懿行案：初學記八卷引南越志云：「海中有文魮魚，鳥頭尾，鳴似磬而生玉。」説文云：「宋弘云：『玭，珠之有聲。』夏書『玭』作『蠙』。」蓋「玭」即「魮」也，古字通。有聲即音如磬是矣。御覽九百三十九卷引此經圖讚云：「形如覆銚，苞玉含珠。有而不積，泄以尾閭。闇與道會，可謂奇魚。」

西南三百六十里，曰崦嵫之山。日没所入山也，見離騷。奄、兹兩音。懿行案：離騷云：「望崦嵫而未迫。」王逸注云：「崦嵫，日所入山也，下有蒙水，水中有虞淵。」穆天子傳云：「天子升于弇山。」郭注云：「弇茲山，日所入也。」玉篇引此經，作「⿰山弇嵫山」。其上多丹木，懿行案：峚山亦有丹木，與此異。其葉如穀，其實大如瓜，赤符懿行案：「符」，疑借爲「柎」字，音府，或讀如本字。而黑理，食之已癉，可以禦火。其陽多龜，其陰多玉。苕或作「若」。水出焉，懿行案：若水疑即蒙水也。「若」、「苕」字形相近，上文龍首之山「苕水出焉」，初學記亦引作「若水」。而西流注于海，禹大傳曰：「洧盤之水出崦嵫山。」懿行案：離騷云：「朝濯髮乎洧盤。」王逸注云：「洧盤，水名也。」引禹大傳與此注同。是郭以洧盤即苕水矣。其中多砥礪。磨石也，精爲砥，麤爲礪也。懿行案：說文云：「厎，柔石也。或作『砥』。」「厲，旱石也。或作『𠩾』。」「礪」，俗字也。玉篇云：「崦嵫礪石可磨刃。」有獸焉，其狀馬身而鳥翼，人面蛇尾，是好舉人，喜抱舉人。名曰孰湖。有鳥焉，其狀如鴞而人面，蜼身犬尾，蜼，獼猴屬也，音贈遺之遺，一音誄，見中山經。「尾」，又作「背」。懿行案：蜼見中次九經鬲山。其名自號也，或作「設」，設亦呼耳，疑此脱誤。懿行案：注「設亦呼耳」，設無呼義，是知「設」蓋「詨」字之譌也。郭云「疑此脱誤」者，既云「其名自號」，而經無其名，故知是脱。見則其邑大旱。

凡西次四經自陰山以下至于崦嵫之山，凡十九山，三千六百八十里。懿行案：今三千五百八十五里。其神祠禮：皆用一白雞祈，懿行案：「祈」當爲「鐖」，已見上文畢氏云。糈以稻米，白菅爲席。

右西經之山，懿行案：「山」下脱「志」字。凡七十七山，懿行案：當云「七十八山」。一萬七千五百一十七里。懿行案：經當有一萬七千五百二十一里，今則一萬八千一十二里。

山海經第三

北山經

北山經之首曰單狐之山，懿行案：玉篇、廣韵竝作「嶂孤山」。多机木，机木，似榆，可燒以糞稻田，出蜀中。音飢。懿行案：説文云：「机木也。」段氏玉裁注云：「蓋即榿木也。今成都榿木樹，讀若豈平聲。」揚雄蜀都賦曰：『春机楊柳。』『机』、『榿』古今字，『榿』見杜詩。」其上多華草。懿行案：華草，未詳。爾雅雖云葭一名華，而非山上之草。吕氏春秋別類篇云：「夫草有莘有藟。」太平御覽九百九十四卷引，「莘」作「華」，然則華草豈是與？吕氏春秋説此草云：「獨食之則殺人，合而食之則益壽。」此經不言，未知其審，存以俟攷。漨水出焉，音逢。而西流注于泑水，懿行案：泑水已見西次三經長沙之山。其中多芘石、文石。懿行案：本草別録云：「紫石華，一名芘石華，生中牟山陰。」疑「芘」當爲「茈」，「茈」古字假借爲「紫」也。中次六經云，婁涿之山，陂水，「其中多茈石、文石」，正作「茈」字，明此作「芘」誤。鹽鐵論云：「周人以紫石。」蓋即茈石矣。

又北二百五十里，曰求如之山。其上多銅，其下多玉，無草木。滑水懿行案：藏經本郭注有「作滑水」三字。出焉，而西流注于諸毗之水。水出諸毗山也。懿行案：西次三經云槐江之山「北望諸毗」，即此山也。其中多滑魚，懿行案：藏經本郭注有「作鰖魚」三字。玉篇、廣韵並云：「鰖，魚名。」其狀如鱓，赤背，鱓魚似蛇，音善。其音如梧，如人相枝梧聲，音吾子之吾。懿行案：義當如據梧之梧。莊子齊物論篇釋文引司馬彪云：「梧，琴也。」崔譔云：「琴瑟也。」食之已疣。疣，贅也。懿行案：「疣」當爲「肬」，說文云：「肬，贅也。」籀文作「䏀」。其中多水馬，其狀如馬，文臂牛尾，臂，前腳也。周禮曰：「馬黑脊而斑臂，膢。」漢武元狩四年，燉煌渥洼水出馬，以爲靈瑞者，即此類也。懿行案：內則云：「馬黑脊而般臂，漏。」鄭注云：「『漏』，當爲『螻』，如螻蛄臭也。」其音如呼。如人叫呼。懿行案：呼，謂馬叱吒也。穆天子傳云「其馬歕沙」，「其馬歕玉」。說文云：「歕，吹气也。」

又北三百里，曰帶山。其上多玉，其下多青碧。有獸焉，其狀如馬，一角有錯，言角有甲錯也，或作「厝」。懿行案：「錯」，依字正當爲「厝」。說文云：「厝，厲石也。」引詩曰：「他山之石，可以爲厝。」今詩通作「錯」。其名曰臛疏，音歡。懿行案：周書王會篇云：「俞人雖馬。」孔晁注云：「巂如馬，一角。」案巂見爾雅，「巂」、「雖」、「疏」俱聲相轉。可以辟火。有鳥焉，其狀如烏，五采而赤文，名曰鵸鵌，上已有此鳥，疑同名。懿行案：鵸鵌已見西次三經翼望之山。莊子天運篇釋文引此經云：「其狀如鳳，五采文，其名曰奇類。」與今本異。是自爲牝牡，懿行案：廣雅云：「鵕離，怪鳥屬也。」玉篇云：「鵕離鳥自爲牝牡。」廣韵亦同。是鵕離即鵸鵌之異名。食之不疽。無癰疽病也。彭水出焉，而西流注于芘湖之水。其中多儵魚，音由。懿行案：「儵」與「鯈」同。玉篇作「鯈」，云：「徒堯切，又直流切。」是也。其狀如雞而赤毛，三尾、懿行案：玉篇云：

儵,「似雞,赤尾。」與今本異。六足、四首,懿行案:「首」當爲「目」字之譌也,今圖正作四目。玉篇本此經,亦作「四目」,可證。今粵東人説海中有魚名儵,形如雞而有軟殼,多尾足,尾如八帶魚,宜鹽藏,炙食之甚美,可以餉遠,疑即此也。其音如鵲,食之可以已憂。懿行案:太平御覽九百三十七卷引此經圖讚云:「泪和損平,莫慘於憂。詩詠萱草,山經則儵。」

又北四百里,曰譙明之山。譙水出焉,西流注于河。其中多何羅之魚,一首而十身,其音如吠犬,懿行案:初學記三十卷引此經,作「犬吠」。食之已癰。懿行案:初學記引此經,「癰」作「擁」,誤。有獸焉,其狀如貆而赤豪,貆,豪豬也,音丸。懿行案:貆豬白豪,已見西山經。其音如榴榴,懿行案:榴榴已見西次三經陰山。名曰孟槐,可以禦凶。辟凶邪氣也,亦在畏獸畫中也。是山也,無草木,多青雄黄。一作「多青碧」。

又北三百五十里,曰涿光之山。囂水出焉,而西流注于河。其中多鰼鰼之魚,音袴褶之褶。懿行案:鰼、鰌見爾雅,非此。廣韵引此經,作「鰼魚」,不作重文。其狀如鵲而十翼,鱗皆在羽端,其音如鵲,可以禦火,懿行案:太平御覽九百三十九卷引此經圖讚云:「鼓翮一運,十翼翩翻。厥鳴如鵲,鱗在羽端。是謂怪魚,食之辟燔。」食之不癉。其上多松、柏,其下多椶、橿,其獸多麢羊,其鳥多蕃。未詳。或云即鴞,音煩。懿行案:「蕃」通作「繁」,楚詞天問云:「繁鳥萃棘。」王逸注引「有鴞萃止」爲釋。廣雅亦以鷘鳥爲鴞。「鷘」、「繁」於「蕃」竝同聲假借字,皆郭所本也。

又北三百八十里，曰虢山。懿行案：初學記及太平御覽引此經，竝作「號山」，爾雅疏引作「虢山」。「虢」即「號」字異文也。其上多漆，其下多桐、椐。桐，梧桐也。椐，樻木，腫節，中杖。椐，音袪。懿行案：桐、椐竝見爾雅，郭注「椐」與此注同。其陽多玉，其陰多鐵。伊水出焉，西流注于河。其獸多橐駝。有肉鞍，善行流沙中，日行三百里，其負千斤，知水泉所在也。懿行案：初學記二十九卷引此經，云「善行流沙中」云云，蓋并引郭注也。爾雅「犦牛」郭注云：「領上肉犦肤起，高二尺許，狀如橐駝，肉鞌一邊，健行者日三百餘里。」釋文云：「『橐』字又作『馲』，音託，又音洛。」引字林云：「馲駝似鹿而大，肉鞌，出繞山也。」案繞山見下文。郭云「知水泉所在」者，藝文類聚九十四卷引博物志云：「燉煌西，渡流沙往外國，濟沙千餘里，中無水。時有伏流處，人不能知。駱駝知水脈，過其處輒停不行，以足踏地。人於所踏處掘之，輒得水也。」初學記引郭氏圖讚云：「駝惟奇畜，肉鞌是被。迅騖流沙，顯功絶地。潛識泉淵，徵乎其智。」其鳥多寓，懿行案：方言云：「寓，寄也。」爾雅有寓屬，又有寓鼠曰「嗛」。此經寓鳥蓋蝙蝠之類，唯蝙蝠肉翅爲異。廣韵云：「鶠鼠，鳥名。」謂是也。玉篇云：「鶠，語俱切，似禿鶖，見則兵起。」非此。狀如鼠而鳥翼，其音如羊，可以禦兵。

又北四百里，至于虢山之尾，其上多玉而無石。魚水懿行案：太平御覽八百七卷引此經，作「陰山」、「漁水」。出焉，西流注于河，其中多文貝。

又北二百里，曰丹熏之山。其上多樗、柏，其草多韭、䪥，皆山菜，爾雅有其名。懿行案：爾雅云：「藿，山韭。」「葝，山䪥。」多丹雘。熏水出焉，而西流注于棠水。有獸焉，其狀如鼠而菟首麋身，其音如獆犬，懿行案：初學記二十九卷引此經，「菟」作「兔」，「麋身」作「麋耳」，「獆」作「嘷」。以其尾飛，或作「髯飛」。獋，音豪。懿行案：初學記引此經，亦作「尾飛」。名曰耳鼠，懿行案：疑即爾雅「鼯鼠，夷由」也，「耳」、「鼯」、「夷」竝聲之通轉。其形肉翅連尾足，故曰尾飛。食之不睬，睬，大腹也，見裨倉，音采。懿行案：本草經云：「鼺鼠主墮胎，令產易。」陶注云：「鼺即鼯鼠，飛生鳥也，人取其皮毛以與產婦持之，令兒易生。」義與此近。又可以禦百毒。懿行案：藝文類聚九十五卷引郭氏讚曰：「或以尾翔，或以髯淩。飛鼠鼓翰，倏然皆騰。用無常所，唯神所憑。」

又北二百八十里，曰石者之山。其上無草木，多瑶碧。懿行案：「碧」，藏經本作「玉」。泚水出焉，西流注于河。懿行案：水經有兩泚水，南山經長沙之山亦有泚水，竝與此異也。畢氏引史記司馬相如傳正義云：「『山海經：紫淵水出根耆之山，西流注河。』今經無此山，疑『石者』，『者』字與『耆』字相近，紫淵即泚水，當即是也。」有獸焉，其狀如豹而文題白身，題，額也。名曰孟極，是善伏，其鳴自呼。

又北百一十里，曰邊春之山，或作「春山」。懿行案：穆天子傳有春山，即鍾山也，已見西山經。多葱、山葱名茖，大葉。懿行案：茖，山葱，見爾雅。山上多葱，疑即葱嶺。水經云：「河水南入葱嶺山。」注云：「郭義恭廣志云：『休循國居葱嶺，其山多大葱。』」葵、韭、桃、李。山桃，榹桃，子小不解核也。懿行案：榹桃見爾雅，郭注與此同。初學記二十八卷引此經云：「邊春之山多李，里人常採之。」太平御覽九百六十八卷引亦同，疑本郭注，今脱去之。杠水出焉，懿行案：穆天子傳云：「春山之澤，清水出泉。」清水或即杠水。而西流注于泑澤。懿行案：泑澤已見西山經不周之山。有獸焉，其狀如禺而文身，善笑，見人則卧，言佯眠也。名曰幽鴳，或作「嫧嬒」。鴳，音遏。 懿行案：説文云：「嫧，媟嫧也。」「嬒，女黑色也。」「鴳」當爲「頞」字之譌。 太平御覽九百十三卷引此圖經讚〔一〕云：「幽頞似猴，俾愚作智。觸物則笑，見人佯睡。好用小慧，終是嬰累。」其鳴自呼。

又北二百里，曰蔓聯之山。萬、連二音。其上無草木。有獸焉，其狀如禺而有鬣，牛尾文臂馬蹏，見人則呼，名曰足訾，懿行案：楚詞卜居云：「將呰訾慄斯。」王逸注云：「承顔色也。」「呰訾」即「足訾」，其音同「慄斯」，即「竦斯」聲之轉，鳥名見下文。其鳴自呼。有鳥焉，羣居而朋飛，朋，猶輩也。其毛如雌雉，名曰鵁，音交，或作「渴」也。 懿行案：玉篇「鵁」云：「白鵁鳥羣飛，尾如雌雞。」疑經文「毛」當爲「尾」字之譌。又經不言此鳥白色，玉篇作「白鵁」，疑因經文「曰鵁」相涉而誤衍也；其「雌雞」疑亦「雌雉」之譌。其鳴自呼，食之已風。

懿行案：爾雅「鴭雉」郭注云：「黄色，鳴自呼。」此鳥毛如雌雉，其鳴自呼，與爾雅合。又「鵁」或作「渴」，是無正字，疑即鴭雉也。

又北百八十里，曰單張之山。其上無草木。有獸焉，其狀如豹而長尾，人首而牛耳，一目，名曰諸犍，音如犍牛之犍。 懿行案：郭既音「犍」，經文必不作「犍」，疑當爲「楗」字之譌。犍牛之「犍」，説文新附字云：「犗牛也。」玉篇同，而又云：「獸似豹，人首一目。」復似經文作「犍」不誤，未知其審。善吒，行則銜其尾，居則蟠其尾。有鳥焉，其狀如雉而文首，白翼黄足，名曰白鵺，音夜。 懿行案：白鵺即

〔一〕「此圖經讚」，還讀本、龍本同；郝本作「此經圖讚」，於義爲順。

白翰，郭注爾雅謂之白鵫，北次二經縣雍之山謂之白鵺。「鵺」、「鵫」聲轉，古無正字，疑皆假借爲之。食之已嗌痛，嗌，咽也。穀梁傳曰：「嗌不容粒。」今吴人呼咽爲嗌，音隘。懿行案：説文云：「咽，嗌也。」「嗌，咽也。」互相訓。郭引穀梁傳者，昭十九年文。可以已瘌。瘌，癡病也。懿行案：玉篇云：瘌同癋，「癡也。」與郭義合；又云：癡，「不慧也。」櫟水出焉，而南流注于杠水。

又北三百二十里，曰灌題之山。其上多樗、柘，其下多流沙，懿行案：説文云：「漠，北方流沙也。」蓋沙漠之地，其沙多流，此之流沙當即其類。多砥。有獸焉，其狀如牛而白尾，其音如訆，如人呼喚。訆，音叫。名曰那父。懿行案：「那」，玉篇作「牣」，云：「奴多切，獸似牛。」本此。有鳥焉，其狀如雌雉而人面，見人則躍，躍，跳。名曰竦斯，懿行案：竦斯，説已見上文。其鳴自呼也。匠韓之水出焉，而西流注于泑澤，其中多磁石。可以取鐵。管子曰：「山上有磁石者，下必有銅。」音慈。懿行案：「磁」，古通用「慈」。本草云：「慈石一名玄石。」春秋繁露郊語篇云：「慈石取鐵，頸金取火。」水經渭水注云：「磁石門在阿房前，悉以磁石爲之，令四夷朝者有隱甲懷刃入門而脅之，以示神。」郭引管子者，地數篇文也。藝文類聚六卷引郭氏讚云：「磁石吸鐵，琥珀取芥。氣有潛通，數亦冥會。物之相感，出乎意外。」

又北二百里，曰潘侯之山。其上多松、柏，其下多榛、楛。其陽多玉，其陰多鐵。有獸焉，其狀如牛而四節生毛，名曰旄牛。今旄牛背、膝及胡尾皆有長毛。懿行案：爾雅「犣牛」郭注云：「旄牛也，髀、厀、尾皆有長毛。」與此注同。或云旄牛即犛牛也，見中次八經荆山「犛牛」注。邊水出焉，懿行案：

「邊」，廣韵作「邊」，俗字也。而南流注于櫟澤。

又北二百三十里，曰小咸之山，懿行案：藝文類聚二卷引此經，作「小威之山」。無草木，冬夏有雪。

北二百八十里，曰大咸之山，懿行案：藝文類聚九十六卷及太平御覽九百三十三卷引此經，竝作「大同之山」。無草木，其下多玉。是山也，四方，不可以上。有蛇，名曰長蛇，懿行案：左傳云：「吳爲封豕長蛇。」即此也。封豕見海內經。其毛如彘豪，說者云：「長百尋。」今蝮蛇色似艾綬文，文間有毛如豬鬐，此其類也。常山亦有長蛇，與此形不同。懿行案：常山蛇名率然，見孫子九地篇。蝮蛇即蝮虫，已見南山經猨翼之山注。其音如鼓柝。如人行夜敲木柝聲，音託。懿行案：類聚引郭氏讚云：「長蛇百尋，厥鬣如彘。飛羣走類，靡不吞噬。極物之惡，盡毒之厲。」

又北三百二十里，曰敦薨之山。懿行案：水經注云：「敦薨之山在匈奴之西、烏孫之東。」其上多椶、枏，其下多茈草。敦薨之水出焉，而西流注于泑澤，懿行案：水經注云：「大河又東，右會敦薨之水。其水出焉耆之北敦薨之山」，「自西海逕尉犁國」，「又西出沙山鐵關谷，又西南流，逕連城」，「又屈而南，逕渠犁國西」，「故史記曰：『西有大河。』即斯水也」；「又南流注於河」，引此經云：「『敦薨之水西流注于泑澤。』蓋亂河流自西南注也」，「泑澤即經所謂蒲昌海也」。出于昆侖之東北隅，實惟河原。即河水出昆侖之虛。懿行案：水經及漢書西域傳竝言河出昆侖，然後注泑澤。此經泑澤乃在昆侖之上者，敦薨山在昆侖之東，故其水西注泑澤；又西出於昆侖之東北隅，河水則自西南來，亦至昆侖之東北隅，重源顯發，與敦薨水合而爲河源，是河源乃受二水之通稱。此經河源蓋指敦薨之水。郭云「即河水出昆侖之虚」，似誤。其中多赤鮭。今名鯸鮐爲鮭魚，音圭。　懿行案：玉篇云：「鮭，魚名。」「鯸鮐」作「鯸鮔」，云：「鯸鮔，魺也。（魺，户多切。）食其肝殺人。」劉逵注吴都賦云：「鯸鮐魚狀如蝌斗，大者尺餘，腹下白，背上青黑有黄文，性有毒，雖小獺及大魚不敢啖之。蒸煮啖之，肥美。豫章人珍之。」是其形狀也。一名河豚，又名鯢。「鯢」即「鮭」之或體字耳。又案經言「赤鮭」，今所見鯸鮐魚背青腹白，絶無赤者。郭云「鯸鮐爲鮭」，既與經不合，而初學記三十卷引此經云：「鯷魚，赤目赤鬣者，食之殺人。」夫鯷即鮎也，「鯷」與「鮭」聲相近，或初學記所引本在郭注，今脱去之邪？其獸多兕、旄牛，或作「樸牛」。樸牛見離騷天問，所未詳。　懿行案：天問云：「恒秉季德，焉得夫朴牛？」王逸注云：「朴，大也。言湯出田獵，得大牛之瑞也。」其鳥多鳲鳩。　懿行案：「鳲」，當爲「尸」，藏經本正作「尸」。

又北二百里，曰少咸之山，無草木，多青碧。有獸焉，其狀如牛而赤身，人面馬足，名曰窫窳，爾雅云：「窫窳，似貙，虎爪。」與此錯。軋、愈二音。　懿行案：海内南經云：「窫窳龍首，居弱水中。」海内西經云：窫窳「蛇身人面」。又與此及爾雅不同。「窫窳」，爾雅作「猰貐」。其音如嬰兒，是食人。敦水出焉，東流注于鴈門之水。水出鴈門山間。　懿行案：水經灅水注云：「鴈門水東南流，逕高極縣故城北」，「又東南流，屈而東北，積而爲潭」，「敦水注之」。敦水「導源西北少咸山之南麓，東流逕參合縣故城南」，「又東，潨水注之」；「又北合敦水，亂流東北，注鴈門水」。引此經及郭注。其中多魳魳之魚，音沛，未詳。或作「鯆」。　懿行案：説文云：「魳，魚名，出樂浪潘國。」「魶」訓同，「一曰：魶魚出江東，有兩乳，一名鱄鯙」。廣雅云：「鱄鯙，魶也。」「鱄」一作「鯆」。晉書夏統傳云：「後作鯆鯙引。」何超音義引埤倉云：「鯆鯙，魶魚也，一名江豚，多膏少肉。」玉篇云：

「欲風則踊鯆鮃。」語轉爲「鮃鯆」。太平御覽九百三十九卷引魏武四時食制云：「鮃鯆魚黑色，大如百斤豬，黃肥，不可食。」即此經云「食之殺人」矣。食之殺人。

又北二百里，曰獄法之山。瀤澤之水出焉，音懷。懿行案：說文云：「瀤，北方水也。」即此。玉篇引此經。而東北流注于泰澤。其中多鱢魚，音藻。其狀如鯉而雞足，懿行案：太平御覽九百三十九卷引此經圖讚云：「鱢之爲狀，半鳥半鱗。」是也。食之已疣。有獸焉，其狀如犬而人面，善投，見人則笑，其名山𤟤，音暉。懿行案：說文云：「𤟤，獸名。」吴都賦云：「𤟤子長嘯。」劉逵注云：「𤟤子，猿類，猿身人面，見人則嘯。」「嘯」蓋與「笑」通。李善注引此經，正作「見人則笑，名𤟤。𤟤，胡奔切。」無「山」字，與今本異。其行如風，言疾。見則天下大風。懿行案：御覽九百十二卷引此經圖讚云：「山𤟤之獸，見乃歡唬。厥性善投，行如矢激。是惟氣精，出則風作。」

又北二百里，曰北嶽之山，懿行案：即恒山也，水經謂之玄嶽，在今山西大同渾源州。多枳棘、剛木。檀、柘之屬。懿行案：郭注中山經云：「楢，剛木也，中車材。」此經云「枳棘、剛木」，郭云「檀、柘之屬」者，檀，中車材；柘，中弓材也。有獸焉，其狀如牛而四角，人目彘耳，其名曰諸懷，懿行案：玉篇作「⿰牛褱」，云：「獸似牛，四角人目。」其音如鳴鴈，是食人。諸懷之水出焉，懿行案：「諸」，廣韵作「潴」，云：「水名，在北嶽。」而西流注于囂水。其中多鮨魚，音詣。懿行案：說文云：鮨，「鮪魚名」。魚身而犬首，懿行案：初學記及太平御覽九百三十九卷竝引此經，作「大首」，誤。其音如嬰兒，今海中有虎鹿魚及海狶，體皆如魚而頭似虎、鹿、豬，此其類也。　懿行案：劉逵注吴都賦云：「虎魚，頭身似虎，或云變而成虎。鹿頭魚，有角似鹿。」李善注江賦引臨海異物志曰：「鹿魚長二尺餘，有角，腹下有脚，如人足。」又引臨海水土記曰：「海豨豕頭，身長九尺。」然則推尋郭義，此經鮨魚蓋魚身魚尾而狗頭，極似今海狗，登州海中有之，其狀非狗非魚，本草家謂之「骨肭獸」是也。　食之已狂。　懿行案：日華本草云：「膃肭獸療驚狂癇疾。」與此經合，膃肭即海狗也。

又北百八十里，曰渾夕之山，無草木，多銅、玉。　懿行案：銅、玉二物也，北次二經諸餘之山復多銅、玉。　嚻水出焉，而西北流注于海。有蛇，一首兩身，　懿行案：藏經本「首」作「頭」，「兩身」下有「四足」二字。　名曰肥遺，見則其國大旱。　管子曰：「涸水之精名曰蟡，一頭而兩身，其狀如蛇，長八尺，以其名呼之，可使取魚龜。」亦此類。　懿行案：管子水地篇文也。説文「蟡」即「逶」字之或體。逶迤即委蛇也，與肥遺聲相近，豈即是與？

又北五十里，曰北單之山，無草木，多葱、韭。

又北百里，曰羆差之山，無草木，多馬。　野馬也，似馬而小。　懿行案：穆天子傳云：「野馬走五百里。」郭注云：「野馬亦如馬而小。」爾雅釋畜云：「野馬。」郭注云：「如馬而小，出塞外。」

又北百八十里，曰北鮮之山，是多馬。鮮水出焉，而西北流注于涂吾之水。　漢元狩二年，馬出涂吾水中也。　懿行案：漢書武帝紀云：「元狩二年，馬生余吾水中。」應劭注云：「在朔方北。」文選長楊賦注引此經，作「北經余吾水」；史記匈奴傳索隱引此經，亦作「北流注余吾」，竝無「西」字，又竝作「余吾」，不加水旁也。　地理志云上黨郡余吾，疑縣因水爲名。

又北百七十里，曰隄山，或作「陒」，古字耳。懿行案：玉篇云：「隄，古文作『陒』。」本此。多馬。懿行案：左傳云：「冀之北土，馬之所生。」故此三山竝云「多馬」，今名馬多出西北也。有獸焉，其狀如豹而文首，名曰狕。音幺。懿行案：玉篇云：狕，「獸名。」隄水出焉，而東流注于泰澤，其中多龍龜。懿行案：龍、龜二物也，或是一物，疑即吉弔也，龍種龜身，故曰龍龜。裴淵廣州記云：「弔生嶺南，蛇頭龜身，水宿木棲。其膏至輕利，銅及瓦器盛之，皆浸出；置雞卵殼中，則不漏，其透物甚於醍醐也。」見證類本草及李時珍本草。

凡北山經之首，自單狐之山至于隄山，凡二十五山，五千四百九十里。懿行案：今五千六百八十里。其神皆人面蛇身，其祠之：毛用一雄雞、彘瘞，吉玉用一珪，瘞而不糈。言祭不用米，皆薶其所用牲、玉。其山北人皆生食不火之物。或作「皆生食而不火」。懿行案：大戴禮千乘篇說四辟大遠皆不火食，此經唯兩言不火食，皆在北山經篇也。淮南原道訓云：「鴈門之北，狄不穀食。」義亦與此同。

北次二經之首，在河之東，其首枕汾，臨汾水上也。音墳。懿行案：水經注引此經，作「其東首枕汾」。其名曰管涔之山。今在太原郡故汾陽縣北秀容山。涔，音岑。懿行案：太平寰宇記引郭注，有「管音姦」三字，今本蓋脫去之。記文又云：「土人云其山多菅，或以爲名。」是經文「管」當爲「菅」矣。山在今山西靜樂縣北。水經注引十三州志曰：汾水「『出武州之燕京山』，亦管涔之異名也」。太原郡汾陽見漢書地理志；晉志爲太原國，其汾陽屬河東郡也。郭云「汾陽縣北秀容山」，漢志直謂之「汾陽北山」。其上無木而多草，其下多玉。懿行案：水經注引此經云：「其上無草木而下多玉。」與今本異，然又云：「其山有草無木。」復與今本同。汾水出焉，而西流注于河。至汾陽縣北，西入河。懿行案：地理志云：「汾水出汾陽，至汾陰入河」。郭注「陽」蓋「陰」字之譌也。汾水詳見海内東經及郭注。

又西懿行案：「西」，藏經本作「北」。二百五十里，曰少陽之山。懿行案：元和郡縣志云：交城縣，「少陽山在縣西南九十五里」。今太原府有交城。其上多玉，其下多赤銀。銀之精也。懿行案：穆天子傳有「燭銀」，郭注云：「銀有精光如燭。」疑即此。酸水出焉，而東流注于汾水。懿行案：水經注云：汾水南逕秀容城，東南與酸水合，「水原西出少陽之山，東南流，注於汾水」。其中多美赭，管子曰：「山上有赭者，其下有鐵。」懿行案：説文云：「赭，赤土也。」本草謂之「代赭石」，别録云：「出代郡者，名代赭；出姑幕者，名須丸，一名血師。」郭引管子者，地數篇文也。

又北五十里，曰縣雍之山。今在晉陽縣西，名汲甕。雍，音甕。懿行案：水經作「縣甕山」。劉昭注郡國志引此經及郭注，與今本同。史記魏世家正義引此，作「懸壅山」，括地志亦作「懸壅」，竝非。山今在太原縣也，一名龍山。元和郡縣志云：晉陽縣，「縣甕山一名龍山，在縣西南十二里。」案地理志云：太原郡晉陽，「龍山在西北，晉水所出，東入汾」。高誘注淮南墬形訓亦云：「龍山在晉陽之西北。」竝非也。水經注云：「今在縣之西南。」其上多玉，其下多銅。其獸多閭、麋，閭即羭也，似驢而岐蹏，角如䴠羊，一名山驢。周書曰：「北唐以閭。」亦見鄉射禮。懿行案：周書王會篇云：「北唐戎以閭，閭似隃冠。」疑「隃」即「羭」字之譌也。孔晁注云：「射禮以閭，象爲射器。」孔氏及郭注俱本鄉射禮。禮曰：「國中射則皮樹中，於郊則閭中。」初學記引廣志云：「驢羊似驢。」即此也。集韻云：「閭，一角，岐蹏。」其鳥多白翟、白鵻。即白鵫也。音于六反。懿行案：白鵫即白翰雉也，見爾雅。晉水出焉，而東南流注于汾水。東過晉陽南，又東入汾。懿行案：水經云：「晉水出晉陽縣西縣甕山，東過其縣南，又東入於汾水。」其中多鮆魚，其狀如儵而赤麟，小魚曰儵。懿行案：「儵」、「鯈」字通，「麟」、「鱗」聲同。其音如叱，食之不驕。或作「騷」。騷，臭也。懿行案：騷臭蓋即藴羝之疾，俗名狐騷也。太平御覽九百三十九卷引此經圖讚云：「微哉鮆魚，食則不驕。物有所感，其用無標。」

又北二百里，曰狐岐之山，懿行案：山在今山西孝義縣西八十里。無草木，多青碧。勝水出焉，而東北流注于汾水，懿行案：水經注云：「文水又東南流，與勝水合。水西出狐岐之山，東逕六壁城南」，「又東合陽泉水」，「又東逕中陽縣故城南，又東合文水。文水又東南入於汾水也」。其中多蒼玉。

又北三百五十里，曰白沙山。廣員三百里，盡沙也，懿行案：此即所謂沙漠。説文云：「漠，北方流沙也。」無草木、鳥獸。鮪水出于其上，潛于其下，出山之頂，停其底也。是多白玉。

又北四百里，懿行案：「百」，藏經本作「十」。曰爾是之山，無草木，無水。

又北三百八十里，曰狂山，無草木。是山也，冬夏有雪。狂水出焉，而西流注于浮水，其中多美玉。

又北三百八十里，曰諸餘之山。其上多銅、玉，其下多松、柏。諸餘之水出焉，而東流注于旄水。懿行案：玉篇作「滮」，云：「水名。」

又北三百五十里，曰敦頭之山。其上多金、玉，無草木。旄水出焉，而東流注于印澤。懿行案：「印澤」，下文北躢山作「卬澤」，藏經本正作「卬」。其中多䭸馬，音勃。懿行案：郭氏江賦云：「䭸馬騰波以嘘蹀。」李善注引此經，與今本同。初學記八卷引南越志云：「平定縣東巨海有䭸馬，似馬，牛尾一角。」又二十九卷引張駿山海經圖畫讚曰：「敦山有獸，其名爲敦，麟形一角。」即此也。「麟形」蓋釋牛尾；「敦」即「䭸」也，字音同。牛尾而白身，一角，其音如呼。懿行案：李善注江賦引此經，作「其音如虎」，疑「虎」當爲「嘑」字之譌，「嘑」與「呼」聲同，義亦同。

又北三百五十里，曰鉤吾之山。其上多玉，其下多銅。有獸焉，其狀如懿行案：藏經本無「如」字。羊身人面，其目在腋下，懿行案：「腋」，俗字也，說文作「亦」，云：「人之臂亦也。」又作「掖」，云：「掖，臂下也。」文選注陳琳爲袁紹檄豫州引此經，作「其口腋下」，蓋有脱誤。虎齒人爪，其音如嬰兒，名曰狍鴞，是食人。爲物貪惏，食人未盡，還害其身，像在夏鼎，左傳所謂「饕餮」是也。狍，音咆。懿行案：吕氏春秋先識覽云：「周鼎著饕餮，有首無身，食人未咽，害及其身，以言報更。」是郭所本也。注蓋圖讚之文，與今世所傳復不同。文選注陳琳爲袁紹檄引此注，「貪惏」作「貪婪」，「夏鼎」作「禹鼎」。

又北三百里，曰北躢之山。無石，其陽多碧，其陰多玉。有獸焉，其狀如虎而白身，犬首馬尾，彘鬣，名曰獨狢。音谷。懿行案：説文云：「北躢山有獨狢獸，如虎，白身豕鬣，尾如馬。」本此。又云：「豰似牂羊，出蜀北躢山中，犬首而馬尾。」今本經無此獸，北躢山又不在蜀也。有鳥焉，其狀如烏，人面，名曰鵥鶥，般、冒兩音。或作「夏」也。懿行案：鵥鶥見玉篇。郭云「或作『夏』」者，「夏」形聲近「貫」。大荒南經有「鷹貫」，郭注云：「貫，亦鷹屬。」水經注引莊子有「雅貫」，蓋是烏類。經言此鳥「狀如烏」，疑是也；又言宵飛晝伏，則似今訓狐，訓狐即鵂鶹之屬，其狀如鷹，鷹賈之名或以此。宵飛而晝伏，鵂鶹之屬。食之已暍。中熱也。音謁。

涔水出焉，而東流注于卬澤。懿行案：說文云：「涻水出北囂山，入邙澤。从水，舍聲。」玉篇同說文。是經文「涔」當爲「涻」，今本或形近而譌也。「卬」亦當爲「邙」，上文作「印澤」，疑亦形近而譌。

又北三百五十里，曰梁渠之山，無草木，多金、玉。脩水出焉，而東流注于鴈門。水名。懿行案：地理志云：代郡且如，「于延水出塞外，東至寧，入沽」。水經㶟水注云：「即脩水也，水出塞外柔玄鎮西長川城南小山。」引此經云云，又云：「鴈門水東逕大甯郡，有脩水注之。」引此經，又云：「地理志有于延水而無鴈門、脩水之名，山海經有鴈門之目而無說。于延河自下亦通謂之于延水矣。」今案鴈門水即㶟水也。說文云：「㶟水出鴈門陰館累頭山，東入海。或曰治水也。」許君此釋本地理志鴈門郡陰館注而爲說，是鴈門水一名治水。地理志說于延水入沽，即此經云脩水「注于鴈門」矣。「沽」，當从說文作「治」。其獸多居暨，懿行案：「暨」，玉篇、廣韻竝作「⿱既皿」，玉篇無「居」字，廣韻作「⿱既皿居」。其狀如彙而赤毛，彙，似鼠，赤毛如刺猬也。彙，音渭。懿行案：爾雅云：「彙，毛刺。」郭注云：「今蝟狀如鼠。」與此注同。蝟，蒼白色，此注「赤」字、「猬」字竝衍。又「彙」，玉篇、廣韻竝作「蝟」。「赤毛」，廣韻作「赤尾」也。其音如豚。有鳥焉，其狀如夸父，或作「舉父」。懿行案：西次三經云崇吾之山有獸曰舉父，或作「夸父」。此經鳥如夸父，或作「舉父」，「舉」、「夸」聲相近，故古字通也。四翼、一目，犬尾，名曰囂，其音如鵲，食之已腹痛，可以止衕。治洞下也。音洞。懿行案：玉篇云：「衕，下也。」義與郭同。

又北四百里，曰姑灌之山，無草木。是山也，冬夏有雪。

又北三百八十里，曰湖灌之山。其陽多玉，其陰多碧，多馬。湖灌之水出焉，而東流注于海，其中多䱉。亦鱓魚字。懿行案：李善注王褒四子講德論引郭氏此經注曰：「鱓魚似蛇，時闡切。」疑即今本注下脱文也。大戴禮勸學篇云：「虵䱉之穴。」「䱉」即「鱓」字也。玉篇云：「䱉，魚似蛇，同『鱓』。」集韵云：「䱉，上演切，音善。」有木焉，其葉如柳而赤理。懿行案：柳有一種赤者，名赤柳。晉書地理志云：丹陽，「丹陽山多赤柳」。

又北，水行五百里，流沙三百里，至于洹山。懿行案：水經云：「洹水出上黨泫氏縣。」注云：「水出洹山，山在長子縣也。」計其道里不相應，當在闕疑。其上多金、玉。三桑生之，其樹皆無枝，其高百仞。懿行案：海外北經云：「三桑無枝，在歐絲東，其木長百仞。」即此。百果樹生之。其下多怪蛇。

又北三百里，曰敦題之山，懿行案：畢氏云：「疑即雁門陰館累頭山。『敦題』、『累頭』皆音之轉，『敦』讀如自也。」今案上文有敦頭山，與「累頭」之聲尤相近，未審誰是。無草木，多金、玉。是錞于北海。懿行案：西山經云「錞于西海」，此云「錞于北海」，其義同。

凡北次二經之首，自管涔之山至于敦題之山，凡十七山，懿行案：今才十六山。五千六百九十里。懿行案：今六千一百四十里。其神皆蛇身人面，其祠：毛用一雄雞、彘瘞，薶之。用一璧一珪，投而不糈。擿玉於山中以禮神，不薶之也。

北次三經之首曰太行之山，今在河内野王縣西北。行，音户剛反。懿行案：漢、晉地理志竝云：河内郡壄王，「太行山在西北」。今在河南輝縣也。列子湯問篇作「太形山」，淮南氾論訓謂之「五行山」，高誘注云：「今太行山也。」其首曰歸山。其上有金、玉，其下有碧。懿行案：藝文類聚七卷引此經，「碧」下有「玉」字。有獸焉，其狀如麢羊懿行案：劉昭注郡國志引此經，「麢」作「麇」，無「羊」字。而四角，馬尾而有距，其名曰驒，懿行案：説文云：「驒，騱馬也。」無「驒」字。玉篇有「驒騱」，云：「駿馬屬。」又有「驒」，云：「獸名。」即此也。廣韵既云：「驒騱，野馬名。驒，音壇。」又云：「驒騱，野馬。」蓋誤也。劉昭注郡國志引此經，作「驒」，亦誤。善還，還，旋，旋舞也。驒，音暉。懿行案：「還」當音旋，郭注「旋」上脱「音」字。劉昭注郡國志引此經，無「善」字，蓋脱去之。經云「善還」，謂善舞也。宋謝莊有舞馬賦。其鳴自訆。有鳥焉，其狀如鵲，懿行案：廣韵説「鶌」云：「似鵲。」白身懿行案：廣韵此下有「三目」二字。赤尾，六足，其名曰鶌，音犇。是善驚，其鳴自詨。今吴人謂呼爲詨，音呼交反。

又東北二百里，曰龍侯之山，無草木，多金、玉。決決之水出焉，音訣。懿行案：太平御覽九百三十八卷引此經，決水「決」字不作重文。而東流注于河。其中多人魚，懿行案：人魚即鯢魚。爾雅云：「鯢，大者謂之鰕。」是也。「鯢」，古文省作「兒」。周書王會篇云：「穢人前兒。」亦是也。「兒」从儿，即古文「人」字，又「人」、「兒」聲轉。疑經文古本作「兒魚」，闕脱其上，即爲「人魚」矣。其狀如鯑魚，四足，其音如嬰兒，鯑，見中山經。或曰：「人魚即鯢也，似鮎而四足，聲如小兒嗁。」今亦呼鮎爲鯑，音蹄。懿行案：「鯑」當爲「鮷」。説文云：「鮷，大鮎也。」郭云「見中山經」者，少室山休水中多鯑魚是也。又云「人魚即鯢」者，水經注云：「伊水又東北流注於洛水。」引廣志曰：「『鯢魚聲如小兒嗁，有四足，形如鯪鯉，可以治牛，出伊水也。』司馬遷謂之『人魚』，故其著史記曰：『始皇帝之葬也，『以人魚膏爲燭』。徐廣曰：『人魚似鮎而四足，即鯢魚也。』」食之無癡疾。懿行案：説文云：「癡，不慧也。」中山經云鯑魚「食者無蠱疾」，與此異。

又東北二百里，曰馬成之山。其上多文石，其陰多金、玉。有獸焉，其狀如白犬而黑頭，見人則飛，言肉翅飛行自在。其名曰天馬，其鳴自訆。有鳥焉，其狀如烏，首白而身青足黃，是名曰鶌鶋，屈、居二音。或作「鳴」。懿行案：爾雅云：「鶌鳩，鶻鵃。」此「鶌鶋」疑即「鶌鳩」也，聲轉字變，經多此例，唯「白首」爲異耳。孫炎注爾雅云：「鶻鵃，一名鳴鳩。」故此經郭云「或作『鳴』」。其鳴自詨，食之不飢，可以已寓。未詳。或曰：「寓，猶誤也。」懿行案：「寓」、「誤」蓋以聲近爲義。誤，疑昏忘之病也。王引之曰：「案『寓』當是『㾢』字之假借，玉篇、廣韵㾢音牛具切，疣病也。」

又東北七十里，曰咸山。其上有玉，其下多銅，是多松、柏，草多茈草。條菅之水出焉，菅，音間。而西南流注于長澤。其中多器酸，三歲一成，所未詳也。食之已癘。

又東北二百里，曰天池之山。懿行案：水經㶟水注云：桑乾水潛承「太原汾陽縣北燕京山之大池，池在山原之上，世謂之天池」。案山在今山西靜樂縣東北。其上無草木，多文石。有獸焉，其狀如兔而鼠首，以其背飛，用其背上毛飛，飛則仰也。懿行案：文選上林賦云：「蜼玃飛蠝。」張揖注云：「飛蠝，飛鼠也，其狀如兔而鼠首，以其頿飛。」今經「頿」作「背」，或所見本異也。又上文丹熏山有耳鼠，以其尾飛，郭云「或作『髯飛』」，「髯」即「頿」字耳。初學記二十九卷引郭氏圖讚云：「或以尾翔，或以髯凌。飛鼠鼓翰，倏然背騰。固無常所，唯神所憑。」其名曰飛鼠。懿行案：初學記引此經云：「以其背飛，名飛兔。」又引括地圖，亦作「飛兔」，與今經文異。澠水出焉，潛于其下，停山底也。其中多黃堊。堊土也。

又東三百里，曰陽山。懿行案：水經注有大陽之山，亦通謂之薄山，疑即此。其上多玉，其下多金、銅。有獸焉，其狀如牛而赤尾，其頸腎，其狀如句瞿，言頸上有肉腎。句瞿，斗也，音劬。懿行案：廣雅云：「腎，堅也。」以句瞿爲斗，所未詳。元和郡縣志云：海康縣多牛，「項上有骨大如覆斗，日行三百里，即爾雅所謂『犦牛』。」疑此是也。其名曰領胡，懿行案：說文云：「領，項也。」「胡，牛顄垂也。」此牛頸肉垂如斗，因名之「領胡」與？其鳴自詨，食之已狂。有鳥焉，其狀如雌雉而五采以文，是自爲牝牡，名曰象蛇，其鳴自詨。留水出焉，而南流注于河。懿行案：水經云：河水「東過大陽縣南」。注云：「河水又東，左合積石、土柱。二谿竝北發大陽之山，南流入於河。」與此經合。但不知二谿之中，誰爲留水耳。其中有䱻父之魚，音陷。懿行案：說文云：「䱻，魚名。」玉篇云：䱻，「魚也」，「見山海經」。其狀如鮒魚，魚首而彘身，懿行案：太平御覽九百三十九卷引此經圖讚云：「䱻父魚首，厥體如豚。」食之已嘔。懿行案：「嘔」，當爲「歐」。說文云：「吐也。」

又東三百五十里，曰賁聞之山。其上多蒼玉，其下多黃堊，多涅石。懿行案：即礬石也。淮南俶真訓云：「以涅染緇。」高誘注云：「涅，礬石也。」本草經云：「礬石，一名羽涅。」別録云：「一名羽澤。」西次二經女牀之山「多石涅」，郭氏注誤，當移於此。

又北百里，曰王屋之山，今在河東東垣縣北。書曰「至于王屋」也。懿行案：漢、晉地理志竝云：河東郡垣，「禹貢王屋山在東北」。今在山西垣曲縣也。注「東垣」，「東」字衍。是多石。㶟水出焉，㶟，音輦。懿行案：水經云：「濟水出河東垣縣東王屋山，爲沇水。」注引此經，「㶟水」作「聯水」。劉昭注郡國志又作「兖水」，云：「王屋山，兖水出。」「兖」、「沇」、「㶟」俱聲相近。而西北流注于秦澤。地理志：王屋山，沇水所出。「㶟」、「沇」聲相近，殆一水耳。沇則濟也。懿行案：水經注引此經，「泰澤」作「秦澤」，疑即滎澤也。地理志云：「沇水東南至武德入河，軼出滎陽北地中，又東至琅槐入海。」今案滎澤在滎陽北也。濟水又見海内東經。

又東北三百里，曰教山。懿行案：教山在垣縣北，見水經注，在今山西垣曲縣也。其上多玉而無石。教水出焉，西流注于河。懿行案：水經注云，「河水又東與教水合，水出垣縣北教山」云云，「南入於河」；引此經，亦作「南流注于河」。今本作「西」，疑譌。是水冬乾而夏流，實惟乾河。今河東聞喜縣東北有乾河口，因名乾河里，但有故溝處，無復水，即是也。懿行案：水經注云：「今聞喜縣東北谷口猶有乾河里，故溝存焉，今無復有水，世人猶謂之爲乾澗矣。」其中有兩山。是山也，廣員三百步，其名曰發丸之山，其上有金、玉。

又南三百里，曰景山，外傳曰：「景、霍以爲城。」懿行案：太平寰宇記云：「山在聞喜縣東南十八里。」水經云：涑水「西過周陽邑南」。注云：「涑水又與景水合，水出景山北谷。」引此經云云，「經不言有水，今有水焉，西北流注於涑水也」。南望鹽販之澤，即鹽池也，今在河東猗氏縣。或無「販」字。懿行案：水經注及太平御覽八百六十五卷引此注，「鹽池」上竝有「解縣」二字，今本脱也。穆天子傳云：「戊子，至於盬。」郭注云：「盬，鹽池，今在河東解縣。」吕氏春秋本味篇云：「和之美者，大夏之鹽。」高誘注云：「大夏，澤名。」今案大夏古晉地，此澤亦即鹽澤矣。地理志云：「河東郡安邑，「鹽池在西南」。晉書地理志云：「河東郡解，「有鹽池」。北望少澤。其上多草藷藇，根似羊蹏，可食。曙、豫二音。今江南單呼爲藷，音儲，語有輕重耳。懿行案：廣雅云：「藷藇，署預也。」本草云：「薯蕷，一名山芋。」皆即今之山藥也。此言草藷藇，别於木藷藇也。木藷藇見中次十一經兔牀之山。其草多秦椒。子似椒而細葉，草也。懿行案：水經注、藝文類聚八十九卷及太平寰宇記引此經，竝無「其草」二字，非也。依郭注，當有此二字。其陰多赭，其陽多玉。有鳥焉，其狀如蛇而四翼，六目三足，名曰酸與，其鳴自詨，見則其邑有恐。或曰：「食之不醉。」

又東南懿行案：孟門山在今景山西，經云「東南」，疑誤。三百二十里，曰孟門之山。尸子曰：「龍門未辟，呂梁未鑿，河出於孟門之上，大溢逆流，無有丘陵高阜滅之，名曰洪水。」穆天子傳曰：「北升孟門、九河之隥。」懿行案：今本穆天子傳「孟」作「盟」，「盟」、「孟」通也，山在今山西平陽吉州西。水經注云，河南「孟門山與龍門山相對」，引此經云云，又引淮南子，即此注所引尸子之文；又引穆天子傳，而云：「孟門即龍門之上口也，實爲河之巨阸。」其上多蒼玉，多金，其下多黄堊，多涅石。懿行案：涅石已見上文賁聞之山。

又東南三百二十里，曰平山。懿行案：水經注云：教水「南逕輔山」。疑即平山也。元和郡縣志云：「臨汾縣本漢平陽縣，縣在平水之陽，故曰平陽。山一名壺口山，今名姑射山，在縣西八里，平水出焉。」平水出于其上，潛于其下，懿行案：水經注云：「輔山高三十許里，上有泉源，不測其深，山頂周員五、六里，少草木。」引此經云：「孟門東南有平山，『水出于其上，潛于其下』。」又是王屋之次，疑即平山也。」案酈氏言「上有泉源，不測其深」，即此經云「平水出于其上，潛于其下」是矣。是多美玉。

又東二百里，曰京山，有美玉，多漆木，多竹。其陽有赤銅，其陰有玄䃤。黑砥石也。尸子曰：「加玄黄砥。」明色非一也。䃤，音竹篠之篠。懿行案：「䃤」字見玉篇，同郭義。高水出焉，南流注于河。

又東二百里，曰虫尾之山。其上多金、玉，其下多竹，多青碧。丹水出焉，南流注于河。薄水出焉，淮南子曰：「薄水出鮮于山。」懿行案：淮南墬形訓云：「鎬出鮮于。」郭引作「薄」，或所見本異。而東南流注于黄澤。懿行案：穆天子傳云：「東游於黄澤。」蓋即此。又地理志云魏郡内黄，應劭云：「黄澤在西。」

又東三百里，曰彭毗之山。其上無草木，多金、玉，其下多水。蚤林之水出焉，音早。東南流注于河。肥水出焉，而南流注于牀水，懿行案：肥水當即詩之肥泉，牀水未詳。其中多肥遺之蛇。

又東百八十里，曰小侯之山。明漳之水出焉，南流注于黄澤。有鳥焉，其狀如烏而白文，名曰鴣鸐，姑、習二音。懿行案：鴣鸐見玉篇。食之不灂。不瞧目也。或作「⿰目爵」，音醮。懿行案：瞧，音樵。俗以偷視爲瞧，非也。⿰目爵，音醮，玉篇云：「目冥也。」

又東三百七十里，曰泰頭之山。共水出焉，音恭。南注于虖池。呼、佗二音，下同。其上多金、玉，其下多竹箭。

又東北二百里，曰軒轅之山。其上多銅，其下多竹。有鳥焉，其狀如梟而白首，其名曰黄鳥，其鳴自詨，食之不妒。懿行案：周書王會篇云：「方揚以皇鳥。」爾雅云：「皇，黄鳥。」蓋皆此經黄鳥也。郭注爾雅，以爲「黄，離留」，誤矣。俗人皆言黄鶯治妒，而梁武帝以倉庚作膳，爲郗氏療忌，又本此經及爾雅注而誤也。

又北二百里，曰謁戾之山。今在上黨郡涅縣。懿行案：郭注本地理志，謁戾山見水經。淮南墬形訓作「楬戾」，「謁」、「楬」聲相近也。山在今山西樂平縣。其上多松、柏，有金、玉。沁水出焉，南流注于河。至滎陽縣東北入河，或出穀述縣羊頭山也。懿行案：「穀述」當爲「穀遠」，字之譌也。地理志云：上黨郡穀遠，「羊頭山世靡谷，沁水所出」。是郭所本也。沁水一名涅水。地理志云：上黨郡涅氏，「涅水也」。顔師古注云：「涅水出焉。」水經云：「沁水出上黨涅縣謁戾山。」注云：「沁水即涅水也，或言出穀遠縣羊頭山世靡谷。」是酈氏合沁、涅爲一水也。地理志又云：「沁水東南至滎陽入河。」顔師古注云：「今沁水至懷州武陟縣界入河。此云至滎陽，疑轉寫錯誤。」今案顔氏之説非也。水經亦云「至滎陽縣北入河」，滎陽在河南，武陟在河北，相去不遠，説俱得通。今沁水至河南濟源縣入河矣。沁水又見海内東經。其東有林焉，名曰丹林。丹林之水出焉，懿行案：竹書云：「周元王六年，丹水三日絶不流。」地理志云：高都莞谷，「丹水所出，東南入泫水」。水經注云：丹水「出上黨高都縣故城東北阜，俗謂之源源水」，引此經云云，「即斯水矣」。又水經注引經，直作「丹水」，無「林」字。南流注于河。懿行案：地理志云丹水入泫水，又云：泫氏楊谷，「絶水所出，南至壄王入沁」。水經注亦云沁水與丹水合。此經云「入河」者，蓋丹水合絶水入沁，又入於河也。又地理志泫氏應劭注云：「山海經泫水所出者也。」今經無泫水，蓋脱去之。而地理志丹水入泫水，水經注引作「入絶水」，未審誰是。嬰侯之水出焉，北流注于汜水。懿行案：水經汾水注引此經，作「嬰侯之水出于其陰，北流注于祀水」，云：「水出祀山，其水殊源，共合注於嬰侯之水，亂流逕中都縣南，俗又謂之中都水。」據水經注，「汜水」當爲「祀水」；又云「出於其陰」，亦與今本異。

東三百里，曰沮洳之山，詩云：「彼汾沮洳。」懿行案：水經注引此經云：「淇水出沮如山。」是「洳」當爲「如」，或古字通。山在今河南輝縣。無草木，有金、玉。濝水出焉，音其。懿行案：「濝」即「淇」字。南流注于河。今淇水出汲郡隆慮縣大號山東，過河内縣南，爲白溝。懿行案：水經云：「淇水出河内隆慮縣西大號山，又東過内黄縣南，爲白溝。」是郭所本也。説文云：「淇水出河内共北山，東入河。或曰出隆慮西山。」地理志云：河内郡，共北山，「淇水所出，東至黎陽入河」。晉書地理志云：汲郡，「共北山，淇水所出」。「隆慮」作「林慮」也。

又北三百里，曰神囷之山。音如倉囷之囷。懿行案：「囷」即倉囷之「囷」，郭氏復音如之，知經文必不作「囷」。廣韵引作「神箘」，疑是也。據水經注，山當在今河南林縣，漢之林慮縣也。其上有文石，其下有白蛇，有飛蟲。懿行案：史記周本紀云：「蜚鴻滿野。」索隱引高誘曰：「蜚鴻，蠛蠓也。言飛蟲蔽日滿野，故爲災。」又後漢書南蠻傳云：鹽神「旦即化爲蟲，與諸蟲羣飛，掩蔽日光」。亦此類也。黄水出焉，而東流注于洹。洹水出汲郡林慮縣東北，至魏郡長樂入清水。洹，音丸。懿行案：地理志云：河内郡隆慮，應劭注云：「隆慮山在北，避殤帝名，改曰林慮也。」説文云：「洹水在晉、魯間。」水經云：「洹水出上黨泫氏縣東，過隆慮縣北。」注云：「縣有黄水出於神囷之山黄華谷，又東入於洹水也。」又云：洹水「又東逕長樂縣故城南」。又，清水亦見水經及注。滏水出焉，懿行案：李善注魏都賦引此經，與今本同。魏志武帝紀云：建安九年，「公進軍到洹水」。又云：「臨滏水爲營。」即斯水也。而東流注于歐水。滏水今出臨水縣西釜口山，經鄴西北，至列人縣入於漳，其水熱。懿行案：劉逵注魏都賦云：「漳、滏，二水名，經鄴西北；滏水熱，故曰滏口。」水經注云：「滏水出鄴西北石鼓山，南巖下泉源奮涌，若釜之揚湯矣，其水冬温夏冷。」滏水「又東流注於漳，謂之合口」。據水經注，石鼓山當即滏口山之異名也。但此經云「注於歐水」，豈歐水亦即漳水之異名與？

又北二百里，曰發鳩之山。今在上黨郡長子縣西。　懿行案：發鳩山，淮南子謂之發包山，墬形訓云：「濁漳出發包。」高誘注云：「發包山，一名鹿谷山，亦在上黨長子縣。」水經注云鹿谷山「與發鳩連麓而在南」也。其上多柘木。懿行案：説文云：「樜木出發鳩山。」是「柘」當爲「樜」。玉篇云「柘」亦作「樜」，蓋同聲假借字也。漢書音義云：「櫧，似樜，葉冬不落。」是樜、櫧同類之木。櫧，見中次十一經前山。有鳥焉，其狀如烏，懿行案：太平御覽四十五卷引此經，「烏」作「鳩」。文首白喙赤足，懿行案：廣韵引此經，作「白首赤喙」。名曰精衛，其鳴自詨。懿行案：李善注吴都賦引此經，作「呼」。是炎帝之少女，名曰女娃。炎帝，神農也。娃，惡佳反，語誤或作「階」。懿行案：李善注吴都賦引此經，作「赤帝之女姓姜」，誤也。魏都賦注引此經，仍作「女娃」。是「姓」乃「娃」之譌，「姜」字衍。女娃游于東海，溺而不返，故爲精衛，常銜西山之木石以堙于東海。堙，塞也，音因。懿行案：「堙」，當爲「垔」，見説文。文選注引此經，「銜」作「取」，「堙」作「填」，唯魏都賦注引此，仍作「堙」。列仙傳載炎帝少女追赤松而得仙，是知東海溺魂西山銜石，斯乃神靈之變化，非夫仇海之寃禽矣。女尸之爲䔄草，亦猶是也。藝文類聚九十二卷引郭氏讚云：「炎帝之女，化爲精衛。沈形東海，靈爽西邁。乃銜木石，以填攸害。」漳水出焉，濁漳，音章。懿行案：説文云：「涑水出發鳩山，入於河。从水，東聲。」水經注云：「漳水又東，涑水注之。水西出發鳩山，東逕余吾縣故城南，又東逕屯留縣故城北。其水又東流注於漳。」亦引説文涑水爲證。然則此經古有二本，許君所見本蓋爲「涑水」，即説文及水經注所云是也；桑欽所見本蓋爲「漳水」。水經云：「濁漳水出上黨長子縣西發鳩山。」即此。郭注所云是也。東流注于河。或曰：「出長子縣鹿谷山，而東至鄴入清漳。」懿行案：地理志云：上黨郡長子，「鹿谷山，濁漳水所出，東至鄴入清漳」。説文亦同，是皆郭注所本。

又東北百二十里，曰少山。今在樂平郡沾縣。沾縣故屬上黨。懿行案：山在今山西樂平縣。水經云：「清漳水出上黨沾縣西北少山大要谷。」説文同。地理志：上黨郡沾，「大䙿谷，清漳水所出，東北至阜城入大河」。是大要谷即少山也。樂平郡沾及上黨郡竝見晉書地理志。又舊本郭注「沾縣」下復有「沾縣」字，俗本脱。其上有金、玉，其下有銅。清漳之水出焉，東流于濁漳之水。清漳出少山大繩谷，至武安縣南暴宫邑入於濁漳。或曰：「東北至邑城，入於大河也。」懿行案：郭注「繩」，蓋「黽」字之譌，「黽」又「䙿」字之譌也。地理志北地郡大䙿顔師古注云：「『䙿』即古『要』字也。」顔本作「䙿」，而今本於上黨郡沾縣大䙿谷譌爲「大黽谷」，郭氏此注又譌爲「大繩谷」矣。説文云：「清漳出沾山大要谷，北入河。」以此可證。又郭注「暴宫」，當爲「黍窖」之譌。水經云：「東至武安縣南黍窖邑入於濁漳。」是也。「邑城」當爲「阜城」之譌，今本地理志上黨郡沾下亦譌爲「邑城」也。阜城縣屬渤海郡，見漢、晉地理志。

又東北二百里，曰錫山。懿行案：地理志、水經注竝作「堵山」，或古有二名。太平寰宇記云磁州武安縣有錫山，引此經。山在今河南武安縣。其上多玉，其下有砥。牛首之水出焉，而東流注于滏水。懿行案：地理志云：趙國邯鄲，「堵山，牛首水所出」。水經濁漳水注云：「水出邯鄲縣西堵山。漢景帝時攻趙，圍邯鄲，引牛首拘水灌城。」

又北二百里，曰景山，懿行案：高誘注淮南墬形訓云：「景山在邯鄲西南。」有美玉。景水出焉，東南流注于海澤。懿行案：淮南墬形訓云：「西北方曰海澤。」

又北百里，曰題首之山，有玉焉，多石，無水。

又北百里，曰繡山。其上有玉、青碧，其木多栒，木中枚也。音荀。懿行案：郭注未詳所本。説文有「橁」，云：「杶也。」又有「梬」，云「大木，可爲鉏柄」。疑皆非郭義。本草經有「栒核」，別録云：「味苦，療水身、面癰腫。」蓋即此木也。説文云：「杻，榦也，可爲杖。」其草多芍藥、芎藭。芍藥，一名辛夷，亦香草屬。懿行案：廣雅云：「攣夷，芍藥也。」張揖注上林賦云：「留夷，新夷也。」「新」與「辛」同，「留」、「攣」聲轉。王逸注楚詞九歌云：「辛夷，香草也。」是攣夷即留夷，離騷之留夷又即九歌之辛夷，與芍藥正一物也。郭注本廣雅及楚詞。洧水出焉，而東流注于河。懿行案：水經有洧水，出馬嶺山，入潁，非此。其中有鱯、黽。鱯，似鮎而大，白色也。懿行案：爾雅云：「魾，大鱯。」郭注與此同。黽。鼃黽似蝦，蟇小而青。或曰：「鱯黽一物名耳。」懿行案：「鼃」當爲「耿」字之譌。耿黽見秋官蟈氏注，亦見爾雅。

又北百二十里，曰松山。懿行案：畢氏云：「疑即今山西襄垣縣好松山。」陽水出焉，懿行案：畢氏云：「地形志云：上黨屯留『有陽水，原出三想山，東流，合平臺水，東南入絳水』。」東北流注于河。

又北百二十里，曰敦與之山。懿行案：山在今直隸臨城縣西南。太平寰宇記引此經，作「敦輿山」。其上無草木，有金、玉。溹水出于其陽，音悉各反。懿行案：玉篇云：「溹，所格切，水名。」而東流注于泰陸之水。大陸水，今鉅鹿北廣平澤即其水。懿行案：「廣平」當爲「廣阿」，字之誤也。爾雅「十藪」，晉有大陸，郭注云：「今鉅鹿北廣阿澤是也。」然今爾雅注「阿」復誤作「河」。呂氏春秋「九藪」，趙之鉅鹿，高誘注云：「廣阿澤也。」地理志云：鉅鹿郡鉅鹿，「禹貢大陸澤在北；又有廣阿」。劉昭注郡國志亦同。泜水出于其陰，音抵肆也。懿行案：「泜」字晉灼音邸，與郭音同。蘇林音祗，與地理志同。而東流注于彭水。今泜水出中丘縣西窮泉谷，東注於堂陽縣，入於漳水。懿行案：說文云：「泜水在常山。」地理志云：常山郡元氏，「沮水首受中丘西山窮泉谷，東至堂陽入黃河」。又：中丘，「逢山長谷，諸水所出，東至張邑入濁漳」。是郭所本也。諸水即泜水矣。隋書地理志云房子有彭水。案史記陳餘傳索隱引此郭注云：「泜水出常山中丘縣」，今本脱「常山」二字。槐水出焉，而東流注于泜澤。懿行案：說文云：濟水出常山「房子贊皇山，東入泜。」地理志云：常山郡房子，「贊皇山，石濟水所出，東至廮陶入泜。」是濟水即槐水矣。

又北百七十里，曰柘山。其陽有金、玉，其陰有鐵。歷聚之水出焉，而北流注于洧水。

又北三百里，曰維龍之山。其上有碧玉，其陽有金，其陰有鐵。肥水出焉，而東流注于皋澤，其中多礨石。未詳也，音雷。或作「壘魄」。壘，大石貌，或曰：「石名。」懿行案：玉篇云：「礧，不平也。」又云：「礧，磈石。」與郭義近。「礧」、「壘」字通也。又漢書鼂錯傳云：「具藺石。」服虔注云：「藺石，可投人石也。」如淳注云：「藺石，城上雷石也。」「藺」、「礨」聲轉，「礨」、「雷」聲近，疑礨石即雷石矣。敞鐵之水出焉，而北流注于大澤。

又北百八十里，曰白馬之山。懿行案：山在今山西盂縣北。元和郡縣志云：盂縣，「白馬山在縣東北六十里」。其陽多石玉，其陰多鐵，多赤銅。木馬之水出焉，懿行案：木馬水即俗謂牧馬水也，在盂縣東北，至定襄入虖沱。而東北流注于虖沱。呼、佗二音。

又北二百里，曰空桑之山，上已有此山，疑同名也。懿行案：東經有此山，此經已上無之，檢此篇北次二經之首自管涔之山至於敦題之山，凡十七山，今才得十六山，疑經正脱此一山也。經内空桑有三，上文脱去之。空桑蓋在莘、虢閒，吕氏春秋、古史考俱言伊尹産空桑是也。此經空桑蓋在趙、代閒，歸藏啓筮言「蚩尤出自羊水，以伐空桑」是也。兖地亦有空桑，見東山經。無草木，冬夏有雪。空桑之水出焉，東流注于虖沱。音佗。懿行案：藏經本無郭注「音佗」二字。

又北三百里，曰泰戲之山，懿行案：畢氏云：「山在今山西繁畤縣西。淮南墬形訓云：『虖沱出魯乎。』説文云：『泒水起鴈門葰人戍夫山。』元和郡縣志云：繁畤縣，『泰戲山一名武夫山，在縣東南九十里』。太平寰宇記云：繁畤縣，『泰戲山，今曰泒山』。又云：『虖沱河源出東南孤阜山。』據此，則『戲』字當讀如呼，説文本从虘聲，『泰戲』、『魯乎』、『戍夫』、『武夫』、『孤阜』皆聲相近，字之異也。」無草木，多金、玉。有獸焉，其狀如羊，一角一目，目在耳後，其名曰辣辣，音屋棟之棟。懿行案：玉篇「棟」字云：「泰山有獸，狀如牛，一角。」疑「泰」下脱「戲」字，又「羊」爲「牛」，或字之譌也。廣韵引此經，作「秦戲山」，餘同。辣音東，又音陳。吴氏引楊慎奇字韵云：「辣辣，今産於代州鴈門谷口，俗呼爲構子，見則歲豐，音東，見晉志。」今案代州志「構」作「[牜冓]」，誤也。其鳴自訆。虖沱之水出焉，今虖沱水出鴈門鹵成縣南武夫山。懿行案：虖沱又見海内東經。地理志云：勃海郡成平，「虖池河，民曰徒駭河」。蓋語聲之轉也。郡國志云：鴈門郡鹵城，劉昭注引此經，作「呼沱」。經典或作「惡池」，或作「亞馳」，竝聲近假借之字。郭注「鹵成」，「成」當爲「城」。而東流注于漊水。音樓。懿行案：地理志云：代郡鹵城，「虖池河東至參合，入虖池別」。疑虖池別流即漊水矣。液女之水出于其陽，南流注于沁水。液，音悦懌之懌。懿行案：泰戲山在繁畤，沁水在沁源，南北遥阻，無緣有水相注，疑經文誤。此云「液女」，下文直云「液水」。

又北三百里，曰石山，多藏金、玉。懿行案：「藏」，古字作「臧」，善也。西次三經槐江之山「多藏黄金、玉」，義與此同。濩濩之水出焉，濩，音尺蠖之蠖。而東流注于虖沱。鮮于之水出焉，而南懿行案：吴氏本「南」上有「西」字。流注于虖沱。

又北二百里，曰童戎之山。皋涂之水出焉，而東流注于漊液水。

又北三百里，曰高是之山。今在北地靈丘縣。懿行案：在縣西北，水經作「高氏」。又案晉書地理志，北地郡無靈丘，代郡下亦無之，漢志代郡下則有。滋水出焉，音兹。懿行案：説文云：「滋水出牛飲山白陘谷，東入呼沱。」地理志云：常山郡南行唐，「牛飲山白陸谷，滋水所出，東至新市入虖池」。郡國志云：南行唐「有石白谷」。谷名三書皆異，未知其審。而南流注于虖沱。其木多椶，其草多條。懿行案：條草未詳，或説以爾雅「蓧蓨」，恐非。滱水出焉，音寇。懿行案：説文云：「滱水起北地靈丘，東入河。」「滱水即漚夷水，并州川也。」水經云：「滱水出代郡靈丘縣高氏山。」注云：「即温夷之水也，出縣西北高氏山。」引此經云云。東流注于河。過博陵縣南，又東北入於易水。懿行案：地理志云：代郡靈丘，「滱河東至文安入大河」。説文亦云「東入河」，與此經合。水經云：「滱水東過博陵縣南，又東北入於易。」注云：「東北至長城，注於易水也。」與郭注合。今案滱水自入易水，易水復不通河流，經言注河，未知其審。

又北三百里，曰陸山，多美玉。鄭水出焉，或作「郯水」。懿行案：「鄭」字，說文、玉篇、廣韵俱無之，嚴可均曰：「說文云：『黃帝娶于姜水。』」而東流注于河。

又北二百里，曰沂山。音祈。般水出焉，音盤。懿行案：地理志云：平原郡般，「說者云即爾雅『九河』鉤般也」。元和郡縣志云：棣州陽信縣，「鉤盤河經縣北四十里」。而東流注于河。

北百二十里，曰燕山，懿行案：隋書地理志云無終有燕山，疑非此。多嬰石。言石似玉，有符彩嬰帶，所謂燕石者。懿行案：「嬰」，疑「燕」聲之轉，未必取嬰帶爲義。水經注云：「聖水又東逕玉石山，謂之玉石口，山多珉玉、燕石，故以玉石名之。」是燕石出玉石山，將玉石山即燕山之異名與？而與水經鮑丘水注無終之燕山似異，此蓋別一山也。燕水出焉，東流注于河。

又北山行五百里，水行五百里，至于饒山。懿行案：爾雅釋文引字林云：「馲駝出繞山。」疑「饒」、「繞」古字通也。初學記二十九卷引此經云：「陽光之山，獸多橐駞。」經無陽光山，疑亦饒山，字之誤衍也。是無草木，多瑤碧，其獸多橐駞，懿行案：橐駞已見虢山。其鳥多鶹。未詳。或曰：「鶹，鵂鶹也。」懿行案：鵂鶹即鴟久，爾雅謂之「怪鴟」。廣雅又云：「鶹鳩，飛鸓也。」別一物即鼯鼠也。歷虢之水出焉，而東流注于河。其中有師魚，食之殺人。未詳。或作「鯢」。懿行案：「師」，玉篇作「鰤」，非也。郭云「或作『鯢』」者，「師」、「鯢」聲之轉，鯢即人魚也，已見上文。酉陽雜俎云：「峽中人食鯢魚，縛樹上，鞭至白汁出如構汁，方可食。不爾，有毒也。」正與此經合。

又北四百里，曰乾山，無草木。其陽有金、玉，其陰有鐵而無水。有獸焉，其狀如牛而三足，其名曰獂，懿行案：「獂」當爲「豲」，見説文。藏經本「獂」下有「音元」二字。其鳴自詨。

又北五百里，曰倫山。倫水出焉，而東流注于河。有獸焉，其狀如麋，其川在尾上，川，竅也。懿行案：爾雅云：「白州，驠。」郭注云：「州，竅。」是州、川其義同。廣雅云：「川，臀也。」本此。王引之曰：「『川』似當爲『州』，字形相近而誤。」其名曰羆。懿行案：藏經本作「羆九」，郭氏圖讚亦作「羆九」，疑經文「羆」下有「九」字，今本脱去之。

又北五百里，曰碣石之山。水經曰：「碣石山今在遼西臨渝縣南水中。」或曰：「在右北平驪城縣海邊山。」懿行案：地理志云：右北平郡驪成，「大揭石山在縣西南」。今直隸撫寧、昌黎二縣是其地。郭引水經，今無攷。水經注云：「河之入海，舊在碣石。今川流所導，非禹瀆也。故張君云：『碣石在海中。』蓋淪於海水也。」繩水出焉，而東流注于河。懿行案：地理志遼西郡臨渝有絫，云：「又有揭石水。」疑揭石水即繩水也。水經河水注引此經云云。劉昭注郡國志引此經，作「編水」，疑誤。其中多蒲夷之魚。未詳。懿行案：蒲夷魚疑即冉遺魚也，已見西次四經。玉篇有鯆鮧，曰華本草有胡夷魚，即河豚，竝非此。其上有玉，其下多青碧。

又北水行五百里，至于鴈門之山，鴈門山即北陵西隃，鴈之所出，因以名云，在高柳北。懿行案：北陵西隃見爾雅。鴈門山，鴈出其間，在高柳北，見海内西經，山在今山西代州東北。又案經不言此山有水，而北次二經梁渠之山有修水，東流注于鴈門，郭云「水名」；北山經首少咸之山有敦水，東流注于鴈門之水，郭云「水出鴈門山間」，是此山有水明矣。水經灅水注引山海經曰：「鴈門之水出於鴈門之山。」蓋古本有此經文，今脱去之。無草木。

又北水行四百里，懿行案：王崇慶山海經釋義云：「凡此皆在晉地，環晉皆山，恐無水行四百里者。然鴈門山亦曰『水行五百里』，豈禹治水時事與？」至于泰澤。懿行案：泰澤即大澤也。大澤方百里，羣鳥所生及所解，在鴈門北，見海内西經。其中有山焉，曰帝都之山，廣員百里，懿行案：山疑即委羽之山也，崇巘參雲，日月虧蔽，在鴈門北，見淮南墬形訓。無草木，有金、玉。

又北五百里，曰錞于母逢之山，北望雞號之山，懿行案：説文、玉篇引此經，竝作「惟號之山」。其風如飈，飈，急風貌也，音戾。或云：「飄風也。」懿行案：「飈」，俗字也，説文、玉篇引此經，竝作「劦」。説文云：「劦，同力。」玉篇云：「急也。」文選江賦注引此注，與今本同。西望幽都之山，懿行案：幽都之山在北海之内，見海内經。浴水出焉。浴，即黑水也。懿行案：「浴」下疑脱「水」字。郭知浴水即黑水者，據海内經「幽都之山，黑水出焉」而爲説也。夏小正云：「黑鳥浴。」疑「浴」當訓黑，正與此義合，説者失之耳。是有大蛇，赤首白身，其音如牛，見則其邑大旱。

凡北次三經之首，自太行之山以至于無逢懿行案：無逢即母逢也，「母」、「無」古音同。之山，凡四十六山，懿行案：今四十七山。萬二千三百五十里。懿行案：今一萬二千四百四十里。其神狀皆馬身而人面者廿神，懿行案：古鐘鼎文「二十」字皆作「廿」。其祠之：皆用一藻茝，瘞之；藻，聚藻。茝，香草蘭之類，音昌代反。懿行案：藻，聚藻，見毛詩；茝，香草，見内則。其十四神狀皆彘身而載玉，懿行案：「載」亦「戴」也，古字通。其祠之：皆玉，不瘞。不薶所用玉也。其十神狀皆彘身而八足蛇尾，其祠之：皆用一璧，瘞之。大凡四十四神，懿行案：四十六山，其神乃止四十四，蓋有攝山者。皆用稌糈米祠之，此皆不火食。懿行案：其山北人皆生食不火之物，已見北山經首。

右北經之山志，凡八十七山，懿行案：今八十八山。二萬三千二百三十里。懿行案：當二萬三千五百三十里，今則二萬四千二百六十里。

山海經第四

東山經

東山經之首曰樕螽之山，速、株二音。 懿行案：廣韻云：「樕株，山名。」疑即「樕螽」之異文。北臨乾昧。亦山名也，音妹。 懿行案：東次四經之首曰北號之山，「食水出焉，而東北流注于海」。與此互證，是北號即乾昧矣。食水出焉，而東北流注于海。其中多鱅鱅之魚，音容。 懿行案：史記裴駰集解引郭氏云：「鱅，似鰱而黑。」非此也。説文云：「鱅，魚名。」又云：「鰅，魚皮有文，出樂浪東暆。神爵四年，初捕收，輸考工。周成王時揚州獻鰅。」周書王會篇云：「揚州禺禺魚，名解隃冠。」「禺禺」即「鰅鰅」聲之轉，古字通也。史記司馬相如傳有「禺禺」，徐廣云：「禺禺，魚牛也。」郭氏注上林賦云：「鰅魚有文彩。」又云：「禺禺，魚皮有毛，黃地黑文。」與説文「鰅，魚皮有文」合。徐廣謂之「魚牛」，即此經「狀如犁牛」是也。説文云「出樂浪東暆」，亦與此經合。藝文類聚九卷引博物志云：「東海中有牛魚，其形如牛，剥其皮懸之，潮水至則毛起，潮去則伏。」即是魚也。其狀如犁牛，牛似虎文者。 懿行案：郭氏注上林賦云：「禺禺，魚皮有毛，黃地黑文。」與此注「似虎文」義合。魏志文帝紀注引獻帝傳云：「犁牛之駮似虎。」正謂此也。太平御覽九百三十九卷引此經圖讚曰：「魚號鱅鱅，如牛虎駮。」犁牛即留牛，見南山經柢山。其音如彘鳴。

又南三百里，曰藟山。音誄。其上有玉，其下有金。湖水出焉，東流注于食水，懿行案：地理志云：右北平郡俊靡，「灅水南至無終，東入庚。」說文亦同。疑藟山因灅水爲名，「灅」、「藟」聲同，灅水即湖水，庚水即食水矣，俟攷。其中多活師。科斗也，爾雅謂之活東。懿行案：蝦蟇叫而生子，其聲聒聒，謂之聒子。「活師」、「聒子」聲相近，「科斗」、「活東」亦音相轉也。

又南三百里，曰栒狀之山。懿行案：廣韻云：「沢水出拘扶山。」此作「栒狀」，字形相似，未審誰是。其上多金、玉，其下多青碧石。有獸焉，其狀如犬，六足，其名曰從從，其鳴自詨。有鳥焉，其狀如雞而鼠毛，懿行案：「毛」，說文作「尾」。其名曰𧈢鼠，音咨。懿行案：「𧈢」，說文作「鼭」，云：「鼭鼠似雞，鼠尾。」玉篇云：「𧈢，蟲也。」見則其邑大旱。沢水出焉，音枳。懿行案：玉篇云：沢，「水名。」而北流注于湖水。其中多箴魚，其狀如儵，懿行案：「儵」即「鯈」字。其喙如箴，出東海，今江東水中亦有之。懿行案：今登萊海中有箴梁魚，碧色而長，其骨亦碧，其喙如箴，以此得名。太平御覽九百三十九卷引南楚記云：「箴魚口四寸。」食之無疫疾。

又南三百里，曰勃亝之山，懿行案：「亝」，篆文「齊」字，見說文。無草木，無水。

又南三百里，曰番條之山，無草木，多沙。減水出焉，音同減損之減。懿行案：「減」即「減損」之字，何須用音。知經文必不作「減」，未審何字之譌。北流注于海，其中多鱤魚。一名黃頰。音感。懿行案：鱤，一名魠。說文云：「魠，哆口魚也。」廣雅云：「魠、魧、鰽，魠也。」玉篇云：「魠，黃頰魚。」郭氏注上林賦云：

「魠，鰄也。一名黃頰。」與此注合。又謂之「鱨」，小雅魚麗篇毛傳云：「鱨，楊也。」陸機疏云：「今黃頰魚也，似燕頭魚，身形厚而長大，頰骨正黃。魚之大而有力解飛者，徐州人謂之『楊黃』。」頰，通語也，今江東呼黃鱨魚，亦名黃頰魚，尾微黃，大者長尺七、八寸許。

又南四百里，曰姑兒之山。其上多漆，其下多桑、柘。姑兒之水出焉，北流注于海。其中多鱤魚。

又南四百里，曰高氏之山。其上多玉，其下多箴石。可以爲砥針，治癰腫者。懿行案：「砥」，當爲「砭」字之譌。南史王僧孺傳引此注，作「可以爲砭針」，是也。說文云：「砭，以石刺病也。」素問云：「東方之域，其病爲癰瘍，其治宜砭石。」是砭石正東方所出也。又此云「箴石」，史記扁鵲傳有「鑱石」，「鑱」、「箴」聲相近，然非一物也。淮南説山訓云：「病者寢席，醫之用針石。」高誘注云：「石針所砥，殫人癰痤，出其惡血者也。」諸繩之水出焉，懿行案：水經注云：「澠水出營城東，西北入時水。」疑即此。東流注于澤，其中多金、玉。

又南三百里，曰嶽山。其上多桑，其下多樗。濼水出焉，音樂。懿行案：說文云：「濼，齊、魯閒水也。」水經注云：濼水「出歷城縣故城西泉源上」，「北入於濟，謂之濼口」。計其道里，疑非此。東流注于澤。其中多金、玉。

又南三百里，曰犲山。懿行案：「犲」即「豺」別字。其上無草木，其下多水，其中多堪㐨之魚。未詳，音序。懿行案：玉篇「㐨」从子从予，不从二予。有獸焉，其狀如夸父懿行案：夸父即舉父也，已見西山經崇吾之山、北山經梁渠之山。而㑜毛，其音如呼，見則天下大水。

又南三百里，曰獨山。其上多金、玉，其下多美石。末塗之水出焉，而東南流注于沔，其中多偹蟰，條、容二音。懿行案：郭氏江賦云：「偹蟰拂翼而掣耀。」李善注引此經；玉篇有「偹」字，亦引此經，竝與今本同。其狀如黄蛇，魚翼，出入有光，見則其邑大旱。

又南三百里，曰泰山。即東嶽岱宗也，今在泰山奉高縣西北，從山下至頂，四十八里三百步也。懿行案：泰山郡奉高，見漢、晉地理志。山在今山東泰安縣北。史記秦始皇本紀正義引此注，作「百四十八里」，「百」字當爲衍文，故劉昭注祭祀志引此注，作「四十八里二百步」，亦無「百」字。初學記引漢官儀及泰山記亦云：「自下至古封禪處，凡四十里。」其上多玉，其下多金。懿行案：史記秦始皇本紀正義引此，「玉」作「石」。今案作「石」是也，泰山下既多礠礐。又本草經紫、白二石英俱生泰山。魏志高堂隆傳云：「鑿泰山之石英。」正謂此也。有獸焉，其狀如豚而有珠，名曰狪狪，音如吟恫之恫。懿行案：玉篇云：狪，「似豕，出泰山。」又「狪」云：「獸名。」廣韵「狪」、「狪」俱云：「獸名，似豕，出泰山。」是知古本作「狪」，或作「狪」；今本作「狪」，皆一字也。郭云「音如吟恫之恫」，疑「吟」當爲「呻」字之譌。匡謬正俗云：「關中謂呻吟爲呻恫。」其鳴自訆。環水出焉，懿行案：水經注云：「汶水又南」，「合北汶水」。水「東南流逕泰山東，又合天門下谿水。水出泰山天門下谷」，東南流，「又合環水。水出泰山南谿，南流歷中、下兩廟間」，其水又屈而東流，「入於汶水」。引此經云云。東流注于江，一作「海」。懿行案：當作「汶」。水經注引此經，作「注于汶」。其中多水玉。

又南三百里，曰竹山，錞于江。一作「涯」。懿行案：「江」亦當作「汶」。竹山當即蜀山，在今汶上縣，獨立波心，故名曰「蜀」。無草木，多瑶碧。激水出焉，而東南流注于娶檀之水，其中多茈羸。懿行案：「羸」當爲「蠃」字之譌。茈蠃，紫色蠃也。

凡東山經之首，自樕𧑍之山以至于竹山，凡十二山，三千六百里。懿行案：今才三千五百里。其神狀皆人身龍首，祠：毛用一犬，祈聃用魚。以血塗祭爲聃也。公羊傳云：「蓋叩其鼻以聃社。」音鈞餌之餌。懿行案：玉篇云：「以牲告神，欲神聽之曰聃。」此説與郭異。據郭注，「聃」疑當爲「衈」。玉篇云：「耳血也。」禮雜記云：「其衈皆于屋下。」鄭注云：「衈，謂將封割牲以釁，先滅耳，傍毛薦之。」郭引公羊傳者，僖十九年文。然傳云「蓋叩其鼻以血社」，不作「衈」字。穀梁傳正作「叩其鼻以衈社」，范甯注云：「衈者，釁也。」是郭此注當由誤記，故竟以穀梁爲公羊耳。

東次二經之首，曰空桑之山，此山出琴瑟材，見周禮也。懿行案：此兗地之空桑也。淮南本經訓云：「共工振滔洪水以薄空桑。」高誘注云：「空桑，地名，在魯也。」思玄賦舊注云：「少皞金天氏居窮桑，在魯北。」太平寰宇記引干寶云：「徵在生孔子於空桑之地，今名孔竇，在魯南山之穴。」郭引周禮者，春官大司樂文。北臨食水，懿行案：食水已見篇首樕𧑍山。東望沮吳，南望沙陵，西望湣澤。音旻。懿行案：「湣」，疑即「汶」字之異文。有獸焉，其狀如牛而虎文，懿行案：上文「狀如犁牛」，郭注云：「牛似虎文者。」其音如欽，或作「吟」。其名曰軨軨，音靈。其鳴自叫，見則天下大水。

又南六百里，曰曹夕之山。其下多穀而無水，多鳥獸。

又西南四百里，曰嶧皋之山。音亦。懿行案：爾雅云：「山屬者嶧。」其上多金、玉，其下多白堊。嶧皋之水出焉，東流注于激女之水，懿行案：爾雅疏引此經作「激汝之水」。玉篇同。其中多蜃、珧。蜃，蚌也。珧，玉珧，亦蚌屬。腎、遥兩音。懿行案：爾雅云：「蜃，小者珧。」郭注云：「珧，玉珧，即小蚌也。」

又南水行五百里，流沙三百里，至于葛山之尾。無草木，多砥、礪。

又南三百八十里，曰葛山之首，無草木。澧水出焉，懿行案：呂氏春秋本味篇作「醴水」。東流注于余澤。其中多珠蟞魚，音鼈。懿行案：呂氏春秋作「朱鼈」，郭氏江賦作「赬蟞」。是經文「珠」「朱」、「蟞」「鼈」竝古字通用。其狀如胏而有目，懿行案：此物圖作四目。初學記八卷引南越志云：「海中多朱鼈，狀如胏，有四眼六腳而吐珠。」正與圖合。疑此經「有目」當爲「四目」，字之譌也。文選江賦注引此經，仍作「有目」，譌與今本同，竝當栞正。六足有珠，懿行案：呂氏春秋本味篇云：「六足，有珠，百碧。」「百碧」，疑「青碧」字之譌也。高誘注云：「有珠如蛟皮。」「蛟」當爲「鮫」，皮有珠文。但郭氏江賦云：「赬蟞胏躍而吐璣。」南越志亦云：「朱鼈吐珠。」高誘以爲皮有珠，蓋非也。其味酸甘，食之無癘。無時氣病也。呂氏春秋曰：「澧水之魚，名曰朱蟞，六足有珠」，魚之美也。懿行案：太平御覽九百三十九卷引此經圖讚云：「澧水之鱗，狀如浮胏。體兼三才，以貨賈害。厥用既多，何以自衛。」

又南三百八十里，曰餘峩之山。懿行案：廣韵引此經，「峩」作「我」。其上多梓、枏，其下多荆、芑。懿行案：南山經虖勺之山「下多荆杞」，此經作「芑」，同聲假借字也，下文竝同。雜余之水出焉，東流注于黄水。有獸焉，其狀如菟而鳥喙，鴟目蛇尾，見人則眠，言佯死也。懿行案：「眠」，依字當爲

「瞑」。**名曰犰狳，**仇、餘二音。　懿行案：玉篇「犰」、「狳」二字竝云：「獸似兔。」犰音几，無「犰」字。是經文「犰」當爲「犰」，郭注「仇」當爲「几」，竝字形之譌也。廣韵「犰」字注云：「兔喙。」蓋脱「鳥」字。**其鳴自訆，見則螽蝗爲敗。**螽，蝗類也，言傷敗田苗，音終。　懿行案：説文云：「蝗，螽也。」「螽，蝗也。」以爲一物。據此，又似二種。太平御覽九百十三卷引此經，「螽」作「蟲」。

又南三百里，曰杜父之山，無草木，多水。

又南三百里，曰耿山，無草木，多水碧，亦水玉類。　懿行案：李善注江賦引此經及郭注，竝與今本同；又注謝靈運入彭蠡湖口詩及注江淹雜體詩竝引此經郭注云：「碧，亦玉也。」與今本異。又經言「水碧」生於山間，謝靈運詩云：「水碧輟流濕。」江淹詩云：「淩波采水碧。」竝與經不合。**多大蛇。有獸焉，其狀如狐而魚翼，其名曰朱獳，**音儒。　懿行案：説文云：「獳，需聲，讀若槈。」與郭音異。然云「需聲」，則與儒音相近。樂記云：「朱儒獿雜。」蓋獿是獮猴，朱儒似狐。樂記所言皆獸名也，正與此經義合。**其鳴自訆，見則其國有恐。**

又南三百里，曰盧其之山，懿行案：太平御覽九百二十五卷引此經，「盧其」作「憲期」。**無草木，多沙石。沙水出焉，南流注于〔一〕涔水。其中多鵹鶘，**音黎。**其狀如鴛鴦而人足，**今鵜胡足頗有似人腳形狀也。　懿行案：御覽引此經，作「鵜鶘」，「鵹」、「鵜」聲相近也。鵜鶘，見爾雅。陸機詩疏又名「淘河」，即「鵜

〔一〕「于」，原誤作「子」，依文意及郝本、龍本改。

鳭」聲之轉。魏志：黄初四年，有鵜鶘鳥集靈芝池，詔曰：「此詩人所謂『汙澤』是也。」其鳴自訆，懿行案：御覽引「訆」作「呼。」見則其國多土功。

又南三百八十里，曰姑射之山，懿行案：莊子逍遥遊篇云：「藐姑射之山，汾水之陽。」隋書地理志云：臨汾「有姑射山，山在今山西平陽府西」。又案已下三山，俱名「姑射」，但分南北耳，皆山在中國者。海内北經有列姑射，有姑射國，俱地在遠裔者。無草木，多水。

又南水行三百里，流沙百里，曰北姑射之山，無草木，多石。

又南三百里，曰南姑射之山，無草木，多水。

又南三百里，曰碧山，無草木，多大蛇，多碧、水玉。

又南五百里，曰緱氏之山，一曰：俠氏之山。懿行案：「俠」即「緱」聲之轉。「緱」本或作「維」，誤。地理志云：河南郡緱氏，蓋縣因山爲名也。無草木，多金、玉。原水出焉，東流注于沙澤。

又南三百里，曰姑逢之山，無草木，多金、玉。有獸焉，其狀如狐而有翼，其音如鴻鴈，其名曰獙獙，音斃。懿行案：「斃」、「獘」同。經文「獙」即「獘」字異文。玉篇作「獘」，云：「獸名。」即此。見則天下大旱。

又南五百里，曰鳧麗之山。其上多金、玉，其下多箴石。有獸焉，其狀如狐而九尾九首，懿行案：廣韻説「蠪蛭」，無「九首」二字，餘竝同。虎爪，名曰蠪姪，龍、蛭二音。懿行案：中次二經昆吾之山有獸名曰蠪蚳，郭云「上已有此獸，疑同名」。是此經「姪」當爲「蛭」，注文「蛭」當爲「姪」，竝傳寫之誤也。廣韵作「蠪蛭」可證，又云：「一名蚑蠪。」其音如嬰兒，是食人。

又南五百里，曰硜山，音一真反。懿行案：玉篇云：「硜，音真，石山。」蓋即此。郭注「一」、「反」二字疑衍，中次十一經注可證。南臨硜水，東望湖澤。有獸焉，其狀如馬而羊目，懿行案：藏經本「目」作「首」。四角牛尾，其音如獆狗，其名曰峳峳，音攸。懿行案：説文、玉篇無「峳」字，疑「峳」當爲「莜」，古从「艸」之字或从「屮」，「屮」亦「艸」也。海内經有⿱山囷狗，即菌狗，亦其例。見則其國多狡客。狡，狡猾也。有鳥焉，其狀如鳧而鼠尾，善登木，其名曰絜鉤，見則其國多疫。

凡東次二經之首，自空桑之山至于硜山，凡十七山，六千六百四十里。其神狀皆獸身人面，載觡。麋鹿屬，角爲觡，音格。懿行案：載，亦戴也。説文云：「觡，骨角之名也。」鄭注樂記云：「無鰓曰觡。」説文云：「鰓，角中骨也。」史記樂書索隱云：「牛羊有鰓曰角，麋鹿無鰓曰觡。」其祠：毛用一雞祈，嬰用一璧瘞。

又東次三經之首曰尸胡之山，北望⿰歹羊山。音詳。懿行案：玉篇云：「⿰歹羊，『女鬼也』。」非此。其上多金、玉，其下多棘。有獸焉，其狀如麋而魚目，名曰妴胡，音婉。懿行案：玉篇云：「妴，同婉。」其鳴自訆。懿行案：嘉慶五年，册使封琉球歸，舟泊馬齒山下，人進二鹿，毛淺而小眼，似魚眼。使者箸記，謂是海魚所化。余以經證之，知是妴胡也。沙魚化麋，海人常見之，非此。

又南水行八百里，曰岐山。其木多桃、李，其獸多虎。

又南水行五百里，曰諸鉤之山，無草木，多沙石。是山也，廣員百里，多寐魚。即鮇魚，音味。懿行案：鮇魚今未詳。玉篇云：「鮇，音未，魚名。」與郭義合。又有「鮇」字，與「鱴」同，非此也。

又南水行七百里，曰中父之山，無草木，多沙。

又東水行千里，曰胡射之山，無草木，多沙石。

又南水行七百里，曰孟子之山。懿行案：畢氏據藏經本作「孟于」。其木多梓、桐，多桃、李，其草多菌、蒲，未詳，音晒昭之晒。懿行案：「晒」，當从目旁作「晒」，音窅。「昭」，未聞。藝文類聚八十二卷引此經，無「菌」字。其獸多麋、鹿。是山也，廣員百里。其上有水出焉，名曰碧陽，懿行案：開元占經一百十三卷引竹書紀年云：「今王四年，碧陽君之諸御産二龍。」碧陽君豈即斯水之神邪？其中多鱣、鮪。鮪即鱏也，似鱣而長鼻，體無鱗甲，別名䱜鱈，一名鱑也。懿行案：鱣、鮪竝見爾雅。郭云「別名䱜鱈」者，史記集解引郭氏注上林賦云：「䱜鱈，鮪也。」李奇注漢書云：「周、洛曰鮪，蜀曰䱜鱈。」説文作「䱜鯍」，蓋古今字耳。云「一名鱑也」者，鱣魚一名鱘鱑魚，鱣、鮪同類，故亦同名。郭注爾雅「鱣」云：「今江東呼爲黄魚。」「黄」即「鱑」矣。

又南水行五百里，曰流沙。行五百里，有山焉，曰跂踵之山，跂，音企。廣員二百里。無草木，有大蛇，其上多玉。有水焉，廣員四十里皆涌，今河東汾陰縣有瀵水，源在地底，濆沸涌出，其深無限，即此類也。懿行案：爾雅云：「瀵，大出尾下。」郭注與此注文有詳畧，其義則同。其名曰深澤，其中多蠵龜。蠵，觜蠵大龜也，甲有文彩，似瑇瑁而薄，音遺知反。懿行案：「瑇瑁」，玉篇作「毒冒」。説文云：「蠵，大龜也，以胃鳴者。」郭注爾雅「靈龜」云：「緣中文似瑇瑁，俗呼爲靈龜，即今觜蠵龜，一名靈蠵，能鳴。」初學記三十卷引郭氏此經圖讚曰：「水圓二方，潛源溢沸。靈龜爰處，掉尾養氣。莊生是感，揮竿傲貴。」有魚焉，其狀如鯉而六足，鳥尾，名曰鮯鮯之魚，音蛤。 懿行案：廣雅釋地本此經云：「東方有魚焉，如鯉，六足鳥尾，其名曰鮯。」不作重文，玉篇亦然。 其名自叫。 懿行案：「名」，藏經本作「鳴」，是。

又南水行九百里，曰踇隅之山。音敏字。 懿行案：玉篇、廣韵竝作「踇偶山」。踇，莫后切。 其上多草木，多金、玉，多赭。 有獸焉，其狀如牛而馬尾，名曰精精，其鳴自叫。

又南水行五百里，流沙三百里，至于無皋之山，南望幼海，即少海也。淮南子曰：「東方大渚曰少海。」 懿行案：初學記六卷引此經及郭注，竝與今本同。又少海即褘海也。史記騶衍傳云：「褘海環之。」索隱云：「褘海，小海也。」郭引淮南子者，墬形訓文也。 東望榑木。扶、桑二音。 懿行案：榑木即扶桑，但不當讀木爲桑，注有脱誤。鴻範五行傳云：「東方之極，自碣石東至日出榑木之野。」呂氏春秋求人篇云：「禹東至榑木之地，日出九津。」高誘注云：「榑木，大木；津，崖也。」案扶桑見海外東經。 無草木，多風。 懿行案：東極多風，爰有神人，「來風曰俊，處東極以出入風」也，見大荒東經。 是山也，廣員百里。

凡東次三經之首，自尸胡之山至于無皋之山，凡九山，六千九百里。 懿行案：今才六千四百里。 其神狀皆人身而羊角，其祠：用一牡羊，米用黍。是神也，見則風雨水爲敗。

又東次四經之首，曰北號之山，臨于北海。有木焉，其狀如楊，赤華，其實如棗而無核，懿行案：爾雅云：「晳，無實棗。」郭注云：「不著子者。」即此。今樂陵縣亦出無核棗。其味酸甘，食之不瘧。懿行案：本草經「腐婢」陶注云：「今海邊有小樹，狀如卮子，莖條多曲，氣作腐臭，土人呼爲腐婢，用療瘧有效。」即此。食水出焉，而東北流注于海。懿行案：食水已見篇首，其云「北臨乾昧」，當即此經北號之山。有獸焉，其狀如狼，赤首鼠目，其音如豚，名曰猲狚，葛、苴二音。懿行案：經文「猲狚」當爲「獦狚」，注文「葛苴」當爲「葛旦」，俱字形之譌也。玉篇、廣韵竝作「獦狚」，云：「狚，丁旦切，獸名。」可證今本之譌。説文云：「狚，玃屬。」莊子齊物論釋文引司馬彪云：「狚，一名獦牂，似猨而狗頭，憙與雌猨交。」所説形狀與此經異，非一物也。是食人。有鳥焉，其狀如雞而白首，鼠足而虎爪，其名曰鬿音祈。雀，懿行案：楚詞天問云：「鬿堆焉處？」王逸注云：「鬿堆，奇獸也。」柳子天對云：「鬿雀在北號，惟人是食。」則以「鬿堆」爲即「鬿雀」字之誤，王逸注蓋失之。亦食人。

又南三百里，曰旄山，無草木。蒼體之水出焉，而西流注于展水。其中多鱃魚，今蝦鰌，字亦或作「鱃」，音秋。懿行案：廣雅云：「鱃，鰌也。」是本二字。郭音「鱃」爲秋，與「鰌」同音。其狀如鯉懿行案：太平御覽七百四十卷引此經，「鯉」作「鱧」。而大首，食者不疣。懿行案：「疣」當爲「肬」。

又南三百二十里，曰東始之山。上多蒼玉。有木焉，其狀如楊而赤理，其汁如血，不實，其名曰芑，音起。懿行案：李善注西京賦引此經，作「杞」，云：「杞如楊，赤理。」是知「杞」假借作「芑」也，經内多此例。李善又云：「杞，即梗木也。」未知其審。可以服馬。以汁塗之，則馬調良。懿行案：良馬有汗血者，以芑汁塗馬，則調良，或取此義與？泚水出焉，而東北流注于海，其中多美貝。多茈魚，其狀如鮒，一首而十身，懿行案：似何羅魚。其臭如蘪蕪，食之不糟。孚謂反，止失氣也。懿行案：廣韵云：「糟，同屁，氣下洩也，匹寐切。」玉篇音義同郭注。

又東南三百里，曰女烝之山。其上無草木。石膏水出焉，而西注于鬲水。其中多薄魚，懿行案：玉篇、廣韵竝作「鱄魚」，又云：「似鯉也。」其狀如鱣魚而一目，其音如歐，如人嘔吐聲也。懿行案：「歐吐」之字，古書作「歐」，俗作「嘔」。初學記三十卷引此經及郭注，竝與今本同。見則天下大旱。懿行案：初學記引此經，作「見則天下反」。

又東南二百里，曰欽山，多金、玉而無石。師水出焉，而北流注于皋澤。其中多鱃魚，多文貝。有獸焉，其狀如豚而有牙，其名曰當康，懿行案：太平御覽九百十三卷引神異經云：「南方有獸，似鹿而豕首，有牙，善依人求五穀，名無損之獸。」所説形狀與此獸近，當即此。其鳴自叫，見則天下大穰。懿行案：「當康」、「大穰」聲轉義近，蓋歲將豐稔，茲獸先出以鳴瑞聖。人通知鳥獸之音，故特記之。凡經中諸物，或出而兆妖祥，皆動於幾先，非所常有，故世人希得見之爾。

又東南二百里，曰子桐之山。懿行案：玉篇引司馬相如梓桐山賦云「礹碕」，疑即斯山也。「梓」、「子」聲同。子桐之水出焉，而西流注于餘如之澤。其中多䱻魚，音滑。懿行案：䱻魚，見郭氏江賦，李善注引此經及郭音，竝與今本同。玉篇云：「鮹，魚如鳥。」太平御覽九百三十九卷引此經，作「鮹魚」，誤。其狀如魚而鳥翼，出入有光，其音如鴛鴦，見則天下大旱。懿行案：廣韵引此經同。

又東北二百里，曰剡山，懿行案：藝文類聚八卷引「剡山」作「刻山」，蓋誤。多金、玉。有獸焉，其狀如彘而人面，黄身而赤尾，其名曰合窳，音庾。其音如嬰兒。是獸也，食人亦食蟲蛇，見則天下大水。懿行案：是獸蓋即彘屬而異者也。彘爲水祥者，以坎爲豕爲水故也。彘能啗蛇，見蘇鶚杜陽雜編。

又東二百里，曰太山。上多金、玉、楨木。女楨也，葉冬不凋。懿行案：説文云：「楨，剛木也。上郡有楨林縣。」玉篇云：「楨，堅木也。」引此經作「大山多楨木」，又引郭注與今本同。有獸焉，其狀如牛而白首，一目而蛇尾，其名曰蜚，音如翡翠之翡。懿行案：「蜚」，廣韵作「猆」，非也。玉篇引此經，與今本同。又此與春秋之「蜚」同名異實。劉敞解春秋便引此經，以爲一物，非也。行水則竭，行草則死，見則天下大疫。言其體含災氣也。其銘曰：「蜚之爲名，體似無害。所經枯竭，甚於鴆厲。萬物斯懼，思爾遐逝。」懿行案：廣韵引此經，作「見則有兵役」，與今本異；又引郭氏讚，即今注中銘語也，「萬物斯懼」，「斯」作「攸」，餘同。又案藏經本所載圖讚，復與此絶異，所未能詳。鉤水出焉，而北流注于勞水，其中多鱃魚。

凡東次四經之首，自北號之山至于太山，凡八山，一千七百二十里。懿行案：畢氏本「里」字作「三」，此字形之譌。又案此經不言神狀及祠物所宜，疑有闕脱。

右東經之山志，凡四十六山，萬八千八百六十里。懿行案：今才萬八千二百六十里。

山海經第五

中山經

中山經薄山之首懿行案：山在今山西蒲州府南，禹都平陽或在安邑，故以薄山爲中山也。地理志云：「河東郡蒲反，『雷首山在南』。」史記封禪書云：「薄山者，襄山也。」正義引括地志云：「薄山亦名襄山，一名雷首山。」案正義「襄，音色眉反」，則當作「衰」。然穆天子傳云：「河首襄山。」是字仍當作「襄」也。水經河水注引楊雄河東賦注云：「襄山在潼關北十餘里。」又引此經，「薄山」作「蒲山」，蓋「薄」、「蒲」聲有輕重耳。曰甘棗之山。懿行案：「甘棗」，水經注引作「甘桑」。又括地志説茲山凡十餘名，以州縣分之，多在蒲州，見史記正義。共水出焉，音恭。而西流注于河。懿行案：水經注云：「蓼水出襄山蓼谷，西南注於河。」又云：「今診蓼水川流所趣，與共水相扶。」是酈氏以蓼水即共水也。其上多杻木。其下有草焉，葵本而杏葉，或作「楉葉」。黃華而莢實，懿行案：説文云：「莢，艸實。」鄭注地官司徒職云：「莢物，薺莢，王棘之屬。」名曰籜，他落反。可以已瞢。音盲。懿行案：説文云：「瞢，不明也。」有獸焉，其狀如䖘鼠而文題，䖘鼠，所未詳，音虺，字亦或作「虺」。懿行案：「䖘」，玉篇以爲古文「獨」字，非郭義也。廣韵「䖘」音徒各切，云：「獸名，似鼠。」又與郭音異。䖘鼠，爾雅「十三鼠」中無之。其字「或作『虺』」，蓋同聲假借也。其名曰𪊨，音那。或作「熊」也。懿行案：「𪊨」，或云即古「熊」字，非也。古文「熊」字作「𪊨」，見玉篇。又玉篇云：「𪊨，乃何切，獸似鼠，食之明目。」廣韻亦云：「獸名，似鼠，班頭，食之明目。」蓋皆本此經而誤記也，「可以已瞢」在上文。食之已癭。

又東二十里，曰歷兒之山。懿行案：水經注云：河東郡「南有歷山」，「舜所耕處也」。史記正義引括地志云：「蒲山亦名歷山。」即此也，蓋與薄山連麓而異名。太平御覽四百九十卷引此經，作「歷小之山」，疑「兒」本或作「尔」，聲近而通，「尔」又譌作「小」也。其上多橿。多櫔木，音厲。懿行案：玉篇云：櫔，「木名，實如栗。」是木也，方莖而員葉，黃華而毛，其實如揀，揀，木名，子如指頭，白而黏，可以浣衣也，音練。或作「簡」。懿行案：「揀」當作「楝」。說文云：「楝木也。」玉篇云：「子可以浣衣。」爾雅翼云：「木高丈餘，葉密如槐而尖，三四月開花，紅紫色，實如小鈴，名金鈴子，俗謂之苦楝，可以湅，故名。」服之不忘。

又東十五里，曰渠豬之山。懿行案：史記正義引括地志云：「雷首山亦名渠山。」又云：「薄山亦名豬山。」即此。其上多竹。渠豬之水出焉，懿行案：水經注云：「永樂谿水又南入於河。余按中山經，即渠豬之水也。」太平寰宇記云：永樂縣，「渠豬水一名蓼水，今名百丈澗，源出縣北中條山」。今案括地志，中條山亦雷首之異名也。而南流注于河。其中是多豪魚，狀如鮪，鮪，似鱣也。赤喙，尾赤羽，懿行案：太平御覽九百三十九卷引此經，「赤喙」上有「而」字。廣韻引作「赤尾赤喙有羽」，而無「狀如鮪」三字。可以已白癬。懿行案：說文云：「癬，乾瘍也。」

又東三十五里，曰葱聾之山。懿行案：自此已下七山，亦皆與薄山連麓而異名。其中多大谷，是多白堊，黑、青、黄堊。言有雜色堊也。

又東十五里，曰涹山。音倭。懿行案：玉篇云：涹，「山名也。」其上多赤銅，其陰多鐵。

又東七十里，曰脱扈之山。有草焉，其狀如葵葉而赤華，莢實，實如棕莢，今椶木莢似皂莢也。懿行案：今椶木結實作房如魚子，狀絶不似皁莢也，未知其審。名曰植楮，可以已癙，癙病也，淮南子曰「貍頭已癙」也。懿行案：太平御覽七百四十二卷引郭注，作「癙，瘻也」。今本作「癙病」，蓋本爾雅釋詁文，非誤也。又引淮南子者，説山訓文，本作「貍頭愈鼠」。今人正以貍頭療鼠瘍，鼠瘍即瘻。説文云：「瘻，頸腫也。」食之不眯。

又東二十里，曰金星之山。多天嬰，其狀如龍骨，懿行案：本草别録云：「龍骨生晉地川谷及太山巖水岸土穴中死龍處。」可以已痤。癰痤也。懿行案：注疑當爲「痤，癰也」。説文云：「痤，小腫也。」「一曰：族絫。」韓非子六反篇云：「彈痤者痛。」

又東七十里，曰泰威之山。其中有谷，曰梟谷，或無「谷」字。其中多鐵。

又東十五里，曰橿谷之山。或作「檀谷之山」。其中多赤銅。

又東百二十里，曰吴林之山。懿行案：地理志云：河東郡大陽，「吴山在西，上有吴城」。史記正義引括地志云：「雷首山亦名吴山。」即此也。已上諸山西起雷首，東至吴坂，隨地異名，大體相屬也。吴山在今山西平陸縣。其中多蓩草。亦「菅」字。　懿行案：說文云：「蓩，香艸，出吳林山。」本此經爲說也。衆經音義引聲類云：「蓩，蘭也。」又引字書云：「蓩與蕑同，蕑即蘭也。」是蓩乃香艸。中次十二經洞庭之山以蓩與蘪蕪竝稱，其爲香艸審矣。郭注以「蓩」爲「菅」字，菅乃茅屬，恐非也。

又北三十里，曰牛首之山。今長安西南有牛首山，上有館，下有水，未知此是非。　懿行案：此山在霍太山之南，當在今山西浮山縣界，非長安鄠縣之牛首山也。水經汾水注有黑山，即此。太平寰宇記云：神山縣，「黑山在縣東四十四里，一名牛首，今名烏嶺山」。有草焉，名曰鬼草，其葉如葵而赤莖，其秀如禾，懿行案：大雅生民篇云：「實發實秀。」是禾謂之秀也。服之不憂。懿行案：太平御覽四百六十九卷引此經圖讚曰：「焉得鬼草，是樹是蓺。服之不憂，樂天傲世。如彼浪舟，任波流滯。」勞水出焉，而西流注于潏水。音如譎詐之譎。　懿行案：長安亦有澇水、潏水，見地理志，非此也。太平寰宇記云：臨汾縣，「澇水源出烏嶺山，俗名長壽水是也」。水經注云：「黑水出黑山，西逕楊城南，又西與巢山水會。」引此經云云，「疑是水也。潏水即巢山之水也，水源東南出巢山東谷，北逕浮山東，又西北流，與勞水合，亂流西北，逕高梁城北，西流入於汾」。元和郡縣志云：臨汾縣，「潏水今名三交水也」。是多飛魚，其狀如鮒魚，懿行案：中次三經復有飛魚，與此異。太平御覽九百三十九卷引張駿山海經飛魚讚曰：「如鮒登雲游波。」今案「如鮒」之上當脫「飛魚」二字，遂不成文。又引林邑國記曰：「飛魚身圓，長丈餘，羽重沓，翼如胡蟬，出入羣飛，遊翔翳會，而沈則泳海底。」食之已痔衕。

又北四十里，曰霍山。今平陽永安縣、廬江灊縣、晉安羅江縣、河南鞏縣皆有霍山，明山以「霍」爲名者非一矣。按爾雅：「大山繞，小山爲霍。」　懿行案：此平陽永安之霍山也，山在今山西霍州東南。地理志云：河東郡，

「㶁，霍太山在東，冀州山」。晉書地理志云：平陽郡永安，「霍山在東」。案水經汾水注，有㶁水、霍水，竝出霍太山，西南流注於汾水，此經絶不言有水。又爾雅記西方之美有霍山之多珠玉，此經亦復不言。其木多穀。有獸焉，其狀如貍而白尾，有鬣，名曰朏朏，養之可以已憂。謂蓄養之也。普昧反。懿行案：陳藏器本草拾遺云：「風貍似兔而短，人取籠養之。」即此也。

又北五十二里，曰合谷之山。懿行案：玉篇作「金谷多薝棘」。是多薝棘。未詳，音瞻。懿行案：本草云天亹冬一名顛棘，即爾雅「髦，顛棘」也。「薝」，玉篇云：「丁敢切。」疑「薝」、「顛」古字或通。

又北三十五里，曰陰山，亦曰「險山」。多礪石、文石。礪石，石中磨者。懿行案：「礪」當爲「厲」。説文云：「厲，旱石也。」少水出焉。懿行案：水經注云：「沁水又逕沁水縣故城北」，「春秋之少水也」。又云：「少水，今沁水。」酈氏此説蓋言沁水隨地異名耳，不云即此經之少水也。且沁水出謁戾山，少水出陰山，既不同源，非一水明矣。其中多彫棠，懿行案：西次二經云中皇之山「多蕙棠」，郭云「彤棠之屬」，此作「彫棠」，疑形近而譌。其葉如楡葉而方，其實如赤菽，菽，豆。懿行案：「菽」當爲「尗」，見説文。食之已聾。

又東北四百里，曰鼓鐙之山。懿行案：畢氏云：「即鼓鍾山，在今山西垣曲縣，『鍾』、『鐙』形聲皆相近。水經注云：『平水南流，歷鼓鍾上峽，水廣一十許步；南流歷鼓鍾川，分爲二澗。』『一水歷冶官西，世人謂之鼓鍾城，城之左右猶有遺銅及銅錢也。』即此山，而引中次七經鼓鍾山，蓋酈元之疏也。」多赤銅。懿行案：畢氏云：「詳水經注，云有『冶官』、『遺銅』，則知古者冶銅於此。經言『多赤銅』，信也。」有草焉，名曰榮草，其葉如柳，其本如雞卵，食之已風。懿行案：本草經云：「蔄茹，味辛寒，除大風。」陶注云：「葉似大戟。」蜀本注云：「根如蘿蔔。」竝與此合，豈是與？

凡薄山之首，自甘棗之山至于鼓鐙之山，凡十五山，六千六百七十里。懿行案：今才九百三十七里，經有誤。歷兒，冢也，其祠禮：毛，太牢之具，縣以吉玉。縣，祭山之名也，見爾雅。懿行案：爾雅云：「祭山曰庪縣。」郭注云：「或庪或縣，置之於山。」亦引此經文。其餘十三山者，懿行案：風俗通云趙襄子「齋三日，親自剖竹，有朱書曰：『無郵，余霍太山陽侯大吏』」云云。是霍山之神名陽侯也，其餘未聞。毛用一羊縣，嬰用桑封，瘞而不糈。桑封者，懿行案：畢氏云：「『桑封』以下疑周、秦人釋語，亂入經文。」桑主也，懿行案：穆天子傳云：「乃駕鹿以遊于山上，爲之石主。」淮南齊俗訓云：「殷人之禮，其社用石。」是土神、山神之主例當用石，此則用木耳。又祭山不獨有主，兼亦有尸，故中次五經云「尸水，合天也」。方其下而鋭其上，而中穿之加金。言作神主而祭，以金銀飾之也。公羊傳曰：「虞主用桑。」「主」，或作「玉」。懿行案：郭引公羊，文二年傳也，經言作「僖公主」，何休注云：「主狀正方，穿中央，達四方。」彼是説天子、諸侯之主，此言山神之主，所未聞也。郭云「『主』，或作『玉』」，蓋字形之譌。

中次二經濟山之首曰煇諸之山。懿行案：山在上黨。其上多桑，其獸多閭、麋，其鳥多鶡。似雉而大，青色有毛，勇健，鬭死乃止，音曷，出上黨也。懿行案：張揖注上林賦云：「鶡，似雉，鬭死不卻。」説文云：「鶡，似雉，出上黨。」劉昭注郡國志上黨郡猗氏引漢書音義云：「縣出鶡。」因知此經煇諸之山在上黨猗氏縣矣。

李善注鶡鷄賦引此經郭注，作「青色有角」，今本作「有毛」，二者皆誤。李賢注後漢書西南夷傳引此注云：「髦，雞似雉而大，青色有毛角，鬬敵死乃止。」是「鶡」或作「髦」；又增「雞」字，非也；其作「毛角」則是。玉篇云：「鶡，何葛切，鳥似雉而大，青色有毛角，鬬死而止。」藝文類聚九十卷引郭氏讚云：「鶡之爲鳥，同羣相爲。疇類被侵，雖死不避。毛飾武士，兼厲以義。」

又西南二百里，曰發視之山。其上多金、玉，其下多砥、礪。即魚之水出焉，而西流注于伊水。

又西三百里，曰豪山。其上多金、玉而無草木。

又西三百里，曰鮮山，懿行案：爾雅云：「小山別，大山鮮。」水經伊水注有鮮山，山當在今河南嵩縣。多金、玉，無草木。鮮水出焉，而北流注于伊水。懿行案：水經云：「伊水東北過郭落山。」注云：「伊水又東北，鮮水入焉。水出鮮山，北流注於伊水。」其中多鳴蛇，其狀如蛇而四翼，其音如磬，見則其邑大旱。懿行案：鳴蛇見南都賦，李善注引此經，與今本同。

又西三百里，懿行案：「三百」當爲「三十」，字之譌。曰陽山，懿行案：陽山見水經伊水注。隋書地理志云陸渾縣有陽山。多石，無草木。陽水出焉，而北流注于伊水。懿行案：水經注云：「陽水出陽山陽谿，世人謂之太陽谷，水亦取名焉，東流入伊水。」其中多化蛇，其狀如人面而豺身，鳥翼而蛇行，懿行案：廣雅釋地説化蛇本此經，文同。其音如叱呼，見則其邑大水。

又西二百里，曰昆吾之山。其上多赤銅。此山出名銅，色赤如火，以之作刀，切玉如割泥也。周穆王時西戎獻之，尸子所謂「昆吾之劍」也。越絶書曰：「赤堇之山破而出錫，若邪之谷涸而出銅，歐冶子因以爲純鉤之劍。」汲郡冢中得銅劍一枝，長三尺五寸，乃今所名爲「干將劍」。汲郡亦皆非鐵也，明古者通以錫雜銅爲兵器也。懿行案：列子湯問篇云：「周穆王大征西戎，西戎獻錕鋙之劍。其劍長尺有咫，練鋼赤刃，用之切玉，如切泥焉。」是郭所本也。又博物志引周書曰：「昆吾氏獻切玉刀，切玉如蠟也。」子虛賦云：「琳瑉昆吾。」張揖注云：「昆吾，山名也，出美金。尸子曰：『昆吾之金。』」又郭注海内經昆吾之丘亦引尸子曰：「昆吾之金。」此注引作「劍」，蓋字之譌也。又「銅劍一枝」，「枝」當爲「枚」，亦字之譌也。藝文類聚六十卷引此注，「枝」正作「枚」。又「汲郡亦皆非鐵」，郭氏欲明古劍皆銅爲之耳，然越絶書云：「歐冶子、干將鑿茨山，洩其溪，取鐵英作爲鐵劍三枚。」史記亦云：「楚之鐵劍利而倡優拙。」是知古劍亦不盡用銅矣。類聚又引龍魚河圖云：「流洲在西海中，上多積石，名爲昆吾石，治其石成鐵，作劍光明四照，洞如水精。」案河圖所説，此自別有昆吾石，非昆吾山之所出銅也。類聚六卷引十洲記，與河圖同。有獸焉，其狀如彘而有角，其音如號，如人號哭。名曰蠪蚳，上已有此獸，疑同名。懿行案：「蚳」，疑當爲「蛭」，已見東次二經鳧麗之山。食之不眯。

又西百二十里，曰葌山。音閒。懿行案：水經伊水注有葌山，山當在今河南盧氏縣西南。葌水出焉，而北流注于伊水。懿行案：水經注云：「伊水自熊耳東北逕鸞川亭北；葌水出葌山，北流際其城東而北入伊水。世人謂伊水爲鸞水，葌水爲交水，故名斯川爲鸞川也。」其上多金、玉，其下多青雄黃。有木焉，其狀如棠而赤葉，名曰芒草，音忘。懿行案：芒草亦單謂之芒。海内經説「建木」云：「其葉如芒。」郭注云：

「芒木似棠梨。」本此經爲説也。又爾雅云：「葞，春草。」郭注引本草云：「一名芒草。」疑此非也。然芒草即草類，而經言木者，雖名爲木，其實則草。正如侖者之山「有木如穀而赤理，其名白䓘」，白䓘即藁蘇，亦草屬也，故廣雅列於草部。又如竹屬，爾雅居於釋草，而此經或言草或言木也。可以毒魚。

又西一百五十里，曰獨蘇之山，無草木而多水。

又西二百里，曰蔓渠之山。懿行案：水經注云即熊耳山之連麓是也，山在今河南盧氏縣熊耳山西。其上多金、玉，其下多竹、箭。伊水出焉，而東流注于洛。今伊水出上洛盧氏縣熊耳山，東北至河南洛陽縣入洛。懿行案：地理志云：弘農郡盧氏，「熊耳山在東。伊水出，東北入雒」。是郭所本也。晉書地理志云：上洛郡盧氏，「熊耳山在東，伊水所出」。與郭注合。水經云：「伊水出南陽魯陽縣西蔓渠山。」注引此經云云，又引淮南子曰：「伊水出上魏山。地理志曰出熊耳山，即麓大同，陵巒互別爾。」有獸焉，其名曰馬腹，其狀如人面虎身，其音如嬰兒，是食人。懿行案：刀劍録云：「漢章帝建初八年鑄一金劍，令投伊水中，以厭人膝之怪。弘景案，水經云：『伊水有一物如人，膝頭有爪，人浴輒没，不復出。』」陶氏所説，參以劉昭注郡國志南郡中盧引荆州記云：「陵水中有物如馬，甲如鯪鯉，不可入，七、八月中好在磧上自曝，膝頭如虎掌爪。小兒不知，欲取弄戲，便殺人。或曰：生得者，摘其鼻厭可小，小便名爲水盧。」水經沔水注與荆州記小有異同，然則人膝之名蓋取此。據陶、劉二家所説形狀，與馬腹相近，因附記焉。陶氏所引水經，蓋即郭所注者，今亡無攷。

凡濟山經之首，自煇諸之山至于蔓渠之山，凡九山，一千六百七十里。懿行案：今一千七百七十里。其神皆人面而鳥身，祠用毛，擇用毛色。用一吉玉，投而不糈。

中次三經萯山之首萯，音倍。懿行案：竹書云：「夏帝孔甲三年，畋于萯山。」即此。水經河水注引吕氏春秋音初篇云：「田於東陽萯山。」帝王世紀以爲即東首陽山也，蓋是山之殊目矣。曰敖岸之山。或作「獻」。懿行案：畢氏云：「春秋傳云：『敖、鄗之閒。』疑即此山，音相近。」其陽多㻬琈之玉，其陰多赭、黄金。神熏池居之。是常出美玉。或作「石」。北望河林，懿行案：思玄賦云：「怬河林之蓁蓁。」即此。其狀如蒨如舉。說者云：「蒨、舉皆木名也。」未詳。蒨，音倩。懿行案：蒨，草也；舉，木也。舉即欅柳，本草陶注詳之。李善注思玄賦及李賢注後漢書張衡傳引此經，竝無「如舉」二字，蓋脱。有獸焉，其狀如白鹿而四角，名曰夫諸，懿行案：玉篇云：麇音夫，麔音諸。蓋「夫諸」本或作「麇麔」也。見則其邑大水。

又東十里，曰青要之山。懿行案：山在今河南新安縣西北二十里。水經注云：「新安縣青要山，今謂之彊山。」實維帝之密都。天帝曲密之邑。懿行案：爾雅云：「山如堂者密。」北望河曲，河千里一曲一直也。懿行案：河曲及郭注竝見爾雅。是多駕鳥。未詳也。或曰：「『駕』宜爲『鴐』，鴐鵝也，音加。」懿行案：說文云：「騀，駉騀也。」「駉」通作「駕」，又通作「鴐」。漢書司馬相如傳云：「連駕鵞。」史記正作「鴐」。又，魯大夫有榮駕鵞也。南望墠渚，水中小洲名渚。墠，音填。懿行案：水經伊水注云：禪渚水「上承陸渾縣東禪渚，渚在原上，陂方十里，佳饒魚葦」。即引此經云云，「墠」作「禪」；又引郭注云：「禪，一音暖。」今本脱此三字。禹父之所化，鯀化於羽淵，爲黄熊。今復云在此，然則一已有變化之性者，亦無往而不化也。懿行案：水經注引郭注云：「鯀化羽淵而復在此，然已變怪亦無往而不化矣。」與今本詳略異。又案山海經禹所著書，不應自道禹父之所化，疑此語亦後人羼入之。是多僕纍、蒲盧。僕纍，蝸牛也。爾雅曰「蒲盧」者，螟蛉也。懿行案：蝸牛名蚹蠃，見爾雅。蒲盧者，夏小正傳云：「蜃者，蒲盧也。」廣雅云：「蜌蛤，蒲盧也。」是蒲盧爲蜃蛖之屬，「蒲盧」聲轉爲「僕纍」，即「蜾螺」也。郭注西次三經槐江之山云蠃母即蜾螺，是矣。又聲轉爲「蚹蠃」，即「蒲蠃」也。吴語云：「其民必移就蒲蠃於東海之濱。」是矣。是僕纍、蒲盧同類之物，竝生於水澤下溼之地。至於爾雅之蒲盧，非水蟲也，郭氏引之誤矣；以蒲盧爲螟蛉，尤誤。䰠武羅司之，武羅，神名。「䰠」，即「神」字。懿行案：説文云：「䰠，神也。」玉篇云：「山神也。」俱本此。李善注魏都賦引此經郭注云：「䰠，音神。」與今本不同。其狀人面而豹文，小要而白齒，或作「首」。懿行案：白齒即左傳所云「晳齻」。而穿耳以鐻，鐻，金銀器之名，未詳也，音渠。懿行案：「鐻」，假借字也，説文以爲「虡」或字，其「新附字」引此經，則作「璩」，云：「璩，環屬也。」後漢書張奐傳云：「遺金鐻八枚。」魏都賦云：「鐻耳之傑。」李善、李賢注竝引此注。其鳴如鳴玉。如人鳴玉佩聲。是山也，宜女子。懿行案：宜女之義未詳。吴氏引淮南子「青要玉女，降霜神也」，今攷淮南天文訓雖有「青女乃出，以降霜雪」之文，而無「青要玉女」之説，當在闕疑。畛水出焉，音軫。而北流注于河。懿行案：水經注云：「河水與教水合，「又與畛水合。水出新安縣青要山」，「其水北流，入於河」。引此經云云，「即是水也」。其中有鳥焉，名曰鴢，音如窈窕之窈。懿行案：爾雅云：「鴢，頭鵁。」郭注云：「似鳧，腳近尾，略不能行，江東謂之魚鵁。」李善注江賦引此經，與今本同。其狀如鳧，青身而朱目赤尾，朱，淺赤也。懿行案：李善注江賦引此經同。食之宜子。有草焉，其狀如葌菅，似茅也。懿行案：葌非菅，已見上文吴林山。而方莖，黄華赤實，其本如藁本，根似藁本，亦香草。懿行案：廣雅云：「山茝、蔚香，藁本也。」名曰荀草，或曰「苞草」。服之美人色。令人更美豔。懿行案：本草經云：「旋花主面皯黑色，媚好，一名金沸。」别録云：「一名美草，生豫州平澤。」陶注云：「根似杜若，亦似高良薑。」又云：「葉似薑，花赤色，子狀如豆蔻。」今案旋花一名金沸，明是黄花，陶注云「赤色」，誤矣。又唐、宋本草或以旋花爲今鼓子花，然與本經不合，此皆非矣。唯陶説形狀與此經同，别録云「生豫州」，地亦相近。「荀」、「旋」聲近也。

又東十里，曰騩山。音巍。懿行案：水經注云：騩山，「彊山東阜也」。鄭語云：「主芣隗而食溱、洧。」「隗」即「騩」也，古字通用。其上有美棗，其陰有㻬琈之玉。正回之水出焉，而北流注于河。懿行案：水經注云：河水與畛水合，「又東，正回之水入焉。水出騩山」，「東流，俗謂之彊川水。與石瓜疇川合」，「又東逕彊冶鐵官東，東北流注於河」。其中多飛魚，其狀如豚而赤文，服之不畏雷，可以禦兵。懿行案：上文勞水飛魚與此同名，非一物也。初學記一卷引郭氏讚云：「飛魚如豚，赤文無君。食之辟兵，不畏雷音。」案「無君」二字譌，藝文類聚二卷引作「赤文無羽」，是矣。而「不畏雷」下復脱一字，疑初學記「雷音」當爲「雷鼓」，字之譌。

又東四十里，曰宜蘇之山。懿行案：水經注：「山在河南垣縣，今爲孟津縣。」「垣」上當脱「東」字。其上多金、玉，其下多蔓居之木。未詳。懿行案：廣雅云：「牡荆，曼荆也。」「曼」，本草作「蔓」。此經「蔓居」，疑「蔓荆」聲之轉。蔓荆列本草木部，故此亦云「蔓居之木」也。滽滽之水出焉，而北流注于河，懿行案：「滽滽」，水經注作「庸庸」，云：「河水又東，正回之水入焉。」「又東，合庸庸之水。水出河南垣縣宜蘇山，俗謂之長泉水。」「伊、洛門也。」「其水北流，分爲二水，一水北入河，一水又東北流注於河。」是多黄貝。

又東二十里，曰和山。懿行案：水經注云：「河水又東，湨水入焉。」引此經云云。案山當在今河南孟津縣界。其上無草木而多瑤碧，懿行案：李善注洛神賦引此經，與今本同。實惟河之九都。九水所潛，故曰九都。懿行案：「都」者，瀦也。史記夏本紀索隱曰：「都，古文尚書作『豬』，孔安國云：『水所停曰豬。』鄭玄云：『南方謂都爲豬。』」則是水聚會之義。郭注「潛」字誤，藏經本作「聚」。李善注海賦引此經及郭注，竝與今本同。是山也，五曲，曲回五重。懿行案：李善注沈約鍾山應西陽王教詩引此經郭注，作「曲，回也」。九水出焉，懿行案：水經注據帝王世紀以是山即東首陽山也，云：「今於首陽東山無水以應之，當是今古世懸，川域改狀矣。」合而北流注于河，其中多蒼玉。懿行案：水經注引此經，作「其陽多蒼玉」。吉神泰逢司之，吉，猶善也。懿行案：「逢」，玉篇作「䗬」，云：「神名。」廣韻亦作「䗬」。其狀如人而虎尾，或作「雀尾」。是好居于萯山之陽，出入有光，泰逢神動天地氣也。言其有靈爽，能興雲雨也。夏后孔甲田於萯山之下，天大風晦冥，孔甲迷惑，入於民室，見呂氏春秋也。懿行案：見呂氏春秋音初篇。廣韻「䗬」字云：「大黄萯山神，能動天地氣，昔孔甲遇之。」廣韻此言蓋以大風晦冥即是神所爲也。「大黄」二字今未詳。太平御覽十一卷引遁甲開山圖曰：「鄭有不毛山，上有無爲之君，分布雲雨於九州之內。榮氏解曰：不毛山不生樹木，古無爲君常處其上，布灑雲雨，九州之内平均。」今案和山上無草木，當即不毛山，其無爲君當即泰逢矣，存以俟攷。

凡萯山之首，自敖岸之山至于和山，凡五山，四百四十里。懿行案：今才八十里。其祠：泰逢、熏池、武羅皆一牡羊副，副，謂破羊骨，磔之以祭也，見周禮，音悃愊之愊。懿行案：說文云：「副，判也。」引周禮曰「副辜」，籀文作「疈」。今周禮大宗伯正作「疈」。嬰用吉玉；其二神用一雄雞瘞之，糈用稌。

中次四經釐山之首音貍。曰鹿蹄之山。懿行案：水經云：「鹿蹄山在宜陽縣。」注云：「山在河南陸渾縣故城西北，俗謂之縱山。」又云：「世謂之非山。」又云：「山石之上有鹿蹏，自然成著，非人功所刊。」「其山陰則〔一〕峻絶百仞，陽則原阜隆平。」其上多玉，其下多金。甘水出焉，而北流注于洛。懿行案：水經云：「甘水出弘農宜陽縣鹿蹏山。」注引京相璠曰：「今河南縣西南有甘水，北入洛。」又云：「甘水發於東麓，北流注於洛水也。」其中多泠石。泠石，未聞也。「泠」或作「涂」。懿行案：「泠」當爲「汵」，西次四經號山「多汵石」是也。郭云「『汵』或作『涂』」，「涂」亦借作「泥塗」字，「汵」又訓泥，二字義同，故得通用。又「涂」或「淦」字之譌也。說文「汵」、「淦」同。

西五十里，曰扶豬之山。懿行案：水經注云「南則鹿蹏之山也」，此經云「西」者，蓋在西北。玉篇引此經，作「狀腯之山」，蓋「豬」亦作「腯」，見玉篇。其上多礝石。音耎，今鴈門山中出礝石，白者如冰，水中有赤色者。懿行案：「礝」當爲「碝」。說文云：「碝，石次玉者。」玉篇同，云：「亦作『瑌』。」引此經作「瑌石」，或所見本異也。張揖注上林賦云：「碝石，白者如冰，半有赤色。」玉篇引此郭注同，與今本異。有獸焉，其狀如貉而人目，貉，或作「貈」，古字。懿行案：玉篇云「貈」同「貉」，本於郭注也。玉篇、廣韻引此經，「人目」竝作「八目」，誤。其名曰麐。音銀，或作「麇」。懿行案：玉篇云：「麐，獸名。」引此經。虢水出焉，而北流注于洛。懿行案：水經

〔一〕「則」，據水經注加。

注云：「洛水又與虢水會。水出扶豬之山，北流注於洛。」其中多瓀石。言亦出水中。懿行案：「瓀」亦當爲「碝」。

又西一百二十里，曰釐山。懿行案：山在今河南嵩縣西。其陽多玉，其陰多蒐。音搜。茅蒐，今之蒨草也。懿行案：「茹藘，茅蒐」見爾雅。郭音蒐爲搜，非也。詩鄭箋及晉語韋昭注竝以「茅蒐」、「韎韐」爲合聲及聲轉之字，是「蒐」从鬼得聲，當讀如鬼，不合音搜。後人借爲「春蒐」之字，亦誤矣，說見爾雅略。有獸焉，其狀如牛，蒼身，其音如嬰兒，是食人，其名曰犀渠。懿行案：犀渠蓋犀牛之屬也。吳語云：「奉文犀之渠。」吳都賦云：「户有犀渠。」疑古用此獸皮蒙楯，故因名楯爲犀渠矣。滽滽之水出焉，而南流注于伊水。懿行案：水經云：「伊水又東北過陸渾縣南。」注引此經云云，「今水出陸渾縣之西南王母澗，澗北山上有王母祠，故世因以名谿。東流注於伊水，即滽滽之水也」。是酈氏所稱王母澗當即釐山。有獸焉，名曰獺，音蒼頡之頡。懿行案：「獺」字諸書所無，郭氏江賦有「猵獺」，李善注引此經，亦作「獺」；又引郭注云：「音蒼頡之頡，與獺同。」然「獺」不與「頡」同音，未知其審。其狀如獳犬，懿行案：説文云：「獳，怒犬皃，讀若槈。」李善注江賦引此經，作「狀如獳」，無「犬」字，云：「獳，如珠切。」與今本異也。而有鱗，懿行案：江賦注引經，無此三字。其毛如彘鬣。生鱗閒也。

又西二百里，曰箕尾之山，懿行案：或云即箕山，許由所隱，非也。箕山在釐山之東二百里，與經言西不合。多穀，多涂石，懿行案：上文鹿蹄山云「多泠石」，郭云「『泠』或作『涂』」，說已見上。其上多㻬琈之玉。

又西二百五十里，曰柄山。其上多玉，其下多銅。滔雕之水出焉，而北流注于洛。懿行案：柄山、滔雕水及下文白邊山，計其道里當在宜陽、永寧、盧氏三縣之境。其中多羬羊。懿行案：「羬」當爲「麙」，見説文。有木焉，其狀如樗，其葉如桐而莢實，其名曰茇，可以毒魚。茇，一作「艾」。懿行案：爾雅云：「杬，魚毒。」説文「杬」从艸，作「芫」。疑作「艾」者，因字形近「芫」而譌。又本草別録云：「狼跋子主殺蟲魚。」陶注云：「出交、廣，形扁扁，制擣以雜木，投水中，魚無大小皆浮水而死。」今案「狼跋」之名雖與此經名「茇」相合，但彼列草部，非此木之比也。

又西二百里，曰白邊之山。其上多金、玉，其下多青雄黃。

又西二百里，曰熊耳之山。今在上洛縣南。懿行案：地理志云：弘農郡上雒，「熊耳、獲輿山在東北。」是郭所本也。山在今陝西洛南縣東南、河南盧氏縣西南，洛水所經。史記正義引括地志云：「熊耳山在虢州，洛所經。」又云：「在虢州盧氏縣南五十里，與禹貢『導洛自熊耳』別一山也。」其上多漆，其下多椶。浮濠之水出焉，懿行案：「濠」，水經注及劉昭注郡國志竝作「豪」。水經注云：「洛水逕隝渠關北，隝渠水南出隝渠山，即荀渠山也。其水一源兩分，川流半解。一水西北流，屈而東北，入於洛。」引此經云云，「疑即是水也。荀渠蓋熊耳之殊稱也」。而西流注于洛。懿行案：水經注及劉昭注郡國志竝引此經，「西」下有「北」字。其中多水玉，懿行案：劉昭注郡國志引此經，作「美玉」。多人魚。有草焉，懿行案：玉篇作「熊耳山有細草」。其狀如蘓而赤華，名曰葶薴，亭寧、盯聹二音。懿行案：廣雅云：「薴，蘓也。」「薴」上疑脱「葶」字。此經云「其狀如蘓」，是必蘓類，其味辛香，故可以毒魚也。蘇頌本草圖經云：「蘓有魚蘓，似茵蔯，大葉而香，吳人以煮魚者，一名魚蓊。生山石閒者，名山魚蘓。」可以毒魚。

又西三百里，曰牡山。懿行案：爾雅疏引此經，作「牝山」；藏經本作「壯山」。其上多文石，其下多竹、箭、竹、䈽。懿行案：「䈽」上「竹」字疑衍。其獸多㸲牛、羬羊，鳥多赤鷩。音閉，即鷩雉也。懿行案：鷩雉見爾雅。

又西三百五十里，曰讙舉之山。懿行案：水經云：「洛水出京兆上洛縣讙舉山。」地理志云：弘農郡上雒，「禹貢雒水出冢領山」。冢領山當即讙舉山也。地理志又云：上雒，「熊耳、獲輿山在東北」。或以「獲輿」、「讙舉」字形相近，疑爲一山。然據地理志及水經注，蓋二山也。劉昭注郡國志引此經，「讙」作「護」。雒水出焉，而東北流注于玄扈之水，懿行案：水經注云：「洛水又東至陽虛山，合玄扈之水。」引此經文，是也。洛水又見海內東經。其中多馬腸之物。懿行案：上文蔓渠山「馬腹」，一本作「馬腸」，蓋此是也。大荒西經「女媧之腸」或作「女媧之腹」，亦其例。此二山者，洛間也。洛水今出上洛縣冢嶺山。河圖曰：「玄扈洛汭。」謂此間也。懿行案：經言「此二山」者，謂玄扈、讙舉也。水經注引此經，又云：「玄扈之水出於玄扈之山，蓋山水兼受其目也。」

凡釐山之首，自鹿蹄之山至于玄扈之山，凡九山，懿行案：水經注引此經而釋之云：「玄扈亦山名也，而通與讙舉爲九山之次焉。」千六百七十里。其神狀皆人面獸身，其祠之：毛用一白雞，祈而不糈，言直祈禱。懿行案：「祈」當爲「𧗿」。以采衣之。以彩飾雞。懿行案：以彩飾雞，猶如以文繡被牛。

中次五經薄山之首，懿行案：薄山即篇首薄山曰甘棗山者。曰苟牀之山，或作「苟林山」。懿行案：

下文正作「苟林山」。文選江賦注引此經，亦作「苟林山」。無草木，多怪石。怪石，似玉也，書曰「鉛松怪石」也。

東三百里，曰首山。懿行案：史記封禪書申公曰：「天下名山八，而三在蠻夷，五在中國」，「五山，黄帝之所常游」。首山其一，以首山與華山、太室竝稱。蓋山起蒲州蒲坂，與嵩、華連接而爲首，故山因取名與？呂氏春秋有始覽亦以首山與太華竝稱，高誘注云：「首山在蒲坂之南、河曲之中，伯夷所隱也。」其陰多穀、柞，草多茉、芫，茉，山薊也。芫，華中藥。懿行案：茉見爾雅，芫見本草。又爾雅有「杬，魚毒」，在釋木，亦是也。説文云：「芫，魚毒也。」其陽多㻬琈之玉，木多槐。其陰有谷，曰机谷。多䭾鳥，音如鉗鈇之鈇。懿行案：玉篇有「䭾」字，云：「徒頼切。」其狀如梟懿行案：李善注江賦引此經，作「其狀如鳧」。玉篇作「䭾鳥似烏」。而三目，有耳，其音如録，懿行案：「録」，蓋「鹿」字假音。玉篇作「音如豕」。食之已墊。未聞。懿行案：尚書云：「下民昏墊。」方言云：「墊，下也。」是墊蓋下溼之疾。玉篇説此鳥，作「食之亡熱」，非郭義也。又説文云：「𩅿，寒也」，「讀若春秋傳『墊阨』。」義亦相近。

又東三百里，曰縣斸之山，音如斤斸之斸。無草木，多文石。

又東三百里，曰葱聾之山，無草木，多𢈈石。未詳。懿行案：畢氏云：「『𢈈』當爲『玤』」，説文云：「『石之次玉者。』」

東北五百里，曰條谷之山。其木多槐、桐，其草多芍藥、亹冬。本草經曰：「亹冬一名滿冬。」今作「門」，俗作耳。懿行案：「亹」當爲「虋」，爾雅云：「蘠蘼，虋冬。」郭引本草與此同。今檢本草無滿冬之名，必郭所見本尚有之，今闕脱。

又北十里，曰超山。其陰多蒼玉，其陽有井，冬有水而夏竭。懿行案：視山有井，夏有水，冬竭，與此相反，見中次一十一經。

又東五百里，曰成侯之山。其上多櫄木，似樗樹，材中車轅。吴人呼「櫄」音「輴車」，或曰「輴車」。懿行案：説文云「杶」或作「櫄」，即今「椿」字也。其草多芃。懿行案：芃，説文訓「草盛」，非草名也，疑「芃」當爲「艽」字之譌。艽音交，即藥草秦艽也，見本草。玉篇云：芁，「秦芁藥。」同「艽」。

又東五百里，曰朝歌之山。谷多美堊。

又東五百里，曰槐山。懿行案：畢氏云：「『槐』當爲『𥟖』，即『稷』字古文，見説文，形相近字之誤也。稷山在今山西稷山縣，杜預注左傳云：『河南聞喜有稷山。』」今案杜預注「河南」當爲「河東」，字之譌也。太平御覽四十五卷引隋圖經曰：「稷山在絳郡，后稷播百穀於此山，亦左氏傳謂晉侯治兵於稷以略狄土，是此也。」谷多金、錫。

又東十里，曰歷山。懿行案：即上文歷兒山。水經注云：河東郡「南有歷山，舜所耕處也」。其木多槐，懿行案：廣韵去聲九御及上聲八語竝收「楚」字，九御「楚」云：「木名，出歷山。」疑此經「槐」本或作「楚」，抑或經文脱「楚」字也，俟攷。其陽多玉。

又東十里，曰尸山，懿行案：水經洛水注有尸山，「尸」作「户」。多蒼玉，其獸多麖。似鹿而小，黑色。懿行案：爾雅云：「麠，大麃，牛尾一角。」説文云「麠」或作「麖」。是麖當似鹿而大，郭云小，疑誤。尸水出焉，南流注于洛水，懿行案：水經注云：「洛水又東，尸水注之。水北發尸山，南流入洛。」「尸」，水經注作「户」。

其中多美玉。

又東十里，曰良餘之山。懿行案：水經注有良餘山，本或作「粮」，非。其上多穀、柞，無石。餘水出于其陰而北流注于河。懿行案：水經云：「渭水又東過鄭縣北。」注云：「渭水又東，餘水注之。水南出粮餘山之陰，北流入於渭，俗謂之宣水也。」案餘水入渭，此經云注河者，蓋合渭而入於河。乳水出于其陽而東南流注于洛。懿行案：水經注云：「洛水又東，得乳水。水北出良餘山南，南流注於洛。」

又東南十里，曰蟲尾之山，懿行案：水經注作「蟲尾」。多礪石、赤銅。龍餘之水出焉，而東南流注于洛。懿行案：水經注云：洛水得乳水，「又東會於龍餘之水。水出蟲尾之山，東流入洛」。又東北二十里，曰升山。懿行案：水經渭水注有「升山」。其木多穀、柞、棘，其草多藷萸、蕙，蕙，香草也。懿行案：蕙已見西山經浮山及嶓冢山。多寇脱。寇脱草生南方，高丈許，似荷葉而莖中有瓤，正白，零、桂人植而日灌之，以爲樹也。懿行案：寇脱即活脱也，「寇」、「活」聲之轉。爾雅云：「離南，活莌。」郭注與此注同，又云：「倚商，活脱。」亦是也。黄酸之水出焉，而北流注于河，懿行案：水經注云：「渭水又東合黄酸之水，世名之爲千渠水。水南出升山，北流注於渭。」案此經云注河者，亦合渭而入河。其中多璇玉。石次玉者也。孫卿曰：「璇玉瑶珠不知佩。」璇，音旋。懿行案：孫卿本作荀卿，所引見荀子賦篇。韓詩外傳亦引作「璇」，竝非也。古無「璇」字，有「琁」，與「瓊」同，赤玉也。璇玉之「璇」當爲「璿」，古文作「璿」，美玉也，竝見説文。後世作字通以「琁」代「璿」，故經典多誤。李善注顔延之陶徵士誄引此經，亦作「琁玉」；又引説文曰：「『琁』亦『璿』字。」非也。

又東十二里，曰陽虛之山，多金。臨于玄扈之水。河圖曰：「蒼頡爲帝南巡狩，登陽虛之山，臨于玄扈、洛汭，靈龜負書丹甲青文以授之。」出此水中也。懿行案：水經注云：「洛水又東至楊虛山，合玄扈之水。」又云：玄扈水「逕於陽虛之下」。引此經云云，有「是爲洛汭」四字，今本蓋脱去之；又引河圖玉版，與郭所引同也。陽虛山在今陝西洛南縣。

凡薄山之首，自苟林之山至于陽虛之山，凡十六山，懿行案：今才十五山。二千九百八十二里。升山，冢也，其祠禮：太牢，嬰用吉玉。首山，魋也，其祠：用稌、黑犧、太牢之具、糱釀，以糱作醴酒也。懿行案：糱，牙米也，見説文。今以牙米釀酒，極甘，謂之餹酒。干儛干儛，萬儛。干，楯也。懿行案：「儛」與「舞」同。夏小正傳云：「萬也者，干戚舞也。」邶風簡兮篇云「方將萬舞」是也。置鼓，擊之以舞。懿行案：「置」亦「植」也，古字通用。鄭注明堂位引殷頌曰：「植我鼗鼓。」今商頌那篇「植」作「寘」也。嬰用一璧。尸水，合天也，天神之所馮也。肥牲祠之，用一黑犬于上，用一雌雞于下，刉一牝羊，獻血。以血祭也。刉，猶刲也。周禮曰：「刉珥奉犬牲。」懿行案：秋官士師云：「凡刉珥則奉犬牲。」鄭注云：「釁禮之事用牲，毛者曰刉，羽者曰衈。」嬰用吉玉，采之，又加以繒彩之飾也。饗之。勸强之也。特牲饋食禮曰「執奠祝饗」是也。懿行案：「勸强之」者，考工記云：「祭侯之禮，以酒脯醢，其辭曰：『强飲强食，詒女曾孫，諸侯百福。』」特牲饋食禮云：「尸答拜，執奠祝饗。」鄭注云：「饗，勸彊之也。」是郭注所本。

中次六經縞羝山之首曰平逢之山，懿行案：水經穀水注引此經，作「平蓬山」，即北邙山郟山之異名也。太平寰宇記云：「河南縣，『芒山在縣地十里，一名平逢山』。」南望伊、洛，東望穀城之山。在濟北穀城縣西，黄石公石在此山下，張良取以合葬爾。懿行案：地理志云，河南郡穀成。蓋縣因山爲名，山在今河南洛陽縣西北。郭云「在濟北」者，晉書地理志云濟北國穀城是矣。水經：濟水「過穀城縣西」。注引魏土地記曰：「縣有穀城山，山出文石。」又云：「有黄山臺，黄石公與張子房期處也。」無草木，無水，多沙石。有神焉，其狀如人而二首，名曰驕蟲，懿行案：太平御覽九百五十卷引此經，「驕」作「嬌」。是爲螫蟲，爲螫蟲之長。實惟蜂蜜之廬。言羣蜂之所舍集。蜜，赤蜂名。懿行案：「赤」，疑「亦」字之譌。蜂凡數種，作蜜者即呼蜜蜂，故曰「蜜，亦蜂名」。說文云：「蠠」或作「蜜」，「蠭甘飴也」。其祠之：用一雄雞，禳而勿殺。禳，亦祭名，謂禳卻惡氣也。

西十里，曰縞羝之山，懿行案：水經注云：「平蓬山西十里廆山。」是不數此山也，然得此乃合於此經十四山之數，疑水經注脱去之。無草木，多金、玉。

又西十里，曰廆山。音如瓌偉之瓌。懿行案：初學記二十八卷引此經，作「沃山」，誤。畢氏云：「山當在今河南河南縣西。隋地理志云新安有魏山、有孝水，『魏』、『廆』音同也。新安與河南接境。」其陰懿行案：水經注及太平御覽六十三卷引此經，作「其陽」。多㻬琈之玉。其西有谷焉，名曰雚谷。懿行案：左傳昭二十六年云：「王次于萑谷。」杜預注云：「萑谷，周地。」釋文云：「萑，音丸，本又作『雚』，古亂反。」即此經雚谷也，其地當去河南洛陽爲近。初學記引此經云：「沃山之西有谷焉，名均雚谷，其木多柳。」「均」字衍。其木多柳、楮。其中有鳥焉，狀如山雞而長尾，赤如丹火而青喙，名曰鴒䴊，鈴、要二音。懿行案：玉篇「䴊」字說與此經同。其鳴自呼，服之不眯。交觴之水出于其陽，而南流注于洛。懿行案：「觴」，水經洛水注作「觸」，云：「惠水又東南，謝水北出瞻諸之山，東南流，又有交觸之水北出廆山，南流，俱合惠水。」惠水「又南流入於洛水」。俞隨之水出于其陰，而北流注于穀水。懿行案：水經注云：「穀水又東，俞隨之水注之。」引此經云云，「世謂之孝水也。潘岳西征賦曰：『澡孝水以濯纓，嘉美名之在茲。』是水在河南城西十餘里，故吕忱曰：『孝水在河南也。』」

又西三十里，曰瞻諸之山。懿行案：山見水經注，玉篇作「瞻渚山」。其陽多金，其陰多文石。⿰氵射水出焉，而東南流注于洛。音謝。懿行案：玉篇云：⿰氵射水「出瞻渚山」。「⿰氵射」，水經注作「謝」，已見上文。蓋謝水會交觸之水南流，俱合惠水，又南流入洛也。少水出其陰，而東流注于穀水。世謂之慈澗。懿行案：水經注云：「穀水又東，少水注之。」引此經云云，「控引衆谿，積以成川，東流注於穀，世謂之慈澗也」。又澗水注云：「今孝水東十里有水，世謂之慈澗，又謂之澗水。按山海經，則少水也，而非澗水，蓋習俗之誤爾。」

又西三十里，曰婁涿之山，無草木，多金、玉。瞻水出于其陽，而東流注于洛。懿行案：水經洛水注云：「惠水出白石山之陽，東南流，與瞻水合。水東出婁涿之山，而南流入惠水。」陂水出于其陰，世謂之百荅水。而北流注于穀水。懿行案：「陂」，水經注作「波」，云：「穀水又東，波水注之。」引此經云云，「世謂之百荅水，北流注於穀。」其中多茈石、文石。懿行案：北山經首滏水中多此二石，其「茈」誤作「芘」也。

又西四十里，曰白石之山。懿行案：水經云：「澗水出新安縣南白石山。」注云：「世謂是山曰廣陽山。」

惠水出于其陽，而南流注于洛，懿行案：水經注云：「洛水自枝瀆，又東出關，惠水右注之，世謂之八關水。水出白石山之陽。」引此經云云；又澗水注引此經，作「東南注于洛」；洛水注引此經，又無「東」字，與今本同。其中多水玉。澗水出于其陰，書曰：「伊洛瀍澗。」懿行案：説文云：「澗水出弘農新安，東南入洛。」本地理志爲説也。水經云：「澗水出新安縣南白石山。」注引此經云云，「世謂是水曰赤岸水，亦曰石子澗」。西北流注于穀水，懿行案：地理志、説文、水經竝言澗水入洛水，此經云「注于穀水」者，蓋合穀水而入洛水也。又水經澗水及穀水注引此經，竝無「西」字。其中多麋石、櫨丹。皆未聞。懿行案：麋石或是畫眉石，「眉」、「麋」古字通也。櫨丹疑即黑丹，「櫨」、「盧」通也。又説文云：「宅櫨木出弘農山。」陶注本草引李當之曰：「溲疏，一名楊櫨。」別録云：『生熊耳川谷。』説文『宅櫨』或即此。」

又西五十里，曰穀山。懿行案：山見水經注。太平寰宇記云：澠池縣，「穀山在縣南八十里」。其上多穀，其下多桑。爽水出焉，世謂之紵麻澗。而西北流注于穀水，懿行案：水經注云：「穀水又東北，逕函谷關城東，右合爽水。」引此經云云，「世謂之紵麻澗，北流注於穀」。案酈氏引此經，直作「北流」，無「西」字；「世謂之紵麻澗」句，蓋并引郭注也，上文同。其中多碧緑。

又西七十二里，曰密山。今滎陽密縣亦有密山，疑非也。懿行案：爾雅云：「山如堂者密。」此密在今河南新安縣也。水經注云：「洛水又東與豪水會。水出新安縣密山。」其陽多玉，其陰多鐵。豪水出焉，而南流注于洛。懿行案：水經注云：「洛水又東與豪水會」，「南流歷九曲東，而南流入於洛」。其中多旋龜，其狀鳥首而鼈尾，其音如判木。懿行案：旋龜之狀已見南山經杻陽之山。無草木。

又西百里，曰長石之山，懿行案：山在今河南新安縣，見水經注。無草木，多金、玉。其西有谷焉，名曰共谷，多竹。共水出焉，西南流注于洛。懿行案：水經注云：「洛水又東，共水入焉。水北出長石之山，山無草木。其西有谷焉，厥名共谷。共水出焉，南流，得尹谿口，又西南與左澗水會，又南與李谷水合。共水世謂之石頭泉，而南流注於洛。」其中多鳴石。晉永康元年，襄陽郡上鳴石，似玉，色青，撞之聲聞七八里。今零陵泉陵縣永正鄉有鳴石二所，其一狀如鼓，俗因名爲石鼓，即此類也。懿行案：郭氏江賦云：「鳴石列於陽渚。」李善注引此經及郭注，竝與今本同。初學記十六卷引王韶之始興記云：「縣下流有石室，内有懸石，扣之聲若磬，響十餘里。」亦此類也。郭云「襄陽郡上鳴石」，見晉書五行志。

又西一百四十里，曰傅山，懿行案：山見水經注。無草木，多瑶碧。厭染之水出于其陽，而南流注于洛，懿行案：「染」，水經注作「梁」，云：「洛水又東逕宜陽縣故城南，又東與厭梁之水合。水出縣北傅山大陂山，無草木，其水自陂。」其中多人魚。懿行案：人魚已見北次三經決決之水。其西有林焉，名曰墦冢。音番。穀水出焉，而東流注于洛，今穀水出穀陽谷，東北至穀城縣入洛河。懿行案：地理志云：弘農郡黽池，「穀水出穀陽谷，東北至穀城入雒」。是郭所本也。洛謂之「河」者，北方人凡水通名「河」也。水經云：「穀水出弘農黽池縣南墦冢林穀陽谷。」注引此經云云，「今穀水出千崤東馬頭山穀陽谷」。其中多珚玉。未聞也。珚，音堙。懿行案：太平御覽六十二卷引此經，作「⿰王困玉」。廣雅云：「璑，⿰王困玉。」玉篇云：「⿰王困，齊玉，奇殞切。」是此經「珚」本又作「⿰王困」也。水經注引此經，又作「珉玉」。

又西五十里，曰橐山。其木多樗，懿行案：「樗」當爲「桴」，説文云：「桴木出橐山。」謂此也。廣韵十一「模」曰：「黄桴木可染。」十「姥」曰：「桴，木名，可染繒。」多構木。今蜀中有構木，七、八月中吐穗，穗成如有鹽粉著狀，可以酢羹，音備。懿行案：玉篇云：構，「木名。」説與郭同。郭注「酢」，蓋「作」字之譌也。本草鹽麩子即五構子，俗譌爲五倍子。陳藏器本草拾遺云：「鹽麩子生吴、蜀山谷，樹狀如椿，七月子成，穗粒如小豆，上有鹽似雪，可爲羹用。」是也。太平御覽引此經，作「構」，云：「音謾。」或所見本異也。管子地員篇云：「其木乃構。」其陽多金、玉，其陰多鐵，多蕭。蕭，蒿，見爾雅。懿行案：爾雅云：「蕭，萩。」郭注云：「即蒿也。」橐水出焉，而北流注于河。懿行案：水經云：河水「又東過陝縣北」。注云：「橐水出橐山，西北流」出谷，「謂之漫澗」；「西逕陝縣故城南」，「又西北逕陝城西，西北入於河」。其中多脩辟之魚，懿行案：此魚即鼃屬也，鼃亦名鼃魚，見漢書東方朔傳。狀如黽黽，蛙屬也。懿行案：詹諸在水者名黽，見爾雅。而白喙，其音如鴟，食之已白癬。

又西九十里，曰常烝之山。懿行案：山見水經注。無草木，多堊。潐水出焉，音譙。而東北流注于河。懿行案：水經注云：「河水又東，合潐水。水導源常烝之山，俗謂之干山，山在陝城南八十里。其川二源雙導，同注一壑，而西北流注於河。」其中多蒼玉。菑水出焉，而北流注于河。懿行案：水經注云：「河水又東，菑水汘之。水出常烝之山，西北逕曲沃城南，又屈逕其城西，西北入河。」又引潘岳西征賦曰：「憩於曹陽之墟。」「以山海經求之，『菑』、『曹』字相類，是或有『曹陽』之名也。」

又西九十里，曰夸父之山。懿行案：山一名秦山，與太華相連，在今河南靈寶縣東南。水經注云：「槃澗水出湖縣夸父山。」其木多椶、柟，多竹、箭，其獸多㸲牛、羬羊，其鳥多鷩。其陽多玉，其陰多鐵。其北有林焉，名曰桃林，桃林，今弘農湖縣閿鄉南谷中是也，饒野馬、山羊、山牛也。懿行案：郡國志弘農郡湖有閿鄉，「閿」，俗字也。水經注引三秦記曰：「桃林塞在長安東四百里。」又引春秋文公十三年：「晉侯使詹嘉守桃林之塞，處此以備秦。」史記趙世家正義引括地志云：「桃林在陝州桃林縣，西至潼關皆爲桃林塞地。」又留侯世家索隱引應劭十三州記：「弘農有桃丘聚，古桃林也。」亦見郡國志，劉昭注引博物記曰：「在湖縣休與之山。」是廣員三百里，其中多馬。懿行案：史記趙世家云，造父取「桃林盜驪、驊騮、緑耳，獻之穆王」。正義引此經，「廣員」作「廣闊」，蓋誤。留侯世家索隱引此經，又作「廣三百里」，無「員」字。湖水出焉，而北流注于河，懿行案：水經注云：「河水又東逕湖縣故城北。」「湖水出桃林塞之夸父山」，「又北逕湖縣東，而北流入於河。」魏土地記曰：『弘農湖縣有軒轅黄帝登仙處。』『名其地爲鼎湖』也。其中多珚玉。

又西九十里，曰陽華之山。懿行案：呂氏春秋有始覽説「九藪」云：「秦之楊華。」高誘注云：「或曰在華陰西。」又云：「桃林縣西長城」是也。劉昭注郡國志，於弘農華陰亦引呂氏春秋及高注。又爾雅「十藪」，秦有楊陓，郭注云：「今在扶風汧縣西。」劉昭注郡國志，於右扶風汧亦引爾雅及郭注。然則陽華、楊陓非一地明矣。或説以二者是一，故附辨于此。其陽多金、玉，其陰多青雄黄。其草多藷藇。多苦辛，其狀如橚，即「楸」字也。懿行案：説文云：「橚，長木皃。」玉篇同，非郭義也。晏子春秋外篇云：「景公登箐室而望，見人有斷雍門之橚者。」「橚」即「楸」也。左傳有「伐雍門之萩」之語，「萩」蓋「楸」之同聲假借字也，「橚」亦一音爾。其實如瓜，其味酸甘，食之已瘧。懿行案：本草經云：「常山味苦辛，主温瘧。」又云：「蜀漆主瘧。」别録云：「常山，苗也。」蘇頌圖經云：「海州出者，葉似楸葉。」與此經合。但常山味苦辛，此云「味酸甘」爲異，常山實又不似瓜也。玉篇云：荅，「草名，其實似瓜，食之治瘧。」蓋即此矣，而經復無「荅」名，未審玉篇何據。楊水出焉，而西南流注于洛，懿行案：楊水即𦈢姑水之分流岐出者也，其水流入門水，又注於洛水，説見下文。其中多人魚。門水出焉，而東北流注于河，懿行案：水經注云：「河水東合柏谷水」，「又東，右合門水」。「門水又東北歷陽華之山，即山海經所謂『陽華之山，門水出焉』者也。」又云：「門水又北逕弘農縣故城東」，「其水側城，北流而注於河」。其中多玄䃤。黑砥石，生水中。懿行案：玉篇「䃤」思六、先鳥二切，云：「黑砥石。」又云：「礛諸，青礪也。」蓋亦䃤類。𦈢姑之水出于其陰，𦈢，音藉。而東流注于門水。懿行案：水經注云：「門水又東北歷邑川，二水注之。左水出於陽華之陰，東北流，逕盛牆亭西，東北流，與右水合。右水出陽華之陽，東北流，逕盛牆亭東，東北與左水合，即山海經所謂『𦈢姑之水出於陽華之陰，東北流注於門水』者也。」今本無「北」字，蓋脱去之。又云：「東北燭水注之」，「是水亂流，東注於𦈢姑之水，二水悉得通稱矣」。「燭水又北入門水，水之左右即函谷山也。」其上多銅。門水出于河，七百九十里入雒水。懿行案：水經注云：「門水即洛水之枝流者也。洛水自上洛縣東北，於拒陽城之西北分爲二水，枝渠東北出爲門水也。」然則門水本出洛水，此經又云入洛者，蓋其枝流復入於本水也。爾雅云：「洛爲波。」水經注引其文，蓋以門水即爾雅所謂波水矣。

凡縞羝山之首，自平逢之山至于陽華之山，凡十四山，七百九十里。懿行案：今八百二里。嶽在其中，以六月祭之，六月，亦歲之中。懿行案：嶽，當謂華山也，郭以爲中嶽，蓋失之。中嶽在下文。

如諸嶽之祠法，則天下安寧。懿行案：後漢順帝陽嘉元年，望都蒲陰狼殺人，東觀書言朱遂不祠北嶽，致有斯災。推此而言，嶽祠如法，即天下安寧，經語不虚也。

中次七經苦山之首曰休與之山。「與」，或作「輿」，下同。懿行案：劉昭注郡國志弘農桃林引博物志曰：「在湖縣休與之山。」初學記五卷引博物志作「休馬之山」，「馬」、「與」聲相近。藝文類聚六卷又引作「休牛之山」，「牛」、「與」聲之轉也。其上有石焉，名曰帝臺之棋，帝臺，神人名。棋，謂博棋也。懿行案：南次二經漆吴之山多博石，郭云「可以爲博棊石」，亦此類。五色而文，其狀如鶉卵，懿行案：初學記引博物志作「狀如雞卵」；藝文類聚引此經，與今本同。帝臺之石所以禱百神者也，禱祀百神則用此石。服之不蠱。懿行案：本草經云：「石膽主諸邪毒氣。」別録云：「一名棊石。」蘇恭注云：「有塊如雞卵者爲真。」竝與此經義合。有草焉，其狀如蓍，懿行案：説文云：「蓍，蒿屬。」廣雅云：「蓍，耆也。」赤葉而本叢生，名曰夙條，懿行案：「夙」，俗字，説文作「𣦼」。可以爲簳。中箭笴也。懿行案：「簳」當爲「榦」。鄭注考工記云：「笴，矢榦也。」廣雅云：「笴，箭也。」

東三百里，曰鼓鐘之山。懿行案：吴氏云：「今名鍾山，在河南陸渾縣西南三十里。」畢氏云：「別有鼓鍾峽，在山西垣曲縣。」水經注引此經，以爲即山西鼓鍾山，非也，已見上文鼓鐙山注。帝臺之所以觴百神也。舉觴燕會則於此山，因名爲「鼓鍾」也。懿行案：初學記八卷引郭注，「此山」句下有「在伊闕西南」五字，蓋今本脱去之。有草焉，方莖而黄華，員葉而三成，葉三重也。其名曰焉酸，懿行案：「焉酸」，一本作「烏酸」。可以爲毒。爲，治。　懿行案：治，去之也。　其上多礪，其下多砥。

又東二百里，曰姑媱之山。音遙。或無「之山」字。　懿行案：文選別賦注引此經，作「姑瑤」；博物志作「古詹」；俗本譌作「古詹」。帝女死焉，其名曰女尸，化爲䔄草，亦音遙。　懿行案：「䔄」通作「瑤」。文選別賦云：「惜瑤草之徒芳。」李善注引宋玉高唐賦曰：「我帝之季女，名曰瑤姬，未行而亡，封於巫山之臺，精魂爲草，實爲靈芝。」今高唐賦無之；又注高唐賦引襄陽耆舊傳云：「赤帝女曰瑤姬。」此說非也。水經「江水東過巫縣南」，注云：「巫山，帝女居焉，宋玉所謂『天帝之季女，名曰瑤姬，未行而亡，封於巫山之陽，精魂爲草，實爲靈芝』。」與別賦注同。是帝女即天帝之女，以爲赤帝女者，誤也。又宣山有帝女之桑，亦是天帝之女明矣。又案別賦雖作「瑤草」，注引此經，仍作「䔄草」；又引郭注云：「瑤與䔄竝音遙。」亦今本所無。其葉胥成，言葉相重也。　懿行案：博物志作「詹草，其葉鬱茂」。其華黃，其實如菟丘，菟丘，菟絲也，見爾雅。　懿行案：菟丘，兔絲也，見廣雅。今各本俱作「爾雅」，誤。又別賦注引此經文，竟作「兔絲」，亦誤。博物志作「實如豆」。服之媚于人。爲人所愛也。傳曰：「人服，媚之如是，一名荒夫草。」

又東二十里，曰苦山。有獸焉，名曰山膏，其狀如逐，即「豚」字。　懿行案：玉篇云：「𩣡，音逐，獸名。」即此。郭云「即『豚』字」者，畢氏云：「借『遯』字爲之，『逐』又『遯』省文。」懿行謂：「遯」古文作「遂」，見鄭易；「遯」从豚得聲，「遂」作「逐」文省，正如歸藏易「渙」作「奐」、「損」作「員」，竝古字省文也。是此經之「逐」，从「遯」或「遂」省，當讀爲豚，故曰「逐」即「豚」字也。赤若丹火，善詈。好罵人。其上有木焉，名曰黃棘，黃華而員葉，其實如蘭，服之不字。字，生也。易曰：「女子貞不字。」　懿行案：蘭、蕙皆有實，女子種蘭美而芳。

有草焉，員葉而無莖，懿行案：管子地員篇云：「葉下於蘩。」房氏注云：「葉，草名，唯生葉無莖。」與此經合，即是物也。赤華而不實，名曰無條，懿行案：無條已見西山經皋塗之山，與此同名異物。服之不癭。

又東二十七里，曰堵山。懿行案：地理志云：南陽郡，「堵陽」。疑縣因山爲名。神天愚居之，是多怪風雨。其上有木焉，名曰天楄，音鞭。懿行案：說文云：「楄部，方木也。」此木方莖，故以名焉。方莖而葵狀，服者不𠷔。食不噎也。懿行案：玉篇「𠷔」同「咽」。廣韵「楄」字兩見，竝云「木名」，一云「食不噎」，一云「食之不咽」。蓋「咽」、「噎」聲轉，或古字通也。說文云：「噎，飯窒也。」

又東五十二里，曰放皋之山。「放」，或作「效」，又作「牧」。懿行案：初學記引此經，作「放皋」；水經注作「狼皋山」。山在今河南魯山縣北。明水出焉，南流注于伊水，懿行案：水經云：伊水「又東北過新城縣南」。注云：「明水出梁縣西狼皋山，俗謂之石澗水也；西北流逕楊亮壘南，西北合康水。」「又西南流入於伊。」引此經云云。其中多蒼玉。有木焉，其葉如槐，黃華而不實，其名曰蒙木，懿行案：此即槐屬，但不實爲異爾。「蒙」，玉篇作「檬」，云：「木名，似槐，葉黃。」「葉」蓋「華」字之譌也。服之不惑。懿行案：槐，味苦寒，主熱，可以通神明，故服之不惑與？有獸焉，其狀如蜂，枝尾而反舌，懿行案：枝尾，岐尾也。說文云：「燕，枝尾。」「反舌」者，蓋舌本在前，不向喉。淮南墬形訓有反舌民。善呼，好呼喚也。其名曰文文。

又東五十七里，曰大𦰩之山，懿行案：「𦰩」當爲「苦」。初學記「龜」下引此經，作「丈若山」，誤。多㻬琈之玉，懿行案：水經注引此經，作「瑇琈」，亦古字所無，說已見前。多麋玉。未詳。懿行案：「麋」，疑「瑂」之假借字也。說文云：「瑂，石之似玉者，讀若眉。」有草焉，其狀葉懿行案：當爲「葉狀」，本或無「葉」字。如榆，方莖而蒼傷，懿行案：本草經「續斷」陶注引李當之云：「是虎薊能療血。」蜀本圖經云：「葉似苧，莖方。」范汪方云：「葉似旁翁菜而小厚，兩邊有刺刺人。」其名曰牛傷，猶言牛棘。懿行案：牛棘見爾雅。郭注方言云：「山海經謂刺爲傷也。」即指此。下文講山亦云「反傷赤實」。其根蒼文，服者不厥，厥，逆氣病。懿行案：說文云：「瘚，屰气也，或省作『欮』。」史記扁鵲傳云：「暴蹷。」正義引釋名云：「蹷，氣從下蹷起上行，外及心脅也。」是「蹷」與「瘚」通。可以禦兵。懿行案：本草經云：「續斷主金創。」與此義合。其陽狂水出焉，西南流注于伊水。懿行案：水經注云：「伊水又北逕當階城西，狂水入焉。水東出陽城縣之大苦山。」引此經云云。李善注東京賦引此經，作「陽狂水」。以「陽狂」爲水名，誤也。其中多三足龜，今吴興陽羡縣有君山，山上有池水，中有三足六眼龜鼈。龜三足者名賁，出爾雅。懿行案：爾雅注亦引此經，與今本同。地理志云：會稽郡，「陽羡」。晉志有吴興郡，無陽羡。食者無大疾，可以已腫。

又東七十里，曰半石之山。懿行案：山在今河南偃師縣東南，見水經注。其上有草焉，生而秀，其高丈餘，赤葉赤華，華而不實，初生先作穗，卻著葉，花生穗閒。懿行案：爾雅云：「草謂之榮，不榮而實者，謂之秀。」此草既謂之秀，又名爲榮，卻又不實，所以異也。其名曰嘉榮，懿行案：呂氏春秋本味篇云：「有菜名曰嘉樹，其色若碧。」高誘注云：「食之而靈。」疑即此草，而「靈」或「不霆」字之譌也。又案本草經有蘘荷與巴蕉同類，太平御覽引干寶搜神記以蘘荷爲嘉草，蓋即嘉榮草也。秋官庶氏「掌除蠱毒，以嘉草攻之」，是干寶所本。蘘荷華生根中，可食，見古今注，而不説實狀，證知此草有華無實也。因其可食，故吕氏春秋謂之菜矣。名醫别録云：「蘘草主邪氣，辟不祥。」又與此經「服者不霆」義合。服之者不霆。不畏雷。霆，霹靂也，音廷搏之廷。懿行案：北堂書鈔一百五十二卷引此經，「霆」上有「畏」字，注無「雷霆」二字，今本脱衍也。説文云：「霆，雷餘聲也，鈴鈴所以挺出萬物。」又云：「震，劈歷振物者。」郭云「音廷搏之廷」，不成語，當爲「脡脯」，字之譌也。公羊傳昭二十五年云：「與四脡脯。」

來需之水出于其陽，而西流注于伊水。懿行案：「需」，水經注作「儒」，云：「伊水又北逕高都城東，來儒之水出於半石之山，至高都城東，西入伊水，謂之曲水也。」其中多鯩魚，音倫。黑文，其狀如鮒，懿行案：廣雅云：「鰿，鮒也。」即今之鯽魚。食者不睡。懿行案：李善注江賦引此經，作「食之不腫」；太平御覽九百三十九卷亦引作「食者不腫」。合水出于其陰，而北流注于洛。懿行案：水經云：洛水「東過洛陽縣南」。注云：「合水南出半石之山，北逕合水塢而東北流注於公路澗。」「合水北與劉水合。水出半石東山。」「合水又北流注於洛水也。」多騰魚，音騰。懿行案：玉篇云：騰，「魚似鰤，蒼文赤尾。」郭氏江賦作「鰧」，李善注引此注云：「鰧，音滕。」狀如鱖，居逵，鱖魚大口大目，細鱗有班彩。逵，水中之穴道交通者。鱖，音劌。懿行案：爾雅云：「鱖，鯞。」注云：「小魚也，似鮒子而黑。」初學記「魚」下引此經云：「鱖魚大口而細鱗，有班彩。」蓋引郭注，誤作經文也。「如鱖」，玉篇作「似鰤」。蒼文赤尾，食者不癰，可以爲瘻。瘻，癰屬也，中多有蟲。淮南子曰：「雞頭已瘻。」音漏。懿行案：説文云：「癰，腫也。」「瘻，頸腫也。」郭引淮南説山訓文，高誘注云：「瘻，頸腫疾。雞頭，水中芡。」

又東五十里，曰少室之山。今在河南陽城西，俗名泰室。懿行案：晉書地理志云：河南郡，「陽城」。郡國志潁川郡陽城有嵩高山。地理志云：「崈高，武帝置以奉泰室山，是爲中岳，有太室、少室山廟。古文以崇高爲外方山也。」初學記五卷引戴延之西征記云：「其山東謂太室，西謂少室，相去十七里。嵩，其總名也。謂之室者，以其下各有石室焉。」百草木成囷。未詳。懿行案：說文云：「囷，廩之圜者。」經蓋言草木屯聚如倉囷之形也。

其上有木焉，其名曰帝休，葉狀如楊，懿行案：文選注王巾頭陁寺碑引此經，「葉」下有「茂」字，疑衍。其枝五衢，言樹枝交錯相重五出，有象衢路也。離騷曰：「靡萍九衢。」懿行案：王逸注楚詞天問云：「九交道曰衢。」文選注頭陁寺碑引此注，作「靡華九衢」。黃華黑實，服者不怒。其上多玉，此山巔亦有白玉膏，得服之即得仙道，世人不能上也，詩含神霧云。懿行案：郭注西次三經峚山引河圖玉版曰：「少室山，其上有白玉膏，一服即仙矣。」謂此。其下多鐵。休水出焉，而北流注于洛。懿行案：水經注云：洛水「東逕偃師故縣南，與緱氏分水。又東，休水自南注之。其水導源少室山」。其中多鯑魚，狀如⿱埶皿蜼未詳。⿱埶皿，音侜。懿行案：「⿱埶皿」當爲「盩」。廣雅云：「狖，蜼也。」「狖」、「盩」聲相近。郭注爾雅云：「蜼似獼猴。」鯑即鮷也，北次三經注云：「鯑見中山經。」謂此也。「鮷」省作「兒」，周書王會篇云：「兒若獼猴。」與此經合。而長距，足白而對，未詳。懿行案：對，蓋謂足趾相向也。史記天官書云：「疾其對國。」食者無蠱疾，懿行案：北次三經云：「人魚如鯑魚，四足，食之無癡疾。」此言「食者無蠱疾」，蠱，疑惑也；癡，不慧也，其義同。可以禦兵。

又東三十里，曰泰室之山。即中嶽嵩高山也，今在陽城縣西。懿行案：今在河南登封縣北。藝文類聚七卷引郭氏讚云：「嵩惟嶽宗，華岱恒衡。氣通元漠，神洞幽明。嵬然中立，衆山之英。」其上有木焉，葉狀如梨而赤理，其名曰栯木，音郁。懿行案：玉篇云：「栯，於六、禹九二切。」引此經。類聚七卷及三十五卷引此經,「栯」竝作「指」,疑誤。服者不妒。有草焉,其狀如茉,茉,似薊也。懿行案:茉有赤茉、白茉二種。爾雅云:「茉,山薊。楊,枹薊。」白華黑實,澤如蘡薁,言子滑澤。懿行案:説文云:「薁,嬰薁也。」廣雅云:「燕薁,蘡舌也。」蓋即今之山葡萄。齊民要術引陸機詩義疏云:「櫻薁實大如龍眼,黑色,今車鞅藤實是。」又引疏云:「櫐似燕薁,連蔓生。」皆其形狀也。其名曰䔄草,服之不昧。上多美石。次玉者也。啓母化爲石而生啓,在此山,見淮南子。懿行案:郭注穆天子傳云:「太室之丘,嵩高山,啓母在此山化爲石,而子啓亦登仙,故其上有啓石也,皆見歸藏及淮南子。」今淮南子無之,蓋有闕脱也。劉昭注郡國志引帝王世紀曰:「陽城有啓母冢。」太平御覽一百三十五卷引連山易曰:「禹娶塗山之子,名曰攸女,生啓也。」

又北三十里,曰講山。其上多玉,多柘,多柏。有木焉,名曰帝屋,葉狀如椒,反傷赤實,反傷,刺下勾也。懿行案:郭注方言云:「山海經謂刺爲傷也。」可以禦凶。懿行案:此別一種椒也,蘇頌本草圖經云:「黨哥出閩中、江東,其木似樗,莖閒有刺,子辛辣如椒,主遊蠱飛尸。」

又北三十里,曰嬰梁之山。上多蒼玉,錞于玄石。言蒼玉依黑石而生也。或曰:「錞于,樂器名,形似椎頭。」懿行案:錞于已見西山經首騩山。或曰樂器,似非也。

又東三十里,曰浮戲之山。懿行案:山見水經注。有木焉,葉狀如樗而赤實,名曰亢木,食之不蠱。懿行案:本草經:「衛矛一名鬼箭,主除邪殺蠱,葉狀如野茶,實赤如冬青。」即此也。汜水出焉,懿行案:郡國志云:成皐「有汜水」。今在汜水縣東,汜音似。水經云:河水「又東過成皐縣北」。注云:「河水又東合汜水。水南出浮戲山,世謂之曰方山也。」又云:「洧水東流,綏水會焉。水出方山綏谿,即山海經所謂浮戲之山也。」案綏水即汜水，聲之轉。而北流注于河。其東有谷，因名曰蛇谷。言此中出蛇，故以名之。上多少辛。細辛也。　懿行案：廣雅云：「細條、少辛，細辛也。」是郭所本。又名小辛，見本草及管子地員篇。

又東四十里，曰少陘之山。懿行案：水經注云：「濟水右受黃水。黃水北至故市縣，重泉水出京城西南少陘山。」太平寰宇記云：滎陽縣，「嵩渚山一名小陘山，俗名周山，在縣南三十五里」。有草焉，名曰䔄草，音剛。　懿行案：䔄草見玉篇。葉狀如葵而赤莖白華，實如蘡薁，食之不愚。言益人智。器難之水出焉，或作「𨅃」。　懿行案：水經濟水注云：索水「出京縣西南嵩渚山」，「即古旃然水也。其水東北流，器難之水注之」。「其水北流，逕金亭，又北逕京縣故城，西入於旃然之水」。而北流注于役水。一作「侵」。　懿行案：水經注引此經，正作「侵水」，又云：「器難之水入於旃然之水，亦謂之鴻溝水。」疑侵水即索水。

又東南十里，曰太山。別有東小太山，今在朱虛縣，汶水所出，疑此非也。　懿行案：地理志云：琅邪郡朱虛，「東泰山，汶水所出」。以道里計之，非此明矣。有草焉，名曰梨，懿行案：本草別録云：「芥，一名梨，葉如大青。」即此。其葉狀如荻荻，亦蒿也，音狄。　懿行案：「荻」當爲「萩」，「狄」亦當爲「秋」，皆字形之譌也。爾雅云：「蕭，萩。」郭注云：「即蒿。」而赤華，可以已疽。懿行案：太平御覽九百九十八卷引此經，作「可以爲疽」，郭注云：「爲，治也。」與今本異。太水出于其陽，而東南流注于役水。世謂之禮水。　懿行案：水經注云：承水「東北流，太水注之。水出太山東平地」。引此經云云，「世謂之禮水」。蓋并引郭注也，下同。承水出于其陰，而東北流注于役。世謂之靖澗水。　懿行案：水經注引司馬彪郡國志云：「中牟有清口水，白溝水注之。水有二源，北水出密之梅山東南，而東逕靖城南，與南水合；南水出太山，西北流，至靖城南，左注北水，即承水也。」引此經云云，「世亦謂之靖澗水」。畢氏云：「此經太水、承水皆云注于役，與水經注不同者。案水經注太水注承水，承水注清水，清水注渠水，渠水又東逕陽武縣故城，南與役水合也。」

又東二十里，曰末山。懿行案：水經渠水注引此經，作「沬」，云：「沬山，沬水所出。」上多赤金。末水出焉，北流注于役。水經作「沬」。懿行案：水經注引此經，亦作「役水」，云：「役水東逕曹公壘南，東與沬水合」，「東北流逕中牟縣故城西」，「又東北注於役水」。又案郭云「水經作『沬』」，郭注水經二卷，今亡無攷。

又東二十五里，曰役山。上多白金，多鐵。役水出焉，懿行案：水經注云：「渠水左逕陽武縣故城南，東爲官渡水」，「渡在中牟」；「又東，役水注之。水出苑陵縣西隙侯亭東」，「中平陂，世名之遲泉也，即古役水矣」。引此經云云。北注于河。懿行案：水經注云役水注渠水，此云注河，未詳。

又東三十五里，曰敏山。懿行案：郡國志云：密「有大騩山，有梅山」。劉昭注引左傳襄十八年：「楚伐鄭，右迴梅山，在縣西北。」今案山在河南鄭州，梅山蓋即敏山，「梅」、「敏」聲之轉也。此經敏山去大騩山三十里，是今梅山審矣。上有木焉，其狀如荊，白華而赤實，名曰葪柏，音計。懿行案：玉篇云：「葪，俗薊字。」初學記二十八卷引廣志云：「柏有計柏。」「計」、「葪」聲同，疑是也。服者不寒。令人耐寒。其陽多㻬琈之玉。

又東三十里，曰大騩之山。今滎陽密縣有大騩山。騩固，溝水所出，音歸。懿行案：地理志云：河南郡密「有大騩山，潩水所出」。此注云「騩固，溝水所出」，疑「溝」即「潩」字之譌，「固」即「山」字之譌也。「騩」，説文作「隗」，廣韵同。莊子徐無鬼篇云：「黄帝將見大隗乎具茨之山。」釋文引司馬彪云：「在滎陽密縣東，今名泰隗山。」水經注云：「大騩即具茨山也。」廣韻云：「具洨山在滎陽，出山海經。」即此。其陰多鐵、美玉、青堊。懿行案：劉昭注郡國志引此經，作「多美堊」。有草焉，其狀如蓍而毛，青華而白實，其名曰⿱艹狼，音狼戾。懿行案：玉篇云：「⿱艹很，胡懇切，草名，似蓍，花青白。」廣韻同。是「⿱艹狼」當爲「⿱艹很」，「狼」當爲「很」，今本經、注竝譌。服之不夭，言盡壽也。或作「芺」。懿行案：「盡壽」蓋「益壽」字之譌也。「芺」即「夭」，古今字爾。可以爲腹病。爲，治也。一作「已」。

凡苦山之首，自休與之山至于大騩之山，凡十有九山，千一百八十四里。懿行案：今才一千有五十六里。其十六神者，皆豕身而人面，其祠：毛牷用一羊羞，言以羊爲薦羞。嬰用一藻玉瘞。藻玉，玉有五彩者也。或曰：「所以盛玉藻藉也。」懿行案：藻玉已見西次二經泰冒山。此「藻」疑當與「璪」同，說文云：「璪，玉飾，如水藻之文也。」藻藉，見周官大行人。苦山、少室、太室皆冢也，其祠之：太牢之具，嬰以吉玉。其神狀皆人面而三首，其餘屬皆豕身人面也。

中次八經荆山之首曰景山。今在南郡界中。懿行案：山在今湖北房縣西南二百里，俗名馬塞山。初學記三十卷引荆州圖記曰：「沮縣西北半里有鴈浮山，是山海經所謂景山，沮水之所出也。高三十餘里，修巖邏亘，擢榦干霄，鴈南翔北歸，偏經其上，土人由玆改名焉。」其上多金、玉，其木多杼、檀。杼，音椽柱之柱。懿行案：杼見爾雅及陸機詩疏。睢水出焉，睢，音癰疽之疽。懿行案：「睢」亦作「沮」，地理志云南郡「臨沮」是也。水經云：「沮水出漢中房陵縣東山。」注云：「沮水出東汶陽郡沮陽縣西北景山，即荆山首也，故淮南子云：『沮出荆山。』」又引杜預云：「水出新城郡之西南發阿山，蓋山異名也。」與郭義合。李善注南都賦引此經。東南流注于江。今睢水出新城魏昌縣東南發阿山，東南至南郡枝江縣入江也。懿行案：晉書地理志云新城郡「昌魏」，郭作「魏昌」，譌也。水經云：「沮水東南過臨沮縣界，又東南過枝江縣，東南入於江。」注云：「謂之沮口也。」李善注江賦引此經，「江」上有「沔」字，疑衍。其中多丹粟，懿行案：李善注南都賦引此經郭注云：「細沙如粟。」今本無之，已見南次二經柜山注。多文魚。有斑彩也。

東北百里，曰荊山。今在新城沐鄉縣南。懿行案：晉書地理志云：新城郡，「沶鄉」。水經注云：「荊山在景山東百餘里新城沶鄉縣界。」「沶」，郭注作「沐」，字形之譌也。地理志云：南郡臨沮，「禹貢南條荊山在東北，漳水所出」。劉昭注郡國志引荊州記曰：「西北三十里有清谿，谿北即荊山首，曰景山，即卞和抱璞之處。」藝文類聚七卷引河圖括地象云：「荊山爲地雌，上爲軒轅星。」其陰多鐵，其陽多赤金。懿行案：劉昭注郡國志引此經云：「其陽多鐵，其陰多赤金。」其中多犛牛，旄牛屬也，黑色，出西南徼外也。音貍，一音來。懿行案：說文云：「犛，西南夷長髦牛也，从牛，𠩺聲。」是知「犛」古音貍也，「貍」、「來」古同聲。旄牛見北次二經潘侯之山。「旄」、「髦」、「犛」實一字耳，郭意以犛牛非即旄牛，故云「旄牛屬也」。文選西都賦注及後漢書班固傳注引此注，竝云「犛，力之切」。與今本小異，其音則同。多豹、虎。其木多松、柏，其草多竹，多橘、櫾。櫾，似橘而大也，皮厚味酸。懿行案：說文云：「橘果出江南。」劉逵注蜀都賦云：「大曰柚，小曰橘。犍爲南安縣出黃甘橘。地理志云蜀郡嚴道、巴郡朐忍魚復二縣出橘，有橘官。」案今地理志嚴道有木官，「木」蓋「橘」字之譌也。「櫾」本字作「柚」，說文云：「柚，條也。」本爾雅。又云：「似橙而酢。」引夏書曰：「厥包橘柚。」又呂氏春秋本味篇云：「江浦之橘，雲夢之柚。」漳水出焉，而東南流注于睢。出荊山，至南郡當陽縣入沮水。懿行案：水經云：「漳水出臨沮縣東荊山。」注云：「地理志曰：『荊山，漳水所出，東至江陵入陽水，注於沔。』非也，今漳水於當陽縣之東南百里餘而右會沮水也。」文選江賦及登樓賦注引此經，竝作「注于睢」云，「睢」與「沮」同。其中多黃金，多鮫魚。鮫，鮒魚類也，皮有珠文而堅，尾長三、四尺，末有毒螫人，皮可飾刀劍口，錯治材角，今臨海郡亦有之，音交。懿行案：鮫魚即今沙魚。郭注「鮒」字譌，李善注南都賦引此注云：「鮫，鯌屬。」是也。又云「皮有斑文而堅」，「斑」，疑「珠」字之譌。初學記三十卷引劉欣期交州記曰：「鮫魚出合浦，長三尺，背上有甲，珠文堅彊，可以飾刀口，又可以鑢物。」與郭注合，「三尺」疑當爲「三丈」字之譌；又引此經「荊山」，譌作「燕山」，郭注「尾有毒」譌作「尾青毒」。張揖注子虛賦云：「蛟狀魚身而蛇尾，皮有珠也。」「蛟」即「鮫」字，古通用。其獸多閭、麋。似鹿而大也。懿行案：閭，注已見北次二經縣雍之山；麋，注已見西次二經西皇之山。此注又云「似鹿而大」，疑經文「麋」當爲「麈」字之譌；下文閭、麈疊見，郭皆無注，益知此爲「麈」字之注無疑也。張揖注上林賦云：「麈，似鹿而大。」埤雅亦云：「麈，似鹿而大。」竝與郭注合。埤雅又云：「其尾辟塵。」又引名苑曰：「鹿之大者曰麈，羣鹿隨之，皆視麈所往，麈尾所轉爲準。古之談者揮焉，良爲是也。」李石續博物志云：「麈尾掃氊，氊不蠹。」說文云：「麈，麋屬。」周書世俘篇云：「武王狩禽麈十有六。」王會篇云：「稷慎大麈。」孔晁注云：「麈，似鹿。」廣韵亦云：「麈，鹿屬。」引華陽國志曰：「郪縣宜君山出麈尾。」

又東北百五十里，曰驕山。懿行案：李善注南都賦引此經云：「景山之西曰驕山。」誤。其上多玉，其下多青雘。懿行案：南都賦注引此經郭注云：「雘，黝屬，音瓠。」今本無之，已見南山經青丘之山注。其木多松、柏，多桃枝、鉤端。神𧌒圍處之，𧌒，音鼉魚之鼉。其狀如人面，懿行案：廣韵「𧌒」字注本此文，無「面」字。羊角虎爪，恒遊于睢、漳之淵，淵，水之府奧也。出入有光。

又東北百二十里，曰女几之山。懿行案：山在今河南宜陽縣西。水經注云：「洛水又東，渠谷水出宜陽縣女几山。」又云：「七谷水西出女几山，東南流注於伊水。」又云：「蚤谷水出女几山，東流入於伊水。」今本水經注作「女机山」，玉篇作「女屼山」。其上多玉，其下多黃金。其獸多豹、虎，多閭、麋、麖、麂，麂，似獐而大，偎毛豹腳；音几。懿行案：麂、麐同，爾雅云：「麐，大麢，旄毛狗足。」郭注云：「旄毛，猥長。」疑此注「偎」當爲「猥」，「豹」當爲「狗」，皆字形之譌也。其鳥多白鷮，鷮，似雉而長尾，走且鳴；音驕。懿行案：鷮雉見爾雅，郭注云：「即鷮雞也。」餘同此注。多翟，多鴆。鴆，大如鵰，紫緑色，長頸赤喙，食蝮蛇頭，雄名運日，雌名陰諧也。懿行案：說文云：「鴆，毒鳥也，一名運日。」廣雅云：「鴆鳥，其雄謂之運日，其雌謂之陰諧。」是郭所本也。郭云「大如鵰」，廣韵引廣志云：「大如鴞。」疑誤也；又云：「紫緑色，有毒，頸長七、八寸，以其毛歷飲，食則殺人。」餘與郭同也。劉逵注吴都賦云：「鴆鳥，一名雲白，黑色，長頸赤喙，食蝮蛇，體有毒，古人謂之鴆毒，江東諸大山中皆有之。」案「雲白」蓋「雲日」之譌。淮南繆稱訓云：「暉目知晏，陰諧知雨。」「目」亦「日」字之譌，「雲」、「暉」竝聲近假借字也。

又東北二百里，曰宜諸之山。懿行案：即洈山，因水得名。其上多金、玉，其下多青雘。洈水出焉，音詭。而南流注于漳，今洈水出南郡東洈山，至華容縣入江也。懿行案：說文云：「洈水出南郡高成洈山，東入繇。」本地理志文也，志云：「繇水南至華容入江。」此言「注于漳」者，水經注云：「漳水又南逕當陽縣，又南，洈水注之。」引此經云云。據諸書所說，洈山即宜諸山之異名矣。其中多白玉。

又東北三百五十里，曰綸山。音倫。其木多梓、枏，多桃枝，多柤、栗、橘、櫾，柤，似梨而酢瀟。懿行案：注與爾雅注同。説文云：「樝果，似梨而酢。」鄭注内則云：「樝，梨之不臧者。」其獸多閭、麈、麢、㚟。㚟，似菟而鹿腳，青色；音綽。懿行案：「㚟」，俗字也，當爲「㲋」，見説文。

又東北二百里，曰陸郈之山。音如跪告之跪。懿行案：玉篇引此經云：「綸山東，陸郈山。」李善注南都賦引此注云：「郈，音跪。」其上多㻬琈之玉，其下多堊。懿行案：李善注南都賦引此注云：「堊，似土，白色也。」今本無之，已見西次二經大次之山。其木多杻、橿。

又東百三十里，曰光山。懿行案：今汝寧有光山，春秋時爲弦國，未審此是非。其上多碧，其下多木。懿行案：「木」，疑「水」字之譌。神計蒙處之，其狀人身而龍首，恒遊于漳淵，出入必有飄風暴雨。

又東百五十里，曰岐山。其陽多赤金，其陰多白珉。石似玉者。音旻。懿行案：説文云：「珉，石之美者，通作瑉。」聘義云：「君子貴玉賤瑉。」鄭注云：「石似玉。」又作「玟」，玉藻云：「士佩瓀玟。」經典諸書無言珉色者，此言白珉，明珉多白者也，下文琴鼓之山、岷山、鬲山皆多白珉。其上多金、玉，其下多青雘。其木多樗。神涉蟲處之，徒河切。一作「鼂」，笑遊切。懿行案：「鼂」字音義竝所未詳。其狀人身而方面，三足。

又東百三十里，曰銅山。其上多金、銀、鐵，懿行案：銅山蓋以所産三物得名。其木多穀、柞、柤、栗、橘、櫾，其獸多犳。懿行案：「犳」，本或作「豹」，非。犳，音灼，豹文獸也，見西次二經底陽之山。

又東北一百里，曰美山。其獸多兕、牛，多閭、麈，多豕、鹿。其上多金，其下多青雘。

又東北百里，曰大堯之山。懿行案：水經有堯山，湍水所出。劉昭注郡國志魯陽魯山引南都賦注「有堯山，封劉累，立堯祠」，疑非此。其木多松、柏，多梓、桑，多机，懿行案：机已見北山經首單狐山，注云：「木似榆，出蜀中。」即此。其草多竹，其獸多豹、虎、麢、㚟。

又東北三百里，曰靈山。懿行案：今汝寧府信陽州有靈山，非此。其上多金、玉，其下多青雘。其木多桃、李、梅、杏。梅，似杏而酢也。懿行案：郭注爾雅「梅，枏」云：「似杏實酢。」非也，說見南山經注。此梅蓋爾雅「時英梅」，說文作「某」，云「酸果」是也，見陸機詩疏。

又東北七十里，曰龍山。上多寓木。寄生也，一名宛童，見爾雅。懿行案：郭注爾雅云：「寄生樹，一名蔦。」廣雅釋草云：「寄屑，寄生也。」釋木云：「宛童，寄生樢也。」「樢」與「蔦」同。蓋此物雖生於木，其質則草，故廣雅列於釋草、釋木。而寄生樹今亦謂之寄生草也。其上多碧，其下多赤錫。其草多桃枝、鉤端。

又東南五十里，曰衡山。上多寓木、榖、柞，多黃堊、白堊。

又東南七十里，曰石山。其上多金，其下多青雘，多寓木。

又南百二十里，曰若山。「若」，或作「前」。懿行案：地理志云：南郡若，「楚昭王畏吳，自郢徙此」。疑縣因山爲名。其上多㻬琈之玉，多赭，赤土。懿行案：李善注南都賦引此經云：「若之山，其上多赭。」「之」字衍；又引郭注云：「赭，赤土也。」與今本同。多邽石，未詳。懿行案：「邽」，疑「封」字之譌也。封石，見中次十經虎尾之山。多寓木，多柘。

又東南一百二十里，曰堯山，多美石，多柘。

又東南一百五十里，曰玉山。其上多金、玉，其下多碧、鐵。其木多柏。一作「楢」。懿行案：藝文類聚七卷引王韶之始興記云：「郡東有玉山，草木滋茂，泉石澄潤。」當即斯山也，侯攷。

又東南七十里，曰讙山。其木多檀，多邽石，懿行案：疑即「封石」之譌，見下文虎尾山。多白錫。今白鑞也。懿行案：夏官職方云：「揚州，其利金錫。」鄭注云：「錫，鑞也。」爾雅釋器云：「錫，謂之鈏。」郭注云：「白鑞也。」案經內亦有赤錫，見上文龍山，下文嬰侯山、服山。郁水出于其上，潛于其下，其中多砥、礪。

又東北百五十里，曰仁舉之山。其木多穀、柞。其陽多赤金，其陰多赭。

又東五十里，曰師每之山。其陽多砥、礪，其陰多青雘。其木多柏，多檀，多柘，其草多竹。

又東南二百里，曰琴鼓之山。其木多穀、柞、椒、柘。椒，爲樹小而叢生，下有草木則蠚死。懿行案：「檓，大椒」，見爾雅。李善注顏延之陶徵士誄引此經。其上多白珉，其下多洗石。懿行案：洗石已見西山經首錢來之山。其獸多豕、鹿，多白犀，懿行案：玆山有白犀，西域有白象，皆異種也。其鳥多鴆。

凡荊山之首，自景山至琴鼓之山，凡二十三山，二千八百九十里。懿行案：今三千有一十里。其神狀皆鳥身而人面，其祠：用一雄雞祈，瘞；禱請已，薶之也。懿行案：「祈」當爲「𧗿」。用一藻圭，糈用稌。驕山，冢也，其祠：用羞酒、少牢祈，瘞；嬰毛一璧。

中次九經岷山之首曰女几之山。懿行案：畢氏云：「山在今四川雙流縣。淮南子天文訓云：『日回於女紀，是謂大還。』隋書地理志云：蜀郡雙流『有女伎山』。『紀』、『伎』、『几』三音同也。」其上多石涅，其木多杻、橿，其草多菊、茶。懿行案：「大菊，瞿麥」，見爾雅。洛水出焉，東注于江，懿行案：地理志云：廣漢郡雒，「章山，雒水所出，南至新都谷入湔」。水經云：江水「又東過江陽縣南，雒水從三危山東過廣魏雒縣南，東南注之」。注云：「雒水出雒縣漳山，亦言出梓潼縣柏山。」又云：「洛水與緜水合。」「又與湔水合，亦謂之郫江也。」案左思蜀都賦云：「浸以緜、洛。」即此洛水。劉逵注以爲上雒桐柏山之雒水，誤矣。此洛在四川入江，李冰之所導也。其中多雄黃。雄黃亦出水中。懿行案：吳氏引蘇頌曰：「階州出水窟，雄黃生於山巖中有水流處。」其獸多虎、豹。

又東北三百里，曰岷山。江水出焉，岷山，今在汶山郡廣陽縣西，大江所出。懿行案：說文云：𡺎山「在蜀湔氏西徼外」。地理志云：蜀郡湔氏道，「禹貢𡺎山在西徼外，江水所出，東南至江都入海。」水經注云：「岷山即瀆山也。」「又謂之汶阜山，在徼外，江水所導也。」今案「汶」即「岷」，古字通。岷山在今四川茂州東南，即漢之徼外地也。汶山郡，漢武帝所開，宣帝省并蜀郡，見後漢書西南夷傳。郭注「廣陽」，史記封禪書索隱引此注，亦作「廣陽」，蓋晉時縣也。漢汶江縣，晉改爲廣陽縣，屬汶山郡，見晉書地理志。藝文類聚八卷引郭氏讚云：「岷山之精，上絡東井。始出一勺，終致淼溟。作紀南夏，天清地静。」東北流注于海。至廣陽縣入海。懿行案：海内東經注云：「至廣陵郡入海。」此注「廣陽縣」當爲「廣陵郡」，或「廣陵縣」，字之譌也，竝見晉書地理志。劉昭注郡國志引此經，「注」上無「流」字，「海」下有「中」字。其中多良龜，良，善。多鼉。似蜥蜴，大者長二丈，有鱗彩，皮可以冒鼓。懿行案：說文云：「鼉，水蟲，似蜥易，長大。」陸機詩疏云：「鼉似蜥蜴，長丈餘，其甲如鎧，皮堅厚，可冒鼓。」是郭所本也。「鼉」亦作「䵶」，周書王會篇云：「會稽以䵶。」又或作「鱓」，夏小正云：「二月剥鱓。」傳云：「以爲鼓也。」是鱓即鼉矣。李善注西京賦引此注，有「徒多切」三字，蓋今本脱去之。其上多金、玉，其下多白珉。其木多梅、棠，懿行案：棠有赤、白二種，具見爾雅。又劉逵注蜀都賦云：「風連出岷山。」岷山獨多藥草，其椒尤好，異於天下，而此經曾不言焉。其獸多犀、象，多夔牛，今蜀山中有大牛，重數千斤，名爲夔牛。晉太興元年，此牛出上庸郡，人弩射殺，得三十八擔肉，即爾雅所謂「魏」。懿行案：注「射殺」下當脱「之」字；今本爾雅作「犩」，注引此經作「犪」，竝加「牛」，非。其鳥多翰、鷩。白翰、赤鷩。懿行案：翰、鷩竝見爾雅。

又東北一百四十里，曰崍山。江水出焉，邛來山今在漢嘉嚴道縣，南江水所自出也。山有九折坂，出狛。狛似熊而黑白駮，亦食銅鐵也。懿行案：初學記八卷引此經，作「峽山，邛水出焉」，「峽」蓋「崍」字之譌也。晉志有漢嘉郡嚴道，漢地理志云：蜀郡嚴道，「邛來山，邛水所出，東入青衣」。郡國志蜀郡嚴道有邛僰九折阪，劉昭注引華陽國志云：「邛崍山，今名邛筰。」水經注云：「崍山，邛崍山也，在漢嘉嚴道縣，一曰新道南山，有九折阪，夏則凝冰，冬則毒寒。」「平恒言是中江所出矣。」案酈氏言崍山「中江所出」，郭云南江所出者，蓋據海內東經「南江出高山」之文也。是崍山一名高山，南江一名邛水，皆山水之異名者也。「崍」，俗字也，當作「來」，山在今雅州滎經縣西。又劉昭注引此經郭注云：「中江所出。」李善注江賦及李賢注後漢書西南夷傳引此經郭注，竝云：「崍山，中江所出。」俱誤矣。狛即貘，白豹，見爾雅及注；又即猛豹，見西山經首南山注。東流注大江。懿行案：水經云：青衣水「至犍爲南安縣入於江」。注云：「青衣水又東，邛水注之。」「又東流注於大江。」其陽多黄金，其陰多麋、麈。其木多檀、柘，其草多韰、韭，多葯、即藭。懿行案：郭云葯即藭，非也。西次四經號山草多葯、藭，郭既分釋於下，此注又謂一草，誤也。玉篇云：「葯，白芷葉，即藭也。」又承郭注而誤。空奪。即蛇皮脱也。懿行案：郭知空奪即蛇皮脱者。玉篇、廣韵竝云：「𧍪，蟬脱𧍪皮。」蓋「空」字後人加「虫」作「𧍪」也。説文云：「蜕，蛇蟬所解皮。」廣韵云：「蜕，又他卧切。」與「奪」聲近。「奪」，古字作「敚」，疑「空奪」本作「空蜕」，譌「蜕」爲「敚」，又改「敚」爲「奪」耳。

又東一百五十里，曰崌山。音居。江水出焉，北江。懿行案：畢氏云：「海内東經云北江出曼山，今四川名山縣西有蒙山，『曼』、『蒙』音相近，疑是也。」沫水經此，或即郭所云北江與？今案畢説當是也。郡國志云蜀郡漢嘉有蒙山，劉昭注引華陽國志云：「有沫水從西來，出岷江，又從岷山西來入江，合郡下青衣江入大江。」又水經亦云：「沫水與青衣水合，東入於江。」案其道里，沫水當即中江矣。李善注江賦引此經郭注云：「崌山，北江所出。」東流注于大江。其中多怪蛇，今永昌郡有鉤蛇，長數丈，尾岐，在水中鉤取岸上人、牛、馬啖之，又呼馬絆蛇，謂此類也。懿行案：水經若水注云：「山有鉤蛇，長七、八丈，尾末有岐，蛇在山澗水中以尾鉤岸上人、牛食之。」李善注江賦引此注，作「鉤取斷岸人及牛馬啖之」，其餘則同。又李石續博物志云「先提山有鉤蛇」云云，與水經注所説同。多鰲魚。音贄，未聞。懿行案：鰲，見玉篇，云「魚名」。其木多楢、杻，楢，剛木也，中車材；音秋。懿行案：説文云：「楢，柔木也，工官以爲耎輪，讀若糗。」郭以楢爲剛木，而云楢「音秋」，未詳。多梅、梓。其獸多夔牛、麢、㚖、犀、兕。有鳥焉，狀如鴞懿行案：太平御覽四十四卷及八百七十卷引此經，「鴞」作「鶚」。而赤身白首，其名曰竊脂，今呼小青雀曲觜肉食者爲竊脂，疑此非也。懿行案：與爾雅「竊脂」同名異物。可以禦火。

又東三百里，曰高梁之山。懿行案：畢氏云：「山在今四川劍州北。太平寰宇記云：『劍門縣大劍山亦曰梁山，山海經高梁之山西接岷、嶓，東引荆、衡。』」其上多堊，其下多砥、礪。其木多桃枝、鉤端。有草焉，狀如葵而赤華，莢實白柎，可以走馬。懿行案：「柎」，當爲「拊」。西山經首天帝之山有草焉，「其狀如葵，臭如蘼蕪，名曰杜衡，可以走馬」，亦此之類。

又東四百里，曰蛇山。其上多黃金，其下多堊。其木多栒，懿行案：栒木已見北次三經繡山。多豫章，懿行案：豫章已見西次二經底陽之山。其草多嘉榮、懿行案：嘉榮已見中次七經半石之山。少辛。懿行案：少辛已見中次七經浮戲之山。有獸焉，其狀如狐而白尾長耳，名狏狼，音巴。懿行案：郭蓋音「巳」字，譌作「巴」也。玉篇云「狏，時爾切」，云：「獸如狐，白尾。」見則國內有兵。一作「國有亂」。

又東五百里，曰鬲山。其陽多金，其陰多白珉。蒲鸏音薨。懿行案：説文、玉篇竝無「鸏」字。之水出焉，而東流注于江，其中多白玉。其獸多犀、象、熊、羆，多猨、蜼。蜼，似獼猴，鼻露上向，尾四五尺，頭有岐，蒼黃色，雨則自縣樹，以尾塞鼻孔，或以兩指塞之。懿行案：蜼見爾雅，郭注同此。廣雅云：「狖，蜼也。」高誘注淮南覽冥訓云：「狖，猨屬也，長尾而昂鼻。狖，讀中山人相遺物之遺。」郭注西次四經亦云：「蜼，獼猴屬也，音贈遺之遺。」是則蜼即狖矣，音義同。

又東北三百里，曰隅陽之山。其上多金、玉，其下多青雘。其木多梓、桑，其草多茈。徐之水出焉，東流注于江，其中多丹粟。

又東二百五十里，曰岐山。今在扶風美陽縣西。 懿行案：地理志云：「右扶風美陽，『禹貢岐山在西北』。」郡國志云美陽有岐山，劉昭注引此經。晉志右扶風爲扶風郡也。 其上多白金，其下多鐵。其木多梅、梓，「梅」或作「蘞」。 多杻、楢。 減水出焉，懿行案：劉昭注郡國志引此經，作「城水」。「城」疑「減」字之譌，或古本「減」有作「城」者也。畢氏云：「岐山當在四川，俗失其名。減水疑即黚水也，說文又作『黔』，皆音相近。地理志云：犍爲符，『黚水南至鼈入江』。水經注云：『鬭駟謂之鬭水。』」東南流注于江。

又東三百里，曰勾檷之山。音絡椐之椐。 懿行案：「絡椐之椐」不成語，疑「椐」當爲「柅」字之譌也。說文云：「檷，絡絲檷」，「讀若柅」。又云：「杘，或作柅，籆柄也。」方言云：「籆，榬也。」郭注云：「所以絡絲也。」玉篇亦云：「檷，絡絲柎也。」本說文。然則籆柄即絡絲之柅，故郭音「絡柅」，本說文、方言也，今譌爲「絡椐」，遂不復可讀。又玉篇云：「擟拘，山名。」疑「擟拘」即「句檷」，誤倒其文爾。 其上多玉，其下多黃金。其木多櫟、柘，其草多芍、藥。

又東一百五十里，曰風雨之山。其上多白金，其下多石涅。其木多椒、樿，椒木未詳也，樿木白理中櫛。騶、善二音。 懿行案：說文云：「椒，木薪也。」疑非此；又云：「樿木也，可以爲櫛。」玉藻云：「櫛用樿櫛。」鄭注云：「樿，白理木也。」多楊。懿行案：楊，見爾雅。宣余之水出焉，東流注于江，其中多蛇。懿行案：水蛇也，一名公蠣蛇。其獸多閭、麋，多麈、豹、虎，其鳥多白鷮。

又東北二百里，曰玉山。其陽多銅，其陰多赤金。懿行案：銅與赤金竝見，非一物明矣，郭氏誤注，見南山經杻陽之山。其木多豫章、楢、杻，其獸多豕、鹿、麢、㚟，其鳥多鴆。

又東一百五十里，曰熊山。有穴焉，熊之穴，恒出神人，夏啓而冬閉。是穴也，冬啓乃必有兵。今鄴西北有鼓山，下有石鼓，象懸著山旁，鳴則有軍事，與此穴殊象而同應。懿行案：劉逵注魏都賦引冀州圖：「鄴西北鼓山，山上有石鼓之形，俗言時時自鳴。」劉劭趙都賦曰：「神鉦發聲，俗云石鼓，鳴則天下有兵革之事。」是郭所本也。水經渭水注云：「朱圉山在梧中聚，有石鼓，不擊自鳴，鳴則兵起。」亦此類。其上多白玉，其下多白金。其木多樗、柳，其草多寇脫。

又東一百四十里，曰騩山。其陽多美玉、赤金，其陰多鐵。其木多桃、枝、荆、芭。懿行案：「芭」蓋「芑」字之譌，「芑」又「杞」之假借字也。南次二經云虖勺之山「其下多荆、杞」，中次十一經云歷石之山「其木多荆、芑」，竝以荆、芑連文，此誤審矣。

又東二百里，曰葛山。其上多赤金，其下多瑊石。瑊石，勁石似玉也，音緘。懿行案：子虛賦云：「瑊玏玄厲。」張揖注云：「瑊玏，石之次玉者。」說文作「玪塾」，云：「玪塾，石之次玉者。」玉篇云：「玪，同瑊。」郭云「勁石」，疑「勁」當爲「玏」字之譌。「瑊石」，「石」字衍。其木多柤、栗、橘、櫾、楢、杻，懿行案：太平御覽九百六十四卷引此經云：「葛山，其上多桐。」今本無「桐」字，疑有脱誤。其獸多麢、㚟，其草多嘉榮。

又東一百七十里，曰賈超之山。其陽多黄堊，其陰多美赭。其木多柤、栗、橘、櫾，其中多龍脩。龍須也，似莞而細，生山石穴中，莖倒垂可以爲席。懿行案：「龍脩」、「龍須」聲轉耳。廣雅云：「龍木，龍脩也。」述異記云：「周穆王東海島中養八駿處，有草名龍芻。」龍芻亦龍須也，「須」、「芻」聲相近。

凡岷山之首，自女几山至于賈超之山，凡十六山，三千五百里。懿行案：今三千六百五十里。其神狀皆馬身而龍首，其祠：毛用一雄雞瘞，糈用稌。文山、懿行案：此上無文山，蓋即岷山也。史記又作「汶山」，竝古字通用。穆天子傳云：「天子三日遊于文山，於是取采石。」郭注云：「以有采石，故號文山。」案經云「岷山多白珉」，傳言「取采石」，蓋謂此，然則文山即岷山審矣。勾檷、風雨、䰠之山，是皆冢也，其祠之：羞酒，先進酒以酹神。少牢具，嬰毛一吉玉。熊山，席也，席者，神之所馮止也。懿行案：「席」當爲「帝」，字形之譌也。上下經文竝以帝冢爲對，此譌作「席」，郭氏意爲之説，蓋失之。其祠：羞酒，太牢具，嬰毛一璧。干儛，用兵以禳；禳，祓除之祭名。儛者，持盾武儛也。懿行案：地官舞師云：「掌教兵舞，帥而舞山川之祭祀。」鄭注云：「兵舞，執干戚以舞。」祈，璆冕舞。祈，求福祥也。祭用玉，舞者冕服也。美玉曰璆，己求反。懿行案：爾雅釋器云：「璆琳，玉也。」郭注云：「美玉名。」

中次十經之首曰首陽之山。懿行案：地理志云：隴西郡首陽，「禹貢鳥鼠同穴山在西南」。蓋縣因山爲名也。此云首陽，下文又稱首山，史記封禪書説天下名山八，首山其一；又云：「黄帝采首山銅，鑄鼎於荆山下。」蓋皆不謂此山也。晉灼據地理志，首山屬河東蒲坂。彼中次五經首山也，非也。其上多金、玉，無草木。

又西五十里，曰虎尾之山。其木多椒、椐，多封石。懿行案：本草別録云：「封石味甘，無毒，生常山及少室。」下文游戲之山、嬰侯之山、豐山、服山、聲匈之山竝多此石。其陽多赤金，其陰多鐵。

又西南五十里，曰繁繢音潰。之山。其木多楢、杻，其草多枝勾。今山中有此草。懿行案：說文：「積，多小意而止也。」「一曰：木也。」「椒，積椒也。」「一曰：木名。」然則「枝」、「勾」即「積」、「椒」之省文，蓋草木通名耳。

又西南二十里，曰勇石之山，無草木，多白金，多水。

又西二十里，曰復州之山。其木多檀，其陽多黃金。有鳥焉，其狀如鴞懿行案：太平御覽七百四十七卷引此經，作「雞」。而一足，彘尾，其名曰跂踵，音企。懿行案：「跂踵」，御覽引作「企踵」。海外北經有跂踵國，郭注云：「其人行，腳跟不著地也。」疑是鳥亦以此得名。見則其國大疫。銘曰：「跂踵爲鳥，一足似夔。不爲樂興，反以來悲。」懿行案：銘蓋亦郭氏圖讚之文，而與今世所傳復不同。

又西三十里，曰楮山，一作「渚州之山」。多寓木，多椒、椐，多柘，多堊。

又西二十里，曰又原之山。其陽多青雘，其陰多鐵。其鳥多鸜鵒。鴝鵒也，傳曰：「鴝鵒來巢。」音臞。懿行案：說文云：「鵒，鴝鵒也。」「古者鴝鵒不踰泲。」「鵒」或作「⿰臾鳥」。說文義本考工記。

又西五十里，曰涿山。懿行案：郭注海內經引世本云：「顓頊母濁山氏之子，名昌僕。」大戴禮帝繫篇作

「昌意娶于蜀山氏之子，謂之昌濮。」「濁」、「蜀」古字通，「涿」、「濁」聲又同。史記索隱云：「涿鹿或作蜀鹿。」是此經涿山即蜀山矣。史稱昌意降居若水，索隱云：「若水在蜀。」然則昌意居蜀而娶蜀山氏之女，蓋蜀山國因山爲名也，即此經涿山矣。其木多穀、柞、杻，其陽多㻬琈之玉。

又西七十里，曰丙山。其木多梓、檀，多弞杻。弞，義所未詳。懿行案：方言云：「弞，長也，東齊曰弞。」郭注云：「弞，古『矤』字。」然則弞杻，長杻也。杻爲木多曲少直，見陸機詩疏。此杻獨長，故著之俟攷。

凡首陽山之首，自首山懿行案：首山即首陽山。至于丙山，凡九山，二百六十七里。懿行案：今三百一十里。其神狀皆龍身而人面，懿行案：太平御覽九百四十卷引汲冢瑣語云：「晉平公與齊景公乘至于澮，見人乘白驂八駟以來平公之前。公問師曠曰：『有犬貍身而狐尾者乎？』師曠有頃而答曰：『有之，來者其名曰首陽之神，飲酒霍太山而歸其居，而于澮乎見之甚善，君有喜焉。』」所説神形狀與此經異。汲冢瑣語，水經澮水注引作「古文瑣語」。其祠之：毛用一雄雞瘞，糈用五種之糈。堵山，冢也，懿行案：堵山即楮山，又楮山注云：「一作『渚州之山』。」「渚」、「陼」古通用，「陼」、「堵」同音當古切，故古字俱得通與？其祠之：少牢具，羞酒祠，嬰毛一璧瘞。騩山，帝也，其祠：羞酒，太牢，其懿行案：「其」當爲「具」字之譌。合巫祝二人儛，嬰一璧。

中次一十一山經荊山之首曰翼望之山。懿行案：山在今河南内鄉縣，見水經注。元和郡縣志云：臨湍縣，「翼望山在縣西北二十里」。湍水出焉，鹿摶反。懿行案：水名之「湍」，集韻「朱遄切，音專」，郭音「鹿摶反」，似誤。然文選南都賦注引此經郭注，亦作「湍，鹿摶切」，又非誤也，未知其審。地理志云：弘農郡析，「黄水出黄谷，鞠水出析谷，俱東至酈入湍水」。水經云：「湍水出酈縣北芬山。」注云：「湍水出弘農界翼望山。」東流注于濟。今湍水逕南陽穰縣而入清水。 懿行案：經文「濟」、注文「清」，竝當爲「淯」，字之譌也。 文選南都賦注引此經郭注云：「今湍水逕南陽穰縣而入淯也。」水經亦云：「湍水至新野縣，東入於淯。」郡國志云：「盧氏有熊耳山，」淯水出。 地理志作「育水」也。 又案晉書地理志，南陽無穰縣，義陽郡有穰。 義陽郡，太康中置，是郭注「南陽」當爲「義陽」，字之譌也。 䀮水出焉，音況。 懿行案：玉篇云：「𦙶，虛放切，水名。」蓋即此，是「䀮」當爲「𦙶」字之譌也。 然其水今未聞。 東南流注于漢，其中多蛟。 似蛇而四脚，小頭細頸，有白癭，大者十數圍，卵如一、二石甕，能吞人。 懿行案：廣雅云：「有鱗曰蛟龍。」説文云：「蛟，龍之屬也。 池魚滿三千六百，蛟來爲之長，能率魚飛，置笱水中即蛟去。」史記司馬相如傳正義引此注，「小頭細頸」作「小細頭」，「癭」作「嬰」，「十數圍」作「數十圍」，「一二石」作「一二斛」。 太平御覽九百三十卷引與史記正義同，「小頭細頸」句與今本同。 藝文類聚九十六卷引此注，「癭」亦作「嬰」，「小頭細頸」下復有「頸」字，「十數圍」下有「卵生子」三字，「一二石甕」作「三斛瓮」三字； 又引郭氏讚云：「匪蛇匪龍，鱗采暉焕。 騰躍濤波，蜿蜒江漢。 漢武飲羽，依飛疊斷。」其上多松、柏，其下多漆、梓。 其陽多赤金，其陰多珉。

又東北一百五十里，曰朝歌之山。 懿行案：山在今河南泌陽縣西北，見水經注。 潕水出焉，潕水，今在南陽舞陽縣，音武。 懿行案：地理志云：潁川郡舞陽，應劭注云：「舞水出南。」蓋舞水即潕水矣。 而水經云：「潕水出潕陰縣西北扶予山，東過其縣南。」注引此經而釋之云：「經書『扶予』者，其山之異名乎？」明扶予即朝歌也。 東南流注于滎，懿行案：説文云：「潕水出南陽舞陰，東入潁。」水經云：潕水「東過定潁縣北，東入於汝」。二説不同，蓋潕水合汝而入潁也。 經言「注于滎」者，水經注云：「滎水又東北，於潕陰縣北左會潕水。」其中多人魚。其上多梓、枏，其獸多麢、麋。有草焉，名曰莽草，可以毒魚。今用之殺魚。懿行案：秋官翦氏「掌除蠹物，以莽草熏之」，鄭注云：「藥物殺蟲者。」本草云：「莽草」，別録云：「一名葞，一名春草。」爾雅云：「葞，春草。」郭注引本草云：「一名芒草。」是芒草即莽草。中次二經云：葌山有芒草，「可以毒魚」也。「芒」又通作「莔」，水經夷水注云「郫人以莔草投淵上流，魚則多死」是也。

又東南二百里，曰帝囷之山。去倫反。懿行案：「囷」，廣韵引作「箘」。其陽多㻬琈之玉，其陰多鐵。帝囷之水出于其上，潛于其下，多鳴蛇。懿行案：鳴蛇已見中次二經鮮山。

又東南五十里，曰視山。其上多韭。有井焉，名曰天井，夏有水，冬竭。懿行案：爾雅云：「井一有水一無水爲瀱汋。」郭注引此經爲說也。又中次五經云：超山有井，「冬有水而夏竭」。與此相反。其上多桑，多美堊、金、玉。

又東南二百里，曰前山。懿行案：郭注中次八經若山云：「若，或作『前』。」其木多櫧，似柞，子可食，冬夏生，作屋柱難腐；音諸。或作「儲」。懿行案：上林賦云：「沙棠櫟櫧。」郭注云：「櫧，似柃，葉冬不落。」漢書音義云：「櫧，似櫨，葉冬不落也。」玉篇亦云：「櫧，木名，冬不凋。」郭云「或作『儲』」者，聲近假借字。多柏。其陽多金，其陰多赭。

又東南三百里，曰豐山。懿行案：山在今河南南陽府東北。有獸焉，其狀如蝯，赤目赤喙，黃身，名曰雍和，見則國有大恐。懿行案：禺似蝯而赤目長尾，即此類。神耕父處之，懿行案：「耕」，玉篇作「耕」，云：「神名。」李善注南都賦引此經。劉昭注郡國志引南都賦注云：「耕父，旱鬼也。」其注禮儀志又引東京賦注云：「耕父，旱鬼也。」今注竝無之。常遊清泠之淵，出入有光，清泠水在西號郊縣山上，神來時水赤有光耀，今有屋祠之。懿行案：莊子讓王篇云：舜友北人無擇「自投清泠之淵」。吕氏春秋離俗覽作「蒼領之淵」，高誘注云：「蒼領，或作『青令』。」莊子釋文引此經云：「在江南。一云：在南陽郡西鄂山下。」所引蓋郭注之文也。薛綜注東京賦亦云：「清泠，水名，在南陽西鄂山上。」與莊子釋文同。今本郭注「號郊」，當即「鄂」字之誤衍。劉昭注郡國志引此經郭注，作「今有屋祠也」。見則其國爲敗。有九鍾焉，是知霜鳴。霜降則鍾鳴，故言知也。物有自然感應而不可爲也。懿行案：北堂書鈔一百八卷引此經及郭注，「知」竝作「和」，疑今本字形之譌。其上多金，其下多穀、柞、杻、橿。

又東北八百里，曰兔牀之山。其陽多鐵。其木多藷藇。懿行案：木藷藇，未聞其狀。其草多雞穀，懿行案：廣雅云：「雞狗，獳哺公也，説者謂即蒲公英。」唐本草云：「蒲公草，一名耩耨草。」「耩耨」與「狗獳」聲相近，「穀」字古有構音，「構」、「狗」之聲又相近，疑此經雞穀即廣雅雞狗矣。下文夫夫山又作「雞鼓」，亦即雞穀也。又本草別録云：「黄精一名雞格。」「格」、「穀」聲轉，疑亦近是。其本如雞卵，其味酸甘，食者利于人。

又東六十里，曰皮山，多堊，多赭。其木多松、柏。

又東六十里，曰瑶碧之山。懿行案：藝文類聚八十九卷引此經，「瑶」作「搖」。其木多梓、柟。其陰多青雘，其陽多白金。有鳥焉，其狀如雉，恒食蜚，蜚，負盤也，音翡。懿行案：蜚，見爾雅，郭注云：「蜚，負盤，臭蟲。」名曰鴒。此更一種鳥，非食蛇之鴒也。

又東四十里，曰支離懿行案：水經及文選注竝作「攻離」。畢氏云：「山今在河南嵩縣，疑即雙雞嶺。」之山。濟水出焉，南流注于漢。今濟水出酈縣西北山中，南入漢。「酈」、「離」音字亦同。懿行案：經文「濟」及注文「濟」，竝「淯」字之譌也。説文云：「淯水出弘農盧氏山，東南入沔。或曰：出酈山西。」「酈」、「離」聲同也。「淯」，地理志作「育」，云：盧氏「有育水，南至順陽入沔」。沔即漢也，故地理志南陽郡酈又云：「育水出西北，南入漢。」竝説文所本也。郡國志作「清水」，誤。水經云：「淯水出弘農盧氏縣攻離山，又南過鄧縣，東南入於沔。」文選南都賦注引此經，作「攻離之山，淯水出焉」，可證今本之譌。酈縣、淯陽俱屬南陽國，見晉書地理志。有鳥焉，其名曰嬰勺，其狀如鵲，赤目赤喙白身，其尾若勺，似酒勺形。懿行案：鵲尾似勺，故後世作鵲尾勺，本此。其鳴自呼。多㸲牛，多羬羊。

又東北五十里，曰袟筒之山。音彫。懿行案：廣韵引此經，作「族菌之山」。其上多松、柏、机、柏。柏，葉似柳，皮黄不措，子似揀，著酒中飲之，辟惡氣，浣衣去垢，核堅正黑，可以間香纓；一名括樓也。懿行案：「机柏」，廣韵引此經，作「机桓」。玉篇云：桓木「葉似柳，皮黄白色」。與郭義合，是此經及注竝當作「桓」，今本作「柏」，字形之譌也。且柏已屢見，人所習知，不須更注，注所云云又非是柏也。郭云「皮黄不措」，「措」當爲「楷」，與「皵」同，見玉篇；「子似揀」，當从木旁爲「楝」。陳藏器本草拾遺云：「無患子一名桓。」引博物志云：「桓葉似櫸柳葉，核堅，正黑如瑿，可作香纓及浣垢。」案所引正與郭注合，或即郭所本也。郭云「間香纓」，「間」字疑譌；又云「一名栝樓」，本草拾遺云：「一名噤婁也。」

又西北一百里，曰堇理之山。其上多松、柏，多美梓。其陰多丹雘，多金。其獸多豹、虎。有鳥焉，其狀如鵲，青身白喙，白目白尾，名曰青耕，可以禦疫，其鳴自叫。

又東南三十里，曰依軲之山。音枯。其上多杻、橿，多苴。未詳，音葅。懿行案：經内皆云「其木多苴」，疑「苴」即「柤」之假借字也，「柤」之借爲「苴」，亦如「杞」之借爲「芑」矣。有獸焉，其狀如犬，虎爪有甲，其名曰獜，言體有鱗甲。音吝。善駚坌，跳躍自撲也。鞅、奮兩音。懿行案：駚、坌二字，説文、玉篇所無。據郭音義，當爲鞅掌奮訊之意。食者不風。不畏天風。懿行案：磔狗止風，見爾雅釋天注及鄭司農大宗伯注，此物蓋亦狗類也。又案此物形狀頗似鯪鯉，「鯪」、「獜」聲近，後世亦用鯪鯉療風痺。

又東南三十五里，曰即谷之山，多美玉，多玄豹，黑豹也，即今荆州山中出黑虎也。懿行案：周書王會篇云：「屠州玄豹。」海内經云幽都之山多玄豹、玄虎。郭注爾雅「黑虎」云：「晉永嘉四年，建平秭歸縣檻得之，狀如小虎而黑，毛深者爲斑。」此注云荆州黑虎，即是物也。晉建平秭歸縣屬荆州。注「出」當爲「之」字之譌。多閭、麈，多麢、臭。其陽多珉，其陰多青雘。

又東南四十里，曰雞山。其上多美梓，多桑。其草多韭。

又東南五十里，曰高前之山。懿行案：呂氏春秋本味篇云：「水之美者」，「高泉之山，其上有涌泉焉」。即此。「泉」、「前」聲同也。太平寰宇記云：「内鄉縣高前山，今名天池山。」引此經云云，「在翼望山東五十里」。其上有水焉，甚寒而清，或作「潛」。懿行案：北堂書鈔一百四十四卷引此經，亦作「清」。帝臺之漿也，今河東解縣南檀首山上有水潛出，停不流，俗名爲盎漿，即此類也。懿行案：「檀首」，釋名作「譚首」，聲近假借字。「檀首」當爲「檀道」，字之譌也。太平御覽五十九卷引此注，正作「檀道山」。水經涑水注又引作「鹽道山」，「盎漿」作「鴦漿」也。「有水潛出，停不流」，太平寰宇記引作「有水泉出，停而不流」。飲之者不心痛。其上有金，其下有赭。

又東南三十里，曰游戲之山，多杻、橿、穀，多玉，多封石。

又東南三十五里，曰從山。其上多松、柏，其下多竹。從水出于其上，潛于其下。其中多三足鼈，枝尾，三足鼈名能，見爾雅。懿行案：郭注爾雅亦引此經。李善注江賦引此經，作「岐尾」，「岐」、「枝」古通用。食之無蠱疫。

又東南三十里，曰嬰硜之山。音真。懿行案：玉篇音與郭同。東次二經硜山郭音「一真反」，蓋「一」、「反」二字衍。其上多松、柏，其下多梓、櫄。懿行案：「櫄」即「杶」字，見說文。

又東南三十里，曰畢山。帝苑之水出焉，懿行案：畢氏云：「畢山疑即旱山，字相近，在河南泌陽。水經注有比水，『出潕陰縣旱山，東北注於瀙』。此帝苑之水疑即比水也。」東北流注于視，懿行案：「視」當爲「瀙」，字形相近，見下文。其中多水玉，多蛟。其上多㻬琈之玉。

又東南二十里，曰樂馬之山。有獸焉，其狀如彙，懿行案：說文云：「㣇」，或作「蝟」，「蟲似豪豬者」。爾雅云：「彙，毛刺。」赤如丹火，其名曰㹢，音戾。懿行案：「㹢」字，說文、玉篇所無，疑當爲「戾」。吳氏引十六國春秋云：「『南燕主超祀南郊，有獸如鼠而赤，大如馬，來至壇側，須臾大風晝晦。』疑即此獸也。」見則其國大疫。

又東南二十五里，曰葴山。視水出焉，或曰：「『視』宜爲『瀙』。」瀙水今在南陽也。懿行案：説文云：「瀙水出南陽舞陽中陽山，入潁。」地理志云：舞陰，「中陰山，瀙水所出，東至蔡入汝」。水經云：「瀙水出潕陰縣東上界山。」注云：「山海經謂之視水也，出葴山。許慎云：『出中陽山。』皆山之殊目也。」東南流注于汝水。懿行案：水經云：「瀙水東過上蔡縣南，東入汝。」與此經及地理志合，與説文則異。説文云「入潁」者，蓋合潁而入汝也。潁水逕汝陰縣，汝水枝津注之，見水經注。其中多人魚，多蛟，多頡。如青狗。懿行案：中次四經云：釐山，滽滽之水，有獸名⿰犭頡，「其狀如獳犬而有鱗，其毛如彘鬣」。文選江賦注引「⿰犭頡」作「獺」，然獺故無鱗，恐非也。此經之頡，郭云「如青狗」，則真似獺矣，而獺復不名頡，亦所未詳。

又東四十里，曰嬰山。其下多青雘，其上多金、玉。

又東三十里，曰虎首之山，多苴、椆、椐。椆，未詳也，音彫。懿行案：説文云：「椆木也，讀若ㄐ。」類篇云：椆，「寒而不凋。」

又東二十里，曰嬰侯之山。其上多封石，其下多赤錫。懿行案：中次八經已云讙山「多白錫」，此又云「多赤錫」，明錫非一色也。

又東五十里，曰大孰之山。殺水出焉，東北流注于視水，懿行案：水經注云：「瀙水又東北，殺水出西南大孰之山，東北流入於瀙。」其中多白堊。

又東四十里，曰卑山。其上多桃、李、苴、梓，多纍。今虎豆，貍豆之屬。纍，一名縢，音誄。懿行案：爾雅云：「欇，虎櫐。」郭注云：「今虎豆，纏蔓林樹而生，莢有毛刺。」古今注云：「虎豆似貍豆而大也。」郭云「櫐，一名縢」者，廣雅云：「藟，藤也。」

又東三十里，曰倚帝之山。懿行案：新唐書吴筠傳云：「筠下第，遂居南陽倚帝山。」今案山在河南鎮平縣西北。其上多玉，其下多金。有獸焉，其狀如鼣鼠，爾雅說鼠有十三種，中有此鼠，形所未詳也，音狗吠之吠。懿行案：郭注爾雅亦引此經。釋文引舍人云：「其鳴如犬也。」白耳白喙，名曰狙如，音即蛆。懿行案：爾雅云：「蒺蔾，蝍蛆。」郭言此狙音蝍蛆之蛆也，文省爾。見則其國有大兵。

又東三十里，曰鯢山。音倪。鯢水出于其上，潛于其下，其中多美堊。其上多金，其下多青雘。

又東三十里，曰雅山。澧水出焉，音禮，今澧水出南陽。懿行案：說文云：「澧水出南陽雉衡山。」本地理志爲說也。玉篇云：澧水「出衡山」。無「雉」字，非也。「澧」通作「醴」，水經注云：「汝水又東，得醴水口。水出南陽雉縣，亦云導源雉衡山，即山海經衡山也。」今案此經雅山去衡山九十五里，是其連麓，疑雅山當爲雉山，字形相近。晉書地理志雉縣屬南陽國，縣蓋因兹山得名也。後漢書馬融傳注引此經，正作「雉山」。山在今河南南陽縣北也。東流注于視水，懿行案：說文云：「澧水東入汝。」地理志云：「東至郾入汝。」「郾」蓋「郾」字之譌也。水經云：「汝水東南過郾縣北。」注云：「醴水東逕郾縣故城南，左入汝。」引此經云：「醴水東流注于涀水也。」酈氏改經「視水」爲「涀水」，涀水即陂水，從吕忱之說也。然說文、地理志竝云「入汝」，此云注涀水者，蓋合涀水而入汝也。其中多大魚。懿行案：史記秦本紀云：「古夢博士曰：『水神不可見，以大魚蛟龍爲候。』」其上多美桑，其下多苴，多赤金。

又東五十五里，曰宣山。淪水出焉，東南流注于視水，懿行案：水經注云：「瀙水又東，淪水注之。水出宣山，東南流注瀙水。」其中多蛟。其上有桑焉，大五十尺，圍五丈也。其枝四衢，言枝交互四出。其葉大尺餘，赤理黄華青柎，名曰帝女之桑。婦女主蠶，故以名桑。懿行案：李善注南都賦引此經及郭注，竝與今本同。藝文類聚八十八卷引郭氏讚云：「爰有洪桑，生濱淪潭。厥圍五丈，枝相交參。園客是采，帝女所蠶。」

又東四十五里，曰衡山。今衡山在衡陽湘南縣，南嶽也，俗謂之岣嶁山。懿行案：水經汝水注云：「醴水導源雉衡山，即山海經衡山也，郭景純以爲南岳，非也。馬融廣成頌曰：『面據衡陰指。』謂是山，在雉縣界，故世謂之雉衡山。」案海内經云：「南海之内，有衡山。」郭注云：「南嶽是也。」此又云「南嶽」，誤矣。初學記五卷引此經云：「衡山一名岣嶁山。」蓋并引郭注也。其上多青雘，多桑。懿行案：藝文類聚八十八卷引此經同。其鳥多鸜鵒。

又東四十里，曰豐山。懿行案：上文豐山在今南陽縣，漢西鄂縣地。此豐山蓋與連麓而別一山，非重出也。其上多封石。其木多桑。多羊桃，狀如桃而方莖，一名鬼桃。懿行案：本草云：「羊桃一名鬼桃。」郭注爾雅及此注所本也。可以爲皮張。治皮腫起。懿行案：張，讀如張脈憤興之張。唐本草云：「羊桃煮汁，洗風癢及諸創腫，極效。」

又東七十里，曰嫗山。其上多美玉，其下多金。其草多雞穀。

又東三十里，曰鮮山。其木多楢、杻、苴，其草多虋冬。其陽多金，其陰多鐵。有獸焉，其狀如膜大，懿行案：「大」當爲「犬」字之譌，廣韵作「犬」可證。膜犬者，郭注穆天子傳云：「西膜，沙漠之鄉。」是則膜犬即西膜之犬，今其犬高大獷毛，猛悍多力也。赤喙赤目白尾，見則其邑有火，懿行案：廣韵說「㹢」云：「出則大兵。」名曰㹢即。音移。懿行案：玉篇云：「㹢，獸名。」

又東三十里，曰章山。或作「童山」。懿行案：經「章山」當爲「皋山」，注「童山」當爲「章山」，竝字形之譌也，見水經注。又漢、晉地理志竝云：江夏郡竟陵，「章山在東北，古文以爲内方山」。非此也。其陽多金，其陰多美石。皋水出焉，東流注于澧水，懿行案：水經汝水注云：「醴水東流，歷唐山下」，「又東南與皋水合。水發皋山，郭景純言或作『章山』，東流注於醴水。」案唐山在今河南唐縣南。其中多脃石。未聞，魚脆反。懿行案：說文云：「脃，小耎易斷也。」此石耎薄易碎，故以名焉。本草别録云：「石脾無毒味甘，一名膏石，一名消石，生隱蕃山谷石間，黑如大豆，有赤文，色微黄而輕薄如棊子。」亦此類也。注「魚脆」之「脆」誤，藏經本作「跪」。

又東二十五里，曰大支之山。其陽多金。其木多穀、柞，無草木。懿行案：「木」字衍，藏經本無之。

又東五十里，曰區吴之山。其木多苴。

又東五十里，曰聲匈之山。其木多穀。多玉，上多封石。

又東五十里，曰大騩之山。上已有此山，疑同名。懿行案：畢氏疑即南都賦所謂「天封大胡」，「大胡」、「大騩」聲相近，李善注引南郡圖經曰：「大胡山，故縣縣南十里。」懿行案，水經云：「比水出比陽東北太胡山。」注云：「太胡山在比陽北如東三十餘里，廣員五、六十里，張衡賦南都所謂『天封大狐』者也。」如酈氏所説，不引此經大騩山，明大胡非大騩矣。此大騩又不言有水出，無以定之。其陽多赤金，其陰多砥石。

又東十里，曰踵臼之山，無草木。

又東北七十里，曰歷或作「磿」。懿行案：「磿」蓋「磿」字之譌。地官遂師云：「及窆抱磿。」「磿」亦當爲「磿」。又戰國策「磿室」，燕宮名，今本亦譌爲「磿」。石之山。其木多荆、芑。其陽多黄金，其陰多砥石。有獸焉，其狀如貍而白首虎爪，名曰梁渠，見則其國有大兵。

又東南一百里，曰求山。求水出于其上，潛于其下，中有美赭。其木多苴，多𥳇。篠屬。懿行案：「篠，箭」，見爾雅。又中次十二經云：「暴山多竹、箭、𥳇、箘。」是𥳇亦箘屬，中箭也。戴凱之竹譜云：「箭竹，高者不過一丈，節閒三尺，堅勁中矢，江南諸山皆有之，會稽所生最精好。」其陽多金，其陰多鐵。

又東二百里，曰丑陽之山。其上多椆、椐。有鳥焉，其狀如烏而赤足，名曰𪀦鵌，音如枳柑之枳。懿行案：玉篇、廣韻説𪀦鵌鳥與此經同。郭云「音如枳柑」，「柑」當爲「椇」字之譌。鄭注曲禮下云：「椇，枳也，有實，今邳、郯之東食之。」可以禦火。

又東三百里，曰奥山。其上多柏、杻、橿，其陽多㻬琈之玉。奥水出焉，東流注于視水。懿行案：水經注云：「潕陰縣，淪水東南流注瀙水。瀙水又東，得奧水口。水西出奧山，東入於瀙水也。」又水經比水注云：「比水又西，澳水注之。水北出茈丘山，東流，屈而南轉，又南入於比水。」引此經，云：「澳水又北入視，不注比水。」今案此澳似別一水，其引經又與今異，所未詳也，存以俟攷。

又東三十五里，曰服山。其木多苴。其上多封石，其下多赤錫。

又東百十里，懿行案：本多作「三百里」，非。曰杳山。其上多嘉榮草，多金、玉。

又東三百五十里，曰几山。懿行案：玉篇作貍「出泰山」，誤。其木多楢、檀、杻，其草多香。懿行案：草多香者，即如下文洞庭之山，其草多葌、蘪蕪、芍藥、芎藭之屬也。有獸焉，其狀如彘，黃身，白頭白尾，名曰聞獜，音鄰。「獜」，一作「獙」，音瓴。懿行案：玉篇云：「獜，力人切，似豕身黃，出泰山。」廣韵云：「獸名，似豕，黃身白首，出埤蒼。」郭云「一作『獙』」，蓋「粼」字之譌也。玉篇云：粼，「獸名。」本此。見則天下大風。

凡荆山之首，自翼望之山至于几山，凡四十八山，三千七百三十二里。懿行案：今四千二百二十里。其神狀皆彘身人首，其祠：毛用一雄雞祈，懿行案：「祈」當爲「盤」。瘞用一珪，糈用五種之精。備五穀之美者。禾山，懿行案：上文無禾山，或云帝囷山之脱文，或云求山之誤文。帝也，其祠：太牢之具，羞瘞倒毛，薦羞，反倒牲薶之也。懿行案：「倒」，古字作「到」，見説文。用一璧，牛無常。堵山、玉山，懿行案：堵山見中次十經，玉山見中次八九經。此經都無此二山，未審何字之譌。冢也，皆倒祠，懿行案：倒祠，亦謂倒毛也。羞毛少牢，嬰毛吉玉。

中次十二經洞庭山之首曰篇遇之山，或作「肩」。無草木，多黃金。

又東南五十里，曰雲山。懿行案：劉逵注吴都賦云：「梢雲，山名，出竹。」疑梢雲即雲山也。無草木，有桂竹，甚毒，傷人必死。今始興郡桂陽縣出筀竹，大者圍二尺，長四丈。又交趾有篥竹，實中勁强，有毒，鋭以刺虎，中之則死，亦此類也。懿行案：始興郡桂陽見晉書地理志。吴都賦注引異物志曰：「桂竹生於始興小桂縣，大者圍三尺，長四、五丈。」又云：「篻竹大如戟穫，實中勁强，交趾人鋭以爲矛，甚利。簩竹有毒，夷人以爲觚，刺獸，中之則必死。」竝與郭注合。又郭注「篥」，疑當爲「篻」，「筀」當爲「桂」。其上多黃金，其下多瑉琈之玉。懿行案：初學記「梅」下引此經云：「雲山之上，其實乾腊。」又引郭注云：「腊乾，梅也。」今經無之，蓋脱。

又東南一百三十里，曰龜山。其木多穀、柞、椆、椐。其上多黃金，其下多青雄黃，多扶竹。邛竹也，高節實中，中杖也，名之扶老竹。懿行案：劉逵注蜀都賦云：「邛竹出興古盤江以南，竹中實而高節，可以作杖。」

又東七十里，曰丙山，多筀竹，懿行案：「筀」亦當爲「桂」，桂陽所生竹，因以爲名也。多黃金、銅、鐵，無木。

又東南五十里，曰風伯之山。懿行案：初學記「柳」下引此經，作「鳳伯之山」。其上多金、玉，其下多痠石、文石，未詳痠石之義。懿行案：廣韵云：「痠，素官切，音酸。」廣雅云：「痠，痛也。」多鐵。其木多柳、杻、檀、楮。其東有林焉，名曰莽浮之林，多美木、鳥獸。

又東一百五十里，曰夫夫之山。懿行案：吴氏云：「釋義本作『大夫之山』，續通考引此亦『大夫山』。又案秦繹山碑及漢印篆文，『大夫』都作『夫夫』，則二字古相通也。」余案宋景文筆記曰：「古者『大夫』字便用疊畫寫之，以夫有大音故也，莊子、李斯嶧山碑如此。」其上多黄金，其下多青雄黄。其木多桑、楮，其草多竹、雞鼓。懿行案：即雞穀也，「穀」、「鼓」聲相轉。神于兒居之，其狀人身而身操兩蛇，懿行案：列子湯問篇説愚公事云：「操蛇之神聞之，告之於帝。」操蛇之神蓋即此。常遊于江淵，出入有光。

又東南一百二十里，曰洞庭之山。今長沙巴陵縣西又有洞庭陂，潛伏通江。離騷曰：「邅吾道兮洞庭」，「洞庭波兮木葉下」，皆謂此也。字或作「銅」，宜從水。懿行案：洞庭山在今蘇州府城西太湖中，一名包山。初學記七卷引史記吴起傳裴駰集解云：「今太湖中苞山有石穴，其深洞無知其極者，名洞庭。」洞庭對彭蠡，即斯山也，詳見水經沔水「過毗陵縣北，爲北江」注。郭以此經洞庭山即君山也，在今湖南巴陵洞庭湖中；郭云「洞庭陂潛伏通江」，詳見海内東經湘水注。其上多黄金，其下多銀、鐵。其木多柤、梨、橘、櫾，其草多荄、蘪蕪、芍藥、芎藭。蘪蕪，似蛇牀而香也。懿行案：淮南説林訓云：「蛇牀似蘪蕪而不能香。」高誘注云：「蛇牀臭，蘪蕪香。」帝之二女居之，天帝之二女而處江爲神，即列仙傳江妃二女也，離騷九歌所謂湘夫人稱「帝子」者是也。而河圖玉版曰：「湘夫人者，帝堯女也。秦始皇浮江至湘山，逢大風而問博士：『湘君何神？』博士曰：『聞之堯二女，舜妃也，死而葬此。』」列女傳曰：「二女死於江、湘之閒，俗謂爲湘君。」鄭司農亦以舜妃爲湘君。説者皆以舜陟方而死，二妃從之，俱溺死於湘江，遂號爲湘夫人。按九歌湘君、湘夫人自是二神，江、湘之有夫人，猶河、洛之有虙妃也。此之爲靈，與天地竝矣，安得謂之堯女？且既謂之堯女，安得復總云湘君哉。何以考之？禮記曰：「舜葬蒼梧，二妃不從。」明二妃生不從征，死不從葬，義可知矣。即令從之，二女靈達鑒通，無方尚能以鳥工龍裳救井廩之難，豈當不能自免於風波而有雙淪之患乎？假復如此，傳曰：「生爲上公，死爲貴神，禮五嶽，比三公。」四瀆比諸侯，今湘川不及四瀆，無秩於命祀，而二女帝者之后，配靈神祇，無緣當復下降小水，而爲夫人也。參互其義，義既混錯；錯綜其理，理無可據，斯不然矣。原其致謬之由，由乎俱以帝女爲名，名實相亂，莫矯其失，習非勝是，終古不悟，可悲矣！　懿行案：初學記八卷引此經，作「帝女居之」，不言二女，可知帝女爲天帝之女，如言帝女化爲䔄草，帝女之桑之類，皆不辨爲何人也。郭云「二妃生不從征，死不從葬」，或難以鄭注禮記云：「舜死於蒼梧，二妃留江、湘之閒。」又張衡思玄賦云：「哀二妃之未從，翩繽處彼湘濱。」是二妃不從葬，而實從征也。余案此論亦非佳證。竹書云：「帝舜三十年，葬后育于渭。」注云：「后育，娥皇也。」大戴禮帝繫篇云：「帝舜娶于帝堯之子，謂之女匽氏。」女匽或即娥皇也。藝文類聚十一卷引尸子云：「妻之以媓，媵之以娥。」娥即女英也。海内北經云：舜妻登比氏，「一曰：登北氏」。然則舜有三妃，娥皇先卒，何言二妃留處江、湘？假有此事，其非帝堯二女亦明矣。且舜年百有餘歲，正使二妃尚存，亦當年近百歲，「生不從征」，郭氏斯言殆無可議爾。

是常遊于江淵，澧、沅之風，交瀟湘之淵，此言二女遊戲江之淵府，則能鼓三江，令風波之氣共相交通，言其靈響之意也。江、湘、沅水皆共會巴陵頭，故號爲三江之口，澧又去之七八十里而入江焉。淮南子曰「弋釣瀟湘」，今所在未詳也。瀟，音消。　懿行案：水經湘水注引此經，「淵」作「浦」。思玄賦舊注引作「是常游江川，澧沅之側，交游瀟湘之淵」。李善注謝朓新亭渚別范零陵詩引作「是常遊于江淵，澧沅，風交瀟湘之川」，又引郭注「靈響」作「靈蠁」。初學記引云：「沅、澧之交，瀟湘之淵。」竝與今本異也。地理志云：武陵郡充，「歷山，澧水所出，東至下雋入沅」。又云：牂柯郡故且蘭，「沅水東南至益陽入江」。水經注云：「澧水流於洞庭湖，俗謂之澧江口。」「沅水下注洞庭湖，方會於江。」說文云：「湘水出零陵陽海山，北入江。」地理志云：「北至酃入江也。」「瀟」當作「潚」，說文云：「潚，深清也。」水經云：「湘水北過羅縣西。」注云：「瀟者，水清深也。湘中記曰：『湘川清照五六丈，是納瀟湘之名矣。』」文選注顏延年登巴陵城樓詩引此注，作「共會巴陵」，無「頭」字。是在九江之閒，地理志九江，今在潯陽南，江自潯陽而分爲九，皆東會於大江，書曰「九江孔殷」是也。懿行案：初學記引此經，作「是在九江之門」。出入必以飄風暴雨。懿行案：中次八經云光山之神計蒙「恒遊于漳淵，出入必有飄風暴雨」。又博物志云：「文王夢見一婦人當道而哭，曰：『我東海泰山神女，嫁爲西海婦，欲東歸，灌壇令當吾道，太公有德，吾不敢以暴風疾雨過也。』」是山水之神出入恒以風雨自隨，乃是其常。秦始皇渡江遭大風而伐樹赭山，何其冤耶。是多怪神，狀如人而載蛇，懿行案：「載」亦「戴」也，古字通。左右手操蛇。多怪鳥。

又東南一百八十里，曰暴山。懿行案：文選鶤鷄賦注引此經，作「景山」。其木多椶、枏、荆、芑、竹、箭、䉋、箘。箘，亦篠類，中箭，見禹貢。懿行案：說文云：「簬，箘簬也。」引夏書曰：「惟箘簬楛。」戴凱之竹譜云：「箘、簬二竹亦皆中矢，出雲夢之澤，皮特黑澀。」又云：「篃亦箘徒，概節而短，江、漢之閒謂之𥳓竹。𥳓，苦怪反。篃是箭竹類，一尺數節，葉大如履，可以作篷，亦中作矢，其筍冬生。」引此經，云：「其竹名篃。」據竹譜所說，篃即䉋也。郭氏說䉋已見西山經首英山注，與竹譜小異。其上多黃金、玉，其下多文石、鐵。其獸多麋、鹿、麢、就。就，鵰也，見廣雅。懿行案：廣雅云：「鷲，鵰也。」說文云：「鷲，鳥黑色，多子，通作就。」漢書匈奴傳云：「匈奴有斗入漢地」，「生奇材木，箭竿就羽」。顏師古注云：「就，大鵰，黃頭赤目，其羽可爲箭。」皆其形狀也。就，鳥也，經統謂之獸者，鳥獸通名耳。

又東南二百里，曰即公之山。懿行案：史記司馬相如傳索隱載姚氏引此經，作「即山」，無「公」字；作「山經」，無「海」字。其上多黃金，其下多㻬琈之玉。其木多柳、杻、檀、桑。有獸焉，其狀如龜而白身赤首，名曰蛫，音詭。懿行案：史記司馬相如傳云：「蟃胡豰蛫。」索隱引郭注云「蛫，未聞」。是可以禦火。

又東南一百五十九里，曰堯山。懿行案：初學記二十四卷引王韶之始興記云：「含洭縣有堯山，堯巡狩至於此，立行臺。」蓋即斯山也。其陰多黃堊，其陽多黃金。其木多荊、芑、柳、檀，其草多藷藇、苿。懿行案：水經洭水注云：堯山「盤紆數百里，有赭巖迭起，冠以青林與雲霞亂采，山上有白石英，山下有平陵；有大堂基，耆舊云：『堯行宮所。』」然則茲山草木蓋多云。

又東南一百里，曰江浮之山。其上多銀、砥、礪，無草木。其獸多豕、鹿。懿行案：江浮山亦堯山之連麓，水經注所云堯山「盤紆數百里」，是其證也；又引王歆始興記曰：「含洭縣有白鹿城、白鹿岡，以爲咸康中張魴爲縣有善政，致白鹿。」此說恐非也。經言茲山多鹿獸，當由記人附會爲說耳。

又東懿行案：畢本「東」下有「南」字。二百里，曰真陵之山。懿行案：初學記「柳」下引此經，作「直陵之山」。其上多黃金，其下多玉。其木多穀、柞、柳、杻，其草多榮草。懿行案：榮草形狀已見中山經首鼓鐙之山。

又東南一百二十里，曰陽帝之山，多美銅。其木多橿、杻、檿、楮，檿，山桑也。其獸多麢、麝。

又南九十里，曰柴桑之山。今在潯陽柴桑縣南，共廬山相連也。懿行案：地理志云：廬江郡，「尋陽」；豫章郡，「柴桑」。晉書地理志尋陽亦屬廬江郡，其柴桑屬武昌郡也。廬山在今九江府，廣輿記云：「在府城南，柴桑山在府城西南也。」其上多銀，其下多碧，多泠石、懿行案：「泠石」當爲「泠石」，已見上文。赭。其木多柳、芑、楮、桑，其獸多麋、鹿，多白蛇、懿行案：史記龜策傳云：「求之於白蛇蟠杅林中。」索隱云：「謂白蛇嘗蟠杅此林中也。」飛蛇。即螣蛇，乘霧而飛者。懿行案：螣蛇見爾雅。

又東二百三十里，曰榮余之山。其上多銅，其下多銀。其木多柳、芑，懿行案：「芑」亦「杞」之假借字。其蟲懿行案：海外南經云，南山人以蟲爲蛇。多怪蛇、怪蟲。

凡洞庭山之首，自篇遇之山至于榮余之山，凡十五山，二千八百里。懿行案：今才一千八百四十九里。其神狀皆鳥身而龍首，其祠：毛用一雄雞、一牝豚釗，釗，亦割刺之名。懿行案：説文云：「釗，劃傷也，一曰斷也。」糈用稌。凡夫夫之山、即公之山、堯山、陽帝之山，皆冢也，其祠：皆肆瘞，肆，陳之也，陳牲玉而後薶藏之。懿行案：「肆」通作「矢」，矢，陳也，見爾雅釋詁。祈用酒，毛用少牢，嬰毛一吉玉。洞庭、榮余山，神也，其祠皆肆瘞，肆竟，然後依前薶之也。祈酒，太牢祠，嬰用圭璧十五，五采惠之。惠，猶飾也，方言也。懿行案：惠，義同藻繪之繪，蓋同聲假借字也。

右中經之山志，大凡百九十七山，懿行案：校經文當有百九十八山，今除中次五經内闕一山，乃得百九十七山。二萬一千三百七十一里。懿行案：今二萬九千五百九十八里。

大凡天下名山五千三百七十，居地大凡六萬四千五十六里。

禹曰：懿行案：經既禹作，無緣又稱「禹曰」，蓋記者述禹之意而作之，非必禹所親筆，亦如禹貢非禹所爲。故篇内復稱禹，其義同也。天下名山，經懿行案：經，言禹所經過也。五千三百七十山，六萬四千五十六里，居地也。懿行案：劉昭注郡國志引此經云：「名山五千三百五十，經六萬四千五十六里。」此文作「七十」者，古「五」、「七」字形相近，蓋傳寫之譌也。又廣雅釋地作「名山五千二百七十」，亦疑「三」譌爲「二」也。言其五臧，懿行案：「藏」字古作「臧」，才浪切。漢書云「山海天地之臧」，故此經稱「五臧」。蓋其餘小山甚衆，不足記云。天地之東西二萬八千里，南北二萬六千里，出水之山者八千里，受水者八千里，懿行案：廣雅釋地引此經文而云：「夏禹所治四海内地也。」管子地數篇、吕氏春秋有始覽、淮南墬形訓竝與此同。出銅之山四百六十七，出鐵之山三千六百九十。懿行案：劉昭注郡國志引此經，作「三千六百九」，無「十」字；又上句作「出水者八千里」，無「之山」二字。管子地數篇及廣雅釋地竝同。此天地之所分壤樹穀也，戈矛之所發也，刀鎩懿行案：「鎩」，管子地數篇作「幣」。之所起也，能者有餘，拙者不足。懿行案：劉昭注郡國志作「儉則有餘，奢則不足」。封于太山，禪于梁父，七十二家，管子地數云「封禪之王七十二家」也。懿行案：管子封禪篇曰：「古者封泰山、禪梁父者，七十二家，而夷吾所記者，十有二焉。自無懷氏至周成王爲十二家。」據此，則非禹言也。得失之數，皆在此内，是謂國用。懿行案：畢氏云：「自『此天地之所分壤樹穀也』已下，當是周、秦人釋語，舊本亂入經文也。」今案自「禹曰」已下，蓋皆周人相傳舊語，故管子援入地數篇，而校書者附著五臧山經之末。

右五臧山經五篇，大凡一萬五千五百三字。懿行案：今二萬一千二百六十五字。

山海經第六

海外南經

地之所載，六合之閒，四方上下爲六合也。懿行案：淮南齊俗訓云：「往古來今謂之宙，四方上下謂之字。」列子湯問篇夏革引此經「六合之閒」已下四十七字，而稱「大禹曰」，則此經亦述禹言，與前文「禹曰」之例同。文選注歐陽建臨終詩及曹植七啓竝引此經文。四海懿行案：淮南墬形訓本此經文，作「四極」。之内，照懿行案：淮南墬形訓作「昭」。之以日月，經之以星辰，紀之以四時，要之以太歲。神靈所生，其物異形，懿行案：列子湯問篇作「其形」。或夭或壽，唯聖人能通其道。言自非窮理盡性者，則不能原極其情狀。

海外自西南陬至東南陬者。陬，猶隅也，音騶。

結匈國懿行案：淮南墬形訓海外三十六國俱本此經文，有結胷民。在其西南，其爲人結匈。臆前胅出，如人結喉也。懿行案：説文云：「胅，骨差也」，讀與「跌」同。郭注爾雅「犦牛」云：「領上肉犦胅起。」義與此同。

南山在其東南，自此山來，蟲爲蛇，蛇號爲魚。以蟲爲蛇，以蛇爲魚。懿行案：今東齊人亦呼蛇爲蟲也。埤雅云：「恩平郡譜蛇，謂之訛。」蓋「蛇」古字作「它」，與「訛」聲相近，「訛」聲轉爲「魚」，故蛇復號魚矣。一曰：南山在結匈東南。懿行案：經內凡「一曰」云云者，蓋後人校此經時附著所見或別本不同也。疑初皆細字，郭氏作注，改爲大字，遂與經竝行矣。

比翼鳥在其東，懿行案：比翼鳥即蠻蠻也，已見西次三經崇吾之山。其爲鳥青赤，似鳧。兩鳥比翼。一曰：在南山東。

羽民國懿行案：大戴禮五帝德篇云：「東長鳥夷。」疑即此也。楚詞遠遊云：「仍羽人於丹丘。」王逸注引此經，言有羽人之國。吕氏春秋求人篇亦作「羽人」，高誘注云：「羽人，鳥喙，背上有羽翼。」在其東南，其爲人長頭，身生羽。能飛，不能遠，卵生。畫似仙人也。懿行案：博物志云：「羽民國民有翼，飛不遠。多鸞鳥，民食其卵。去九疑四萬三千里。」太平御覽九百十六卷引括地圖同，唯「三千」作「一千」也。郭云「畫似仙人」者，謂此經圖畫如此也，下同。一曰：在比翼鳥東南，其爲人長頰。啓筮曰：「羽民之狀，鳥喙赤目而白首。」懿行案：文選鸚鵡賦注引歸藏啓筮曰：「金水之子，其名曰羽蒙，是生百鳥。」即此也。「羽民」、「羽蒙」聲相轉。

有神人二八，懿行案：「八」，淮南墬形訓作「人」，誤。連臂爲帝司夜于此野，晝隱夜見。懿行案：薛綜注東京賦云：「野仲、游光，惡鬼也，兄弟八人常在人閒作怪害。」案野仲、游光二人，兄弟各八人，正得十六人，疑即此也。在羽民東。其爲人小頰赤肩，當脾上正赤也。懿行案：「脾」當爲「髀」字之譌。説文云：「髀，肩甲也。」「甲」俗作「胛」，廣韵云「背胛」，明藏經本「脾」作「胛」可證。玉篇引此經，「肩」作「眉」，譌。盡十六人。疑此後人所增益語耳。懿行案：此蓋校書者釋經之語。

畢方鳥懿行案：畢方形狀已見西次三經章莪之山。在其東，青水西，懿行案：青水出昆侖西南隅，過畢方鳥東，見海内西經。其爲鳥人面一腳。懿行案：西次三經説畢方鳥，不言人面。一曰：在二八神東。

讙頭國懿行案：驩頭國，鯀之苗裔，見大荒南經。淮南墬形訓有讙頭國民。在其南，其爲人人面有翼，鳥喙，方捕魚。讙兜，堯臣，有罪自投南海而死。帝憐之，使其子居南海而祠之。畫亦似仙人也。懿行案：「讙兜」，古文作「鴅吺」，見尚書大傳注。「鴅」，當爲「鴅」。玉篇云：「鴅，呼丸切，人面鳥喙。」史記正義引神異經云：「南方荒中，有人焉，人面鳥喙而有翼，兩手足扶翼而行，食海中魚。」即斯人也。一曰：在畢方東。或曰：讙朱國。懿行案：「頭」聲轉爲「徒」，「徒」、「朱」聲相近，故「讙頭」爲「讙朱」。

厭火國懿行案：博物志作厭光國，淮南墬形訓云裸國民，與此異。在其國南，獸身黑色，生懿行案：藝文類聚八十卷引此經，無「生」字。火出其口中。言能吐火。畫似獼猴而黑色也。懿行案：博物志云：「厭光國民光出口中，形盡似獼猴，黑色。」一曰：在讙朱東。

三株樹懿行案：初學記二十七卷引此經，作「珠」；淮南墬形訓及博物志同。在厭火北，生赤水上，懿行案：莊子天地篇云：「黄帝遊乎赤水之北，遺其玄珠。」蓋本此爲説也。樹生赤水之南，故陶潛讀山海經詩云：「粲粲三珠樹，寄生赤水陰。」陰，謂水南也。其爲樹如柏，葉皆爲珠。懿行案：即琅玕樹之類，海内西經云開明北有珠樹。一曰：其爲樹若彗。如彗星狀。懿行案：彗，埽竹也，見説文。彗星爲欃槍，見爾雅。

三苗國懿行案：史記五帝紀云：「三苗在江、淮、荆州數爲亂。」正義曰：「左傳云：『自古諸侯不用王命，虞有三苗也。』吳起云：『三苗之國，左洞庭而右彭蠡。』今江州、鄂州、岳州，三苗之地也。」案周書史記篇云：「外内相閒，下撓其民，民無所附，三苗以亡。」是三苗乃國名。高誘注淮南墬形訓既云「三苗，國名，在豫章之彭蠡」，而注脩務訓又云「渾敦、窮奇、饕餮三族之苗裔，謂之三苗」，非也。**在赤水東，其爲人相隨。**昔堯以天下讓舜，三苗之君非之，帝殺之。有苗之民叛入南海，爲三苗國。懿行案：郭説三苗疑非實録，當以周書史記篇爲據。**一曰：三毛國。**懿行案：「苗」、「毛」亦聲相近。

臷國音秩，亦音替。懿行案：「臷」，疑當爲「𢧵」，見説文。玉篇作「戜」，云：戜，「國名也，在三苗東。」本此。**在其東，其爲人黄，能操弓射蛇。**大荒經云此國自然有五穀衣服。懿行案：臷民國朌姓，見大荒南經。**一曰：臷國在三毛東。**

貫匈國懿行案：竹書云：「黄帝五十九年，貫匈氏來賓。」博物志云：「穿匈人去會稽萬五千里。」詳見文選注。**在其東，其爲人匈有竅。**尸子曰：「四夷之民有貫匈者，有深目者，有長肱者，黄帝之德常致之。」異物志曰：「穿匈之國去其衣則無自然者。」蓋似效此貫匈人也。懿行案：淮南墬形訓有穿胷民，高誘注云：「穿胷，胷前穿孔達背。」文選注王融曲水詩序引此經，又引括地圖，文有脱誤。藝文類聚九十六卷引括地圖曰：「禹誅防風氏。夏后德盛，二龍降之，禹使范氏御之，以行經南方。防風神見禹，怒射之，有迅雷，二龍升去，神懼，以刃自貫其心而死。禹哀之，瘞以不死草，皆生，是名穿胷國。」博物志亦同兹説。然黄帝時已有貫匈民，防風之説蓋未可信。**一曰：在臷國東。**

交脛國在其東，其爲人交脛。言腳脛曲戾相交，所謂雕題、交趾者也。或作「頸」，其爲人交頸而行也。懿行案：廣韵引劉欣期交州記云：「交阯之人出南定縣，足骨無節，身有毛，卧者更扶始得起。」引此經及郭注，竝與今本同。太平御覽七百九十卷引外國圖曰：「交脛民長四尺。」淮南墬形訓有交股民，高誘注云：「交股民，腳相交切。」即此也。説文云：「尥，行脛相交也。」亦此義。尥，音力弔切。 一曰：在穿匈東。 懿行案：此作「穿匈」者，「穿」、「貫」音、義同。

不死民 懿行案：楚詞遠遊云：「仍羽人於丹丘，留不死之舊鄉。」王逸注引此經，言有不死之民。天問云：「何所不死？」王逸注引括地象曰：「有不死之國也。」呂氏春秋求人篇云：禹「南至不死之鄉」。 **在其東，其爲人黑色，壽不死。** 有員丘山，上有不死樹，食之乃壽；亦有赤泉，飲之不老。 懿行案：淮南墬形訓有不死民，高誘注云：「不死，不食也。」大戴禮易本命篇云：「食氣者神明而壽，不食者不死而神。」是高注所本。然則不死之民蓋以不食不飲而得之。郭云食木飲泉，據大荒南經爲説也。博物志説員丘赤泉，與郭同。又陶潛讀山海經詩亦同茲説。蓋魏、晉閒人祖尚清虛，舊有成語，郭氏述之爾。 **一曰：在穿匈國東。**

岐舌國在其東。 其人舌皆岐。或云：「支舌也。」 懿行案：支舌即岐舌也。爾雅釋地云枳首蛇即岐首蛇，「岐」一作「枝」，「枝」、「支」古字通也。又「支」與「反」字形相近，淮南墬形訓有反舌民，高誘注云：「語不可知而自相曉。」又注呂氏春秋功名篇云：「一説南方有反舌國，舌本在前，末倒向喉，故曰反舌。」是「支舌」古本作「反舌」也。藝文類聚十七卷引此經，作「反舌國，其人反舌」。太平御覽三百六十七卷亦引此經，同，而云：「一曰：交。」案「交」蓋「支」字之譌也，二書所引經文作「反舌」，與古本正合。 **一曰：在不死民東。**

昆侖虛在其東，虛四方。 虛，山下基也。 懿行案：畢氏曰：「爾雅云：『三成爲昆侖丘。』是『昆侖』者，高山皆得名之。此在東南方，當即方丈山也。水經河水注云：『東海方丈亦有昆侖之稱。』」 **一曰：在岐舌東，**

爲虛四方。羿與鑿齒戰于壽華之野，羿射殺之，鑿齒，亦人也，齒如鑿，長五六尺，因以名云。懿行案：説文云：「𢏚，帝嚳射官，夏少康滅之。」引論語曰：「𢏚善䠶。」又云：「羿亦古諸侯也，一曰䠶師。」吴越春秋云：「黄帝作弓，後有楚狐父以其道傳羿，羿傳逢蒙。」據二書所説，羿蓋非一人也。此經之羿，説者以爲堯臣。淮南本經訓云：「堯之時，鑿齒爲民害，「堯乃使羿誅鑿齒於疇華之野」。高誘注云：「鑿齒，獸名，齒長三尺，狀如鑿，徹頷下而持戈盾。疇華，南方澤名。」又注墬形訓鑿齒民云：「吐一齒出口下，長三尺。」大意與郭注同，唯以鑿齒爲獸，非也。李善注長楊賦引服虔云：「鑿齒，齒長五尺，似鑿，亦食人。」與郭義近。疇華即壽華。北堂書鈔一百十八卷引此注，「人」下有「貌」字，經文「之」下無「在」字，此脱衍。在昆侖虛東。羿持弓矢，鑿齒持盾。懿行案：亦謂圖畫如此也。太平御覽三百三十七卷引此經，作「持盾戟」。一曰：戈。未詳。懿行案：一説鑿齒持戈也。

三首國在其東，其爲人一身三首。懿行案：海内西經云「有三頭人，伺琅玕樹」，即斯類也。淮南墬形訓有三頭民，高誘注云：「身有三頭。」

周饒國懿行案：「周饒」亦「僬僥」聲之轉，又聲轉爲「朱儒」。魏志東夷傳云：女王國，「又有侏儒國在其南，人長三、四尺，去女王四千餘里」。蓋斯類也。焦僥國幾姓，見大荒南經。在其東，其爲人短小，冠帶。其人長三尺，穴居，能爲機巧，有五穀也。懿行案：初學記十九卷引拾遺記云：「員嶠山有陀移國，人長三尺，壽萬歲。」疑陀移即周饒之異名，員嶠山與方丈山相近也。又引神異經曰：「西北荒中，有小人，長一寸，朱衣玄冠。」與此經「短小，冠帶」合也。又云：「有鶴國，人長七寸，海鵠遇則吞之。」史記正義引括地志云：「小人國在大秦南，人纔三尺，其耕稼之時懼鶴所食，大秦助之。即焦僥國，其人穴居也。」亦與郭注合。郭云「能爲機巧」者，案竹書云：「帝堯二十九年，僬僥氏來朝，貢没羽。」是其機巧之事也。一曰：焦僥國在三首東。外傳云：「焦僥民長三尺，短之至也。」詩含神霧曰：「從中州以東西四十萬里得焦僥國，人長尺五寸也。」 懿行案：說文云：「南方有僬僥人，長三尺，短之極。」又云：「西南僰人、僬僥从人，蓋在坤地，頗有順理之性。」郭引外傳者，魯語文，「民」當爲「氏」字之譌也。 韋昭注云：「僬僥，西南蠻之別名也。」淮南墬形訓云：「西南方曰焦僥。」高誘注云：「長不滿三尺。」案列子湯問篇夏革所說，與郭引詩含神霧同，唯「東」下無「西」字，此蓋衍文。 太平御覽七百九十卷引外國圖曰「僬僥民善没游，善捕鷙鳥，其草木夏死而冬生，去九疑三萬里」。

長臂國 懿行案：淮南墬形訓有修臂民，高誘注云：「一國民皆長臂，臂長於身，南方之國也。」在其東，捕魚水中，兩手各操一魚。 舊說云：「其人手下垂至地。」魏黃初中，玄菟太守王頎討高句麗王宮，窮追之，過沃沮國，其東界臨大海，近日之所出。問其耆老：「海東復有人否？」云：「嘗在海中得一布褐，身如中人衣，兩袖長三丈。」即此長臂人衣也。 懿行案：穆天子傳云：「乃封長肱于黑水之西河。」郭注云：「即長臂人也，身如中國，臂長三丈，魏時在赤海中得此人裾也。」案郭注與此注同，其「中國」當爲「中人」，字之譌也。 此注所說本魏志東夷傳，「布褐」，彼文作「布衣」；「中人」作「中國人」。 博物志亦同，唯「三丈」，博物志作「二丈」也。 一曰：在焦僥東，捕魚海中。

懿行案：經云「兩手各操一魚」，又云「捕魚海中」，亦皆圖畫如此也。

狄山，帝堯葬于陽，吕氏春秋曰：「堯葬穀林。」今陽城縣西、東阿縣城次鄉中、赭陽縣湘亭南皆有堯冢。

懿行案：史記集解引皇覽曰：「堯冢在濟城陰。〔一〕劉向曰：『堯葬濟陰丘壠山。』〔二〕吕氏春秋曰：『堯葬穀林。』」皇

〔一〕「濟城陰」，史記集解原作「濟陰城陽」。

〔二〕「丘壠山」，史記集解原作「丘壠皆小」。

甫謐曰：「穀林即城陽。」正義引括地志云：「堯陵在濮州雷澤縣西三里。」「雷澤縣本漢郕陽縣也。」今案地理志云：濟陰郡成陽「有堯冢、靈臺」。晉書地理志云：濟陽郡城陽，「堯冢在西」。二志皆作「城陽」，郭注作「陽城」，譌。其引吕氏春秋，安死篇文也，高誘注云：「傳曰：『堯葬成陽。』此云穀林，成陽山下有穀林。」是諸書所説，其地皆不殊。唯墨子云：「堯北教乎八狄，道死，葬蛩山之陰。」然則此經狄山蓋狄中之山，今大名府清豐縣有狄山也。司馬相如大人賦云：「歷唐堯於崇山。」漢書張揖注云：「崇山，狄山也。」引此經云云。水經瓠子河注亦引此經，而云：「狄山一名崇山。」「崇」、「蛩」聲相近，蛩山又狄山之别名也。帝嚳葬于陰。嚳，堯父，號高辛，今冢在頓丘縣城南臺陰野中也；音酷。懿行案：大戴禮帝繫篇云：「黄帝産玄囂，玄囂産蟜極，蟜極産高辛，是爲帝嚳。帝嚳産放勳，是爲帝堯也。」史記五帝紀索隱引皇覽曰：「帝嚳冢在東郡濮陽頓丘城南臺陰野中。」案東郡、濮陽、頓丘具見地理志。爰有熊、羆、文虎、彫虎也。尸子曰：「中黄伯：『余左執太行之獶而右搏彫虎也。』」懿行案：文選思玄賦舊注云：「彫虎，象獸名也。」引尸子「中黄伯曰」云云；劉逵注蜀都賦亦引尸子曰「中黄伯云」，竝與此注同，此注「中黄伯」下脱「曰」字。蜼、豹、蜼，獼猴類。懿行案：蜼見爾雅。離朱、木名也，見莊子，今圖作赤鳥。懿行案：郭云「木名」者，蓋據子虚賦「檗離朱楊」爲説也，然郭於彼注既以朱楊爲赤莖柳，則此注非也。又云「見莊子」者，天地篇有其文，然彼以離朱爲人名，則此亦非矣。又云「今圖作赤鳥」者，赤鳥疑南方神鳥焦明之屬也，然大荒南經「離朱」又作「離俞」。視肉、聚肉，形如牛肝，有兩目也，食之無盡，尋復更生如故。懿行案：北堂書鈔一百四十五卷引此注，作「食之盡」，今本「無」字衍也。初學記引神異經云：「西北荒有遺酒、追復脯焉，其味如麞，食一片復一片。」疑即此也。博物志云：「越嶲國有牛，稍割取肉，牛不死，經日肉生如故。」又神異經云：「南方有獸，似鹿而豕首，有牙，善依人求五穀，名無損之獸。人割取其肉，不病，肉復自復。」已上所説二物，義與郭近，而形狀則異，郭注未見所出。又魏志公孫淵傳云：「襄平北市生肉，長圍各數尺，有頭目口喙，無手足而動搖。占曰：『有形不成，有體無聲，其國滅亡。』」亦其類也。又高誘注淮南墬形訓云：「視肉，其人不知言也。」所説復與郭異，今所未詳。吁咽。所未詳也。文王皆葬其所。今文王墓在長安鄗聚社中。按帝王冢墓皆有定處，而山海經往往復見之者，蓋以聖人久於其位，仁化廣及，恩洽鳥獸，至於殂亡，四海若喪考妣，無思不哀，故絶域殊俗之人聞天子崩，各自立坐而祭醊哭泣，起土爲冢，是以所在有焉，亦猶漢氏諸遠郡國皆有天子廟，此其遺象也。懿行案：尚書大傳金縢篇云：「畢者，文王之墓地。」史記集解引皇覽云：「文王、武王、周公冢皆在京兆長安鎬聚東社中也。」是文王之葬既不與堯、嚳同地，又此經禹記，何得下及文王？明海外經已下蓋周、秦閒人讀此經者所附著也。一曰：湯山。一曰：爰有熊、羆、文虎、蜼、豹、離朱、鴟久、鴟久，鵂鶹之屬。懿行案：「鴟」當爲「鴡」。説文云：「雎舊，舊留也。」「舊」或作「鵂」。是經文「鴟久」即「雎舊」，注文「鵂鶹」即「鵂鶹」也，皆聲近假借字。視肉、虖交。所未詳也。懿行案：即吁咽也。「吁」、「虖」聲相近。其范林方三百里。言林木氾濫布衍也。懿行案：「范林」，海内南經作「氾林」，「范」、「氾」通。

南方祝融，獸身人面，乘兩龍。火神也。懿行案：越絶書云：「祝融治南方，僕程佐之，使主火。」尚書大傳云：「南方之極，自北户南至炎風之野，帝炎帝、神祝融司之。」呂氏春秋孟夏紀云：「其神祝融。」高誘注云：「祝融，顓頊氏後，老童之子吴回也，爲高辛氏火正，死爲火官之神。」漢書司馬相如傳張揖注本此經。

山海經第七

海外西經

海外自西南陬至西北陬者。

滅蒙鳥在結匈國北，懿行案：博物志云「結匈國有滅蒙鳥」，本此。海内西經又有孟鳥。爲鳥青，赤尾。

大運山高三百仞，在滅蒙鳥北。

大樂之野，懿行案：畢氏云：「即今山西太原。」疑非也。據大荒西經説天穆之野在西南海外，不得近在晉陽也。夏后啓懿行案：經稱夏后，即知非夏書也。于此儛九代，九代，馬名。儛，謂盤作之令舞也。懿行案：九代，疑樂名也。竹書云：「夏帝啓十年，帝巡狩，舞九韶于大穆之野。」大荒西經亦云：「天穆之野，啓始歌九招。」「招」即「韶」也，疑九代即九招矣。又淮南齊俗訓云：夏后氏「其樂夏籥九成」。疑「九代」本作「九成」，今本傳寫形近而譌也。李善注王融三月三日曲水詩序引此經云：「舞九代馬。」疑「馬」字衍。而藝文類聚九十三卷及太平御覽八十二卷引此經，亦有「馬」字，或并引郭注之文也。舞馬之戲恐非上古所有。乘兩龍，懿行案：大荒西經同。雲蓋三層，層，猶重也。懿行案：李善注西京賦兩引此注，竝同；又注潘岳爲賈謐作贈陸機詩引此注云：「層，重也，慈登切。」今本脱郭音三字。又「層」，經典通作「曾」，據郭音，益知此經「層」當爲「曾」矣。左手操翳，羽葆幢也。懿行案：説文云：「翳，翿也，所以舞也。」右手操環，玉空邊等爲環。懿行案：説文云：「環，璧也。肉好若一，謂之環。」佩玉璜，半璧曰璜。在大運山北。歸藏鄭母經曰：「夏后啓筮：『御飛龍登于天，吉明。』」啓亦仙也。懿行案：太平御覽八十二卷引史記曰：「昔夏后啓筮，乘龍以登于天，占于皐陶。皐陶曰：『吉而必同，與神交通。以身爲帝，以王四鄉。』」今案御覽此文，即與郭注所引爲一事也。一曰：大遺之野。大荒經云大穆之野。懿行案：大荒西經作「天穆之野」，此注云「大穆之野」，竹書「天穆」、「大穆」二文竝見。此經又云「大遺之野」、「大樂之野」，諸文皆異，所未詳。

三身國懿行案：三身國姚姓，舜之苗裔，見大荒南經。淮南墬形訓有三身民。在夏后啓北，一首而三身。懿行案：藝文類聚三十五卷引博物志云：「三身國，一頭三身三手。」今此經無「三手」字。

一臂國懿行案：淮南墬形訓有一臂民。在其北，一臂一目一鼻孔。懿行案：郭注爾雅釋地比肩民云：「此即半體之人，各有一目一鼻孔，一臂一腳。」蓋本此經爲説也。有黄馬虎文，一目而一手。懿行案：手，馬臂也。內則云：「馬黑脊而般臂，漏。」

奇肱之國肱，或作「弘」。奇，音羈。懿行案：「肱」，説文作「厷」，古文作「厶」。此注云「或作『弘』」，即大荒南經張弘之國也。吕氏春秋求人篇云：「其肱一臂。」「其肱」即「奇肱」。淮南墬形訓作「奇股」，高誘注云：「奇，隻也。股，腳也。」與此異。在其北，其人一臂三目，有陰有陽；乘文馬。陰在上，陽在下。文馬，即吉良也。

懿行案：吉良見海内北經。有鳥焉，兩頭，赤黄色，在其旁。其人善爲機巧以取百禽，能作飛車，從風遠行。湯時得之於豫州界中，即壞之不以示人，後十年，西風至，復作遣之。懿行案：博物志説奇肱民善爲拭扛以殺百禽，「拭扛〔一〕」蓋「機巧」二字之異；又云：「湯破其車，不以視民。」「視」即古「示」字，當作「眎」。又云：「十年，東風至，乃復作車遣返。」郭注作「西風至」，「西」字譌也，云其國「去玉門關四萬里」，當須東風至，乃得遣返矣。

形天懿行案：淮南墜形訓作「形殘」，「天」、「殘」聲相近。或作「形夭」，誤也。太平御覽五百五十五卷引此經，作「形天」。與帝至此懿行案：御覽引此經，無「至此」二字。争神，帝斷其首，葬之常羊之山。懿行案：宋書符瑞志云：「有神龍首，感女登於常羊山，生炎帝神農。」即此山也。大荒西經有偏勾、常羊之山，亦即此。乃以乳爲目，以臍爲口，操干戚以舞。干，盾。戚，斧也。是爲無首之民。懿行案：淮南墜形訓云：「西方有形殘之尸。」高誘注云：「一説曰：形殘之尸於是以兩乳爲目，肥臍爲口，操干戚以舞。天神斷其手，後天帝斷其首也。」高氏所説即本此經，其「肥臍」疑「肶臍」之譌也。「肥」，本亦作「腹」。

女祭、女戚懿行案：女戚一曰女薎，見大荒西經。在其北，居兩水閒，戚操魚䱇，鱓魚屬。懿行案：北次二經云湖灌之水「其中多䱇」，郭注云：「亦鱓魚字。」是「䱇」即「鱓」字之異文。此注又云「鱓魚屬」，以爲二物，蓋失檢也。祭操俎。肉几。䳐鳥、鸇鳥，次、瞻兩音。其色青黄，所經國亡，此應禍之鳥，即今梟、鵂鶹之類。懿行案：郭氏但舉類以曉人。玉篇云䳐鸇即鵂鶹，非也。大荒西經云：「爰有青鴍、黄鷔、青鳥、黄鳥，其所集

〔一〕「扛」，原誤作「扗」，據文意及諸本改。

者，其國亡。」是鳶鶩即䳢鶬之異名，非鵂鶹也。廣韻云䳢鳥「似梟」，本此經及郭注。在女祭北。䳢鳥人面，居山上。一曰：維鳥。青鳥、黃鳥所集。懿行案：下云「丈夫國在維鳥北」，則作「維鳥」是也。青鳥、黃鳥見大荒西經。

丈夫國懿行案：淮南墬形訓有丈夫民，高誘注云：「其狀皆如丈夫，衣黃，衣冠帶劍。」高云狀如丈夫，非也，説見下女子國。在維鳥北，其爲人衣冠帶劍。殷帝太戊使王孟採藥，從西王母至此，絶糧不能進，食木實，衣木皮，終身無妻，而生二子，從形中出，其父即死，是爲丈夫民。懿行案：竹書云：「殷太戊三十六年，西戎來賓，王使王孟聘西戎。」即斯事也。西戎豈即西王母與？其無妻生子之説，本括地圖。太平御覽七百九十卷引其文，與郭注畧同，但此言從「形中出」，彼云「從背間出」；又玄中記云「從脅間出」，文有不同。

女丑之尸，生而十日炙殺之，懿行案：十日竝出，炙殺女丑，於是堯乃命羿射殺九日也。在丈夫北，以右手鄣其面。蔽面。懿行案：大荒西經云「衣青，以袂蔽面」也。十日居上，女丑居山之上。

巫咸國懿行案：地理志云：河東郡安邑，「巫咸山在南」。非此也。此國亦當在海外，觀登備山在南荒經可見。水經涑水注以巫咸山即巫咸國，引此經云云，非矣。太平御覽七百九十卷引外國圖曰：「昔殷帝太戊使巫咸禱於山河，巫咸居於此，是爲咸氏，去南海萬千里。」即此國也。在女丑北，右手操青蛇，左手操赤蛇，在登葆山，懿行案：「登葆山」，大荒南經作「登備山」，「葆」、「備」聲之轉也。淮南墬形訓作「保」。羣巫所從上下也。採藥往來。

并封懿行案：周書王會篇云：「區陽以鼈封。鼈封者，若彘，前後有首。」是鼈封即并封，「并」、「鼈」聲轉也。大荒西經又作「屏蓬」，皆一物。或曰即兩頭鹿也，後漢書西南夷傳云：「雲南縣有神鹿，兩頭，能食毒草。」注云：「見華陽國志。」在巫咸東，其狀如彘，前後皆有首，黑。今弩弦蛇亦此類也。懿行案：弩弦蛇即兩頭蛇也，見爾雅釋地「枳首蛇」注。

女子國懿行案：淮南墬形訓有女子民，高誘注云：「其貌無有須，皆如女子也。」此説非矣。經言丈夫、女子國，竝真有其人，非但貌似之也。高氏不達，創爲異説，過矣。女子、丈夫之國又見大荒西經注。在巫咸北，兩女子居，水懿行案：太平御覽七百九十卷引此經，「水」下有「外」字。周之。有黃池，婦人入浴，出即懷姙矣。若生男子，三歲輒死。周，猶繞也，離騷曰「水周於堂下」也。懿行案：太平御覽三百六十卷引外國圖曰：「方丘之上暑溼，生男子三歲而死。有潢水，婦人入浴，出則乳矣。是去九嶷二萬四千里。」今案潢水即此注所謂黃池矣。魏志云：「沃沮耆老言：有一國在海中，純女無男。」後漢書東夷傳云：「或傳其國有神井，闚之輒生子。」亦此類也。一曰：居一門中。懿行案：居一門中，蓋謂女國所居同一聚落也。

軒轅之國懿行案：西次三經有軒轅之丘，郭云黃帝所居，然則此經軒轅之國蓋黃帝所生也。水經渭水注云：軒轅谷水「出南山軒轅谿」。南安姚瞻以爲黃帝生於天水，在上邽城東七十里軒轅谷」。案地理志，上邽在隴西郡也。在此窮山之際，其國在山南邊也，大荒經曰「岷山之南」。懿行案：大荒西經説「軒轅之國，江山之南」，此云「岷山」者，以大江出岷山故也。經文「此」字疑衍，李善注思玄賦引此經云：「在窮山之際。」史記五帝紀索隱引此經同，竝無「此」字。周本紀正義引此經，又作「此地窮桑之際」，蓋「山」字聲譌爲「桑」矣。其不壽者八百歲，在女子國北，人面蛇身，尾交首上。

窮山在其北，不敢西射，懿行案：史記五帝紀索隱、周本紀正義引此經，竝作「西射之南」，蓋誤衍。畏軒轅之丘。言敬畏黃帝威靈，故不敢向西而射也。懿行案：軒轅之丘在積石山之東三百里也。在軒轅國北，其丘方，四蛇相繞。繚繞樛纏。

此諸夭之野，夭，音妖。懿行案：經文「此」字亦衍。「夭」，郭音妖，蓋譌。「夭野」，大荒西經作「沃野」，是此經之「夭」乃「沃」字省文，郭注之「妖」乃「沃」字譌文也。「諸夭」，藝文類聚九十九卷引作「清沃」；博物志作「渚沃」；淮南墬形訓有沃民，又云：「西方曰金丘，曰沃野。」高誘注云：「沃，猶白也。西方白，故曰沃野。」案高説非也，沃野蓋謂其地沃饒耳。鸞鳥自歌，鳳鳥自舞。鳳皇卵，民食之；甘露，民飲之，所欲自從也。言滋味無所不有，所願得自在，此謂夭野也。百獸相與羣居。在四蛇北。其人兩手操卵食之，兩鳥居前導之。懿行案：亦言圖畫如此。

龍魚懿行案：「龍魚」，郭氏江賦作「龍鯉」；張衡思玄賦仍作「龍魚」；淮南墬形訓作「硥魚」，高誘注云：「硥魚，如鯉魚也，有神聖者乘行九野，在無繼民之南。硥，音蚌。」陵居，在其北，狀如貍。或曰：「龍魚似貍，一角。」懿行案：「貍」當爲「鯉」字之譌。李善注江賦引此經云：「龍鯉陵居，其狀如鯉。或曰：龍魚一角也。」蓋并引郭注；又注思玄賦引此經云：「龍魚陵居，在北，狀如鯉。」高誘注淮南墬形訓亦云：「如鯉魚也。」可證。一曰：鰕。音遐。懿行案：後漢書張衡傳注引此經，「鰕」作「蝦」，蓋古字通也。爾雅云：「鯢，大者謂之鰕。」郭注云：「今鯢魚似鮎，四腳。」梁虞荔鼎録云：「宋文帝得鰕魚，遂作一鼎，其文曰：『鰕魚四足。』」然則鰕即龍魚，其狀如鯉，故又名龍鯉矣。即有神聖乘此以行九野。九域之野。懿行案：張衡傳注引此經，無「即」字，作「有神巫」，疑「巫」即「聖」字，形近而譌也。高誘注淮南墬形訓作「有神聖者乘行九野」，可知今本不譌。神聖若琴高、子英之屬，見列仙傳。思玄賦云：「跨汪氏之龍魚。」謂此矣。一曰：鼈魚，鼈，音惡，横也。懿行案：注有譌字，所未詳。明藏本作「鼈，音猶也」，亦譌。在夭野北，懿行案：思玄賦注引此經云：「在汪野北。」又云：「汪氏國在西海外，此國足龍魚也。」疑「汪氏」當爲「沃民」，「汪野」當爲「沃野」，竝字形之譌也。張衡傳及注亦竝作「汪」，譌與文選注同。其爲魚也如鯉。懿行案：藝文類聚九十六卷引郭氏讚云：「龍魚一角，似鯉居陵。候時而出，神聖攸乘。飛騖九域，乘雲上升。」

白民之國懿行案：白民國銷姓，見大荒東經。在龍魚北，白身被髮。言其人體洞白。懿行案：高誘注淮南墬形訓云：「白民，白身，民被髮亦白。」有乘黃，其狀如狐，其背上有角，周書曰：「白民乘黃，似狐，背上有兩角。」即飛黃也。淮南子曰：天下有道，「飛黃伏皁」。懿行案：周書王會篇云：「乘黃似騏。」郭引作「似狐」，初學記引與郭同，博物志亦作「狐」。「兩角」，初學記引作「肉角」，皆所見本異也。郭又引淮南子者，覽冥訓云：「青龍進駕，飛黃伏皁。」乘黃又即訾黃，漢書禮樂志云：「訾黃其何不徠下？」應劭注云：「訾黃，一名乘黃，龍翼而馬身，黃帝乘之而仙。」乘之壽二千歲。懿行案：博物志作「三千歲」。

肅慎之國懿行案：竹書云：「帝舜二十五年，息慎氏來朝。」「周成王九年，肅慎氏來朝。」書序云：「賄肅慎之命。」周書王會篇云：「稷慎大麈。」孔晁注云：「稷慎，肅慎也。」又大戴禮五帝德篇及史記五帝紀竝作「息慎」，鄭康成云：「息慎，或謂之肅慎也。」又大荒北經有肅慎之國。在白民北。有樹名曰雄或作「雒」。常，懿行案：雒常，淮南墬形訓謂之「雒棠」。先入伐帝，于此取之。其俗無衣服，中國有聖帝代立者，則此木生皮可衣也。懿行案：經文「伐」疑「代」字之譌，郭注可證。太平御覽七百八十四卷引此經，正作「代」。穆天子傳云：「至于蘇谷骨飦氏之所，衣被。」郭注云：「言谷中有草木皮可以爲衣被。」廣韻云：「櫚，青木，皮葉可作衣，似絹，出西域烏耆國。」亦此類也。

長股之國懿行案：竹書云：「黃帝五十九年，長股氏來賓。」淮南墬形訓有修股民。又玉篇、廣韻竝有「鼓，巨支切」，云：「長鼓，國名，髮長於身。」與此經「被髮」義合，疑「長股」本或作「長鼓」也。在雄常北，被髮。國在赤水東也。長臂人身如中人而臂長二丈，以類推之，則此人腳過三丈矣。黃帝時至。或曰：「長腳人常負長臂人，入海中捕魚也。」懿行案：長臂國已見海外南經。郭云「臂長二丈」，「二」當爲「三」字之譌也。初學記十九卷引郭氏讚云：「雙臂三丈，體如中人。彼曷爲者，長臂之人。脩腳是負，捕魚海濱。」案脩腳即長腳，郭注穆天子傳云：「長腳人國又在赤海東。」謂是也。大荒西經又有長脛之國。一曰：長腳。或曰：「有喬國，今伎家喬人，蓋象此身。」懿行案：今喬人之戲，以木續足，謂之踏喬是也。

西方蓐收，左耳有蛇，乘兩龍。金神也，人面虎爪白毛，執鉞，見外傳。懿行案：郭說蓐收，本國語晉語，文已見西次三經泑山注。尚書大傳云：「西方之極，自流沙西至三危之野，帝少皞、神蓐收司之。」呂氏春秋孟秋紀云：「其神蓐收。」高誘注云：「少皞氏裔子曰該，皆有金德，死，託祀爲金神。」

山海經第八

海外北經

海外自東北陬至西北陬者。

無䏿之國音啓。或作「綮」。　懿行案：淮南墬形訓作「無繼」，高誘注云：「其人蓋無嗣也，北方之國也。」與郭義異。大荒北經作「無繼」，郭云：「當作『䏿』。」在長股東，爲人無䏿。䏿，肥腸也。其人穴居，食土，無男女，死即薶之，其心不朽，死百廿歲乃復更生。　懿行案：廣雅云：「腓、䏿，腨也」。說文云：「腨，腓腸也。」廣韻引字林云：「䏿，腨腸。」是郭注「肥腸」當爲「腓腸」，因聲同而譌也。玉篇亦作「肥腸」，又承郭注而譌。博物志說無䏿民與郭同，唯「百廿歲」作「百年」；又云：「細民，其肝不朽，百年而化爲人，皆穴居處。」二國同類也。

鍾山之神，名曰燭陰，燭龍也，是燭九陰，因名云。　懿行案：「鍾山」，大荒北經作「章尾山」，「章」、「鍾」聲轉也；「燭陰」作「燭龍」。視爲晝，瞑爲夜；吹爲冬，呼爲夏；不飲，不食，不息，息爲風。息，氣息也。身長千里，在無䏿之東。其爲物人面，蛇身赤色，居鍾山下。淮南子曰：「龍身一足。」　懿行案：淮南墬形訓云：「燭龍在雁門北，其神人面龍身而無足。」是郭所引也，「一」字譌。李善注思玄賦引此經，作「人首蛇身」。藝文類聚九十六卷引郭氏讚云：「天缺西北，龍銜火精。氣爲寒暑，眼作昏明。身長千里，可謂至靈。」

一目國懿行案：一目國，其人威姓，見大荒北經。淮南墬形訓有一目民，在柔利民之次。在其東，一目中其面而居。一曰：有手足。懿行案：「有手足」三字疑有譌。

柔利國懿行案：大荒北經有牛黎之國，蓋此是也。「牛黎」、「柔利」聲相近，其人無骨，故稱「柔利」與？在一目東，爲人一手一足，反厀，曲足居上。一腳一手反卷曲也。懿行案：博物志作「子利國人一手二足，拳反曲」，疑「二」當爲「一」，「子」當爲「柔」，竝字形之譌也。一云：留利之國，懿行案：「留」、「柔」之聲亦相近。人足反折。懿行案：足反卷曲，有似折也。

共工之臣曰相柳氏，共工，霸九州者。懿行案：「相柳」，大荒北經作「相繇」，廣雅釋地同。九首，以食于九山。頭各自食一山之物，言貪暴難饜。懿行案：「九山」，大荒北經作「九土」。楚詞天問云：「雄虺九首，儵忽焉在？」王逸注云：「虺，蛇別名也。言有雄虺，一身九頭。」今案雄虺疑即此也，經言此物九首蛇身。相柳之所抵，厥爲澤谿。抵，觸。厥，掘也，音撅。懿行案：說文云：「厥，發石也。」此「厥」義即同「撅」。周書周祝篇云：「豲有爪而不敢以撅。」禹殺相柳，其血腥不可以樹五穀種。禹厥之，三仞三沮，掘塞之而土三沮滔，言其血膏浸潤壞也。懿行案：注「滔」蓋「陷」字之譌。乃以爲衆帝之臺，言地潤溼，唯可積土以爲臺觀。懿行案：海內北經云：帝堯臺、帝嚳臺、帝丹朱臺、帝舜臺「在昆侖東北」。郭注亦引此經爲說。在昆侖之北，此昆侖山在海外者。懿行案：海內北經云：「臺四方，在昆侖東北。」是此昆侖亦在海內者，郭注恐非。柔利之東。

相柳者，九首人面，蛇身而青，不敢北射，畏共工之臺。懿行案：臣避君也。臺在其東，臺四方，隅有一蛇，虎色，懿行案：虎文也。首衝南方。衝，猶向也。

深目國懿行案：深目國盼姓，食魚，見大荒北經。淮南墬形訓有深目民。在其東，爲人舉一手，一目。一作「曰」。懿行案：「一目」作「一曰」，連下讀是也。在共工臺東。

無腸之國懿行案：無腸國任姓，見大荒北經。淮南墬形訓有無腸民。在深目東，一作「南」。其爲人長而無腸。爲人長大，腹内無腸，所食之物直通過。懿行案：神異經云：「有人知往，有腹無五藏，直而不旋，食物徑過。」疑即斯人也。

聶耳之國懿行案：淮南墬形訓無聶耳國，而云：「夸父、耽耳在其北方。」是耽耳即此經聶耳，夸父在下文。説文云：「耽，耳大垂也。」又云：「耴，耳垂也。」在無腸國東，使兩文虎，懿行案：文虎，雕虎也，已見海外南經注。爲人兩手聶其耳，言耳長，行則以手攝持之也。音諾頰反。縣居海水中，縣，猶邑也。懿行案：初學記引此經，作「縣居赤水中」。及水所出入奇物。言盡規有之。兩虎在其東。

夸父懿行案：大荒北經云：「后土生信，信生夸父。」或説夸父善走，爲丹朱臣。吕氏春秋云：禹北至「夸父之野。」疑地因人爲名也。夸父追日景，列子湯問篇夏革説本此經。與日逐走，入日，言及日於將入也。逐，音冑。懿行案：北堂書鈔一百三十三卷，李善注西京賦、鸚鵡賦，及張協七命引此經，竝作「與日競走」；初學記一卷引此經，作「逐日」；史記禮書裴駰集解引此經，作「與日逐走，日入」，竝與今本異。渴欲得飲，飲于河、渭；

河、渭不足，北飲大澤。未至，道渴而死；棄其杖，懿行案：列子湯問篇「棄其杖」下有「尸膏肉所浸」五字。化爲鄧林。夸父者，蓋神人之名也，其能及日景而傾河、渭，豈以走飲哉？寄用於走飲耳，幾乎不疾而速、不行而至者矣。此以 體爲萬殊，存亡代謝，寄鄧林而遯形，惡得尋其靈化哉！懿行案：大荒北經云應龍殺夸父，蓋以道渴而死，形蛻神游，或言應龍殺之耳。列子湯問篇云鄧林「彌廣數千里」，今案其地蓋在北海外。史記禮書云：「楚阻之以鄧林。」裴駰集解引此經云云，非也。畢氏云：「即中山經所云夸父之山，北有桃林，其地則楚之北境。」恐未然。下云鄧林，積石山在其東，非近在楚地明矣。初學記十九卷引郭氏讚云：「神哉夸父，難以理尋。傾河及日，遁形鄧林。觸類而化，應無常心。」

博父國懿行案：博父，大人也，大人即豐人。方言云：「趙、魏之郊，燕之北鄙，凡大人謂之豐人。燕記曰：『豐人杼首。』」疑此是也。或云即夸父也。淮南墬形訓云夸父「在其北」，此經又云「鄧林在其東」，則博父當即夸父，蓋其苗裔所居成國也。在聶耳東，其爲人大，懿行案：爾雅釋詁云：甫，「大也。」甫亦博也。右手操青蛇，左手操黃蛇。鄧林在其東，二樹木。懿行案：二樹木，蓋謂鄧林二樹而成林，言其大也。一曰：博父。

禹所積石之山在其東，河水所入。河出昆侖而潛行地下，至蔥嶺復出，注鹽澤；從鹽澤復行，南出於此山而爲中國河，遂注海也。書曰：「導河積石。」言時有壅塞，故導利以通之。懿行案：西次三經云：積石之山，「其下有石門，河水冒以西流」。非此也。郭據水經引此經云：「積石山在鄧林山東，河所入。」非矣。經蓋有兩積石山。史記正義引括地志云：「黃河源從西南，下出大昆侖東北隅；東北流逕于闐，入鹽澤，即東南潛行吐谷渾界大積石山；又東北流，至小積石山，山在河州枹罕縣西七里。」然則此經所言蓋小積石也。大荒北經云：「大荒之中，有山名曰先檻大逢之山。」「其西有山，名曰禹所積石。」即此。又海内西經云河水出昆侖，入渤海，又出海外，入禹所導積石山，亦此也。故經爲此二文，特於積石加禹以别之。

拘纓之國懿行案：淮南墬形訓有句嬰民，高誘注云：「句嬰，讀爲九嬰，北方之國。」即此也。「句嬰」疑即「拘纓」，古字通用，郭義恐非。高氏讀爲「九嬰」，未詳也。郭云「『纓』宜作『癭』」，是國蓋以一手把癭得名也。在其東，一手把纓。言其人常以一手持冠纓也。或曰：「『纓』宜作『癭』。」一曰：利纓之國。

尋木長千里，懿行案：穆天子傳云：「天子乃釣〔一〕于河，以觀姑繇之木。」郭注云：「姑繇，大木也。」引此經云：「尋木長千里，生海邊，謂此木類。」吴都賦又作「樳木」；劉逵注引此經，亦作「樳木」，非也。李善注東京賦引此經，仍作「尋木」；郭氏游仙詩亦作「尋木」也。廣韵云：「樳，木名，似槐。」「尋，長也。」引此經。在拘纓南，生河上西北。懿行案：此木生河上，與穆天子傳合。郭注謂「生海邊」，疑字之譌也。

跂踵國跂，音企。在拘纓東，其爲人大，兩足亦大。其人行，腳跟不著地也。孝經鉤命訣曰「焦僥、跂踵，重譯款塞」也。懿行案：竹書云：「夏帝癸六年，岐踵戎來賓。」呂氏春秋當染篇云：「夏桀染於歧踵戎。」即此也。高誘注淮南墬形訓云：「跂踵民，踵不至地，以五指行也。」又文選曲水詩序注引高誘注，作「反踵」，云：「反踵，國名，其人南行，跡北向也。」案跂踵之爲反踵，亦猶岐舌之爲反舌矣，已見海外南經。玉篇説跂踵國與郭注同。一曰：

〔一〕「釣」，原誤作「鉤」，據文意及諸本改。

大踵。懿行案：「大踵」疑當爲「支踵」，或「反踵」，竝字形之譌。

歐絲之野懿行案：博物志作「嘔絲」，「嘔」，俗字也。在大踵東，一女子跪，據樹歐絲。言噉桑而吐絲，蓋蠶類也。

三桑無枝，在歐絲東，其木長百仞，無枝。言皆長百仞也。懿行案：北次二經云：洹山，「三桑生之，其樹皆無枝，其高百仞」。即此。

范林方三百里，懿行案：「范」、「汎」通。太平御覽五十七卷引顧愷之啓蒙記曰：「汎林鼓于浪嶺。」注云：「西北海有汎林，或方三百里，或百里，皆生海中浮土上，樹根隨浪鼓動。」即此也。昆侖虛南范林非此，見海內北經。在三桑東，洲環其下。洲，水中可居者。環，繞也。

務隅之山，懿行案：「務隅」，大荒北經作「附禺」；海內東經作「鮒魚」；史記五帝紀索隱引此經，亦作「鮒魚」；北堂書鈔九十二卷又引作「附隅」，皆聲相近字之通也。帝顓頊葬于陽，顓頊號爲高陽，冢今在濮陽，故帝丘也。一曰：「頓丘縣城門外廣陽里中。」懿行案：大戴禮帝繫篇云：「黄帝産昌意，昌意産高陽，是爲帝顓頊。」杜預春秋釋例云：「古帝顓頊之墟，故曰帝丘，東郡濮陽縣是也。」頓丘縣屬頓丘郡，見晉書地理志。史記集解引皇覽云：「顓頊冢在東郡濮陽頓丘城門外廣陽里中。」九嬪葬于陰。嬪，婦。懿行案：廣韵引埤蒼云：「娽，顓頊妻名。」餘未聞。一曰：爰有熊、羆、文虎、離朱、鴟久、視肉。

平丘懿行案：淮南墬形訓作「華丘」。在三桑東，爰有遺玉、遺玉，玉石。懿行案：吳氏云：「遺玉即瑿玉，琥珀千年爲瑿。字書云：『瑿，遺玉也。』」吳氏之説據本草舊注，未審是否。瑿，黑玉也，説文無此字，而有「黳」，云：「遺玉也，从玉，㱿聲。」是遺玉名「瑿」，與「毉」形、聲皆近，當從說文也。青鳥、懿行案：淮南墬形訓作「青馬」，海外東經䑏丘同。視肉、楊柳、甘柤、其樹枝榦皆赤，黃華，白葉，黑實，呂氏春秋曰：「其山之東，有甘柤焉。」音如柤梨之柤。懿行案：甘柤形狀見大荒南經。郭云「黃華、白葉」，當爲「黃葉、白華」，字之譌也。其山即箕山，籀文「箕」作「其」也。又案呂氏春秋本味篇云：「箕山之東，青鳥之所，有甘櫨焉。」郭引作「甘柤」，「柤」依本字當爲「樝」，淮南墬形訓正作「樝」。然樝即樝梨之樝。「柤」，訓木閑，假借爲「樝」。即如此，郭以「柤梨」音甘柤，不幾於文爲贅乎？推尋文義，「樝」與「櫨」字形相近，疑此經「甘柤」當爲「甘櫨」，字之譌也。又說文及史記司馬相如傳索隱載應劭引呂氏春秋，竝作「櫨橘夏孰」；文選上林賦注又據應劭作「盧橘夏熟」。其「青鳥之所」句，說文引作「青凫」，玉篇同說文，應劭引作「青馬」，顏師古注漢書亦引作「青馬」。今校此經，平丘則作「青鳥」，䑏丘又作「青馬」，南荒經作「青馬」，北荒經復作「青鳥」，其文踳錯，難可得詳。甘華，亦赤枝榦，黃華。懿行案：「黃華」亦當爲「黃葉」，見大荒南經。百果所生。

有懿行案：「有」，明藏本作「在」。兩山夾上谷，二大丘居中，名曰平丘。

北海內有獸，其狀如馬，名曰騊駼。陶、塗兩音，見爾雅。懿行案：爾雅注引此經，「騊駼」下有「色青」二字。史記匈奴傳徐廣注亦云：「似馬而青。」疑此經今本有脫文矣。有獸焉，其名曰駮，狀如白馬，鋸牙，懿行案：爾雅注引此經，作「倨牙」。食虎豹。周書曰：「義渠茲白，茲白若白馬，鋸牙，食虎豹。」按此二說與爾雅同。懿行案：爾雅注引此經，有「黑尾，音如鼓」五字，蓋兼中曲山之駮而爲說也，已見西次四經。有素獸焉，狀如馬，懿行案：張揖注子虛賦云：「蛩蛩，青獸，狀如馬。」此作「素獸」，蓋所見本異。名曰蛩蛩。即蛩蛩鉅虛也，一走百里，見穆天子傳；音邛。懿行案：郭注穆天子傳引尸子曰：「距虛不擇地而走。」蛩蛩、距虛亦見爾雅。

有青獸焉，狀如虎，名曰羅羅。懿行案：吴氏引天中記云：「今雲南蠻人呼虎亦爲羅羅。」

北方禺彊，人面鳥身，珥兩青蛇，踐兩青蛇。字玄冥，水神也。莊周曰：「禺彊立於北極。」一曰：禺京。一本云：「北方禺彊，黑身手足，乘兩龍。」懿行案：「禺京」、「玄冥」聲相近。越絶書云：「玄冥治北方，白辯佐之，使主水。」尚書大傳云：「北方之極，自丁令北至積雪之野，帝顓頊、神玄冥司之。」吕氏春秋孟冬紀云：「其神玄冥。」高誘注云：「少皞氏之子曰循，爲玄冥師，死祀爲水神。」是玄冥即禺京，禺京即禺彊，「京」、「彊」亦聲相近也。莊子大宗師篇云：「禺彊得之，立於北極。」釋文引此經云：「北方禺彊，黑身手足，乘兩龍。」即郭氏此注「一本」云云也；釋文又引歸藏曰：「昔穆王子筮，卦於禺彊。」又引簡文云：「北海神名也，一名禺京，是黄帝之孫也。」案列子湯問篇云「命禺彊使巨鼇十五」，即斯人也。禺京處北海，爲海神，見大荒東經。禺彊踐兩赤蛇，見大荒北經。此經云「青蛇」，又異。

山海經第九

海外東經

海外自東南陬至東北陬者。

⿺辶差丘，音嗟。或作「髪」。懿行案：北堂書鈔九十二卷引「⿺辶差」正作「髪」，即郭所見本也。「嗟」，古或作「⿺辶差」。爾雅釋詁云：「⿺辶差，咨也。」廣韵作「⿰⻊左丘」。玉篇云：「⿱髟差，好也。」義與此異。淮南墬形訓作「華丘」。爰有遺玉、青馬、視肉、楊柳、懿行案：淮南墬形訓作「楊桃」。甘柤、懿行案：「柤」，疑當爲「櫨」，下同。甘華，甘果所生，在東海。兩山夾丘，上有樹木。一曰：嗟丘。一曰：百果所在，在堯葬東。懿行案：堯葬狄山，已見海外南經。

大人國懿行案：高誘注淮南墬形訓大人國云：「東南墟土，故人大也。」案大戴禮易本命篇云：「虛土之人大。」是高注所本。大荒東經云：「有波谷者，有大人之國。」即此。又淮南時則訓云：「東方之極，自碣石山過朝鮮，貫大人之國。」是也。在其北，爲人大，懿行案：博物志云：「大人國，其人孕三十六年生，白頭，其兒則長大，能乘雲而不能走，蓋龍類。去會稽四萬六千里。」坐而削船。懿行案：削，當讀若稍，「削船」謂操舟也。一曰：在⿺辶差丘北。

奢比之尸在其北，亦神名也。懿行案：管子五行篇云：「黃帝得奢龍而辯於東方。」又云：「奢龍辯乎東方，故使爲土師。」此經奢比在東海外，疑即是也。羅泌路史亦以奢龍即奢比。三才圖會作「奢北」。又淮南墬形訓云：「諸比，涼風之所生。」「諸比」，神名，或即「奢比」之異文也。獸身，人面大耳，懿行案：大荒東經説奢比尸與此同，唯「大耳」作「犬耳」爲異。珥兩青蛇。珥，以蛇貫耳也，音鈎餌之餌。懿行案：説文云：「珥，瑱也。」繫傳云：「瑱之狀，首直而末鋭，以塞耳。」一曰：肝榆之尸在大人北。

君子國在其北，懿行案：淮南墬形訓有此國，國在東口之山，見大荒東經。後漢書東夷傳注引外國圖曰：「去琅邪三萬里。」説文云：「東夷从大，大，人也。夷俗仁，仁者壽，有君子、不死之國。孔子曰：『道不行，欲之九夷，乘桴浮于海。』有以也。」又云：「鳳出於東方君子之國。」衣冠帶劍，食獸，使二大虎在旁，懿行案：後漢書東夷傳注引此經，「大虎」作「文虎」；高誘注淮南墬形訓亦作「文虎」。今此本作「大」，字形之譌也。其人好讓不爭。懿行案：博物志云：「君子國，好禮讓不爭，土千里。民多疾風氣，故人不蕃息，好讓，故爲君子國也。」藝文類聚二十一卷引此經，「衣冠帶劍」下有「土方千里」四字，「其人好讓」下有「故爲君子國」五字，爲今本所無。有薰或作「堇」。華草，朝生夕死。懿行案：木堇見爾雅。堇，一名蕣，與「薰」聲相近。呂氏春秋仲夏紀云「木堇榮」，高誘注云：「木堇，朝榮莫落，是月榮華，可用作蒸。雜家謂之朝生，一名蕣。詩云『顏如蕣華』是也。」藝文類聚八十九卷引外國圖云：「君子之國，多木槿之華，人民食之。去琅邪三萬里。」一曰：在肝榆之尸北。

䖝䖝在其北，音虹。懿行案：「虹」，漢書作「䖝」。各有兩首。虹，螮蝀也。懿行案：螮蝀、虹見爾雅。虹有兩首，能飲澗水，山行者或見之，亦能降人家庭院。蔡邕災異對所謂「天投虹」者也，云不見尾足，明其有兩首。

一曰：在君子國北。

朝陽之谷，懿行案：爾雅云：「山東曰朝陽。」「水注谿曰谷。」神曰天吳，是爲水伯，懿行案：李善注海賦及遊赤石進帆海詩引此經，竝與今本同。在䖝䖝北、兩水間。其爲獸也，八首人面，八足八尾，皆青黃。大荒東經云「十尾」。懿行案：天吳，虎身十尾，見大荒東經。初學記六卷引此經，作「十八尾」，誤也。

青丘國懿行案：淮南墬形訓無之，大荒東經青丘之國即此也。孔晁注王會篇云：「青丘，海東地名。」子虛賦云：「秋田乎青丘，傍偟乎海外。」服虔注云：「青丘國在海東三百里。」在其北，其人食五穀，衣絲帛。其狐四足九尾。汲郡竹書曰：「柏杼子征于東海及王壽，得一狐，九尾。」即此類也。懿行案：李善注子虛賦引此經。周書王會篇云：「青丘狐九尾。」竹書云：「夏帝杼八年，征于東海及三壽，得一狐，九尾。」郭引作「柏杼子」，「柏」與「伯」通，「王壽」即「三壽」，字之譌也。呂氏春秋云：「禹行塗山，乃有白狐九尾造於禹。塗山人歌曰：『綏綏白狐，九尾龐龐。』」然則九尾狐其色白也。一曰：在朝陽北。

帝命豎亥豎亥，健行人。懿行案：廣韵作「豎孩，神人」，疑字形之異。步，自東極至于西極，五億十選選，萬也。懿行案：選，音同算；算，數也。數終於萬，故以選爲萬也。九千八百步。懿行案：劉昭注郡國志云：「山海經稱禹使大章步，自東極至于西垂，二億三萬三千三百里七十一步；又使豎亥步，南極北盡于北垂，二億三萬三千五百里七十五步。」今案淮南墬形訓所説，大旨相同，以校此經，無「禹使大章」云云。又其數與劉昭所引不合，未知其審。又中山經云：「天地東西二萬八千里，南北二萬六千里。」與此復不同者，此通海外而計，彼據中國穀土而言耳。豎亥右手把算，左手指青丘北。懿行案：亦言圖畫如此也。「算」，當爲「筭」。説文云：「筭，長六寸，計歷數者。」一曰：禹令豎亥。一曰：五億十萬九千八百步。詩含神霧曰：「天地東西二億三萬三千里，南北二億一千五百里，天地相去一億五萬里。」懿行案：含神霧所説里數，與淮南子及劉昭注又異。藝文類聚、初學記引此經，竝云：「帝令豎亥步，自東極至西極，五億十萬九千八百八步。」與今本復不同。吴越春秋云：「禹行，使大章步東西，豎亥度南北。」此經雖不及大章，其地數則合東西南北而計也。

黑齒國在其北，東夷傳曰，倭國東四十餘里，有裸國；裸國東南有黑齒國，船行一年可至也。異物志云西屠染齒，亦以放此人。懿行案：黑齒國姜姓，帝俊之裔，見大荒東經。淮南墬形訓有黑齒民。周書王會篇云：「黑齒白鹿白馬。」又伊尹四方令云：「正西漆齒。」非此也。魏志東夷傳云：「女王國東，渡海千餘里，復有國，皆倭種。又有侏儒國在其南，人長三四尺，去女王四千餘里。又有裸國、黑齒國，復在其東南，船行一年可至。」此即郭所引也。「四千餘里」，郭引作「四十餘里」，字形之譌也。又引「西屠染齒」者，劉逵注吴都賦引異物志云：「西屠以草染齒，染白作黑。」即與郭所引同也。爲人黑，懿行案：「黑」下當脱「齒」字。王逸注楚詞招魂云：「黑齒，齒牙盡黑。」高誘注淮南墬形訓云：「其人黑齒，食稻啖蛇，在湯谷上。」是古本有「齒」字之證。太平御覽三百六十八卷引此經，「黑」下亦有「齒」字。食稻啖蛇，一赤一青，一作「一青蛇」。在其旁。一曰：在豎亥北，爲人黑首，懿行案：「首」，蓋「齒」字之譌也。古文「首」作「𦣻」，「齒」作「𠚕」，形近相亂，所以致譌。食稻使蛇，其一蛇赤。

下有湯谷，谷中水熱也。　懿行案：說文作「暘谷」；虞書及史記五帝紀作「暘谷」；文選思玄賦及海賦、月賦注引此經，亦竝作「暘谷」。索隱云：「史記舊本作『湯谷』。淮南子曰：『日出湯谷，浴於咸池。』」今案楚詞天問亦云「出自湯谷」也。湯谷上有扶桑，扶桑，木也。　懿行案：「扶」當爲「榑」。東次三經云，無皋之山「東望榑木」，謂此。說文云：「榑桑，神木，日所出也。」又云：「日初出東方湯谷所登。榑桑，叒木也。」李善注思玄賦引十洲記云：「扶桑，葉似桑樹，長數千丈，大二十圍，兩兩同根，生更相依倚，是以名之扶桑。」初學記一卷引此經，「扶桑」下有「木」字，蓋并引郭注也。十日所浴，懿行案：楚詞招魂云：「十日代出，流金鑠石。」王逸注云：「鑠，銷也。言東方有扶桑之木，十日竝在其上，以次更行，其勢酷烈，金石堅剛皆爲銷釋也。」淮南墬形訓云：「若木在建木西，末有十日，其華照下地。」高誘注云：「若木，端有十日，狀如連華，光照其下也。」在黑齒北，居水中。有大木，九日居下枝，懿行案：楚詞遠遊云：「朝濯髮於湯谷兮，夕晞余身兮九陽。」九陽即此云九日也。一日居上枝。莊周云：「昔者十日竝出，草木焦枯。」淮南子亦云：「堯乃令羿射十日，中其九日，日中烏盡死。」離騷所謂「羿焉畢日，烏焉落羽」者也。歸藏鄭母經云：「昔者羿善射，畢十日，果畢之。」汲郡竹書曰：「胤甲即位，居西河。有妖孽，十日竝出。」明此自然之異，有自來矣。傳曰：「天有十日」，「日之數十」。此云「九日居下枝，一日居上枝」，大荒經又云「一日方至，一日方出」，明天地雖有十日，自使以次第迭出運照，而今俱見，爲天下妖災，故羿稟堯之命，洞其靈誠，仰天控弦而九日潛退也。假令器用可以激水烈火，精感可以降霜回景，然則羿之鑠明離而斃陽烏，未足爲難也。若搜之常情，則無理矣。然推之以數，則無往不通。達觀之客宜領其玄致，歸之冥會，則逸義無滯，言奇不廢矣。　懿行案：郭注「搜」，疑當爲「揆」字之譌也。十日之說，儒者多疑鮮信，故郭氏推廣證明之。至於怪奇之迹，理所不無。如呂氏春秋求人篇云：「堯朝許由於沛澤之中，曰：『十日出而焦火不息。』」淮南兵畧訓云：「武王伐紂，當戰之時，十日亂於上。」竹書云：「帝廑八年，天有祅孽，十日竝出。」又云：「桀時三日竝出」，「紂時二日竝出」。是皆變怪之徵，非常所有，即與此經殊旨，既不足取證，當歸之删除矣。

雨師妾在其北，雨師，謂屏翳也。　懿行案：楚詞天問云：「蓱號起雨。」王逸注云：「蓱，蓱翳，雨師名也。號，呼也。」初學記云：「雨師曰屏翳，亦曰屏號。」列仙傳云：「赤松子，神農時雨師。」風俗通云：「玄冥爲雨師。」今案雨師妾蓋亦國名，即如王會篇有姑妹國矣。焦氏易林乃云：「雨師娶婦。」蓋假託爲詞耳。其爲人黑，兩手各操一蛇，左耳有青蛇，右耳有赤蛇。一曰：在十日北，爲人黑身人面，各操一龜。

玄股之國在其北，髀以下盡黑，故云。　懿行案：玄股國在招摇山，見大荒東經。淮南墬形訓有玄股民。其爲人衣魚以魚皮爲衣也。　懿行案：今東北邊有魚皮島夷，正以魚爲衣也，其冠以羊鹿皮，戴其角如羊鹿然。食驅，驅，水鳥也，音憂。　懿行案：説文云：「驅，水鴞也。」文選吴都賦注引蒼頡篇云：「鷗，大如鳩。」使兩鳥夾之。　懿行案：高誘注淮南墬形訓引此經，無「使」字，「兩鳥夾之」上有「其股黑」三字。一曰：在雨師妾北。

毛民之國在其北，懿行案：毛民國依姓，禹之裔也，見大荒北經。淮南墬形訓云：「東北方有毛民。」高誘注云：「其人體半生毛，若矢鏃也。」爲人身生毛。今去臨海郡東南二千里，有毛人在大海洲島上，爲人短小而體盡有毛，如豬能，穴居，無衣服。晉永嘉四年，吴郡司鹽都尉戴逢在海邊得一船，上有男女四人，狀皆如此。言語不通，送詣丞相府，未至道死，唯有一人在。上賜之婦，生子，出入市井，漸曉人語，自説其所在，是毛民也。大荒經云毛民「食黍」者是矣。　懿行案：太平御覽三百七十三卷引臨海異物志曰：「毛人洲，王張奐，毛長短如熊。周綽得毛人，送詣秫陵。」即此國人也。郭注「而體」，明藏本作「面體」；大荒北經注亦同，此蓋字譌。一曰：在玄股北。

勞民國在其北，懿行案：淮南墬形訓有勞民，高誘注云：「正理躁擾不定也。」其爲人黑。食果草實也。有一鳥兩頭。懿行案：郭注此語疑本在經內，今亡。又奇肱國有鳥兩頭，見海外西經，非此。或曰：教民。懿行案：「教」、「勞」聲相近。一曰：在毛民北，爲人面目手足盡黑。懿行案：今魚皮島夷之東北有勞國，疑即此。其人與魚皮夷面目手足皆黑色也。

東方句芒，鳥身人面，乘兩龍。木神也，方面素服。墨子曰：「昔秦穆公有明德，上帝使句芒賜之壽十九年。」懿行案：注「秦穆公」，今墨子明鬼下篇作「鄭穆公」。論衡無形篇正與此注同也。越絶書云：「太皞治東方，袁何佐之，使主木。」疑「袁何」即「句芒」之異名也。尚書大傳云：「東方之極，自碣石東至日出榑木之野，帝太皞、神句芒司之。」呂氏春秋孟春紀云：「其神句芒。」高誘注云：「句芒，少皞氏之裔子，曰重，佐木德之帝，死爲木官之神。」漢書張揖注司馬相如大人賦云：「句芒，東方青帝之佐也，鳥身人面。乘兩龍。」本此經爲説也。白虎通云：「句芒者，芒之爲言萌也。」

建平元年四月丙戌，待詔太常屬臣望校治，侍中光禄勳臣龔、侍中奉車都尉光禄大夫臣秀領主省。懿行案：建平元年，漢哀帝乙卯年也。望，蓋丁望；龔，王龔；秀，劉歆也。

山海經第十

海内南經

海内東南陬以西者。從南頭起之也。

甌懿行案：周書王會篇云：「歐人蟬蛇。」孔晁注云：「東越歐人也。」又云：「且甌文蜃。」注云：「且甌在越。」伊尹四方令云：「正東越漚，正南甌鄧。」疑「甌」與「漚」、「歐」竝古字通也。史記索隱引劉氏云：「今珠厓儋耳謂之甌人。」正義曰：「輿地志云：『交阯，周時爲駱越，秦時曰西歐。』」居海中，今臨海永寧縣即東甌，在岐海中也。音嘔。懿行案：臨海郡永寧縣見晉書地理志。初學記六卷引此經云：「甌、閩皆在岐海中。」蓋并引郭注之文也。岐海，謂海之槎枝。東次三經云：無皋之山「南望幼海」。即此。閩懿行案：説文云：「閩，東南越，蛇穜，从虫。」夏官職方氏掌七閩，是閩非一種，舉其大名耳。劉逵注左思賦云：「閩，越名也，秦并天下，以其地爲閩中郡。」在海中，閩越即西甌，今建安郡是也，亦在岐海中；音旻。懿行案：建安郡，故秦閩中郡，見晉書地理志。漢書惠帝紀：二年〔一〕，「立

〔一〕「二年」，諸本皆同。惟立閩越君爲東海王之事，漢書惠帝紀繫于惠帝三年。此或爲郝氏手誤，或爲刊刻之誤。

閩越君搖爲東海王」。顔師古注云：「即今泉州是其地。」其西北有山。一曰：閩中山在海中。

三天子鄣山音章。　懿行案：海内東經云：「浙江出三天子都」，「廬江出三天子都」，「一曰：天子鄣」。即此。在閩西海北。今在新安歙縣東，今謂之三王山，浙江出其邊也。張氏土地記曰：「東陽永康縣南四里有石城山，上有小石城，云黄帝曾遊此。」即三天子都也。　懿行案：海内東經云：「三天子都在閩西北。」無「海」字，此經「海」字疑衍。劉昭注郡國志丹陽郡歙引此經郭注云：「在縣東，今謂之玉山。」又注會稽郡浙江引郭注云：「江出歙縣玉山。」初學記八卷亦引郭注云：「玉山，浙江出其邊。」疑二書「玉山」即「三王山」之脱誤，古「玉」字作「王」也。山在今安徽歙縣西北。顧野王云：「今永康晉雲山是三天子都，今在績谿縣東九十里，吴於此山分界。」見太平寰宇記。一曰：在海中。

桂林八樹懿行案：伊尹四方令云：「正南甌鄧、桂國。」疑即此。在番隅東。八樹而成林，信其大也。番隅，今番隅縣。　懿行案：劉昭注郡國志南海郡番禺引此經云：「桂林八樹在賁禺東。」水經泿水注及文選遊天台山賦注引此經，竝作「賁禺」；又引郭注云：「八樹成林，言其大也。賁禺，音番隅。」今本脱郭音五字，又「言」譌爲「信」也。然上林賦注及張衡四愁詩注及初學記八卷引此經，仍作「番禺」，蓋古有二本也。初學記引南越志云：「番禺縣有番、禺二山，因以爲名。」水經泿水注又云：「縣有番山，名番禺，謂番山之禺也。」

伯慮國、未詳。　懿行案：伊尹四方令云：「正東伊慮。」疑即此。離耳國、鎪離其耳，分令下垂以爲飾，即儋耳也。在朱崖海渚中，不食五穀，但噉蚌及藷藇也。　懿行案：伊尹四方令云「正西離耳」，郭云「即儋耳」者，此南儋耳也。又有北儋耳，見大荒北經。「儋」，當爲「瞻」。説文云：「瞻，垂耳也，从耳，詹聲。南方瞻耳之國。」劉逵注吴都賦引異物志云：「儋耳，人鏤其耳匡。」漢書張晏注云：「儋耳，鏤其頰皮，上連耳，分爲數支，狀似雞腸，累耳下垂。」水經注引林邑記曰：「漢置九郡，儋耳與焉，民好徒跣，耳廣垂以爲飾。」又云：「儋耳即離耳也。」後漢書西南夷傳云：「哀牢人皆穿鼻儋耳，其渠帥自謂王者，耳皆下肩三寸，庶人則至肩而已。」雕題國、點涅其面，畫體爲鱗采，即鮫人也。懿行案：伊尹四方令云：「正西雕題。」楚詞招魂王逸注云：「雕畫題頟，言南極之人雕畫其頟，常食蠃蜯也。」桂海虞衡志云：「黎人女及笄，即黥頰爲細花紋，謂之繡面女。」亦其類也。郭云「即鮫人」恐非，或有譌字。鮫人見劉逵吴都賦注。

北朐國音劬，未詳。懿行案：疑即北户也。爾雅疏引此經，作「北煦」，「户」、「煦」聲之轉。爾雅釋地四荒有北户，郭注云：「北户在南。」皆在鬱水南。鬱水出湘陵南海。懿行案：鬱水見海内東經。此云「出湘陵南海」，疑有脱誤。又水經温水注引此經云：「離耳國、雕題國皆在鬱水南。」無伯慮、北朐二國。李善注王褒四子講德論引此經，作「雕題國在鬱林南」，亦與今本異。明藏本「南海」作「南山」也。一曰：相慮。懿行案：「相慮」蓋「伯慮」之異文，或「柏慮」之譌文，「柏」、「伯」古字通也。若以海内東經鬱水「入須陵」之文校之，又疑「相慮」即「須陵」之聲轉。此經出湘陵，當爲入湘陵矣。

梟陽國懿行案：揚雄羽獵賦、淮南氾論訓竝作「噑陽」，左思吴都賦作「梟羊」，説文作「梟陽」。在北朐之西，懿行案：爾雅疏引此經，作「北煦之西」。其爲人懿行案：郭注爾雅「狒狒」引此經，作「其狀如人」。人面長脣，黑身有毛，反踵，見人笑亦笑；懿行案：郭注爾雅「狒狒」引此經云：「見人則笑。」劉逵注吴都賦引此經與爾雅注同。高誘注淮南氾論訓亦云：「噑陽，山精，見人而笑。」是古本竝如此。且此物唯喜自笑，非見人笑方亦笑也，故吴都賦云：「禺禺笑而被格。」劉逵注引異物志云：「梟羊善食人，大口。其初得人，喜笑則脣上覆頟，移時而後食之。人因爲筒貫於臂上，待執人，人即抽手從筒中出，鑿其脣於頟而得擒之。」是其笑惟自笑，不因人笑之證。以此參校，可知今本爲非矣。其云「爲筒貫臂」，正與此經「左手操管」合。**左手操管。**周書曰：「州靡髴髴者，人身反踵，自笑，笑則上脣掩其面。」爾雅云「髴髴」，大傳曰：「周書：成王時州靡國獻之。」海内經謂之「贛巨人」。今交州南康郡深山中皆有此物也，長丈許，腳跟反向，健走被髮，好笑；雌者能作汁，灑中人即病，土俗呼爲山都。南康今有贛水，以有此人，因以名水，猶大荒説地有「蜮人」，人因號其山爲蜮山，亦此類也。懿行案：今周書王會篇作「州靡費費」，郭引作「髴髴」，説文引作「⿵門禺⿵門禺」，蓋所見本異也。又所引爾雅當爲「狒狒」。太平御覽九百八卷引此經圖讚云：「⿱巛禺⿱巛禺怪獸，被髮操竹。獲人則笑，脣蓋其目。終亦號咷，反爲我戮。」廣韵亦引此讚，字小異。

兕在舜葬東、湘水南，懿行案：皆説圖畫如此。**其狀如牛，蒼黑一角。**懿行案：兕形狀已見南次三經禱過之山注。竹書云：「周昭王十六年，伐楚，涉漢，遇大兕。」

蒼梧之山，懿行案：高誘注淮南子云：「蒼梧之山在蒼梧馮乘縣東北，零陵之南。」**帝舜葬于陽，**即九疑山也。禮記亦曰：「舜葬蒼梧之野。」懿行案：史記五帝紀注引皇覽云：「舜冢在零陵營浦縣，其山九谿，皆相似，故曰九疑。」吕氏春秋安死篇云：「舜葬於紀市。」高誘注云：「傳曰：『舜葬蒼梧九疑之山。』此云於紀市，九疑山下亦有紀邑。」太平御覽五百五十五卷引尸子曰：「舜西教乎七戎，道死，葬於南己之中。」「己」即「紀」矣。**帝丹朱葬于陰。**今丹陽復有丹朱冢也。竹書亦曰：「后稷放帝朱于丹水。」與此義符。丹朱稱帝者，猶漢山陽公死加獻帝之謚也。懿行案：竹書云：「帝堯五十八年，使后稷放帝子朱于丹水。」今本「朱」上有「子」字，與郭所引異。又史記五帝紀注引此經云：「丹朱葬于陰。」亦無「帝」字。推尋經文，所以稱「帝」之義，或上古朴畧不以爲嫌。水經溱水注云：「有鼻天子城。」鼻天子所未聞，亦斯之類。郭以漢山陽公事例之，非矣。

氾林方三百里，在狌狌東。或作「猩猩」，字同耳。懿行案：海內經云：「猩猩，青獸。」狌狌知人名，懿行案：淮南氾論訓云：「猩猩知往而不知來。」高誘注云：「見人往走則知人姓氏。」後漢書西南夷傳云：「哀牢出猩猩。」李賢注引南中志云：「猩猩在山谷見酒及屩，知其設張者即知張者先祖名字，乃呼其名而罵云『奴欲張我』云云。」其爲獸如豕而人面，周書曰：「鄭郭狌狌者，狀如黃狗而人面，頭如雄雞，食之不眯。」今交州封谿出狌狌，土俗人説云：「狀如豚而腹似狗，聲如小兒嗁也。」懿行案：劉逵注吳都賦引此經云：「猩猩，豕身人面。」郭注爾雅引此經亦同，蓋所見本異也。周書王會篇云：「都郭生生。」此注引作「鄭郭狌狌」，亦所見本異也。其「頭如雄雞」二句，彼文所説奇榦善芳，自別一物，此注不加刻削，妄行牽引，似非郭氏原文，或後人寫書者羼入之耳。郡國志云：交阯郡，封谿。郭注爾雅亦云：「交阯封谿縣出猩猩。」晉書地理志亦作「交阯郡」。此注作「交州」，「州」字譌也。又「腹似狗」，一本作「後似狗」。云「聲如小兒嗁」者，爾雅云：「猩猩小而好嗁。」郭注亦與此注同也。水經葉榆河注云：「封谿縣有猩猩獸，形若黃狗，又狀貆㹠，人面，頭顔端正；善與人言，音聲麗妙，如婦人好女對語交言，聞之無不酸楚；其肉甘美，可以斷穀，窮年不厭。」在舜葬西。

狌狌西北有犀牛，其狀如牛而黑。犀牛似水牛，豬頭，在狌狌知人名之西北，庳腳，三角。懿行案：犀牛形狀已見南次三經禱過之山注。此注「庳腳三角」四字，當與「豬頭」句相屬，疑寫書者誤分之。

夏后啓之臣曰孟涂，懿行案：竹書云：「帝啓八年，帝使孟涂如巴涖訟。」水經江水注引此經，作「血涂」；太平御覽六百三十九卷引作「孟余」或「孟徐」。是司神于巴。人聽其獄訟，爲之神主。請訟于孟涂之所，令斷之也。　懿行案：水經注引此經云「是司神于巴。巴人訟于血涂之所」，疑今本脱一「巴」字。其衣有血者乃執之，不直者則血見於衣。是請生。言好生也。居山上，在丹山西。懿行案：水經注引經止此，酈氏又釋之云：「丹山西即巫山者也。」丹山在丹陽南，丹陽居屬也。今建平郡丹陽城秭歸縣東七里，即孟涂所居也。懿行案：晉書地理志建平郡有秭歸，無丹陽，其丹陽屬丹陽郡也。水經注引郭景純云：「丹山在丹陽，屬巴。」是此經十一字，乃郭注之文，酈氏節引之，寫書者誤作經文耳。「居屬」，又「巴屬」字之譌。

窫窳龍首，居弱水中，在狌狌知人名之西。其狀如龍首，食人。窫窳，本蛇身人面，爲貳負臣所殺，復化而成此物也。　懿行案：劉逵注吴都賦引此經云：「南海之外有猰貐，狀如貙，龍首，食人。」蓋參引爾雅之文。爾雅云：「猰貐類貙。」以引此經，則誤矣。窫窳形狀又見海内西經。又北山經少咸之山説窫窳形狀，復與此異。

有木，其狀如牛，河圖玉版説芝草樹生，或如車馬，或如龍蛇之狀，亦此類也。　懿行案：博物志云：「名山生神芝、不死之草，上芝爲車馬，中芝爲人形，下芝爲六畜。」引之有皮，若纓、黄蛇，言牽之皮，剥如人冠纓及黄蛇狀也。　懿行案：纓，謂纓帶也；引其皮纓帶，若黄蛇之狀也。其葉如羅，如綾羅也。　懿行案：郭説非也。上世淳朴，無綾羅之名，疑當爲網羅也。淮南氾論訓云：「伯余之初作衣也，緂麻索縷，手經指挂，其成猶網羅。」是綾羅之名非上古所有，審矣。又楊檖一名羅，見爾雅，吴氏云。其實如欒，欒，木名，黄本，赤枝青葉，生雲雨山。或作「卵」，或作「麻」，音鑾。　懿行案：玉篇云：「欒，木似欄。」郭説欒「生雲雨山」者，見大荒南經。其木若蓲，蓲，亦木名，未詳。　懿行案：蓲，刺榆也。爾雅云：「藲，荎。」郭注引詩云：「『山有蓲』，今之刺榆。」其名曰建木，建木，青葉紫莖，黑華黄實，其下聲無響，立無影也。　懿行案：郭説建木，本海内經及淮南子。淮南墬形訓云：「建木在都廣，衆帝所自上下，日中無景，呼而無響，蓋天帝之中也。」吕氏春秋有始覽亦同玆説。在窫窳西、弱水上。

氐人國音觸抵之抵。懿行案：「氐人」，大荒西經作「互人」。在建木西，其爲人人面而魚身，無足。盡胷以上人，胷以下魚也。懿行案：竹書云：「禹觀於河，有長人，白面魚身，出曰：『吾河精也。』」吴氏引徐鉉稽神録云：「謝仲玉者，見婦人出没水中，腰以下皆魚。」又引徂異記曰：「查道奉使高麗，見海沙中一婦人，肘後有紅鬣。問之，曰：『人魚也。』」形狀俱與此同。

巴蛇食象，三歲而出其骨，懿行案：劉逵注吴都賦引此經。君子服之，無心腹之疾。今南方蚒蛇吞鹿，鹿已爛，自絞於樹，腹中骨皆穿鱗甲間出，此其類也。楚詞曰：「有蛇吞象，厥大何如？」説者云「長千尋」。懿行案：今楚詞天問作「一蛇吞象」，與郭所引異；王逸注引此經，作「靈蛇吞象」，竝與今本異也。蚒蛇見本草。淮南精神訓云：「越人得髯蛇以爲上肴，中國得而棄之無用。」又水經：「葉榆河過交趾羮泠縣北。」注云：「山多大虵，名曰髯虵，長十丈，圍七、八尺，常在樹上伺鹿獸，鹿獸過便低頭繞之，有頃鹿死，先濡令溼，訖便吞，頭角骨皆鑽皮出。山夷始見虵不動時，便以大竹籤，籤虵頭至尾，殺而食之，以爲珍異云云。」又云：「養創之時，肪腴甚肥，搏之，以婦人衣投之，則蟠而不起走，便可得也。」桂海虞衡志云：「蚒蛇膽入藥，南人腊其皮，刮去鱗，以鞔鼓。」藝文類聚九十六卷引郭氏讚云：「象實巨獸，有蛇吞之。越出其骨，三年爲期。厥大何如，屈生是疑。」其爲蛇青黄赤黑。懿行案：劉逵注吴都賦引此經。一曰：黑蛇青首。懿行案：黑蛇青首，食象，出朱卷之國，見海内經。在犀牛西。

旄馬，其狀如馬，四節有毛。穆天子傳所謂豪馬者，亦有旄牛。懿行案：今穆天子傳作「豪馬、豪牛」，郭氏注云：「毫，猶髭也。」引此經云：「髭馬如馬，足四節，皆有毛。」疑「髭」當爲「髦」，引經「髭馬」亦當爲「髦馬」，竝字形之譌也。郭又注「豪羊」云：「似髦牛。」可知「旄牛」皆當爲「髦牛」矣。又旄牛已見北山經首潘侯之山。在巴蛇西北、高山南。

匈奴、一曰：獫狁。懿行案：伊尹四方令云：「正北匈奴。」史記匈奴傳索隱引應劭風俗通云：「殷時曰獯粥，改曰匈奴。」又晉灼云：「堯時曰葷粥，周曰獫狁，秦曰匈奴。」案已上三名，竝一聲之轉。開題之國、音提。列人之國竝在西北。三國竝在旄馬西北。

山海經第十一

海内西經

海内西南陬以北者。

貳負之臣曰危，危與貳負殺窫窳。懿行案：劉逵注吴都賦引此經，作「猰貐」；李善注張協七命引此經，又作「猰㺒」。帝懿行案：李善注張協七命引此經，作「黄帝」，「黄」字衍。乃梏之疏屬之山，梏，猶繫縛也，古沃切。懿行案：地理志：上郡雕陰，應劭注云：「雕山在西南。」即斯山也，山在今陝西綏德州城内。元和郡縣志云：龍泉縣，「疏屬山，亦名彫陰山」。桎其右足，桎，械也。懿行案：説文云：「桎，足械也。」「梏，手械也。」反縛兩手與髮，并髮合縛之也。懿行案：劉逵注吴都賦及李善注張協七命引此經，竝無「與髮」二字。北堂書鈔四十五卷引則有之；又上句作「梏其右足大道」，下句作「繫之山木之上」，與今本異。此據影鈔宋本，雖多誤字，極是善本，其「大道」二字疑「及首」之譌也。繫之山上木，漢宣帝使人上郡發盤石，石室中得一人，跣裸被髮，反縛，械一足。以問羣臣，莫能知。劉子政按此言對之，宣帝大驚，於是時人争學山海經矣。論者多以爲是其尸象，非真體也。意者以靈怪變化論，難以理測；物禀異氣，出於不然，不可以常運推，不可以近數揆矣。魏時有人發故周王冢者，得殉女子，不死不生，數日時有氣，數月而能語，狀如廿許人；送詣京師，郭太后愛養之，恒在左右；十餘年，太后崩，此女哀思哭泣，一年餘而死。即此類也。懿行案：經云「繫之山上木」，注言得之「石室中」，所未詳也。劉逵注吴都賦引此注，「盤石」作「磻石」；又云「陷得石室，其中有反縛械人」云云，與今本異。海内經云：「北海之内有反縛盜械，名曰相顧之尸。」亦此之類。又水經洛水注云：「温泉水側有僵人穴，穴中有僵尸。戴延之從劉武王西征記曰有此尸，尸今猶在。夫物無不化之理，魂無不遷之道。而此尸無神識事，同木偶之狀，喻其推移，未若正形之速遷矣。」亦斯類也。郭云魏時發故周王冢，得殉女子，與顧凱之啓蒙注同，見魏志明帝紀注。其博物志所載與此則異。又郭云「出於不然」，「不」當爲「自」字之譌，見太平御覽五十卷所引。在開題西北。懿行案：畢氏云：「開題疑即笄頭山也，音皆相近。」

大澤方百里，懿行案：大荒北經作「大澤方千里」；郭注穆天子傳引此經亦云：「大澤方千里，羣鳥之所生及所解。」是「百」當爲「千」矣。然郭注又引此經，云：「羣鳥所集澤有兩處，一方百里，一方千里。」是又以爲非一地，所未詳也。李善注別賦引此經，亦云「大澤方百里」，可證今本不誤。羣鳥所生及所解，百鳥於此生乳，解之毛羽。懿行案：此地即翰海也，說見大荒北經。在鴈門北。

鴈門山，懿行案：淮南墬形訓云：「燭龍在鴈門北，蔽於委羽之山。」疑委羽山即鴈門山之連麓，委羽亦即解羽之義，江淹別賦所謂「鴈山參雲」也。鴈出其閒，懿行案：水經注及初學記三十卷引此經，竝作「鴈出其門」。在高柳北。懿行案：高柳山在今山西代州北三十五里。

高柳在代北。懿行案：水經灅水注引此經，「北」作「中」，云：「其山重巒疊巘，霞舉雲高，連山隱隱，東出遼塞。」

后稷之葬，山水環之，在廣都之野。懿行案：「廣都」，海内經作「都廣」，是。在氐國西。

流黄酆氏之國，懿行案：海内經作「流黄辛氏」。淮南墬形訓云：「流黄、沃氏在其北，方三百里。」即此也。中方三百里。言國城内。有塗四方，途，道。中有山。懿行案：海内經説流黄辛氏有巴遂山，蓋即此。在后稷葬西。

流沙出鍾山，懿行案：楚詞招魂云：「西方之害，流沙千里。」王逸注云：「流沙，沙流而行也。」高誘注吕氏春秋本味篇云：「流沙在敦煌郡西八百里。」水經云：「流沙地在張掖居延縣東北。」注云：「流沙，沙與水流行也。亦言出鍾山，西行，極崦嵫之山，在西海郡北。」西行又南行昆侖之虚，西南入海，黑水之山。今西海居延澤。尚書所謂「流沙」者，形如月生五日也。懿行案：地理志云：張掖郡居延，「居延澤在東北，古文以爲流沙」。是郭所本也。水經注云：流沙「西歷昆山西南，出於過瀛之山」，「又歷員丘不死山之西，入於南海」。

東胡懿行案：國名也，伊尹四方令云：「正北東胡。」詳後漢書烏桓鮮卑傳。廣韵引前燕録云，「昔高辛氏游於海濱，留少子厭越以居北夷，邑于紫蒙之野，號曰東胡」云云，「其後爲慕容氏」。在大澤東。

夷人在東胡東。

貊國在漢水東北，今扶餘國即濊貊故地，在長城北，去玄菟千里，出名馬、赤玉、貂皮，大珠如酸棗也。懿行案：魏志東夷傳説夫餘與此注同，即郭所本也，唯「貂皮」作「貂狖」。後漢書東夷傳又作「貂豽」。藝文類聚八十三卷引廣志曰：「赤玉出夫餘。」地近于燕，滅之。懿行案：大雅韓奕篇云：「其追其貊。」謂此。

孟鳥亦鳥名也。　懿行案：博物志云：「孟舒國民，人首鳥身，其先主爲霅氏訓百禽。夏后之世始食卵，孟舒去之，鳳皇隨焉。」太平御覽九百十五卷引括地圖曰：「孟虧人首鳥身，其先爲虞氏馴百獸。夏后之末世，民始食卵，孟虧去之，鳳凰隨與，止於此山。多竹，長千仞，鳳凰食竹實，孟虧食木實。去九疑萬八千里。」據括地圖及博物志所説，蓋即孟鳥也。又海外西經有「滅蒙鳥」，在結匈國北，疑亦此鳥也，「滅蒙」之聲近「孟」。在貊國東北，其鳥文赤、黄、青，東鄉。　懿行案：明藏本「黄」上無「赤」字。

海内昆侖之虚言「海内」者，明海外復有昆侖山。　懿行案：海内昆侖即西次三經昆侖之丘也，禹貢昆侖亦當指此。海内東經云：「昆侖山在西胡西。」蓋別一昆侖也。又水經河水注引此經郭注云：「此自別有小昆侖也。」疑今本脱此句。又荒外之山以昆侖名者蓋多焉，故水經、禹本紀竝言「昆侖去嵩高五萬里」；水經注又言「晉去昆侖七萬里」，又引十洲記「昆侖山在西海之戌地、北海之亥地，去岸十三萬里」，似皆別指一山。然則郭云海外復有昆侖，豈不信哉。説文云：「虚，大丘也。昆侖丘謂之昆侖虚。」在西北，帝之下都。　懿行案：史記司馬相如傳正義引此經云：「昆侖去中國五萬里，天帝之下都。」蓋并引郭注也，「天」字疑衍。昆侖之虚，方八百里，高萬仞；皆謂其虚基廣輪之高庳耳。自此以上二千五百餘里，上有醴泉、華池，去嵩高五萬里，蓋天地之中也，見禹本紀。　懿行案：王逸注離騷引河圖括地象，言「昆侖在西北，其高一萬一千里」。初學記引此經，云「昆侖山縱廣萬里，高萬一千里，去嵩山五萬里」云云。所引蓋禹本紀文，即郭所引者。水經注亦引此經及郭注，并稱禹本紀。初學記引作此經，誤也。上有木禾，長五尋，大五圍；木禾，穀類也，生黑水之阿，可食，見穆天子傳。　懿行案：穆天子傳云：「黑水之阿，爰有野麥，爰有荅菫（祗、謹兩音），西膜之所謂木禾。」郭注引此經。李善注思玄賦亦引此經及郭注。面　懿行案：

初學記七卷引此經，作「上」。有九井，懿行案：呂氏春秋本味篇云：「水之美者，昆侖之井。」以玉爲檻；檻，欄。懿行案：淮南墬形訓云：「昆侖旁有九井，玉橫維其西北隅。」面有九門，懿行案：史記司馬相如傳正義引此經，作「旁有五門」。門有開明懿行案：淮南墬形訓云：「東方曰東極之山，曰開明之門。」是開明乃門名也。此經自是獸名，非門名，形狀見下。獸守之，百神之所在。懿行案：水經注引遁甲開山圖注云：「天下仙聖，治在柱州昆侖山上。」在八隅之巖，在巖閒也。赤水之際，非仁羿莫能上岡之巖。言非仁人及有才藝如羿者，不能得登此山之岡嶺巉巖也。羿嘗請藥西王母，亦言其得道也。「羿」，一或作「聖」。懿行案：論語釋文云：「魯讀『仍』爲『仁』。」是「仁」、「仍」古字通。說文云：「羿，羽之羿風。」則羿、羽義近。楚詞遠遊篇云：「仍羽人於丹丘。」王逸注云：「人得道，身生羽毛也。」是此經「仁羿」即楚詞「仍羽人」，言羽化登仙也。郭云「羿嘗請藥西王母」，事見歸藏及淮南覽冥訓。李淳風乙巳占引連山易云：「有馮羿者，得不死之藥於西王母。恒娥竊之以奔月，將往，枚筮於有黃。有黃占之，曰：『吉。翩翩歸妹，獨將西行。逢天晦芒，无恐无驚，後且大昌。』恒娥遂託身於月。」即斯事也。

赤水出東南隅，以行其東北。懿行案：穆天子傳云：「宿于昆侖之阿、赤水之陽。」郭注云：「昆侖山有五色水，赤水出東南隅而東北流，皆見山海經。」又案經文「東北」下，明藏本有「西南流注南海厭火東」九字，爲今本所無。

河水出東北隅，懿行案：郭注爾雅釋水及李賢注後漢書張衡傳及廣韵引此經，竝作「河出昆侖西北隅」，淮南墬形訓、廣雅及水經注竝從此經，作「東北隅」，疑傳寫之譌，說見爾雅畧。以行其北，西南又入渤海；又出海外，懿行案：渤海蓋即翰海。或云蒲昌海，非也。水經云：「昆侖河水出其東北陬，屈從其東南流，入於渤海。」又出海外，南至積石山下，又南入蔥嶺，出于闐，又東注蒲昌海。」然則水經之意，蓋不以渤海即蒲昌海也。大荒北經云：「大荒之中，有山名曰先檻大逢之山，河、濟所入，海北注焉。其西有山，名曰禹所積石。」與此經合，則其海即渤海明矣。

即西而北，入禹所導積石山。禹治水，復決疏出之，故云「導河積石」。懿行案：括地志所謂小積石也，說已見海外北經。水經注引此經云云，「山在隴西郡河關縣西南羌中」。然據水經說積石山，在蒲昌海之上，蓋大積石也。此及海外北經所說皆小積石也，酈氏不知，誤以大積石爲即小積石，故濫引此經之文，又議水經爲非，其謬甚矣。洋音翔。水、懿行案：高誘注淮南墬形訓云：「洋水經隴西氐道東至武都爲漢陽，或作『養』也。」水經注引闞駰云：「漢或爲漾，漾水出昆侖西北隅，至氐道，重源顯發而爲漾水。」是洋水即漾水，字之異也。黑水出西北隅，懿行案：史記夏本紀正義引括地志云：「黑水源出伊吾縣北百二十里，又南流二十里而絕三危山，在河州敦煌縣東南四十里。」以東，東行，又東北，南入海，懿行案：禹貢云：「導黑水至于三危，入于南海。」或云南海即揚州東大海，非也。海在羽民南，非中國近地。羽民南。懿行案：羽民已見海外南經。

弱水、青水出西南隅，西域傳：烏弋國去長安萬五千餘里，西行可百餘日，至條枝國，臨西海；長老傳聞，有弱水、西王母云。東夷傳亦曰長城外數千里，亦有弱水。皆所未見也。淮南子云：「弱水出窮石。」窮石，今之西郡删冉，蓋其派別之源耳。懿行案：「弱」，說文作「溺」，云：「溺水自張掖删丹西至酒泉合黎，餘波入於流沙，从水，弱聲，桑欽所說。」地理志引桑欽，與說文同。離騷云：「夕歸次於窮石。」王逸注引淮南子，言弱水出於窮石，入於流沙也。史記正義引括地志云：「蘭門山一名合黎，一名窮石，山在甘州删丹縣西南七里。」以東，又北，又西南過畢方鳥東。懿行案：海外南經云：「畢方鳥在青水西。」然青水竟無攷。

昆侖南淵深三百仞。靈淵。懿行案：即海内北經云「從極之淵深三百仞」者也。開明獸身大類虎而九首，皆人面，東嚮立昆侖上。天獸也。銘曰：「開明爲獸，稟資乾精。瞪視昆侖，威振百靈。」懿行案：明藏本有郭注「『身』或作『直』」四字。懿行案：銘亦郭氏圖讚也。

開明西有鳳皇、鸞鳥，皆戴蛇踐蛇，膺有赤蛇。

開明北有視肉、珠樹、懿行案：海外南經云三珠樹「生赤水上」，即此。淮南墬形訓云昆侖之上有珠樹，又云：曾城九重，珠樹在其西。文玉樹、五彩玉樹。懿行案：淮南子云昆侖之上有玉樹。王逸注離騷引括地象，言昆侖有「瓊玉之樹」也。玗琪樹、玗琪，赤玉屬也。吳天璽元年，臨海郡吏伍曜在海水際得石樹，高二尺餘，莖葉紫色，詰曲傾靡，有光彩，即玉樹之類也。于、其兩音。懿行案：郭注見宋書符瑞志，唯「二尺」作「三尺」，「莖葉」作「枝莖」，「詰曲」作「詰屈」爲異，其餘則同。但據郭所説，則似珊瑚樹，恐非玗琪樹也。玗琪見爾雅釋地。又穆天子傳云：「重䍐氏之所守」，曰「玗琪、徽尾」。不死樹。言長生也。懿行案：李善注思玄賦引此經云：「有不死樹，食之長壽。」今本無此句；又引古今通論云：「不死樹在層城西。」案吕氏春秋本味篇云：「菜之美者，壽木之華。」高誘注云：「壽木，昆侖山上木也。華，實也。食其實者不死，故曰壽木。」是壽木即不死樹也。淮南子云昆侖之上有不死樹。藝文類聚八十八卷引郭氏讚云：「萬物暫見，人生如寄。不死之樹，壽蔽天地。請藥西姥，焉得如羿。」鳳皇、鸞鳥皆戴瞂。音伐，盾也。懿行案：太平御覽三百五十七卷引此經，「瞂」作「盾」。又有離朱、木禾、柏樹、甘水、即醴泉也。懿行案：史記大宛傳云：禹本紀言昆侖上有醴泉。聖木、食之令人智聖也。懿行案：藝文類聚八十八卷引郭氏圖讚云：「醴泉睿木，養齡盡性。增氣之和，去神之冥。何必生知，然後爲聖。」曼兑。未詳。一曰：挺木牙交。淮南作「璇樹」。璇，玉類也。懿行案：淮南子云昆侖之上有璇樹。蓋璇樹一名挺木牙交，故郭氏引之。疑經文上下當有脱誤，或「挺木牙交」四字即「璇樹」二字之形譌，亦未可知。「璇」，當爲「琁」。高誘注淮南墬形訓云：「琁，音窮。」是也。明藏本「牙」作「互」，臧庸曰：「『挺木牙交』爲『曼兑』之異文，『兑』讀爲鋭，『挺』當爲『梃』字之譌也。」

開明東有巫彭、巫抵、巫陽、巫履、巫凡、巫相，皆神醫也。世本曰：「巫彭作醫。」楚詞曰：「帝告巫陽。」懿行案：説文云：「古者巫彭初作醫。」郭引楚詞者，招魂篇文也。餘詳大荒西經。夾窫窳之尸，皆操不死之藥以距之。爲距卻死氣，求更生。窫窳者，蛇身人面，貳負臣所殺也。

服常樹，服常木，未詳。懿行案：淮南子云：「昆侖之上，沙棠、琅玕在其東。」疑服常即沙棠也。「服」，玉篇、廣韵竝作「棴」，云：「木出昆侖也。」其上有三頭人，懿行案：海外南經云三首國「一身三首」，亦此類也。伺琅玕樹。琅玕，子似珠。爾雅曰：「西北之美者，有昆侖之琅玕焉。」莊周曰：「有人三頭，遞卧遞起，以伺琅玕與玗琪子。」謂此人也。懿行案：説文云：「琅玕，似珠者。」郭注爾雅釋地引此經云：「昆侖有琅玕樹也。」又玉篇引莊子云：「積石爲樹，名曰瓊枝，其高一百二十仞，大三十圍，以琅玕爲之實。」是琅玕即瓊枝之子似珠者也。瓊枝亦見離騷，又王逸注九歌云：「瓊，芳瓊玉枝也。」騷客但標瓊枝之文，玉篇空衍琅玕之實，而莊子逸文缺然，未覩厥略。惟藝文類聚九十卷及太平御覽九百一十五卷引莊子曰：「老子見孔子從弟子五人，問曰：『前爲誰？』對曰：『子路爲勇，其次子貢爲智，曾子爲孝，顏回爲仁，子張爲武。』老子歎曰：『吾聞南方有鳥，其名爲鳳，所居積石千里。天爲生食，其樹名瓊枝，高百仞，以璆琳、琅玕爲實。天又爲生離珠，一人三頭，遞卧遞起，以伺琅玕。鳳鳥之文，戴聖嬰仁，右智左賢。』」以此參校，郭注所引「與玗琪子」四字蓋誤衍也。

開明南有樹懿行案：樹蓋絳樹也。淮南子云：昆侖之上，絳樹在其南。鳥，六首。懿行案：大荒西經互人國下云：「有青鳥，身黃赤足，六首，名曰鸀鳥。」即此類。蛟、蛟，似蛇四腳，龍類也。蝮、蛇、蜼、豹、鳥秩樹，木名，未詳。于表池樹木，言列樹以表池，即華池也。誦鳥、鳥名，形未詳。鶽、鵰也。穆天子傳曰：「爰有白鶽、青鵰。」音竹筍之筍。懿行案：今穆天子傳作「白鳥青雕」，已見西次三經鍾山注。視肉。

山海經第十二

海内北經

海内西北陬以東者。

蛇巫之山，上有人操柸「柸」，或作「棓」，字同。 懿行案：「柸」即「棓」字之異文。説文云：「棓，梲也。」玉篇云棓與棒同，步項切。 太平御覽三百五十七卷引服虔通俗文曰：「大杖曰棓。」而東向立。一曰：龜山。 懿行案：越絶書云：「龜山，「一曰怪山。怪山者，往古一夜自來，民怪之，故謂怪山。」吴越春秋云：「怪山者，琅琊東武海中山也，一夕自來，故名怪山。」水經漸江水注云：「山形似龜，故有龜山之稱。」疑此之類也。

西王母梯几而戴勝，杖。梯，謂馮也。 懿行案：如淳注漢書司馬相如大人賦引此經，無「杖」字。 其南有三青鳥，爲西王母取食。又有三足鳥主給使。 懿行案：三青鳥居三危山，見西次三經。史記正義引輿地圖云：「有三足神鳥爲王母取食。」在昆侖虚北。

有人曰大行伯，把戈。其東有犬封國。昔盤瓠殺戎王，高辛以美女妻之，不可以訓，乃浮之會稽東海中，得三百里地封之，生男爲狗，女爲美人，是爲狗封之國也。 懿行案：郭説本風俗通，後漢書南蠻傳有其文。李賢注引魏署云：「高辛氏有老婦居王室，得耳疾，挑之，乃得物大如繭。婦人盛瓠中，覆之以槃，俄頃化爲犬，其文五色，因名槃瓠。」案水經沅水注亦載其事。

貳負之尸在大行伯東。

犬封國曰犬戎國，狀如犬。黄帝之後。卞明生白犬，二頭，自相牝牡，遂爲此國，言狗國也。懿行案：「犬封」、「犬戎」聲相近。郭注本大荒北經。**有一女子，方跪進柸食。**與酒食也。懿行案：藝文類聚七十三卷引此經，「柸」上有「玉」字。明藏本「柸」作「杯」，注「酒」字作「狗」。**有文馬，**懿行案：「文」，説文作「媽」，廣雅作「駮」。**縞身**色白如縞。**朱鬣，目若黄金，名曰吉量，**一作「良」。懿行案：李善注東京賦引此經，正作「吉良」。**乘之壽千歲。**周書曰：「犬戎文馬，赤鬣白身，目若黄金，名曰吉黄之乘。成王時獻之。」六韜曰：「文身朱鬣，眼若黄金，項若雞尾，名曰雞斯之乘。」大傳曰：「駮身朱鬣雞目。」山海經亦有吉黄之乘，壽千歲者，惟名有不同，説有小錯，其實一物耳。今博舉之，以廣異聞也。懿行案：今周書王會篇作「古黄之乘」。初學記二十九卷引亦同，郭引作「吉黄」。六韜云：「犬戎氏文馬，豪毛朱鬣。」郭引無「豪毛」二字。尚書大傳云：「散宜生遂之犬戎氏，取美馬，駮身朱鬣雞目者，取九六焉。」郭又云「山海經亦有吉黄之乘」，是此經「吉量」本或有作「吉黄」者。又名吉光，亦名騰黄。李善注東京賦引瑞應圖云：「騰黄神馬，一名吉光。」藝文類聚九十三卷引此經，又作「吉彊」；九十九卷引瑞應圖云：「騰黄者，其色黄。」非也。經云「縞身朱鬣」，明非黄色。

鬼國懿行案：伊尹四方令云：「正西鬼親。」又魏志東夷傳云女王國北有鬼國。論衡訂鬼篇引此經曰：「北方有鬼國。」**在貳負之尸北，爲物人面而一目。**懿行案：一目國已見海外北經。**一曰：貳負神在其東，爲物人面蛇身。**懿行案：與窫窳同狀。

蜪犬音陶。或作「蚼」，音鉤。懿行案：説文作「蚼」，云：「北方有蚼犬，食人。」如犬，青，懿行案：藝文類聚九十四卷引此經，「青」下有「色」字。食人從首始。

窮奇狀如虎，有翼，毛如蝟。懿行案：窮奇蝟毛，已見西次四經邽山。史記正義引神異經云：「西北有獸，其狀似虎，有翼能飛，便勦食人，知人言語。聞人鬬，輒食直者；聞人忠信，輒食其鼻；聞人惡逆不善，輒殺獸往饋之，名曰窮奇。」食人從首始，所食被髮，在蜪犬北。一曰：從足。懿行案：郭注方言云：「虎食物，值耳即止，以觸其諱故。」是知虎食人從足始也。

帝堯臺、帝嚳臺、懿行案：初學記二十四卷引王韶之始興記云：「含洭縣有堯山，堯巡狩至於此，立行臺。」是帝堯有臺也。楚詞天問云：「簡狄在臺，嚳何宜？」離騷云：「望瑶臺之偃蹇，見有娀之佚女。」是帝嚳有臺也。帝丹朱臺、帝舜臺，懿行案：大荒西經有軒轅臺、北經有共工臺，亦此之類。各二臺，臺四方，在昆侖東北。此蓋天子巡狩所經過，夷狄慕聖人恩德，輒共爲築立臺觀，以標顯其遺跡也。一本云：「所殺相柳，地腥臊，不可種五穀，以爲衆帝之臺。」懿行案：衆帝之臺，已見海外北經。

大蠭，其狀如螽。懿行案：蠭有極桀大者，僅曰「如螽」，似不足方之。疑「螽」即「蠭」字之譌，與下句詞義相比。古文「蠭」作「䗬」，與「螽」字形近，故譌耳。朱蛾，懿行案：爾雅云「蠪，朾螘」，郭注云：「赤駁，蚍蜉。」蓋此之類。其狀如蛾。蛾，蚍蜉也。楚詞曰：「玄蜂如壺，赤蛾如象。」謂此也。懿行案：郭引楚詞，見招魂篇。

蟜，蟜，音橋。懿行案：説文云：「蟜，蟲也。」非此。廣韵「蟜」字注引此經云：「野人身有獸文。」與今本小異。其爲人虎文，脛有膂，言腳有膊腸也。懿行案：「膊」當爲「腨」。説文云：「腨，腓腸也。」「腓，脛腨也。」已見海外北經無膂國。在窮奇東。一曰：狀如人，昆侖虛北所有。此同上物事也。懿行案：郭意此已上物事，皆昆侖虛北所有也。明藏本「同」作「目」。

闒非，闒，音榻。懿行案：伊尹四方令云：「正西闒耳。」疑即此。「非」、「耳」形相近。人面而獸身，青色。

據比一云「掾比」。懿行案：「掾比」，一本作「掾北」。之尸，其爲人折頸被髮，無一手。

環狗，懿行案：伊尹四方令云：「正西昆侖、狗國。」易林云：「穿胸、狗邦。」即此也。淮南墬形訓有狗國。其爲人獸首人身。一曰：蝟狀如狗，黃色。

袜，袜，即魅也。懿行案：魑魅，漢碑作「禼袜」。禮儀志云：「雄伯食魅。」玉篇云：「袜，即鬼魅也。」本此。其爲物人身黑首，從目。懿行案：楚詞大招云：「豕首從目，被髮鬤只。」疑即此。

戎，懿行案：周書史記篇云：「昔有林氏召離戎之君而朝之。」或單呼爲戎，又與林氏國相比，疑是也。其爲人人首三角。懿行案：「戎」，廣韵作「俄」，云：「俄，人身有三角也。」「首」作「身」，與今本異。

林氏國懿行案：周書史記篇云：「昔有林氏召離戎之君而朝之。」又云：「林氏與上衡氏争權，俱身死國亡。」即此國也。有珍獸，大若虎，五采畢具，懿行案：毛詩傳云：「騶虞，白虎黑文，不食生物。」與此異。尾長于身，名曰騶吾，乘之日行千里。六韜云：「紂囚文王，閎夭之徒詣林氏國，求得此獸獻之。紂大悦，乃釋之。」周書曰：「夾林酋耳，酋耳若虎，尾參於身，食虎豹。」大傳謂之「侄獸」。「吾」，宜作「虞」也。懿行案：尚書大傳云：「散宜生之於陵氏，取怪獸，大不辟虎狼閒，尾倍其身，名曰虞。」鄭康成注云：「虞，騶虞也。」是鄭以虞即此經之騶吾，則於陵氏即林氏國也。「於」爲發聲，「陵」、「林」聲近。騶虞亦即騶吾也，「虞」、「吾」之聲又相近。周禮賈疏引經，作「鄒吾」，古字假借也。周書王會篇云：「央林酋耳。」「央」，一作「英」。郭引作「夾」，字形之譌也。郭又引大傳謂之「侄獸」，侄音質，今大傳作「怪獸」也。藝文類聚九十九卷引郭氏讚云：「怪獸五采，尾參於身。矯足千里，儵忽若神。是謂騶虞，詩歎其仁。」

昆侖虛南所有，懿行案：此目下物事也，郭無注，蓋失檢。氾林方三百里。懿行案：淮南墬形訓云：「樊桐在昆侖閶闔之中。」廣雅云：「昆侖虛有板桐。」水經注云：「昆侖之山，下曰樊桐，一名板桐。」「氾」、「樊」、「板」聲相近，「林」、「桐」字相似，當即一也，畢氏云。

從極之淵，懿行案：李善注江賦引此經，「淵」作「川」。深三百仞，維冰夷恒都焉。冰夷，馮夷也。淮南云：「馮夷得道，以潛大川。」即河伯也。穆天子傳所謂「河伯無夷」者，竹書作「馮夷」，字或作「冰」也。懿行案：水經注引此經，作「馮夷」。穆天子傳云：「河伯無夷之所都居。」郭注云：「無夷，馮夷也。」引此經云冰夷，「冰」、「馮」聲相近也。史記索隱又引太公金匱云「馮修也」。「修」、「夷」亦聲相近也。竹書云：「夏帝芬十六年，洛伯用與河伯馮夷鬭。」郭引淮南云者，齊俗訓文也。莊子大宗師篇云：「馮夷得之，以游大川。」釋文引司馬彪云：「清泠傳曰：『馮夷，華陰潼鄉隄首人也，服八石，得水仙，是爲河伯。』一云，以八月庚子浴於河而溺死。」今案，古書馮夷姓名多有異説，兹不備述云。冰夷人面，乘兩龍。畫四面各乘靈車，駕二龍。懿行案：郭注「靈」，蓋「雲」字之譌也。水經注引括地圖云：「馮夷恒乘雲車，駕二龍。」是「靈」當爲「雲」。太平御覽六十一卷引此注，正作「雲車」，可證。李善注江賦引此經，作「冰夷人面而乘龍」，無「兩」字，疑「兩」譌爲「而」，「乘」字又誤置「而」字下也。史記封禪書正義引此經，與今本同，可證。 一曰：忠極之淵。懿行案：水經注引此經，作「中極」，「中」、「忠」古字通。

陽汙之山，河出其中。凌門之山，河出其中。皆河之枝源所出之處也。懿行案：「陽汙」即「陽紆」，聲相近。穆天子傳云：「至于陽紆之山，河伯無夷之所都居。」水經注云：「河水又出于陽紆、陵門之山，而注于馮逸之山。」蓋即引此經之文，陵門即淩門也。或云即龍門，「淩」、「龍」亦聲相轉也。藝文類聚八卷引此經，正作「陽紆、陵門」，與水經注合。陽紆、陵門，其地皆當在秦，故淮南子云：「昔禹治洪水，具禱陽紆。」高誘注云：「陽紆，秦藪。」是也。水經注反以高誘爲非，謬矣。

王子夜之尸，兩手、兩股、胷、懿行案：「胷」，當爲「匈」。首、齒皆斷異處。此蓋形解而神連，貌乖而氣合。合不爲密，離不爲疏。懿行案：楚詞天問注有「王子僑之尸」，未審與此經所説即一人不。或説王子夜之尸即尸虞，恐非也。尸虞即天虞，見大荒西經，所未能詳。漢書郊祀志云：「形解銷化。」服虔注云：「尸解也。」蓋此類與？郭氏圖讚云：「子夜之尸，體分成七。離不爲疏，合不爲密。苟以神御，形歸於一。」

舜妻登比氏，懿行案：大荒南經云：「帝俊妻娥皇。」即竹書云后育是也。大戴禮帝繫篇云：「帝舜娶於帝堯之子，謂之女匽氏。」尸子云：「妻之以媓，媵之以娥。」此二妃皆堯女。鄭注禮記云：「舜有三妃。」蓋其一即登比矣。生宵明、燭光，即二女字也，以能光照，因名云。懿行案：初學記十卷云：「舜女有宵明、燭光。」本此。處河大澤。澤，河邊溢漫處。二女之靈能照此所方百里。言二女神光所燭及者方百里。懿行案：淮南墬形訓云：「宵明、燭光在河洲，所照方千里。」疑「千」當爲「百」，或所見本異。 一曰：登北氏。

蓋國懿行案：魏志東夷傳云：「東沃沮在高句麗蓋馬大山之東。」後漢書東夷傳同，李賢注云：「蓋馬，縣名，屬玄菟郡。」今案蓋馬疑本蓋國地。在鉅燕南，倭北。倭屬燕。倭國在帶方東大海内，以女爲主，其俗露紒，衣服無針功，以丹朱塗身，不妒忌，一男子數十婦也。懿行案：魏志東夷傳云：「倭人在帶方東南大海之中，依山島爲國邑，舊百餘國；其國本亦以男子爲王，國亂，相攻伐歷年，乃共立一女子爲王，名曰卑彌呼；其俗男子皆露紒，以木棉招頭，其衣横幅，但結束相連，略無縫；婦人被髮屈紒，作衣如單被，穿其中央，貫頭衣之；皆徒跣，以朱丹塗其身體，如中國用粉也；其俗，國大人皆四五婦，下户或二三婦，婦人不淫不妒忌。是皆郭注所本也。地理志云：「樂浪海中有倭人，分爲百餘國。」魏志亦云：「女王國東，渡海千餘里，復有國皆倭種。」是也。其國有青玉，藝文類聚八十三卷引廣志曰：「青玉出倭國。」史記正義云：「武后改倭國爲日本國。」經云「倭屬燕」者，蓋周初事與？

朝鮮懿行案：尚書大傳云：「武王勝殷，釋箕子之囚。箕子不忍爲周之釋，走之朝鮮。武王聞之，因以朝鮮封之。」魏志東夷傳云：「濊南與辰韓，北與高句麗、沃沮接，東窮大海」，「今朝鮮之東皆其地也。昔箕子既適朝鮮，作八條之教以教之，無門户之閉而民不爲盜云云。」史記正義云：「朝，音潮；鮮，音仙。」在列陽東，海北山南。列陽屬燕。朝鮮，今樂浪縣，箕子所封也。列，亦水名也，今在帶方，帶方有列口縣。懿行案：地理志云：樂浪郡，朝鮮。又：「呑列，分黎山，列水所出，西至黏蟬入海。」又云：「含資，帶水西至帶方入海。」又帶方、列口竝屬樂浪郡，晉書地理志列口屬帶方郡。

列姑射在海河州中。山名也，山有神人。河州在海中，河水所經者，莊子所謂藐姑射之山也。懿行案：列子黄帝篇云，「列姑射山在海河洲中，山上有神人焉，吸風飲露，不食五穀，心如淵泉，形如處女」云云。與莊子逍遥游篇所云「藐射姑之山，汾水之陽」者非一地也，説已見東次二經姑射之山。郭引莊子説此經，蓋非。

射姑國在海中，屬列姑射，西南，山環之。懿行案：山環西南，海據東北也。

大蟹在海中。蓋千里之蟹也。懿行案：周書王會篇云：「海陽大蟹。」孔晁注云：「海水之陽，一蟹盈車。」此云「千里」，疑字之譌也。然大荒北經注亦同，又似不譌。呂氏春秋恃君覽云：「夷穢之鄉，大解、陵魚。」「大解」即「大蟹」也，古字通用。陵魚在下。

陵魚，人面手足，魚身，在海中。懿行案：楚詞天問云：「鯪魚何所？」王逸注云：「鯪魚，鯉也。一云：鯪魚，鯪鯉也，有四足，出南方。」吴都賦云：「陵鯉若獸。」劉逵注云：「陵鯉，有四足，狀如獺，鱗甲似鯉，居土穴中，性好食蟻。」引楚詞云：「陵魚曷止？」王逸曰：「陵魚，陵鯉也。」所引楚詞與今本異，其説陵鯉即今穿山甲也；云「性好食蟻」，陶注本草説之極詳，然非此經之陵魚也。穿山甲又不在海中，此皆非矣。查通奉使高麗，見海沙中一婦人，肘後有紅鬣，號曰人魚，蓋即陵魚也。「陵」、「人」聲相轉，形狀又符，是此魚審矣。又初學記三十卷引此經云：「鯪魚，背腹皆有刺，如三角菱。」北堂書鈔一百三十七卷亦引此經，而云：「鯪鯉吞舟。」太平御覽九百三十八卷引作「鯪魚吞舟」，疑此皆郭注，誤引作經文，今本竝脱去之也。

大鯾居海中。鯾，即魴也，音鞭。懿行案：爾雅云：「魴，鯿。」郭注云：「江東呼魴魚爲鯿。」案「鯿」同「鯾」，見説文。

明組音祖。邑居海中。懿行案：明組邑蓋海中聚落之名，今未詳。或説以爾雅云「組似組，東海有之」，恐非。

蓬萊山在海中。上有仙人，宫室皆以金玉爲之，鳥獸盡白，望之如雲，在渤海中也。懿行案：史記封禪書云，「蓬萊、方丈、瀛洲，此三神山者，其傳在渤海中，諸仙人及不死之藥皆在焉。其物禽獸盡白，而黄金、銀爲宫闕，未至，望之如雲」云云。是郭所本也。列子夏革説勃海之東有五山，中有蓬萊云。

大人之市在海中。懿行案：今登州海中州島上，春夏之交，恒見城郭市廛人物往來，有飛仙遨游，俄頃變幻，土人謂之海市，疑即此。秦、漢之君所以甘心，方士所以誑惑其君，豈不以此邪？

山海經第十三

海内東經

海内東北陬以南者。

鉅燕在東北陬。

國在流沙中者，埻端、埻，音敦。 懿行案：玉篇作「埻㙗，國名」。璽㬇，㬇，音喚。或作「繭㬇」。懿行案：「㬇」即「暖」字也。玉篇作「璽㬇國」。在昆侖虚東南。一曰：海内之郡，不爲郡縣，在流沙中。懿行案：海内東經之篇而説流沙内外之國，下又雜厠東南諸州及諸水，疑皆古經之錯簡。

國在流沙外者，大夏、大夏國城方二三百里，分爲數十國，地和温，宜五穀。懿行案：周書王會篇云：「大夏茲白牛。」孔晁注云：「大夏，西北戎。」伊尹四方令云：「正北大夏。」史記大宛傳云：「大夏在大宛西南二千餘里，媯水南，其俗土著有城屋，與大宛同俗。無大王長，往往城邑置小長。」裴松之注三國志引魏略云：「西王母西有脩流沙，脩流沙西有大夏國。」豎沙、懿行案：説文云：「古者宿沙初作煮海鹽。」宿沙蓋國名。「宿」、「豎」聲相近，疑即豎沙也。三國志注引魏略作「堅沙國」。居繇、繇，音遥。 懿行案：三國志注引魏略作「屬繇國」。月支之國。月支國多好馬、美果，有大尾羊，如驢尾，即羬羊也。小月支、天竺國皆附庸云。懿行案：伊尹四方令云：「正北月氏。」「氏」、「支」同。三國志注引魏略作「月氏國」。漢書西域傳云：大月氏國「治監氏城」。西胡白玉山懿行案：三國志注引魏略云：「大秦西有海水，海水西有河水，河水西南北行，有大山，西有赤水，赤水西有白玉山，白玉山西有西王母。」今案大山蓋即昆侖也，白玉山、西王母皆國名。藝文類聚八十三卷引十洲記曰：「周穆王時，西胡獻玉杯，是百玉之精，明夜照夕」云云。然則白玉山蓋以出美玉得名也。在大夏東，蒼梧懿行案：此別一蒼梧，非南海蒼梧也。在白玉山西南，皆在流沙西，昆侖虛東南。昆侖山在西胡西，皆在西北。地理志昆侖山在臨羌西，又有西王母祠也。懿行案：地理志云：金城郡臨羌，「西北至塞外，有西王母石室」。又云：「有弱水、昆侖山祠。」是郭所本也。然詳此經所說，蓋海内西經注所云「海外復有昆侖」者也。郭引地理志，復以海内昆侖說之，似非。

雷澤中有雷神，龍身而人頭，鼓其腹，在吴西。今城陽有堯冢、靈臺，雷澤在北也。河圖曰：「大迹在雷澤，華胥履之而生伏羲。」懿行案：淮南墬形訓云：「雷澤有神，龍身人頭，鼓其腹而熙。」高誘注云：「雷澤，大澤也。」地理志云濟陰郡成陽，「有堯冢、靈臺。禹貢雷澤在西北」。史記五帝紀正義引括地志云：「雷夏澤在濮州雷澤縣郭外西北。」又引此經云：「雷澤有雷神，龍首人頰，鼓其腹則雷。」與今本異也。

都州在海中。懿行案：水經淮水注引此經，作「郁山」。劉昭注郡國志引此經，與今本同。一曰：郁州。今在東海朐縣界。世傳此山自蒼梧從南徙來，上皆有南方物也。郁，音鬱。懿行案：劉昭注郡國志引此注云：「在蒼梧徙來，上皆有南方樹木。」與今本異。疑今本「從南」二字衍也。水經注亦云：「言是山自蒼梧徙此云，山上猶有南方草木。」

琅邪臺在渤海閒，琅邪之東，今琅邪在海邊，有山嶕嶤特起，狀如高臺，此即琅邪臺也。琅邪者，越王句踐入霸中國之所都。懿行案：史記封禪書索隱及文選注謝朓和王著作八公山詩引此經，竝與今本同。越絕書云：句踐「徙琅邪，起觀臺，臺周七里，以望東海」。今詳此經，是地本有臺，句踐特更增築之耳。故史記索隱云：「是山形如臺也。」斯言得之。其北有山。一曰：在海閒。懿行案：琅邪臺在今沂州府，其東北有山，蓋勞山也。勞山在海閒，一曰牢山。

韓鴈懿行案：韓鴈蓋三韓古國名。韩有三種，見魏志東夷傳。在海中，都州南。

始鳩國名。或曰：「鳥名也。」在海中，轅厲南。懿行案：「轅厲」，疑即「韓鴈」之譌也。「韓」「轅」、「鴈」「厲」竝字形相近。

會稽山在大楚南。

岷三江，首大江出汶山，今江出汶山郡升遷縣岷山，東南經蜀郡犍爲至江陽，東北經巴東、建平、宜都、南郡、江夏、弋陽、安豐至廬江南界，東北經淮南下邳至廣陵郡入海。懿行案：「汶」即「岷」也，已見中次九經岷山。郭云岷山大江所出。「岷」字一作「崏」。廣雅云：「蜀山，謂之崏山。」「蜀」讀爲獨，字或作「瀆」。史記封禪書云：「瀆山，蜀之汶山也。」水經注又謂之汶阜山。又郭注自蜀郡已下，凡有十四名，竝見晉書地理志。北江出曼山，懿行案：曼山即崌山，郭云北江所出。南江出高山。懿行案：高山即崍山，郭云南江所出。高山在城都西。懿行案：「城」，當爲「成」。入海，在長州南。懿行案：郡國志云：「東陽故屬臨淮，有長洲澤。」「洲」，當爲「州」也。又案成都、長州亦皆周以後地名，蓋校書者記注之。

浙江出三天子都，按地理志，浙江出新安黟縣南蠻中，東入海，今錢塘浙江是也。「黟」即「歙」也。浙，音折。懿行案：説文云：「漸水出丹陽黟南蠻中，東入海。」又云：「浙，江水東至會稽山陰，爲浙江。」地理志云：丹陽郡黝，「漸江水出南蠻夷中，東入海」。顔師古注云：「黝，音伊，字本作『黟』。」是也。晉書地理志亦作「黝」，屬新安郡。新安即丹陽，晉改漢制。郭引地理志，據所改爲名，故不稱丹陽也。水經云：漸江水「出三天子都」。注云：「山海經謂之浙江也。」案初出名漸江，其流曲折至會稽，名浙江，説文之旨與水經正合。莊子謂之制河，「制」、「浙」、「漸」三字聲轉，其實一也；水出今安徽歙縣西北黄山。三天子都在績谿縣，即三天子鄣，已見海内南經。文選注謝惠連西陵遇風獻康樂詩引此注云：「今錢塘有浙江。」疑今本脱「有」字也。在其東。懿行案：「其」字疑譌。太平御覽六十五卷引作「率」，亦非也。據太平寰宇記引作「蠻」；郭注「黟即歙也」，「黟」亦引作「蠻」。今以地理志、説文證之，當是也。在閩西北，懿行案：海内南經云：「三天子鄣山在閩西海北。」入海，餘暨南。餘暨縣屬會稽，今爲永興縣。懿行案：餘暨，今蕭山也。地理志云：會稽郡「餘暨」。晉書地理志云：會稽郡「永興」。

廬江出三天子都，懿行案：地理志云：廬江郡，「廬江出陵陽東南，北入江」。水經云：「廬江水出三天子都，北過彭澤縣西，北入於江。」注引此經。入江彭澤西。彭澤，今彭蠡也，在尋陽彭澤縣。懿行案：地理志云：廬江郡，「尋陽」。豫章郡，「彭澤」。郡國志云：「彭澤，彭蠡澤在西。」一曰：天子鄣。懿行案：三天子鄣已見海内南經。

淮水出餘山，餘山在朝陽東，朝陽縣今屬新野。懿行案：地理志云：南陽郡，「朝陽」。應劭注云：「在朝水之陽。」藝文類聚八卷引此經，無「東」字。晉書地理志朝陽、新野竝屬義陽郡，郭注「新野」，疑當爲「義陽」，字之譌也。**義鄉西，**懿行案：義鄉，今無攷。郭云「義陽」者，水經注云：「闞駰言：晉太始中，割南陽東鄙之安昌、平林、平氏、義陽四縣，置義陽郡於安昌城。」義陽或即此經之義鄉。**入海淮浦北。**今淮水出義陽平氏縣桐柏山山東，北經汝南、汝陰、淮南、譙國、下邳，至廣陵縣入海。懿行案：説文云：「淮水出南陽平氏桐柏大復山，東南入海。」地理志云：南陽郡平氏，「禹貢桐柏大復山在東南，淮水所出，東南至淮陵入海」。水經云：「出胎簪山，東北過桐柏山。」然則此經云餘山者，或桐柏之異名也。初學記六卷引此經云：「淮水出南陽平氏縣桐柏山。」蓋引郭注，誤作經文耳；「南陽」當作「義陽」，字之譌。初學記又引郭注，作「義陽」，與今本同。又陶弘景注本草「丹蔘」云：「此桐柏山，是淮水原所出之山，在義陽。」亦與郭注同也。義陽、平氏，見晉書地理志。淮浦者，地理志云：臨淮郡淮浦，「游水北入海」。應劭注云：「淮，涯也。」水經云：淮水「至廣陵淮浦縣入於海」。注云：「淮水於縣枝分，北爲游水」，「又東北逕紀鄣故城南」，「東北入海」。今案水經云「廣陵淮浦縣」，此注作「廣陵縣」，疑脱「淮浦」二字。初學記引郭注，作「淮陰縣」，又「淮浦縣」之譌也。

湘水出舜葬東南陬，西環之，環，繞也。今湘水出零陵營道縣陽湖山，入江。懿行案：説文云：「湘水出零陵陽海山。」地理志云：零陵郡零陵，「陽海山，湘水所出，北至酃，入江」。水經云：「湘水出零陵始安縣陽海山。」注云：「即陽朔山也。」李善注江賦引此注，亦作「陽朔山」，今本作「陽湖山」，譌。**入洞庭下。**洞庭，地穴也，在長沙巴陵。今吴縣南太湖中有包山，下有洞庭穴道，潛行水底，云無所不通，號爲「地脈」。懿行案：郭氏江賦云：「爰有包山洞庭，巴陵地道，潛逵傍通，幽岫窈窕。」李善注引此注，與今本同。其注羽獵賦引此注，亦同。今湘水至湖南長沙縣入洞庭湖。**一曰：東南西澤。**懿行案：蓋言一本作「東南入西澤」也，經文疑有脱誤。

漢水出鮒魚之山，書曰：「嶓冢導漾，東流爲漢。」按水經：漢水出武都沮縣東狼谷，經漢中魏興至南鄉，東經襄陽至江夏安陸縣入江。別爲沔水，又爲滄浪之水。懿行案：漢水所出已見西山經嶓冢之山。此經云「出鮒魚之山」，「鮒魚」或作「鮒隅」，一作「鮒鰅」，即海外北經務隅之山；大荒北經又作「附魚之山」，皆即廣陽山之異名也，與漢水源流絶不相蒙，疑經有譌文。北堂書鈔九十二卷引「漢水」作「濮水」，水在東郡濮陽，正顓頊所葬，似作「濮」者得之矣，宜據以訂正。帝顓頊葬于陽，九嬪葬于陰，懿行案：二句已見海外北經。但此經方釋諸水，而又述此，疑後人見鮒魚與務隅山名相涉，因取彼文羼入之耳。又此經漢水但言所出，不言歸入，蓋有脱文矣。四蛇衛之。言有四蛇衛守山下。

濛水懿行案：地理志云：蜀郡青衣，「禹貢蒙山谿，大渡水東南至南安，入渽」。渽「東入江」。大渡水即濛水，蓋因山爲名也。水經江水注云：濛水「即大渡水也，水發蒙谿，東南流，與渽水合，又東入江」。引此經文也。「渽」，說文作「涐」。出漢陽西，漢陽縣屬朱提。懿行案：朱提、漢陽竝漢縣，屬犍爲郡，晉因蜀置漢陽，屬朱提郡也。地理志云：漢陽山闟谷，「漢水所出，東至鄨入延」。入江聶陽西。懿行案：水經注引此經，作「灄陽」。

温水出崆峒山，在臨汾南，今温水在京兆陰盤縣，水常温也。臨汾縣屬平陽。懿行案：史記五帝紀云：「西至於空桐。」正義引括地志云：「空桐山在肅州禄福縣東南。」又云：「笄頭山一名崆峒山，在原州平陽縣西百里，禹貢涇水所出。」案地理志云：安定郡涇陽，「开頭山在西，禹貢涇水所出」。又，臨涇亦屬安定。據此，則經文「臨汾」疑當爲「臨涇」，字之譌矣。又地理志云：安定郡陰槃。郭云「京兆陰槃」，亦譌也。劉昭注郡國志陰盤引此經及郭注。入河華陽北。懿行案：此華陽未詳其地。

潁水出少室，少室山在雍氏南，懿行案：史記周本紀云：「禹圍雍氏。」徐廣注云：「雍氏，城也。」即此。入淮西鄢北。今潁水出河南陽城縣乾山，東南經潁川汝陰，至淮南下蔡入淮。鄢，今鄢陵縣，屬潁川。懿行案：説文云：「潁水出潁川陽城乾山，東入淮。」地理志云：潁川郡陽城，「陽乾山，潁水所出，東至下蔡入淮」。水經云：「潁水出潁川陽城縣西北少室山。」注引此經云云，「今潁水有三源奇發」，「故作者互舉二山也」。案二山謂少室及陽乾山也。云「入淮西鄢北」者，地理志云：潁川郡，「傿陵」。晉書地理志同，「傿」作「鄢」。水經云：潁水「東南至慎縣，東南入於淮」。一曰：緱氏。縣屬河南。音鉤。懿行案：一言少室山在緱氏南也。緱氏，今偃師縣地，東南與少室接，漢、晉地理志竝云河南郡緱氏。

汝水出天息山，懿行案：玉篇引此經，作「天恩山」，蓋譌。在梁勉鄉西南，入淮極西北。今汝水出南陽魯陽縣大盂山，東北至河南梁縣，東南經襄城、潁川、汝南至汝陰褒信縣入淮。淮極，地名。懿行案：説文云：「汝水出弘農盧氏還歸山，東入淮。」地理志云：汝南郡定陵，「高陵山，汝水出東南，至新蔡入淮」。水經云：「汝水出河南梁縣勉鄉西天息山。」注云：「地理志曰：『出高陵山，即猛山也。』亦言出南陽魯陽縣之大盂山，又言出弘農盧氏縣還歸山。博物志曰：『汝出燕泉山。』竝異名也。」史記正義引括地志云：「源出汝州魯山縣西伏牛山，亦名猛山，至豫州郾城縣名濆。」案經云「在梁勉鄉西南」者，梁，縣名也，漢、晉地理志竝云梁屬河南郡，今汝州也，西南與魯山接。經云「入淮極西北」者，水經云：汝水「東至原鹿縣，南入於淮」。注云：「所謂汝口，側水有汝口戍，淮、汝之交會也。」文選枚乘七發云：「北望汝海。」李善注引此郭注云：「汝水出魯陽山，東北入淮海。」與今本異，今本無「海」字。李善又云：「汝稱海，大言之也。」汝陰郡褒信，見晉書地理志。一曰：淮在期思北。期思縣屬弋陽。懿行案：一云入淮在期思北也。地理志期思、弋陽竝屬汝南郡，晉書地理志期思屬弋陽郡。

涇水出長城北山，懿行案：長城即秦所築長城也，北山即笄頭山。山在郁郅長垣北，皆縣名也。郅，音桎。懿行案：地理志云：北地郡，「郁郅」。即今甘肅慶陽府治也，西南與平涼接。長垣即長城也。北入渭，今涇水出安定朝那縣西笄頭山，東南經新平、扶風至京兆高陵縣入渭。懿行案：説文云：「涇水出安定涇陽开頭山，東南入渭。」地理志云：安定郡涇陽，「开頭山在西，禹貢涇水所出，東南至陽陵入渭」。案开頭山，土俗譌爲汧屯山，見顔師古注；一名薄落山，見高誘淮南墬形訓注。涇水入渭之地，在今陝西高陵縣也。又案西次二經云涇水出高山，高山當即开頭山，郭注與此注同。初學記六卷引此注，亦同。晉書地理志云：京兆郡，「高陸」。「陸」蓋「陵」字之譌。戲北。戲，地名，今新豐縣也。懿行案：漢書高帝紀云：「周章西入關，至戲。」顔師古注云：「戲，在新豐東，今有戲水驛。其水本出藍田北界横嶺，至此而北流入渭。」然則戲亦水名也。

渭水出鳥鼠同穴山，東注河，入華陰北。鳥鼠同穴山，今在隴西首陽縣，渭水出其東，經南安、天水、略陽、扶風、始平、京兆、弘農華陰縣入河。懿行案：渭水已見西次四經鳥鼠同穴之山。水經云：「渭水出隴西首陽縣渭谷亭南鳥鼠山。」注云，「縣有高城嶺，嶺上有城，號渭源城，渭水出焉。三源合注，東北流逕首陽縣西」云云。史記正義引括地志云：「渭有三源，竝出鳥鼠山，東流入河。」案地理志云：「東至船司空入河。」船司空，縣名，與華陰竝屬京兆尹。晉書地理志，華陰屬弘農郡。

白水出蜀，而東南注江，色微白濁，今在梓潼白水縣，源從臨洮之西西傾山來，經沓中，東流通陰平，至漢壽縣入潛。懿行案：地理志云：廣漢郡甸氏道，「白水出徼外，東至葭萌入漢」。水經河水注云：「洮水與墊江水俱出彊臺山，山南即埶江源，山東則洮水源。」引此經云：「白水出蜀。」又引郭注云：「從臨洮之西傾山東南流入漢，而至埶江，故段國以爲埶江水也。」「彊臺，西傾之異名也。」今案酈氏説埶江即白水，所引郭注與今本異，未知其審。又水經漾水注云，白水「出於臨洮縣西南西傾山，水色白濁，東南流，與黑水合」云云，「又東南，於吐費城南，即西晉壽之東北也，東南流注西漢水。西晉壽即蜀王弟葭萌所封，劉備改曰漢壽，太康中又曰晉壽」云云。與郭注及地理志俱合，是白水流入西漢水。郭云「入潛」，潛即漢也，爾雅云：「水自漢出爲潛。」是矣。此經云白水注江，所未詳，或江即埶江也。白水，在今四川昭化縣界入於漢，昭化即葭萌地也。**入江州城下。**江州縣屬巴郡。懿行案：此言白水入江之地也。經文「城下」二字蓋誤衍。今四川巴州即古江州，西北與昭化接境。地理志云巴郡江州、埶江二縣。蓋白水入漢而至江州，又爲埶江水，正與水經注引郭注「至埶江」之文合。

沅水山懿行案：「山」字衍。文選注江賦引此經，無「山」字。**出象郡鐔城西，**象郡，今日南也。鐔城縣今屬武陵，音尋。懿行案：地理志云：「日南郡，故秦象郡。」又云：「武陵郡，『鐔城』。」晉書地理志同。此經言「象郡鐔城」，則知秦時鐔城屬象郡矣。**入東注江，**懿行案：「入」字疑衍，或「又」字之譌。説文云：「沅水出牂牁故且蘭，東北入江。」地理志云：「沅水東至益陽入江。」水經注云：「沅水下注洞庭湖，方會於江。」**入下雋西，**下雋縣今屬長沙。音昨兖反。懿行案：地理志云：長沙國，「下雋」。**合洞庭中。**水經曰：「沅水出牂牁且蘭縣，又東北至鐔城縣爲沅水，又東過臨沅縣南，又東至長沙下雋縣。」懿行案：今本水經云：「沅水出牂牁故且蘭縣，爲旁溝水，又東至鐔成縣，爲沅水，東過無陽縣，又東北過臨沅縣南，又東至長沙下雋縣西，北入於江。」與郭所引微異。郭注水經今亡，酈注水經郭亦未見也。

贛水懿行案：地理志云：豫章郡贛，「豫章水出西南，北入江」。郡國志亦云：「贛有豫章水。」是贛水一名豫章水，郡、縣俱因水得名矣。出聶都東山，今贛水出南康南野縣西北。音感。懿行案：水經云：「贛水出豫章南野縣西北，過贛縣東。」注引此經云：「贛水出聶都山。」無「東」字。又案晉書地理志，南野屬廬陵郡，不屬南康。晉地記云：「太康中，以贛、南野等縣割爲南康郡也。」東北注江，懿行案：水經云：「北過彭澤縣，西北入於江。」注引此經，與今本同。今水入鄱陽湖，出湖口縣入大江，俗云章江也。入彭澤西。懿行案：地理志云：豫章郡彭澤，「禹貢彭蠡澤在西」。案今江西新建縣東鄱陽湖，即彭蠡澤也。

泗水出魯東北，懿行案：地理志云：濟陰郡乘氏，「泗水東南至睢陵入淮」。是蓋別一泗水，非此經所說也。地理志又云：魯國卞，「泗水西南至方與入泲」。水經云：「泗水出魯卞縣北山。」注引此經，又云：余「尋其源流，水出卞縣故城東南桃墟西北」。「博物志曰：『泗出陪尾。』蓋斯阜者矣。」是酈氏以水出卞縣東南，不從此經及水經竝地志之文也。史記正義引括地志云：「泗水源在兖州泗水縣東陪尾山，其源有四道，因以爲名。」而南，西南過湖陵西，懿行案：地理志云：山陽郡湖陵，「禹貢『浮于泗、淮，通于菏水』在南，莽曰湖陸」。水經云：泗水「南過方與縣東，菏水從西來注之。又屈東南，過湖陸縣南」。注云：「菏水即泲水之所苞注以成湖澤也，而東與泗水合於湖陵縣西六十里穀庭城下，俗謂之黄水口。」而東南注東海，懿行案：說文云：「泗受泲水，東入淮。」水經云：泗水「東南過下邳縣西，又東南入於淮」。是水經、說文竝云入淮，此經則云注海者，言泗合淮而入於海也。入淮陰北，今泗水出魯國卞縣，西南至高平湖陸縣，東南經沛國、彭城、下邳，至臨淮下相縣入淮。懿行案：晉書地理志云：臨淮郡，「下相」。

鬱水出象郡，懿行案：即豚水也。地理志云：牂牁郡夜郎，「豚水東至廣鬱」。又云：「鐔封，温水東至廣鬱入鬱。」又云：鬱林郡廣鬱，「鬱水首受夜郎豚水，東至四會入海」。水經云：「温水出牂牁夜郎縣，又東至鬱林廣鬱縣爲鬱水，又東至領方縣，東與斤員水合，東北入於鬱。」注云：「鬱水即夜郎豚水也。」而西南注南海，懿行案：即地理志云「至四會入海」也。水經注云：「鬱水又南，自壽泠縣注於海。」引此經云云。入須陵東南。懿行案：海内南經云：「鬱水出湘陵南海。一曰：相慮。」此經又云「須陵」，疑「須陵」即「湘陵」，聲轉爲「相慮」。水經注又云「壽泠」，疑亦聲轉也。

肄音如肄習之肄。懿行案：今經文正作肄習之「肄」，如此便不須用音，知郭本不作「肄」也。水經注引作「肄」，當是。水出臨晉懿行案：「晉」當爲「武」字之譌，見水經注所引。西南，懿行案：即溱水也。説文云：「溱水出桂陽臨武，入匯。」地理志云：桂陽郡臨武，「秦水東南至楨楊入匯」。水經云：「溱水出桂陽臨武縣南，繞城，西北屈，東流。」注引此經云云，「肄水蓋溱水之别名也」。案水經注「肄」本作「肄」，「肄」、「肄」字形相亂，故郭音「肄習」以别之耳。而東南注海，懿行案：水經云：溱水「過湞陽縣，出洭浦關，與桂水合，南入於海」。注云：「西南逕中宿縣南」，「又南注於鬱而入於海」。入番禺西。番禺縣屬南海，越之城下也。懿行案：地理志云：南海郡，「番禺」。今南海、番禺竝爲縣，屬廣州府也。

潢懿行案：水經注引此經，作「湟」，疑「湟」、「潢」古字通。水出桂陽西北山，懿行案：即洭水也，亦曰桂水。方言云：「南楚瀑、洭之間。」郭注云：「洭水在桂陽。」即此也。説文云：「洭水出桂陽縣盧聚山洭浦關，爲桂水。」與水經合。水經云：「洭水出桂陽縣盧聚，東南過含洭縣，南出洭浦關，爲桂水。」注云：「洭水出關，右合溱水，謂之洭口，山海經謂之湟水。徐廣曰：『湟水一名洭水，出桂陽，通四會，亦曰灌水也。』『桂水，其别名也。』」「地理志曰：『洭水出桂陽，南至四會。』是也。」案今地理志，「洭」作「匯」，云：「桂陽，匯水南至四會入鬱林。」應劭以爲桂水所出；又含洭，應劭以爲洭水所出，似分爲二水，非也。「匯」當從水經注作「洭」。**東南注肄水，**懿行案：水經云：溱水「過楨陽縣，出洭浦關，與桂水合」。**入敦浦西。**懿行案：敦浦未詳。水經溱水注引此經，作「郭浦」。

洛水出洛西山，懿行案：洛水所出，中次四經謂之讙舉山，地理志謂之冢領山，此經又謂之洛西山。水經注引此經，云：「出上洛西山。」疑今本脱「上」字。**東北注河，**懿行案：地理志云：弘農郡上雒，「禹貢雒水出冢領山，東北至鞏入河」。水經云：洛水「東北過鞏縣東，又北入於河」。注云：「謂之洛汭，即什谷也。」劉昭注郡國志京兆尹上雒，「冢領山，雒水出」，引此經云：「雒出王城，南至相谷西，東北流。」案劉昭所引，與今經文既異，又非郭注，未審出何書也。**入成皋之西。**書云：「道洛自熊耳。」按水經，洛水今出上洛冢嶺山，東北經弘農至河南鞏縣入河。成皋縣亦屬河南也。懿行案：水經注引此經云：「洛水，成皋西入河。」蓋以意引經也。郭引水經亦與今水經異。地理志云河南郡「成皋」也。

汾水出上窳北，音愈。懿行案：上窳無攷。汾水，已見北次二經管涔之山。**而西南注河，**今汾水出太原晉陽故汾陽縣，東南經晉陽，西南經河西平陽，至河東汾陰入河。懿行案：水經云：「汾水出太原汾陽縣北管涔山。」説文云：「汾水出太原晉陽山，西南入河〔一〕。或曰：出汾陽北山。」地理志云：太原郡汾陽，「北山，汾水所出，西南至汾陰入河」。案水經亦云「至汾陰入河」，説文作「入海」，蓋字形之譌。**入皮氏南。**皮氏縣屬平陽。懿行

〔一〕「河」，原作「海」，據説文解字改。

案：水經云：汾水「西過皮氏縣南，又西至汾陰縣北，西注於河」。皮氏，漢志屬河東郡，晉志屬平陽郡。

沁水出井陘山東，懿行案：沁水，已見北次三經謁戾之山。説文云：「沁水出上黨羊頭山。」地理志云：「穀遠，羊頭山世靡谷，沁水所出。」水經云：「出上黨涅縣謁戾山。」注云：「三源奇注，逕瀉一壑。」然則水經、説文、地理志各據所見爲説也。此經又云「出井陘山東」，地理志云：常山郡，「井陘」。應劭云：「井陘山在南。」**東南注河，**懿行案：説文云「東南入河」，地理志云「東南至滎陽入河」，水經云「東南至滎陽縣北，東入於河」。**入懷東南。**懷縣屬河内，河内北有井陘山。懿行案：懷屬河内郡，見地理志。水經云：沁水「東過懷縣之北，又東過武德縣南，又東南至滎陽」入河。與此經合。

濟水出共山南東丘，「共」與「恭」同。懿行案：「濟」當爲「泲」，古字通用。説文云：「泲，沇也，東入于海。」水經云：「濟水出河東垣縣東王屋山，爲沇水，又東至温縣西北，爲濟水。」注云：「潛行地下，至共山南，復出於東丘。今原城東北有東丘城。孔安國曰：『泉源爲沇，流去爲濟。』」案濟水已見北次二經王屋之山。**絶鉅鹿澤，**絶，猶截度也。鉅鹿今在高平。懿行案：水經注及初學記六卷竝引此經云：「絶鉅野。」今本作「鹿」，字之譌也。地理志云：山陽郡鉅壄，「大壄澤在北」。爾雅「十藪」云：「魯有大野。」郭注云：「今高平鉅野縣東北大澤是也。」水經云：濟水「東至乘氏縣西，分爲二：其一水東南流，其一水從縣東北流，入鉅野澤」。**注渤海，**懿行案：初學記引此經，作「注入于海」；水經注引此經，與今本同，惟「渤」作「勃」字耳。水經云：「東北過甲下邑，入於河。」注云：「濟水東北至甲下邑南，東歷琅槐縣故城北。」「又東北，河水枝津注之。水經以爲入河，非也，斯乃河水注濟，非濟入河。又東北入海。」**入齊琅槐東北。**今濟水自滎陽卷縣東，經陳留，至濟陰北，東北至高平，東北經濟南，至樂安博昌縣入海，今碣石也。諸水所出，又與水經違錯。以爲凡山川或有同名而異實，或同實而異名，或一實而數名，似是而非，似非而是。且歷代久遠，古今變易，語有楚、夏，名號不同，未得詳也。懿行案：地理志云：千乘郡，「琅槐」。水經注引地理風俗記曰：「博昌東北八十里有琅槐鄉，故縣也。」引此經云云，又引郭注云「濟自滎陽至樂安博昌入海，今河竭」，案酈氏以「濟水仍流不絶」，故議郭説爲非。然則此注「今碣石也」，當從水經注作「今河竭也」，蓋傳寫之譌也。水經注又云：「濟水當王莽之世，川瀆枯竭，其後水流逕通，津渠勢改，尋梁脈水，不與昔同。」是則濟水枯竭後仍流不絶之證也。又案郭云「諸水所出，又與水經違錯」，郭氏注水經二卷，今不存，見隋書經籍志。

潦水懿行案：水經、地理志竝作「遼水」。出衛皋懿行案：「皋」，水經作「白平」二字，劉昭注郡國志引此經，亦云：「遼水出白平東。」竝譌。東，出塞外衛皋山。玄菟高句驪縣有遼山，小遼水所出，西河注大潦；音遼。懿行案：地理志云：玄菟郡高句驪，「遼山，遼水所出，西南至遼隊入大遼水」。案郭注本此，其「西河」當爲「西南」，字之譌也。地理志又云：遼東郡望平，「大遼水出塞外，南至安市入海」。水經云：「大遼水出塞外衛皋山，東南入塞，過遼東襄平縣西。」注云：「遼水亦言出砥石山。」案淮南墬形訓云「遼出砥石」是也。東南注渤海，懿行案：水經云：遼水「又東南過房縣西，又東過安市縣西，南入於海」。案大遼水注海，其小遼水但注大遼水。入潦陽。潦陽縣屬遼東。懿行案：地理志云：遼東郡遼陽。

虖沱水出晉陽城南，而西懿行案：虖沱所出已見北次三經泰戲之山。地理志云：太原郡，「晉陽」。至陽曲北，懿行案：地理志云：太原郡，「陽曲」。而東注渤海，經河間樂城，東北注渤海也。晉陽陽曲縣皆屬太原。懿行案：地理志云：河間國樂成，「虖池別水首受虖池河，東至東光入虖池河」。又云：「弓高，虖池別河首受虖池河，至東平舒入海。」又云：勃海郡成平，「虖池河，民曰徒駭」。案此更虖池入勃海之證。**入越章武北。**章武，郡名。懿行案：地理志云：章武，勃海縣也。晉書地理志云：章武國章武縣。今詳此注，當謂漢縣。郭云「章武郡」，疑「郡」當爲「縣」字之譌也。經文「越」字疑衍，下文「漳水」亦有此句，經無「越」字，可證。

漳水出山陽東，懿行案：濁漳水出發鳩山，清漳水出少山，已見北次三經，是二漳竝出今山西樂平、長子兩縣地。此經又云「出山陽東」者，地理志有山陽郡，非此也；晉書地理志云：河內郡，「山陽」。史記秦本紀正義引括地志云：「山陽故城在懷州修武縣西北太行山南。」案修武，今河南修武縣，與山西澤州接界，漳水在其東北也。**東注渤海，**懿行案：地理志云：信都國信都，「故章河、故虖池皆在北，東入海」。又云：「清漳水東北至阜城入大河。」又云：魏郡鄴，「故大河在東北，入海」。水經云：濁漳「東北過阜城縣北，又東北至昌亭，與虖沱河會」；「又東北過成平縣南，又東北過章武縣西，又東北過平舒縣南，東入海」。**入章武南。**新城汴陰縣亦有漳水。懿行案：「汴陰」當爲「沶鄉」，字之譌也。新城郡沶鄉見晉書地理志。南方別有漳水入沮，見中次八經荆山也。

建平元年四月丙戌，待詔太常屬臣望校治，侍中光禄勳臣龔、侍中奉車都尉光禄大夫臣秀領主省。懿行案：右海外、海內經八篇，大凡四千二百二十八字。

山海經第十四

大荒東經

郭注本目録云：「此海内經及大荒經本皆進在外。」懿行案：據郭此言，是自此已下五篇皆後人所述也。但不知所自始，郭氏作注亦不言及，蓋在晉以前，郭氏已不能詳矣。今攷本經篇第，皆以南、西、北、東爲叙；兹篇已後，則以東、南、西、北爲次，蓋作者分別部居，令不雜廁，所以自別於古經也。又海外、海内經篇末，皆有「建平元年四月丙戌」已下三十九字，爲校書款識，此下亦竝無之。又此下諸篇，大抵本之海外、内諸經而加以詮釋，文多淩雜，漫無統紀，蓋本諸家記録，非一手所成故也。

東海之外大壑，詩含神霧曰：「東注無底之谷。」謂此壑也。離騷曰：「降望大壑。」懿行案：列子湯問篇云：夏革曰：「勃海之東，不知幾億萬里，有大壑焉，實惟無底之谷，其下無底，名曰歸虚。」莊子天地篇云：「諄芒將東之大壑，適遇苑風於東海之濱。」釋文云：「李云：大壑，東海也。」案經文「大壑」上當脱「有」字，藝文類聚九卷引此經，有「有」字可證。郭引離騷，見遠遊篇。**少昊之國。**少昊，金天氏帝摯之號也。懿行案：白帝少皞，其神居長留山，已見西次三經。**少昊孺帝顓頊于此，**孺，義未詳。懿行案：説文云：「孺，乳子也。」莊子天運篇云：「烏鵲孺。」蓋育養之義也。**棄其琴瑟。**言其壑中有琴瑟也。懿行案：此言少皞孺養帝顓頊於此，以琴瑟爲戲弄之具而留遺於此也。初學記九卷引帝王世紀云：「顓頊生十年而佐少皞。」鬻子書云：「顓頊生十五而佐少皞。」義皆與此合。路史諸書或以「孺帝」爲顓頊長子之名，斯不然矣。郭注以少皞爲金天氏帝摯之號，徵之往籍，亦多齟齬。大戴禮帝繫篇云：「黄帝産青陽及昌意，皆不立。而昌意産高陽，是爲帝顓頊。」史記五帝紀同。竹書載：「昌意降居若水，産帝乾荒。」乾荒即高陽，聲相近，與帝繫合。周書嘗麥篇云：「乃命少皞清司馬、鳥師，以正五帝之官，故名曰質。」「質」、「摯」亦聲相近。張衡集引此書，以爲清即青陽也。案青陽即玄囂，玄囂不得在帝位，見史記，是其不立之證。高誘注淮南子及史記索隱引宋衷、皇甫謐，竝以青陽即少皞，與周書合。然則少皞蓋以帝子而爲諸侯，封於下國，即此經云少皞之國也。由斯以談，少皞即顓頊之世父，顓頊是其猶子。世父就國，猶子隨侍，眷彼童幼，娱以琴瑟，蒙養攸基，此事理之平，無足異者。諸家之説多有岐出，故詳述於篇，以俟攷焉。有甘山者，甘水出焉，懿行案：甘水窮于成山，見大荒南經。生甘淵。水積則成淵也。懿行案：即羲和浴日之處，見大荒南經。

大荒東南隅有山，名皮母地丘。懿行案：淮南墬形訓云：「東南方曰波母之山。」蓋「波母」之「波」字脱水旁，因爲「皮」爾。臧庸曰：「『波母』即『皮母』，同聲字也。」

東海之外、大荒之中，有山名曰大言，懿行案：初學記五卷引此經，作「大谷」。日月所出。有波谷山者，有大人之國。晉永嘉二年，有鶖鳥集於始安縣南廿里之鶖陂中，民周虎張得之。木矢貫之鐵鏃，其長六尺有半，以箭計之，其射者人身應長一丈五六尺也。又平州别駕高會語云：「倭國人嘗行，遭風吹度大海外，見一國人皆長丈餘，形狀似胡。」蓋是長翟别種，箭殆將從此國來也。外傳曰：「焦僥人長三尺，短之至也；長者不過十丈，數之極也。」按河圖玉版曰：「從昆侖以北九萬里，得龍伯國人，長三十丈，生萬八千歲而死。從昆侖以東得大秦人，長十丈，皆衣帛。從此以東十萬里，得佻人國，長三十丈五尺。從此以東十萬里，得中秦國人，長一丈。」穀梁傳曰：「長翟身横九畝，載其頭，眉見於軾。」即長數丈人也。秦時大人見臨洮，身長五丈，腳跡六尺。準斯以言，則此大人之長短未可得限度也。　懿行案：海外東經大人國謂此也。楚詞招魂云：「長人千仞。」王逸注云：「東方有長人之國，其高千仞。」蓋本此經爲説。郭引外傳者，魯語文，「十丈」當爲「十之」之譌。史記孔子世家集解引王肅曰：「十之，謂三丈也，數極於此也。」列子夏革云：「龍伯之國有大人，舉足不盈數步而暨五山之所，一釣而連六鼇。」即郭引河圖玉版之説也。博物志引河圖玉版與郭同，唯「佻人國」作「臨洮人」，「長三十丈」作「長三丈」。疑此注「佻」字譌，「十」字衍也。初學記十九卷引河圖龍魚亦作「長三丈」，無「十」字，其「佻人國」作「佻國人」也。又漢書王莽傳云：「夙夜連率韓博上言：『有奇士，長丈，大十圍。』『自謂巨毋霸，出於蓬萊東南、五城西北昭如海瀕。軺車不能載，三馬不能勝。』『卧則枕鼓，目鐵箸食。』」然則此人將從大人之國來邪？

有大人之市，名曰大人之堂。亦山名，形狀如堂室耳，大人時集會其上作市肆也。　懿行案：海内北經云：「大人之市在海中。」今登州海市常有狀如堂隍者，望之卻在雲霧中，即此也。蓋去岸極遠，故不見其大耳。郭云「亦山名，形狀如堂室」者，爾雅云：「山如堂者密。」郭注云：「形如堂室者。」**有一大人踆其上，張其兩耳。**踆，或作「俊」，皆古「蹲」字。莊子曰「踆於會稽」也。　懿行案：郭云「踆或作『俊』，皆古『蹲』字」，疑「俊」當爲「夋」字之譌也。説文云：「夋，倨也。」蹲、踞其義同，故曰「皆古『蹲』」字也。太平御覽三百七十七卷及三百九十四卷竝引此經，「耳」作「臂」。

有小人國，懿行案：海外南經周饒國非此。**名靖人。**詩含神霧曰：「東北極有人，長九寸。」殆謂此小人也。或作「竫」，音同。　懿行案：説文云：「靖，細皃。」蓋細小之義，故小人名靖人也。淮南子作「竫人」，列子作「諍人」，竝古字通用。列子湯問篇云：「東北極有人，名曰諍人，長九寸。」與郭引詩含神霧同。初學記十九卷引郭氏讚云：「僬僥極麼，竫人又小。四體取足，眉目纔了。」

有神，人面獸身，名曰犁䰠之尸。音靈。懿行案：玉篇云：「䰠，同靇，又作靈，神也。或作䰠。」廣韵引此經，作「䰠」，云：「或作靇。」與玉篇同。靇見説文。

有潏山，楊水出焉。音如譎詐之譎。

有蔿國，黍食，言此國中惟有黍穀也。蔿，音口僞反。懿行案：蔿國蓋即濊貊也。後漢書烏桓傳云：「其土地宜穄及東牆。」今穄似黍而大，即黍之別種也。衆經音義引倉頡篇云：「穄，大黍也。」東方地宜穄黍，故茲篇所記，竝云「黍食」矣。使四鳥：虎、豹、熊、羆。懿行案：經言皆獸，而云「使四鳥」者，鳥獸通名耳。「使」者，謂能馴擾役使之也。秋官司寇職云：「閩隸掌役畜養鳥，而阜蕃教擾之。」「夷隸掌役牧人養牛馬，與鳥言。」「貉隸掌役服不氏養獸，而教擾之，掌與獸言。」此三隸者，皆當在東荒界内。秋官記其養鳥獸，荒經書其使四鳥，厥義彰矣。春秋傳稱「介葛盧聞牛鳴而知生三犧」，亦是東夷能通鳥獸之音者也。

大荒之中，有山名曰合虛，懿行案：北堂書鈔一百四十九卷引此經，「合」作「含」。日月所出。

有中容之國。帝俊生中容，「俊」亦「舜」字假借音也。懿行案：初學記九卷引帝王世紀云：「帝嚳生而神異，自言其名曰夋。」疑「夋」即「俊」也，古字通用。郭云「『俊』亦『舜』字」，未審何據。南荒經云：「帝俊妻娥皇。」郭蓋本此爲説。然西荒經又云：「帝俊生后稷。」大戴禮帝繫篇以后稷爲帝嚳所産，是帝俊即帝嚳矣。但經内帝俊疊見，似非專指一人。此云「帝俊生中容」，據左傳文十八年云：「高陽氏才子八人。」内有中容，然則此經帝俊又當爲顓頊矣。經文踳駮，當在闕疑。中容人食獸、木實，此國中有赤木、玄木，其華實美，見呂氏春秋。懿行案：呂氏春秋本味篇云：「指姑之東，中容之國，有赤木、玄木之葉焉。」高誘注云：「赤木、玄木，其葉皆可食，食之而仙。」即郭注所引也。「其華」當爲「其葉」，字之譌。使四鳥：豹、虎、熊、羆。

有東口之山。有君子之國，其人衣冠帶劍。亦使虎豹，好謙讓也。懿行案：其人又食獸也，見海外東經。

有司幽懿行案：「司幽」一作「思幽」。之國。帝俊生晏龍，懿行案：晏龍是爲琴瑟，見海内經。晏龍生司幽，司幽生思士，不妻；思女，不夫。言其人直思感而氣通，無配合而生子。此莊子所謂「白鵠相視，眸子不運而感風化」之類也。懿行案：列子天瑞篇云：「思士不妻而感，思女不夫而孕。」本此也。又云：「河澤之鳥視而生，曰鶂。」莊子天運篇云：「白鶂之相視，眸子不運而風化。」釋文引三蒼云：「鶂，鶬鶂也。」司馬彪云：「相待風氣而化生也。」又云：「相視而成陰陽。」此注「鵠」疑「鶂」字之譌，「感」字衍也。食黍，食獸，是使四鳥。懿行案：四鳥亦當爲虎、豹、熊、羆。此篇言使四鳥多矣，其義竝同。

有大阿之山者。

大荒中有山，名曰明星，日月所出。

有白民之國。帝俊生帝鴻，懿行案：帝鴻，黄帝也，見賈逵左傳注。然則此帝俊又爲少典矣，見大戴禮帝繫篇。路史後記引此經云：「帝律生帝鴻。」律，黄帝之字也，或羅氏所見本與今異。帝鴻生白民，白民銷姓，黍食，使四鳥：虎、豹、熊、羆。又有乘黄獸，乘之以致壽考也。懿行案：白民乘黄，乘之壽二千歲，已見海外西經。

有青丘之國，有狐，九尾。太平則出而爲瑞也。 懿行案：青丘國九尾狐，已見海外東經。郭氏此注云「太平則出爲瑞」者，白虎通云：「德至鳥獸，則九尾狐見。」王褒四子講德論云：「昔文王應九尾狐，而東國歸周。」李善注引春秋元命苞曰：「天命文王以九尾狐。」初學記二十九卷引郭氏圖讚云：「青丘奇獸，九尾之狐。有道翔見，出則銜書。作瑞周文，以標靈符。」藝文類聚九十五卷引，「翔」作「祥」。

有柔僕民，是維嬴土之國。嬴，猶沃衍也，音盈。

有黑齒之國。齒如漆也。 懿行案：黑齒國已見海外東經。 帝俊生黑齒，聖人神化無方，故其後世所降育，多有殊類異狀之人。諸言生者，多謂其苗裔，未必是親所產。 姜姓，黍食，使四鳥。

有夏州之國，有蓋余之國。

有神人，八首人面，虎身十尾，名曰天吴。水伯。 懿行案：天吴已見海外東經。

大荒之中，有山名曰鞠陵于天、音菊。東極、懿行案：淮南墬形訓云：「東方曰東極之山。」謂此。離瞀，三山名也。音穀瞀。 懿行案：初學記一卷引此經，與今本同。注「穀瞀」二字當有譌文。 日月所出。名曰折丹，神人。 懿行案：「名曰折丹」上疑脱「有神」二字，大荒南經「有神名曰因因乎」可證。北堂書鈔一百五十一卷引此經，作「有人曰折丹」；太平御覽九卷引亦同。 東方曰折，單吁之。 懿行案：「吁」，當爲「呼」字之譌。 來風曰俊，未詳來風所在也。 懿行案：吴氏引夏小正云「正月時有俊風」爲說，恐非也。 處東極以出入風。言此人能節宣風氣，時其出入。 懿行案：大荒南經亦有神處南極以出入風也，蓋巽位東南主風，故二神司之，時其節宣焉。東次三經云無皋之山多風。初學記引荆州記云：「風井，夏則風出，冬則風入。」亦其義也。

東海之渚中渚，島。有神，人面鳥身，珥兩黄蛇，以蛇貫耳。踐兩黄蛇，名曰禺虢。黄帝生禺虢，禺虢生禺京。即禺彊也。懿行案：禺彊，北方神，已見海外北經。莊子釋文引此經云：「北海之神，名曰禺彊，靈龜爲之使。」今經無此語，其云「靈龜爲之使」者，蓋據列子云夏革曰「五山之根無所連著，常隨潮波上下往還」，帝「命禺彊使巨鼇十五舉首而戴之」，「五山始峙」云云，所謂靈龜豈是與？禺京處北海，禺虢處東海，是惟海神。言分治一海而爲神也。「虢」，一本作「號」。懿行案：「虢」，疑即「號」字異文，海内經云「帝俊生禺號」是也。然則此帝俊又爲黄帝矣。

有招摇山，融水出焉。有國曰玄股，自髀以下如漆。懿行案：玄股國已見海外東經。黍食，使四鳥。懿行案：高誘注淮南墬形訓引此經，作「兩鳥夾之」，與今本異。

有困民國，勾姓而食。懿行案：「勾姓」下、「而食」上當有闕脱。有人曰王亥，兩手操鳥，方食其頭。王亥託于有易、河伯僕牛。河伯、僕牛皆人姓名。託，寄也。見汲郡竹書。有易殺王亥，取僕牛。竹書曰：「殷王子亥賓于有易而淫焉，有易之君緜臣殺而放之。是故殷主〔一〕甲微假師于河伯，以伐有易，滅之，遂殺其君緜臣也。」懿行案：竹書作「殷侯子亥」，郭引作「殷王」，疑誤也。事在夏帝泄十二年及十六年。河念

〔一〕「主」，郝本同，還讀本、龍本作「王」。

有易，有易潛出，爲國于獸，方食之，名曰摇民。言有易本與河伯友善。上甲微，殷之賢王，假師以義伐罪，故河伯不得不助滅之。既而哀念有易，使得潛化而出，化爲摇民國。帝舜生戲，戲生摇民。懿行案：今廣西猺民疑其類，見桂海虞衡志。

海内有兩人，此乃有易所化者也。懿行案：兩人蓋一爲摇民，一爲女丑。名曰女丑。即女丑之尸，言其變化無常也。然則一以涉化津而遯神域者，亦無往而不之，觸感而寄迹矣。范蠡之倫，亦聞其風者也。懿行案：女丑之尸見海外西經。女丑有大蟹。廣千里也。懿行案：海内北經云：「大蟹在海中。」注與此注同。

大荒之中，有山名曰孽摇頵羝，懿行案：吕氏春秋諭大篇云：「地大則有常祥、不庭、歧母、羣抵、天翟、不周。」高誘注以不周爲山名，其餘皆獸名，非也。尋覽文義，蓋皆山名耳，其羣抵當即此經之頵羝，形聲相近，古字或通。上有扶木，懿行案：「扶木」，當爲「榑木」。柱三百里，其葉如芥。柱，猶起高也。葉似芥菜。有谷曰温源谷。温源，即湯谷也。懿行案：湯谷已見海外東經。湯谷上有扶木，扶桑在上。懿行案：説文云：「日初出東方湯谷所登。榑桑，叒木也。」即此。「叒」通作「若」。李善注海賦及注孫楚爲石仲容與孫皓書引此經，竝作「暘谷上有扶木」；其注歎逝賦引此經，又作「湯谷上於扶桑」，郭注云「上於扶桑，在上也」；又注枚乘七發引此經云：「湯谷上有扶木。扶木者，扶桑也。」蓋亦并引郭注之文。一日方至，一日方出，言交會相代也。皆載于烏。中有三足烏。懿行案：初學記一卷引此經云：「皆戴烏。」「戴」、「載」古字通也；三十卷引春秋元命包云：「日中有三足烏者。陽精，其僂呼也。」注云：「僂呼，温潤生長之言。」楚詞天問云：「羿焉彈日？烏焉解羽？」淮南精神訓云：「日中有踆烏。」高誘注云：「踆，猶蹲也，謂三足烏。踆，音逡。」

有神，人面犬耳，獸身，珥兩青蛇，名曰奢比尸。懿行案：奢比之尸見海外東經。有五采之鳥，相鄉棄沙，未聞沙義。懿行案：「沙」，疑與「娑」同，鳥羽娑娑然也。惟帝俊下友。亦未聞也。帝下兩壇，采鳥是司。言山下有舜二壇，五采鳥主之。

大荒之中有山，名曰猗天蘇門，日月所生。有壎民之國。音如諠譁之諠。有綦山，音忌。又有搖山。有䰝山，音如釜甑之甑。又有門户山，又有盛山，又有待山，有五采之鳥。

東荒之中，有山名曰壑明俊疾，日月所出。有中容之國。懿行案：中容之國已見上文。諸文重複雜沓，踳駮不倫，蓋作者非一人，書成非一家故也。

東北海外，又有三青馬、三騅、馬蒼白雜毛爲騅。懿行案：蒼白雜毛騅，見爾雅。三騅，詳大荒南經。甘華。爰有遺玉、三青鳥、懿行案：三青鳥詳大荒西經。三騅、視肉、聚肉有眼。甘華、甘柤，百穀所在。言自生也。懿行案：海外北經云：平丘，甘柤、甘華，百果所在。海外東經云：蹉丘，甘柤、甘華、甘果所生。皆有遺玉、青馬、視肉之類，此經似釋彼文也。

有女和月母之國。懿行案：女和月母即羲和、常儀之屬也，謂之「女」與「母」者，史記趙世家索隱引譙周云：「余嘗聞之，代俗以東西陰陽所出入，宗其神，謂之王父、母。」據譙周斯語，此經「女和月母」之名，蓋以此也。有人名曰鳧，音婉。北方曰鳧，來之風曰狻，言亦有兩名也。音剡。是處東極隅以止日月，懿行案：此人處東極以止日月者，日月皆出東方故也。史記封禪書云：八神：「六曰月主，祠之萊山。」「七曰日主，祠成山。」亦皆在東極隅也。使無相間出沒，司其短長。言鼊主察日月出入，不令得相間錯，知景之短長。

大荒東北隅中，有山名曰凶犁土丘。懿行案：史記五帝紀索隱引皇甫謐云：「黄帝使應龍殺蚩尤於凶黎之谷。」即此。「黎」、「犁」古字通。應龍處南極，應龍，龍有翼者也。懿行案：有翼曰應龍，見廣雅。殺蚩尤與夸父，蚩尤，作兵者。懿行案：蚩尤作兵，見大荒北經。不得復上，應龍遂住地下。懿行案：初學記三十卷引此經云：「應龍遂在地。」蓋引郭注之文也。今文「住」字當作「在」，「下」字蓋衍。故下數旱。上無復作雨者故也。旱而爲應龍之狀，乃得大雨。今之土龍本此。氣應自然冥感，非人所能爲也。懿行案：劉昭注禮儀志引此經及郭注，竝與今本同。土龍致雨，見淮南説山訓及墬形訓。又楚詞天問云：「應龍何畫？河海何歷？」王逸注云：「或曰：禹治洪水時，有神龍以尾畫導水徑所當決者，因而治之。」案後世以應龍致雨，義蓋本此也。

東海中，有流波山，入海七千里。其上有獸，狀如牛，蒼身而無角，一足，出入水則必風雨，其光如日月，其聲如雷，其名曰夔。黄帝得之，以其皮爲鼓，懿行案：説文云：「夔，神魖也，如龍一足，从夂，象有角、手、人面之形。」薛綜注東京賦云：「夔，木石之怪，如龍有角，鱗甲光如日月，見則其邑大旱。」韋昭注國語云：「夔，一足，越人謂之山繅。」案此三説，夔形狀俱與此經異也。莊子秋水篇釋文引李云：「黄帝在位，諸侯於東海流山得奇獸，其狀如牛，蒼色無角，一足能走，出入水即風雨，目光如日月，其音如雷，名曰夔。黄帝殺之，取皮以冒鼓，聲聞五百里。」蓋本此經爲説也。其文與今本小有異同，「流波山」作「流山」，「其光如日月」作「目光如日月」，似較今本爲長也；又「以其皮爲鼓」作「以其皮冒鼓」。劉逵注吳都賦引此經，亦作「冒」字，是也。初學記九卷引帝王世紀作「流波山」，與今本同，而下文小異。**橛以雷獸之骨，**雷獸，即雷神也，人面龍身，鼓其腹者。橛，猶擊也。懿行案：雷神，已見海內東經。**聲聞五百里，以威天下。**懿行案：莊子釋文本此經，及劉逵注吳都賦引此經，竝無「橛以雷獸之骨」及「以威天下」四字；北堂書鈔一百八卷引有四字。

山海經第十五

大荒南經

南海之外、赤水之西、流沙之東赤水出昆侖山，流沙出鍾山也。有獸，左右有首，懿行案：并封前後有首，此左右有首，所以不同。并封見海外西經。然大荒西經之屏蓬即并逢也，亦云「左右有首」。名曰跊踢。出⿰犭炎名國。黜、惕兩音。懿行案：⿰犭炎名國未詳所在，疑本在經内，今逸也。畢氏云：「『跊踢』當爲『述蕩』之譌，篆文『辵』、『足』相似，故亂之。」引呂氏春秋本味篇云：「肉之美者，述蕩之擥。」高誘注云：「獸名，形則未聞。」即是此也。懿行案：玉篇無「踢」字，有「踼」，而於「跊」字下引此經，仍作「跊踢」。廣韵引經與玉篇同，但「跊」别作「⿰犭术」，云：「獸名。」唯此爲異。有三青獸相并，名曰雙雙。言體合爲一也。公羊傳所云「雙雙而俱至」者，蓋謂此也。懿行案：郭引宣五年傳文也，楊士勛疏引舊説云：「雙雙之鳥，一身二首，尾有雌雄，隨便而偶，常不離散，故以喻焉。」是以雙雙爲鳥名，與郭異也。

有阿山者。南海之中，有氾天之山，赤水窮焉。流極於此山也。懿行案：西次三經云：昆侖之丘，「赤水出焉，而東南流注于氾天之水」。赤水之東，有懿行案：藝文類聚八十四卷及太平御覽五百五十五卷竝引此經，無「有」字。蒼梧之野，舜與叔均之所葬也。叔均，商均也。舜巡狩，死於蒼梧而葬之，商均因留，死亦葬焉。基今在九疑之中。懿行案：海内南經既云「蒼梧之山，帝舜葬于陽，帝丹朱葬于陰」。此又云「舜與叔均之所葬」，將朱、均二人皆於此焉堋邪？又郭云「叔均，商均」，蓋以爲舜之子也。然舜子名義鈞，封于商，見竹書紀年，不名叔均。而大荒西經有叔均，爲稷弟台璽之子；海内經又有叔均，爲稷之孫。準斯以言，此經叔均蓋未審爲何人也。郭云「基今在九疑之中」，「基」當爲「墓」字之譌。御覽五百五十五卷引此注，作「墓今在九疑山中」也。爰有文貝、即紫貝也。懿行案：紫貝，見郭氏爾雅注。離俞、即離朱。鴟久、即鵂鶹也。鷹賈、賈，亦鷹屬。懿行案：水經灅水注引莊子曰：「雅，賈。」馬融亦曰：「賈，烏。」皆烏類，非郭義也。委維、即委蛇也。懿行案：委蛇即延維也，見海内經。熊、羆、象、虎、豹、狼、視肉。

有榮山，榮水出焉。黑水之南，有玄蛇，食麈。今南山蚦蛇吞鹿，亦此類。懿行案：「南山」當爲「南方」，字之譌也。南方蚦蛇吞鹿，已見海内南經注。

有巫山者，西有黄鳥、帝藥、八齋。天帝神仙藥在此也。懿行案：後世謂精舍爲齋，蓋本於此。黄鳥于巫山，司此玄蛇。言主之也。

大荒之中，有不庭之山，懿行案：吕氏春秋諭大篇云：「地大則有常祥、不庭、不周。」高誘注以不周爲山，則不庭亦山名矣，即此。榮水窮焉。懿行案：榮水出榮山，流極於此也。有人三身，帝俊妻娥皇，生此三身之國，蓋後裔所出也。懿行案：竹書云：「帝舜三十年，葬后育于渭。」地理志云：右扶風陳倉，「有舜帝祠」。蓋舜妻即后育，后育即娥皇與？海外西經有三身國而不言所生，此經及海内經始言帝俊生三身也。三身國姚姓，故知此帝俊是舜矣。姚姓，黍食，使四鳥。姚，舜姓也。懿行案：説文云：「虞舜居姚虚，因以爲姓。」有淵四懿行案：太平御覽三百九十五卷引此經，「四」作「正」。方，四隅皆達，言淵四角皆旁通也。北屬黑水，南屬大荒，屬，猶連也。北旁名曰少和之淵，南旁名曰從淵，音驄馬之驄。舜之所浴也。言舜嘗在此中澡浴也。

又有成山，甘水窮焉。甘水出甘山，極此中也。懿行案：甘水已見大荒東經。有季禺之國，顓頊之子，食黍。言此國人顓頊之裔子也。有羽民之國，其民皆生毛羽。懿行案：羽民國見海外南經。有卵民之國，其民皆生卵。即卵生也。懿行案：郭注羽民國云：「卵生。」是羽民即卵生也。此又有卵民國，民皆卵生，蓋别一國。郭云「即卵生也」，似有成文，疑此國本在經中，今逸。

大荒之中，有不姜之山，黑水窮焉。黑水出昆侖山。懿行案：黑水出昆侖西北隅，已見海内西經。又有賈山，汔水出焉。又有言山，又有登備之山，即登葆山，羣巫所從上下者也。懿行案：登葆山見海外西經巫咸國。有恝恝之山。音如券契之契。又有蒲山，澧音禮。水出焉。又有隗山，音如隗囂之隗。其西有丹，懿行案：經内丹類非一，此但名之曰「丹」，疑即「丹臒」之省文也。其東有玉。又南，有山，漂水出焉。音票。有尾山，有翠山。言此山有翠鳥也。懿行案：翠亦尾也。内則云：「舒鴈翠」，「舒鳧翠。」有盈民之國，於姓，黍食。又有人方食木葉。懿行案：呂氏春秋本味篇高誘注云：「赤木、玄木，其葉皆可食，食之而仙也。」又穆天子傳云：「有模堇，其葉是食明后。」亦此類。

有不死之國，阿姓，甘木是食。甘木，即不死樹，食之不老。　懿行案：不死樹在昆侖山上，見海內西經；不死民見海外南經。

大荒之中，有山名曰去痓。南極果，北不成，去痓果。音如風痓之痓，未詳。　懿行案：集韵云：「痓，充至切，音廁，風病也。」是痓即風痓之痓，郭氏又音如之，疑有譌字。

南海渚中有神，人面，珥兩青蛇，踐兩赤蛇，曰不廷胡余。神名耳。有神，名曰因因乎，南方曰因乎，夸風曰乎民，亦有二名。處南極以出入風。　懿行案：大荒東經有神名曰折丹，「處東極以出入風」，此神處南極以出入風，二神處巽位，以調八風之氣也。

有襄山，又有重陰之山。有人食獸，曰季釐。帝俊生季釐，懿行案：文十八年左傳云高辛氏才子八人，有季貍。「貍」、「釐」聲同，疑是也。是此帝俊又爲帝嚳矣。故曰季釐之國。有緡淵。音昏。　懿行案：竹書云：「夏帝癸十一年，滅有緡。」疑即此。少昊生倍伐，倍伐降處緡淵。有水四方，名曰俊壇。水狀似土壇，因名舜壇也。　懿行案：尸子云：「水方折者有玉。」此經有水四方，疑其類。

有臷民之國。爲人黃色。　懿行案：臷國已見海外南經。帝舜生無淫，降臷處，是謂巫臷民。巫臷民朌姓，食穀，不績不經，服也；言自然有布帛也。不稼不穡，食也。言五穀自生也。種之爲稼，收之爲穡。爰有歌舞之鳥，鸞鳥自歌，鳳鳥自舞；爰有百獸，相羣爰處。百穀所聚。

大荒之中，有山名曰融天，海水南入焉。懿行案：大荒北經云：「不句之山，海水入焉。」蓋海所瀉處，必有歸虚、尾閭爲之孔穴，地脈潛通，故曰入也。下又有天臺高山爲海水所入，大荒北經亦有北極、天櫃「海水北注焉」，皆海之所瀉也。

有人曰鑿齒，羿殺之。射殺之也。懿行案：羿殺鑿齒，已見海外南經。

有蜮山者，有蜮民之國，音惑。桑姓，食黍，射蜮是食。蜮，短狐也，似鼈，含沙射人，中之則病死。此山出之，亦以名云。懿行案：説文云：「蜮，短狐也，似鼈三足，以气射害人。」楚詞大招云：「鰅鱅短狐。」王逸注云：「鰅鱅，短狐類也。短狐，鬼蜮也。」大招又云：「魂虖無南，蜮傷躬只。」王逸注云：「蜮，短狐也。」引詩云：「爲鬼爲蜮。」「短狐」，漢書作「短弧」。五行志云：「蜮在水旁能射人，射人有處，甚者至死，南方謂之短弧。」顔師古注云：「即射工也，亦呼水弩。」廣韵引玄中記云：「長三四寸，蟾蜍、鸑鷟、鴛鴦悉食之。」有人方扜弓射黄蛇，扜，挽也，音紆。懿行案：扜亦音烏。扜訓挽者，吕氏春秋壅塞篇云：「扜弓而射之。」高誘注云：「扜，引也。」義同郭。玉篇云：「扜，持也。」名曰蜮人。

有宋山者，有赤蛇，名曰育蛇。有木生山上，名曰楓木。楓木，蚩尤所棄其桎梏，蚩尤爲黄帝所得，械而殺之，已摘棄其械，化而爲樹也。懿行案：爾雅云：「楓，欇欇。」郭注云：「楓樹似白楊，葉圓而歧，有脂而香，今之楓香是。」廣韵引此經云：「變爲楓木，脂入地，千年化爲虎魄。」此説恐非也。虎魄，松脂所化，非楓也。又引孫炎云：「欇欇生江上，有寄生枝，高三四尺，生毛，一名楓子。天旱以泥泥之，即雨。」南方草木狀云：「五嶺之間多楓木，歲久則生瘤癭，一夕遇暴雷驟雨，其樹贅暗長三五尺，謂之楓人。」述異記云：「南中有楓子，鬼木之老者，爲人形。」然則楓亦靈怪之物，豈以其蚩尤械所化故與？郭注「摘棄」之「摘」，當爲「擿」，字之譌也。是爲楓木。即今楓香樹。有人，方齒虎尾，名曰祖狀之尸。音如柤梨之柤。

有小人，名曰焦僥之國，皆長三尺。懿行案：焦僥國已見海外南經。幾姓，嘉穀是食。

大荒之中，有山名㱙塗之山，音朽。懿行案：玉篇云：「㱙，或作朽。」是「㱙」、「朽」古字同。「㱙」、「醜」聲相近，「㱙塗」即「醜塗」也，已見西次三經昆侖之丘。青水窮焉。青水出昆侖。懿行案：青、清聲同。西次三經云：昆侖，「洋水出焉」。郭云：「『洋』，或作『清』。」即此也。有雲雨之山，有木名曰欒。懿行案：説文云：「欒木似欄。」繫傳云：「欄，木蘭也。」今案木蘭見離騷。廣雅云：「木欄，桂欄也。」禹攻雲雨。攻，謂槎伐其林木。有赤石焉，生欒，言山有精靈，復變生此木於赤石之上。懿行案：初學記三十卷引拾遺記云：「黑鯤魚，千尺如鯨，常飛往南海。或死，肉骨皆消，唯膽如石上仙欒也。」義正與此合。黄本、赤枝、青葉，羣帝焉取藥。言樹花、實皆爲神藥。懿行案：欒實如建木實也，見海内南經，郭注本此經爲説。

有國曰顓頊，生伯服，懿行案：吴氏引世本云：「顓頊生偁，偁字伯服。」食黍。有鼬姓之國。音如橘柚之柚。有苕山，又有宗山，又有姓山，又有壑山，又有陳州山，又有東州山。又有白水山，白水出焉，而生白淵，昆吾之師所浴也。昆吾，古王者號。音義曰：「昆吾，山名，谿水内出善金。」二文有異，莫知所辨測。懿行案：昆吾，古諸侯名，見竹書。又大戴禮帝繫篇云：陸終氏産六子，「其一曰樊，是爲昆吾也」。郭又引音義以爲山名者，中次二經昆吾之山是也。所引音義未審何人書名，蓋此經家舊説也。

有人名曰張弘，在海上捕魚。海中有張弘之國，或曰：「即奇肱人。」疑非。懿行案：海外西經奇肱之國郭注云：「肱，或作『弘』。」是張弘即奇肱矣。「肱」、「弘」聲同，古字通用。此注又疑其非，何也？又案張弘或即長肱，見穆天子傳，郭注云：「即長臂人，見海外南經。」食魚，使四鳥。

有人焉，鳥喙有翼，方捕魚于海。懿行案：此似説驩頭國人，舊本屬上文，非是。

大荒之中，有人名曰驩頭。鯀妻士敬，士敬子曰炎融，生驩頭。驩頭人面鳥喙，有翼，食海中魚，杖翼而行，翅不可以飛，倚杖之用，行而已。懿行案：驩頭國已見海外南經。維宜芑、苣、穋楊是食。管子説地所宜，云：「其種穋、杞、黑黍。」皆禾類也。苣，黑黍，今字作禾旁。起、秬、虬三音。懿行案：經蓋言驩頭食海中魚，又食芑、苣、穋楊之類也。穋亦禾名，今未詳。説文云：「稑，疾孰也。」或作「穋」。音義與此同。又案郭引管子地員篇文，其「穋杞」之字，今誤作「樛杞」也。有驩頭之國。

帝堯、帝嚳、帝舜葬于岳山，即狄山也。爰有文貝、離俞、鴟久、鷹、延維、視肉、熊、羆、虎、豹。朱木，赤枝、青華、玄實。懿行案：朱木形狀又見大荒西經。有申山者。

大荒之中，有山名曰天臺高山，海水入焉。

東南海之外，懿行案：北堂書鈔一百四十九卷引此經，無「南」字。甘水之閒，懿行案：初學記一卷及太平御覽三卷竝引此經，作「甘泉之閒」。後漢書王符傳注引此經，仍作「甘水之閒」。有羲和之國。有女子名曰羲和，懿行案：史記正義引帝王世紀云：「帝嚳次妃娵訾氏女曰常儀。」大荒西經又有帝俊妻常羲，疑與常儀及此經羲和通爲一人耳。方日浴于甘淵。羲和，蓋天地始生主日月者也，故啓筮曰：「空桑之蒼蒼，八極之既張，乃有夫羲和，是主日月，職出入以爲晦明。」又曰：「瞻彼上天，一明一晦，有夫羲和之子，出于暘谷。」故堯因此而立羲和之官，以主四時。其後世遂爲此國，作日月之象而掌之，沐浴運轉之於甘水中，以效其出入暘谷、虞淵也，所謂「世不失職」耳。懿行案：藝文類聚、初學記及李賢注後漢書王符傳引此經，竝作「浴日于甘泉」，疑避唐諱，改「淵」爲「泉」耳。初學記及御覽引經，「浴日于甘泉」在「是生十日」句之下，與今本異；又引郭注云「羲和，能生日也，故曰爲羲和之子」云云。亦與今本異。羲和者，帝俊之妻，生十日。言生十子，各以日名名之，故言生十日，數十也。懿行案：郭注「生十日」下，疑脱「日」字。羲和十子，它書未見，藝文類聚五卷引尸子曰：「造歷數者，羲和子也。」然其名竟無攷。

有蓋猶之山者，其上有甘柤，懿行案：「柤」，亦當爲「樝」字之譌，已見海外北經。枝幹皆赤，黄葉、白華、黑實。東又有甘華，枝榦皆赤，黄葉。有青馬，懿行案：青馬已見海外東經。有赤馬，名曰三騅。懿行案：三騅已見大荒東經。有視肉。

有小人，名曰菌人。音如朝菌之菌。懿行案：此即「朝菌」之「菌」，又音如之，疑有譌文，或經當爲「菌狗」之「菌」。菌人蓋靖人類也，已見大荒東經。吴氏引抱朴子云：「山中見小人，肉芝類也。」又引南越志云：「銀山有女樹，天明時皆生嬰兒，日出能行，日没死，日出復然。」又引事物紺珠云：「孩兒樹出大食國，赤葉，枝生小兒，長六七寸，見人則笑。」菌人疑即此。又嶺海異聞注云：「香山有物，如嬰孩而躶，魚貫同行，見人輒笑，至地而滅。」亦斯類也。

有南類之山，爰有遺玉、青馬、三騅、視肉、甘華，百穀所在。

山海經第十六

大荒西經

西北海之外、大荒之隅，有山而不合，名曰不周負子，淮南子曰：「昔者共工與顓頊争帝，怒而觸不周之山，天維絶，地柱折。」故今此山缺壞不周帀也。懿行案：列子湯問篇説共工、顓頊，與淮南天文訓同，唯「折天柱，絶地維」二語爲異。楚詞天問云：「康回馮怒，地何故以東南傾？」王逸注云：「康回，共工名也。」又引淮南子，與此注同。文選注甘泉賦及思玄賦及太平御覽五十九卷引此經，竝無「負子」二字。有兩黄獸守之。有水曰寒暑之水，水西有濕山，水東有幕山。音莫。有禹攻共工國山。言攻其國，殺其臣相柳於此山。啓筮曰「共工，人面、蛇身、朱髪」也。懿行案：周書史記篇云：「昔有共工自賢，自以無臣，久空大官，下官交亂，民無所附。唐氏伐之，共工以亡。」案唐氏即帝堯也，堯蓋命禹攻其國而亡之，遂流其君於幽州也。郭引啓筮者，太平御覽三百七十三卷引歸藏啓筮文，與此同。

有國，名曰淑士，顓頊之子。言亦出自高陽氏也。

有神十人，名曰女媧之腸，或作「女媧之腹」。化爲神，處栗廣之野，女媧，古神女而帝者，人面蛇身，一日中七十變，其腹化爲此神。栗廣，野名。媧，音瓜。懿行案：説文云：「媧，古之神聖女，化萬物者也。」列子黄帝篇云：「女媧氏蛇身人面，而有大聖之德。」初學記九卷引帝王世紀云：「女媧氏亦風姓也，承庖犧制度，號女希，是爲女皇。」史記索隱引世本云：「塗山氏女，名女媧也。」淮南説林訓云：「女媧七十化。」高誘注云：「女媧，王天下者也，七十變造化。」楚詞天問云：「女媧有體，孰制匠之？」王逸注云：「傳言女媧人頭蛇身，一日七十化。其體如此，誰所制匠而圖之乎？」今案王逸注非也。天問之意，即謂女媧一體化爲十神，果誰裁制而匠作之，言其甚巧也。郭注「腹」字，太平御覽七十八卷引作「腸」；又引曹植女媧讚曰：「人首蛇形，神化七十，何德之靈。」横道而處。言斷道也。

有人名曰石夷，來風曰韋，來，或作「本」也。處西北隅，以司日月之長短。言察日月晷度之節。懿行案：大荒東經既有鳧「處東極以止日月，司其短長」，此又云「司日月之長短」者，西北隅爲日月所不到，然其流光餘景，亦有晷度短長，故應有主司之者也。有五采之鳥，有冠，名曰狂鳥。爾雅云：「狂，夢鳥。」即此也。懿行案：郭注爾雅亦引此經文。「狂」，玉篇作「鵟」。

有大澤之長山。有白氏之國。懿行案：「氏」，疑「民」字之譌，明藏本正作「民」。白民國已見海外西經。

西北海之外、赤水之東，有長脛之國。腳長三丈。懿行案：長脛即長股也，見海外西經。郭云「腳長三丈」，正與彼注同。一本作「三尺」，誤也。藏經本作「腳步五尺」，亦與前注不合。

有西周之國，姬姓。懿行案：説文云：「姬，黄帝居姬水以爲姓。」史記周本紀云：「封弃於邰，號曰后稷，别姓姬氏。」地理志云：右扶風斄，「后稷所封」。然則經言西周之國，蓋謂此。食穀。有人方耕，名曰叔均。帝俊生后稷，俊，宜爲嚳，嚳第二妃生后稷也。懿行案：帝嚳名夋，「夋」、「俊」疑古今字，不須依郭改「俊」爲「嚳」

也。然經中帝俊屢見，似非一人，未聞其審。大戴禮帝繫篇云：帝嚳上妃「有邰氏之女也，曰姜原氏，產后稷」。史記周本紀同。郭云「嚳第二妃」，誤也。稷降以百穀。稷之弟曰台璽，音胎。生叔均，懿行案：史記周本紀云：「后稷卒，子不窋立。」譙周議其世次誤，是也。史記又不載稷之弟，所未詳。叔均是代其父及稷播百穀，始作耕。有赤國妻氏。有雙山。

西海之外、大荒之中，有方山者，上有青樹，懿行案：初學記一卷引此經，作「青松」。名曰柜格之松，木名，音矩。日月所出入也。

西北海之外、懿行案：初學記十卷引此經，無「北」字；明藏本亦同。赤水之西，有先民之國，懿行案：「先」當爲「天」，字之譌也。淮南墬形訓海外三十六國中有天民。「天」，古作「兂」，或作「元」，字形相近，以此致譌。食穀，使四鳥。有北狄之國。黄帝之孫曰始均，懿行案：地理志云：右扶風陳倉「有黄帝孫祠」。始均生北狄。有芒山。有桂山。有榣山，此山多桂及榣木，因名云耳。懿行案：初學記引此經，作「搖山」，餘同。其上有人，號曰太子長琴。顓頊生老童，世本云：「顓頊娶于滕墳氏，謂之女禄，產老童也。」懿行案：大戴禮帝繫篇「滕墳」作「滕奔」，云：「顓頊娶于滕氏奔之子，謂之女禄氏，產老童也。」又老童亦爲神，居騩山，已見西次三經。老童生祝融，即重黎也，高辛氏火正，號曰祝融也。懿行案：大戴禮帝繫篇云：「老童娶于竭水氏之子，謂之高緺氏，產重黎及吴回。」史記楚世家云：「重黎爲帝嚳高辛居火正，甚有功，能光融天下，帝嚳命曰祝融。」祝融生太子長琴，是處榣山，始作樂風。創制樂風曲也。懿行案：太平御覽五百六十五卷引此經，無「風」字。西次三經騩山云：老童發音「常如鐘磬」。故知長琴解作樂風，其道亦有所受也。有五采鳥三名：一曰皇鳥，一曰鸞鳥，一曰鳳鳥。有蟲，狀如菟，懿行案：「菟」、「兔」通。此獸也，謂之「蟲」者，自人及鳥獸之屬，通謂之蟲，見大戴禮易本命篇。胷以後者裸不見，言皮色青，故不見其裸露處。青如猨狀。狀又似猨。懿行案：此獸即㲋也。說文云：「㲋，獸也，似兔，青色而大。」此經云「狀如菟」，是也。又云「如猨」者，言其色，非謂狀似兔又似猨也。「猨」，明藏本作「蝯」，是。

大荒之中，有山名曰豐沮玉門，日月所入。有靈山，巫咸、巫即、巫朌、巫彭、巫姑、巫真、巫禮、巫抵、巫謝、巫羅十巫，從此升降，百藥爰在。羣巫上下此山采之也。懿行案：說文云：「古者巫咸初作巫。」越絕書云：「虞山者，巫咸所出也。虞故神，出奇怪。」離騷云：「巫咸將夕降兮。」王逸注云：「巫咸，古神巫也，當殷中宗之時。」王逸此說恐非也。殷中宗之臣雖有巫咸，非必即是巫也，海外西經巫咸國蓋特取其同名耳。朌，讀如班，海内西經六巫有巫凡，朌、凡或即一人。水經涑水注引此經，作「巫朌」，「朌」、「盼」形聲又相近也；「巫真」，水經注引作「巫貞」；「巫禮」作「巫孔」。今案「禮」，古文作「礼」，「礼」與「孔」疑形近而譌也。海内西經有巫履，蓋履即禮也，是爲一人無疑。其巫相疑即巫謝，「謝」與「相」聲轉，當即一人也。郭注云「采之也」，水經注引作「采藥往來也」。案此是海外西經巫咸國注，酈氏誤記，故引在此耳。

西有王母之山、懿行案：「西有」，當爲「有西」。太平御覽九百二十八卷引此經，作「西王母山」，可證。壑山、海山。皆羣大靈之山。有沃之國，言其土饒沃也。懿行案：李善注洛神賦引此經，作「沃人之國」；藝文類聚八十九卷引作「沃民之國」。疑「沃人」當爲「沃民」，避唐諱改耳；御覽九百二十八卷正引作「沃民」可證。沃民是處。沃之野，鳳鳥之卵是食，懿行案：吕氏春秋本味篇云：「流沙之西，丹山之南，有鳳之凡，沃民所食。」高誘注云：「凡，古『卵』字也。」甘露是飲，凡其所欲，其味盡存。言其所願滋味，此無所不備。懿行案：海外西經諸夭之野與此同。爰有甘華、甘柤、白柳、懿行案：初學記二十八卷引此經，作「決民之國有白柳」。「決」即「沃」字之譌也。視肉、三騅、璇瑰、瑶碧、璇瑰，亦玉名。穆天子傳曰：「枝斯璿瑰。」枚、回二音。懿行案：「璇」當爲「璿」，本或作「琁」，誤也。「琁」與「瓊」同，見説文。郭音此爲「枚」，則當爲「玫」字，亦誤也。晉灼注漢書云：「玫瑰，火齊珠也。」若經文爲「玫瑰」，郭又不得云「亦玉名」矣。李善注江賦及洛神賦引此經，竝作「璿瑰」；又引郭注云：「璿瑰，亦玉名也。旋、回兩音。」是知經文「璇瑰」、注文「枚回」，竝今本之譌矣。大荒北經正作「璿瑰、瑶碧」可證。又玉篇、廣韻引此經，竝作「璿瑰、瑙碧」。「瑶」作「瑙」，字形雖異，音義當同。白木、樹色正白。今南方有文木，亦黑木也。懿行案：文木即今烏木也。劉逵注吴都賦云：「文木，材密緻無理，色黑如水牛角，日南有之。」琅玕、白丹、青丹，又有黑丹也。孝經援神契曰：「王者德至山陵而黑丹出。」然則丹者别是彩名，亦猶黑、白、黄皆云丹也。懿行案：黑丹即下文玄丹是也。白丹者，鶡冠子度萬篇云：「膏露降，白丹發。」是其事也。多銀、鐵。鸞鳳自歌，鳳鳥自舞，爰有百獸，相羣是處，是謂沃之野。懿行案：海外西經同。有三青鳥，赤首黑目，一名曰大鵹，音黎。一名少鵹，一名曰青鳥。皆西王母所使也。懿行案：三青鳥爲西王母取食，見海内北經。有軒轅之臺，射者懿行案：初學記二十四卷引此經，作「射罘」，誤也。大荒北經云：「共工之臺，射者不敢北嚮。」亦作「者」字，可證。不敢西嚮射，懿行案：藝文類聚六十二卷引此經，無「射」字；藏經本亦無「射」

字，「嚮」作「鄉」，是也。畏軒轅之臺。敬難黃帝之神。　懿行案：臺亦丘也。海外西經云：「不敢西射，畏軒轅之丘。」

大荒之中，有龍山，日月所入。有三澤水，名曰三淖，懿行案：郭注穆天子傳引此經，作「有川名曰三淖」。昆吾之所食也。穆天子傳曰：滔水，「濁繇氏之所食」。亦此類也。　懿行案：食，謂食其國邑。鄭語云「主芣騩而食溱、洧」是也。有人衣青，以袂蔽面，袂，袖。　懿行案：海外西經云：「以右手鄣其面也。」名曰女丑之尸。　懿行案：女丑之尸見海外西經。

有女子之國。王頎至沃沮國，盡東界，問其耆老，云：「國人嘗乘船捕魚遭風，見吹數十日，東一國在大海中，純女無男。」即此國也。　懿行案：女子國見海外西經。此注本魏志東夷傳也。

有桃山。有䖟山。有桂山。懿行案：上文已有芒山、桂山，「芒」、「䖟」聲同也。有于土山。

有丈夫之國。其國無婦人也。　懿行案：丈夫國已見海外西經。

有弇州之山，五采之鳥仰天，張口嘘天。名曰鳴鳥。懿行案：鳴鳥，蓋鳳屬也。周書君奭云：「我則鳴鳥不聞。」國語云：「周之興也，鸑鷟鳴於岐山。」爰有百樂歌儛之風。爰有百種伎樂歌儛風曲。　懿行案：文選注王融曲水詩序引此經，「儛」作「舞」，餘同。注「爰」字，明藏本作「言」，是也。

有軒轅之國，其人人面蛇身。　懿行案：人面蛇身，尾交首上，見海外西經。又此注中六字，明藏本作經文。江山之南棲爲吉，即窮山之際也。山居爲棲。吉者，言無凶夭。　懿行案：軒轅國在窮山之際，已見海外西經。不壽者乃八百歲。壽者數千歲。懿行案：亦見海外西經。

西海陼懿行案：爾雅云：「小洲曰陼。」「陼」與「渚」同。中有神，人面鳥身，珥兩青蛇，踐兩赤蛇，懿行案：此神形狀全似北方神禺彊，唯彼作「踐兩青蛇」爲異，見海外北經。名曰弇茲。

大荒之中，有山名曰日月山，天樞也。吳姖懿行案：「姖」字，説文、玉篇所無，藏經本作「姬」。天門，日月所入。有神，人面無臂，懿行案：説文云：「了，尥也，从子無臂，象形。」兩足反屬于頭山，懿行案：「山」當爲「上」字之譌，藏經本作「上」。名曰噓。言噓啼也。顓頊生老童，懿行案：史記楚世家云：「高陽生稱，稱生卷章。」譙周云：「老童即卷章。」老童生重及黎。世本云：「老童娶于根水氏，謂之驕福，産重及黎。」懿行案：大戴禮帝繫篇云：「老童娶于竭水氏之子，謂之高緺氏，産重黎及吳回。」史記楚世家云：「卷章生重黎。」徐廣注引世本云：「老童生重黎及吳回。」與帝繫同。是皆以重黎爲一人也，此經又以重、黎爲二人。郭引世本又與徐廣異，竝所未詳。帝令重獻上天，令黎邛下地。古者神人雜擾無別，顓頊乃命南正重司天以屬神，命火正黎司地以屬民。重實上天，黎實下地。獻、邛義未詳也。懿行案：郭注本楚語文，其「火正」之「火」字，唐固注云：「『火』當爲『北』。」是也。重號祝融，爲高辛氏火正。竹書云：「帝嚳十六年，帝使重帥師滅有鄶。」即是人也。高誘注淮南子云：「顓頊之孫老童之子吳回，一名黎，爲高辛氏火正，號祝融。」高誘之説本鄭語及史記楚世家文，竝與此經合。左傳以爲少昊氏之子曰重，爲勾芒木正；顓頊氏之子曰黎，爲祝融火正。以二人爲非同産，與此經及國語異也。下地是生噎，懿行案：此語難曉。海內經云：「后土生噎鳴。」此經似與相涉而文有闕脱，遂不復可讀。處于西極，以行日月星辰之行次。主察日月星辰之度數次舍也。懿行案：楚語云：「至于夏、商，重黎氏世叙天地而別其分主。」即此經云「噎處西極，以行日月星辰」者也。

有人反臂，名曰天虞。即尸虞也。懿行案：尸虞未見所出，據郭注當有成文，疑在經内，今逸。

有女子方浴月。懿行案：北堂書鈔一百五十卷引，「浴」上有「澄」字。帝俊妻常羲，懿行案：史記五帝紀云：帝嚳「娶娵訾氏女」。索隱引皇甫謐云：「女名常儀也。」今案常儀即常羲，「羲」、「儀」聲近，又與羲和當即一人，已見大荒南經。生月十有二，此始浴之。義與羲和浴日同。有玄丹之山。出黑丹也。懿行案：上文沃民國有青丹，郭云「又有黑丹也」，謂此。有五色之鳥，人面有髮。爰有青鳶、音文。黃鷔、音敖。青鳥、黃鳥，其所集者其國亡。懿行案：海外西經云：「鴍鳥、鶬鳥，其色青黃，所經國亡。」又云：「青鳥、黃鳥所集。」即此是也。玉篇有「鷔」字，云：「有此鳥集，即大荒國亡。」李善注江賦引此經及郭注，與今本畧同。有池名孟翼之攻顓頊之池。孟翼，人姓名。

大荒之中，有山名曰鏖鏊鉅，鏊，音如敖。日月所入者。有獸，左右有首，名曰屏蓬。即并封也，語有輕重耳。懿行案：海外西經云并封前後有首，此云「左右有首」，又似非一物也。說見大荒南經。有巫山者。懿行案：大荒南經有巫山。有壑山者。懿行案：上文有壑山、海山。有金門之山，有人名曰黃姖之尸。懿行案：「姖」，藏經本作「姬」。有比翼之鳥。有白鳥，青翼、黃尾、玄喙。奇鳥。有赤犬，名曰天犬，其所下者有兵。周書云：「天狗所止，地盡傾，餘光燭天爲流星，長數十丈，其疾如風，其聲如雷，其光如電。」吳、楚七國反時吠過梁國者是也。懿行案：赤犬名曰天犬，此自獸名，亦如西次三經陰山之獸名曰「天狗」耳。郭注以天狗星當之，似誤也。其引周書，逸周書無之。漢書天文志云：「天狗狀如大流星，有聲，其下止地，類狗。所墜及，望之如火光炎炎中天。其下圜，如數頃田處，上銳，見則有黃色，千里破軍殺將。」又云：「狗，守禦類也，天狗所降，以戒守禦。吳、楚攻梁，梁堅城守，遂伏尸流血其下。」

西海之南，流沙之濱，赤水之後，黑水之前，有大山名曰昆侖之丘。有神，人面虎身，有文有尾，皆白處之。言其尾以白爲點駮。懿行案：神人即陸吾也，其狀虎身九尾，人面虎爪，司昆侖者，已見西次三經。其下有弱水之淵環之，其水不勝鴻毛。懿行案：李賢注後漢書張衡傳及李善注思玄賦引此經，「淵」竝作「川」，蓋避唐諱改也；又引此經，仍作「淵」字。顔師古注漢書西域傳引玄中記云：「昆侖之弱水，鴻毛不能起也。」史記大宛傳索隱引輿地圖云：「昆侖弱水，非乘龍不至。」藝文類聚八卷引郭氏讚云：「弱出昆山，鴻毛是沈。北淪流沙，南映火林。惟水之奇，莫測其深。」其外有炎火之山，投物輒然。今去扶南東萬里，有耆薄國；東復五千里許，有火山國，其山雖霖雨，火常然。火中有白鼠，時出山邊求食，人捕得之，以毛作布，今之火澣布是也。即此山之類。懿行案：水經㶟水注引神異經云：「南方有火山焉，長四十里，廣四五里，其中皆生不燼之木，晝夜火然；得暴風猛雨不滅。火中有鼠，重百斤，毛長二尺餘，細如絲，色白，時時出外，以水逐而沃之則死，取其毛績以爲布，謂之火浣布。」即郭氏所說也。火浣布又見列子湯問篇，云周穆王時西戎獻之也。魏志云：「齊王芳立，西域重譯獻火浣布。」裴松之注引搜神記，大意與郭同。又藝文類聚八十卷引玄中記云：「南方有炎火山，四月生火，其木皮爲火浣布。」搜神記亦同茲説。將火澣布故有鼠毛及木皮二種邪？類聚七卷引郭氏讚云：「木含陽氣，精構則然。焚之無盡，是生火山。理見乎微，其傳在傳。」案末句誤，疑當爲「其妙不傳」。有人，戴勝虎齒，有豹尾，穴處，名曰西王母。河圖玉版亦曰西王母居昆侖之山，西山經曰西王母居玉山。穆天子傳曰「乃紀名迹于弇山之石，曰西王母之山」也。然則西王母雖以昆侖之宮，亦自有離宮別窟，游息之處，不專住一山也。故記事者各舉所見而言之。懿行案：今本穆天子傳作「紀丌跡于弇山之石」，「丌」即「其」之假借字也。郭云「西王母雖以昆侖之宮」，「以」當爲「居」。「以」，古字作「㠯」；「居」，古文作「凥」，皆形近而譌也。藏經本作「雖以昆侖爲宮」，其義亦通也。經言西王母「穴處」者，莊子大宗師篇云西王「坐乎少廣」，釋文引司馬彪云：「少廣，穴名。」是知此人在所，乃以窟穴爲居。故穆天子傳載爲天子吟曰：「虎豹爲羣，鳥獸與處。」蓋自道其實也。它書或説西王母所居玉闕金堂，徒爲虛語耳。此山萬物盡有。

大荒之中，有山名曰常陽之山，懿行案：或説海外西經形天葬常羊之山即此，非也。常羊之山見下文。日月所入。

有寒荒之國。有二人：女祭，女薎。或持觶，或持俎。懿行案：「薎」，當爲「蔑」字之譌。海外西經云「女祭、女戚」，戚即蔑也。郭云「持觶」，「觶」亦「鱓」字之譌也。戚操魚䱇，亦見海外西經。

有壽麻之國。呂氏春秋曰：「南服壽麻，北懷闟耳。」懿行案：郭引呂氏春秋，任數篇文也。「南」當爲「西」字之譌；「壽麻」，彼作「壽靡」，高誘注云：「西極之國。『靡』亦作『麻』。」今案「麻」、「靡」古字通。地理志云：益州郡，「收靡」。李奇云：「靡，音麻，即升麻也。」南嶽娶州山女，名曰女虔。女虔生季格，季格生壽麻，壽麻正立無景，疾呼無響。言其稟形氣有異於人也。列仙傳曰，玄俗無景。懿行案：淮南墬形訓言建木「日中無景，呼而無響」也。拾遺記云：「勃鞮之國，人皆日中無景。」列仙傳云：「玄俗者，自言河間人也，餌巴豆、雲英，賣藥於市，七丸一錢，治百病。王病瘕，服藥用下蛇十餘頭。王家老舍人自言父世見俗，俗形無景，王呼俗著日中，實無景。」案此據劉逵注魏都賦所引，與今列仙傳本不同。爰有大暑，不可以往。言熱炙殺人也。懿行案：楚詞招魂云：「西方之害，其土爛人，求水無所得些。」王逸注云：「言西方之土温暑而熱，燋爛人肉，渴欲求水，無有源泉，不可得也。」亦此類。

有人無首，操戈盾立，名曰夏耕之尸。亦形天尸之類。故成湯伐夏桀于章山，克之，于章，山名。懿行案：郭以「于章」爲山名，未詳所在。史記夏本紀正義引淮南子云：「湯敗桀於歷山，與妺喜同舟浮江，奔南巢之山而死。」今案淮南脩務訓云：「湯乃整兵鳴條，困夏南巢，譙以其過，放之歷山。」此即史記正義所引也。高誘注云：「南巢，今廬江居巢。」是歷山蓋歷陽之山，未審即此經章山以不。斬耕厥前。頭亦在前者。耕既立，無首，走厥咎，逃避罪也。懿行案：藏經本「立」字在「無首」下。乃降于巫山。自竄於巫山。巫山今在建平巫縣。懿行案：地理志云：南郡，「巫」。應劭注云：「巫山在西南。」郭云「今在建平巫縣」者，見晉書地理志。

有人名曰吳回，奇左，是無右臂。即奇肱也。吳回，祝融弟，亦爲火正也。懿行案：此非奇肱國也。說文云：「孑，無右臂也。」即此之類。吳回者，大戴禮帝繫篇云：「老童産重黎及吳回。」史記楚世家云：帝嚳「誅重黎，而以其弟吳回爲重黎後，復居火正，爲祝融」。是皆以重黎爲一人，吳回爲一人。世本亦同。此經上文則以重、黎爲二人，似黎即吳回，故潛夫論志氏姓云：「黎，顓頊氏裔子，吳回也。」高誘注淮南亦云：「祝融，顓頊之孫，老童之子，吳回也，一名黎，爲高辛氏火正，號爲祝融。」其注吕氏春秋又云：「吳回，回禄之神託於竈。」與注淮南異也。王符、高誘竝以黎即吳回，與此經義合。重、黎相繼爲火官，故皆名祝融矣。

有蓋山之國。有樹，赤皮支榦，青葉，名曰朱木。或作「朱威木」也。懿行案：朱木，已見大荒南經。「青葉」，彼作「青華」，是也，此蓋字形之譌。

有一臂民。北極下亦有一腳人，見河圖玉版。懿行案：一臂國已見海外西經。

大荒之中，有山名曰大荒之山，日月所入。有人焉，三面，是顓頊之子，三面一臂。無左臂也。懿行案：說文云：「孑，無左臂也。」即此。三面之人不死，言人頭三邊各有面也。玄菟太守王頎至沃沮國，問其耆老，云：「復有一破船，隨波出在海岸邊，上有一人，項中復有面，與語不解，了不食而死。」此是兩面人也。呂氏春秋曰一臂三面之鄉也。懿行案：呂氏春秋求人篇云：禹西至「一臂三面之鄉」。本此。郭說兩面人，本魏志東夷傳。是謂大荒之野。懿行案：上林賦云：「過乎泱漭之壄。」張揖注云：「山海經所謂大荒之野。」李善注曹植七啓引此經，「野」下有「中」字，蓋衍也；其注張協七命仍引此經，無「中」字，可證。

西南海之外，赤水之南，流沙之西，有人珥兩青蛇，乘兩龍，名曰夏后開。懿行案：「開」即「啓」也，漢人避諱所改。開上三嬪于天，嬪，婦也。言獻美女於天帝。懿行案：離騷云：「啓九辯與九歌。」天問云：「啓棘賓商，九辯九歌。」是「賓」、「嬪」古字通，「棘」與「亟」同。蓋謂啓三度賓于天帝，而得九奏之樂也。故歸藏鄭母經云：「夏后啓筮：『御飛龍登于天，吉。』」正謂此事。周書王子晉篇云：「吾後三年，上賓于帝所。」亦其證也。郭注大誤。得九辯與九歌以下。皆天帝樂名也，開登天而竊以下，用之也。開筮曰：「昔彼九冥，是與帝辯同宮之序，是謂九歌。」又曰：「不得竊辯與九歌以國于下。」義具見於歸藏。此天穆之野，高二千仞。竹書曰：「顓頊産伯鯀，是維若陽，居天穆之陽也。」懿行案：竹書云：「帝顓頊三十年，帝産伯鯀，居天穆之野。」無「是維若陽」四字，蓋脱去之。開焉得始歌九招。竹書曰：「夏后開舞九招也。」懿行案：竹書云：「夏帝啓十年，帝巡狩，舞九韶于大穆之野。」海外西經云：「大樂之野，夏后啓于此儛九代。」即此。

有互人之國。人面魚身。懿行案：互人即海内南經氐人國也，「氐」、「互」二字蓋以形近而譌，以俗「氐」正作「互」字也。羅泌云：「『互人』宜作『氐人』。」非也。周官鼈人掌取互物，是「互物」即魚鼈之通名。國名「互人」，豈以其人面魚身故與？郭注「人面魚身」四字，本海内南經之文，藏經本將此郭注列入經文。炎帝之孫炎帝，神農。名曰靈恝，音如券契之契。靈恝生互人，是能上下于天。言能乘雲雨也。有魚偏枯，名曰魚婦，顓頊死即復蘇。言其人能變化也。風道北來，天乃大水泉，言泉水得風暴溢出。道，猶從也。韓非曰：「玄鶴二八，道南方而來。」懿行案：郭引韓非者，十過篇云：「師曠不得已，援琴而鼓，一奏之，有玄鶴二八，道南門來，集於郎門之垝。」郭引「南門」作「南方」，所見本異也。蛇乃化爲魚，是爲魚婦，顓頊死即復蘇。淮南子曰：「后稷龍在建木西，其人死復蘇，其中爲魚。」蓋謂此也。懿行案：郭注「龍」當爲「隴」，「中」當爲「半」，竝字形之譌。高誘注淮南墬形訓云：「人死復生，或化爲魚。」即指此事。然則魚婦豈即顓頊所化，如女媧之腸化爲十神者邪？又樂浪尉化魚事，見陸機詩疏。

有青鳥，身黄赤足，六首，懿行案：海内西經云開明南有鳥六首，即此也。名曰鸀鳥。音觸。懿行案：爾雅云：「鸀，山烏。」非此。有大巫山。有金之山。西南大荒之中隅，懿行案：藏經本「隅」上無「中」字。有偏句、常羊之山。懿行案：海外西經云：「帝斷形天之首，葬之常羊之山。」即此。淮南墬形訓云：「西南方曰編駒之山。」編駒疑即偏句。呂氏春秋論大篇云：「地大則有常祥、不庭。」疑常祥即常羊也。不庭已見大荒南經。

按：夏后開即啓，避漢景帝諱云。

山海經第十七

大荒北經

東北海之外、大荒之中、河水之閒，附禺之山，懿行案：海外北經作「務隅」，海內東經作「鮒魚」，此經又作「附禺」，皆一山也，古字通用。文選注謝朓哀策文引此經，作「鮒禺之山」；後漢書張衡傳注引此經，與今本同。帝顓頊與九嬪葬焉。此皆殊俗義所作冢。爰有鴟久、文貝、離俞、鸞鳥、皇鳥、大物、小物。言備有也。有青鳥、琅鳥、玄鳥、黄鳥、虎、豹、熊、羆、黄蛇、視肉、璿瑰、瑶碧，皆出衛于山。在其山邊也。懿行案：藝文類聚八十九卷、初學記二十八卷引此經，竝作「衛丘山」；北堂書鈔一百三十七卷亦作「衛丘」。是知古本「衛丘」連文而以「皆出于山」四字相屬。今本誤倒其句耳，所宜訂正。丘方員三百里，丘南帝俊竹林在焉，懿行案：此經帝俊蓋顓頊也。下云：「丘西有沈淵，顓頊所浴。」以此知之。大可爲舟。言舜林中竹一節則可以爲船也。懿行案：初學記引神異經云：「南方荒中有沛竹，其長百丈，圍二丈五六尺，厚八九寸，可以爲船。」廣韵引神異經云：「篩竹，一名太極，長百丈，南方以爲船。」玉篇云：「篔竹長千丈，爲大船也，生海畔。」即此類。竹南有赤澤水，水色赤也。名曰封淵。封，亦大也。有三桑無枝。皆高百仞。懿行案：三桑無枝已見海外北經。注云「皆高百仞」四字，藝文類聚八十八卷引作經文，疑今本誤作注文耳。丘西有沈淵，顓頊所浴。

有胡不與之國，一國復名耳，今胡、夷語皆通然。烈姓，懿行案：烈姓蓋炎帝神農之裔，左傳稱烈山氏，祭法作厲山氏，鄭康成注云：「厲山，神農所起，一曰有烈山。」黍食。

大荒之中，有山名曰不咸。有肅慎氏之國。今肅慎國去遼東三千餘里，穴居，無衣，衣豬皮，冬以膏塗體，厚數分，用卻風寒。其人皆工射，弓長四尺，勁彊。箭以楛爲之，長尺五寸，青石爲鏑。此春秋時隼集陳侯之庭所得矢也。晉太興三年，平州刺史崔毖遣別駕高會使來獻肅慎氏之弓矢，箭鏃有似銅骨作者。問云，轉與海内國，通得用此。今名之爲挹婁國，出好貂、赤玉。豈從海外轉而至此乎？後漢書所謂挹婁者是也。懿行案：肅慎國見海外西經。郭説肅慎本魏志東夷傳，但傳本作「用楛長尺八寸」，與郭異，餘則同也。今之後漢書非郭所見，而此注引後漢書者，吴志妃嬪傳云：「謝承撰後漢書百餘卷。」其書説挹婁即古肅慎氏之國也。「隼集陳侯之庭」，魯語有其事。竹書云：「帝舜二十五年，息慎氏來朝，貢弓矢。」即肅慎也。左傳云：「肅慎、燕、亳，吾北土也。」周書王會篇亦云：「正北方稷慎。」「稷」、「息」、「肅」竝聲轉字通也。魏志東夷傳云：「挹婁在夫餘東北千餘里，濱大海。」史記正義引括地志云：「靺鞨國，古肅慎也，在京東北萬里。」有蜚蛭，四翼。翡、窒兩音。懿行案：上林賦云：「蛭蜩蠼猱。」司馬彪注引此經，「蜚」作「飛」。有蟲，獸首蛇身，名曰琴蟲。亦蛇類也。懿行案：南山人以蟲爲蛇，見海外南經。

有人名曰大人。有大人之國，懿行案：大荒東經云波谷山有大人之國，即此。史記孔子世家云：防風「在虞、夏、商爲汪罔，於周爲長翟，今謂之大人」。案此本魯語文，其「汪罔」爲「汪芒」也。釐姓，懿行案：晉語司空季子説黄帝之子十二姓中有僖姓，「僖」、「釐」古字通用，「釐」即「僖」也。史記孔子世家云：「汪罔氏之君守封禺之山，爲釐姓。」索隱云：「釐，音僖。」是也。又引家語云：「姓漆，誤。系本無『漆』字。」案魯語云：「汪芒氏之君爲漆姓。」非誤也，疑「漆」與「釐」古亦通。黍食。懿行案：東北地皆宜黍。孟子云：貉「五穀不生，唯黍生之」。説已見大荒東經。有大青蛇，黄頭，懿行案：「黄頭」，藝文類聚引作「頭方」。食麈。今南方蚒蛇食鹿，鹿亦麈屬也。懿行案：榮山有玄蛇食麈，已見大荒南經。又案此經及榮山之「麈」，藝文類聚竝引作「塵」字，在地部六卷，誤。有榆山。有鯀攻程州之山。皆因其事而名物也。懿行案：程州蓋亦國名，如禹攻共工國山之類。

大荒之中，有山名曰衡天。有先民之山。懿行案：西北海之外有先民之國，見大荒西經，非此也。有槃木千里。音盤。懿行案：大戴禮五帝德篇云：「東至于蟠木。」史記五帝紀同，疑即此也。劉昭注禮儀志引此經云：「東海中有度朔山，上有大桃樹，蟠屈三千里，其卑枝門曰東北鬼門，萬鬼出入也。上有二神人，一曰神荼，一曰鬱儡，主閱領衆鬼之惡害人者，執以葦索而用食虎。於是黄帝法而象之，毆除畢，因立桃梗於門户上，畫鬱儡持葦索，以御凶鬼，畫虎於門，當食鬼也。」論衡訂鬼篇引此經，大意亦同。案王充、劉昭所引，疑本經文，今脱去之也。太平御覽九百六十七卷載漢舊儀，引此經亦與王、劉同。李善注陸機挽歌詩引此文，作海水經，曰：「東海中有山焉，名度索，上有大桃樹，東北瘣枝名曰鬼門，萬鬼所聚。」史記五帝紀注亦引此文，而作海外經云云，蓋誤也。海外北經雖有「尋木長千里」，然尋木非槃木，疑二書所引，皆即此經之逸文矣。藝文類聚八十六卷亦引此經云：「桃樹屈蟠三千里。」又張衡東京賦亦引用此事，薛綜注雖述其文，而不云出此經，疑漏引書名也。又諸書所説文字俱有異同，姑存以俟攷。

有叔歜國，音作感反，一音觸。顓頊之子，黍食，使四鳥：虎、豹、熊、羆。有黑蟲，如熊狀，名曰猎猎。或作「猲」，音夕，同。懿行案：玉篇云：「猎，秦亦切，獸名。」廣韵亦云「獸名」，引此經。蓋蟲、獸通名耳。鵅見説文。

有北齊之國，姜姓，懿行案：説文云：「姜，神農居姜水以爲姓。」史記齊太公世家云：「姓姜氏。」案大荒西經有「西周之國，姬姓」，此有「北齊之國，姜姓」，皆周、秦人語也。使虎、豹、熊、羆。

大荒之中，有山名曰先檻懿行案：藏經本作「光檻」。大逢之山，河、濟所入，海北注焉。河、濟注海已，復出海外，入此山中也。懿行案：滿洲人福星保言：「黄河入海，復流出塞外，注翰海；翰海地皆沙磧，蓋伏流也。」案福君此説與經義合，翰海即羣鳥解羽之所，見下文。其西有山，名曰禹所積石。懿行案：海内西經云：「河水入渤海，又出海外，入禹所導積石山。」正與此經合。是此海即渤海矣，水經所謂渤海亦即此。有陽山者。有順山者，順水出焉。

有始州之國。有丹山。此山純出丹朱也。竹書曰：「和甲西征，得一丹山。」今所在亦有丹山，丹出土穴中。懿行案：竹書云：「陽甲三年，西征丹山戎。」陽甲一名和甲也，郭所引與今本小異。

有大澤，方千里，羣鳥所解。穆天子傳曰：「北至廣原之野，飛鳥所解其羽」，「乃于此獵，鳥獸絶羣」，「載羽百車」。竹書亦曰：「穆王北征，行流沙千里，積羽千里。」皆謂此澤也。懿行案：大澤已見海内西經。穆天子傳云：「碩鳥解羽，六師之人畢至于曠原。」是郭所引「廣」當爲「曠」，或古字通也。此謂之大澤，穆天子傳謂之曠原，史記、漢書謂之翰海，皆是。史記索隱引崔浩云：「翰海，北海名，羣鳥之所解羽，故云翰海。」

有毛民之國，其人面體皆生毛。懿行案：毛民國已見海外東經。今所見毛民，面首猥毛，盡如熊，唯微露眉目處所有，似獮猴，餘則是人耳，然其體亦皆毛也，不解言語，但收養者以意指使之。嘉慶十一年春正月，余在京師親所診見，是其毛人乎？高誘注淮南而云「毛如矢鏃」，即實非矣。依姓，懿行案：晉語云：「黃帝之子二十五宗，其得姓者十四人，爲十二姓。」中有依姓也。食黍，使四鳥。禹生均國，均國生役采，「采」，一作「來」。懿行案：藏經本正作「來」。役采生修懿行案：藏經本作「循」。鞈。音如單袷之袷。修鞈殺綽人，人名。帝念之，潛爲之國，潛，密用之爲國。是此毛民。

有儋耳之國，其人耳大下儋，垂在肩上。朱崖儋耳，鏤畫其耳，亦以放之也。懿行案：淮南子作「耽耳」，博物志作「檐耳」，皆「儋耳」之異文也。「儋」，依字當爲「聸」，見説文。此是北聸耳也。吕氏春秋任數篇曰：「北懷儋耳。」高誘注云：「北極之國。」正謂是也。其南聸耳，經謂之離耳，見海内南經。又，聶耳國見海外北經，與此異。任姓，懿行案：晉語説黃帝之子十二姓中有任姓也。禺號子，食穀。北海之渚中言在海島中種粟給食，謂禺彊也。懿行案：禺號即禺虢。大荒東經云：「黃帝生禺虢，禺虢生禺京。」禺京即禺彊也，「京」、「彊」聲相近。有神，人面鳥身，珥兩青蛇，踐兩赤蛇，名曰禺彊。懿行案：大荒東經云：禺虢「珥兩黃蛇，踐兩黃蛇」。與此異，餘則同也。又海外北經云禺彊踐兩青蛇，亦與此異。又帝命禺彊使巨鼇十五舉首而戴五山，見列子湯問篇。

大荒之中，有山名曰北極天櫃，音匱。懿行案：「櫃」，藏經本作「樻」。海水北注焉。有神，九首人面，鳥身，名曰九鳳。懿行案：郭氏江賦云：「奇鶬九頭。」疑即此。又有神，銜蛇操蛇，懿行案：列子湯問篇説愚公事，云：「操蛇之神聞之，告之於帝。」操蛇之神當即此。其狀虎首人身，四蹏長肘，名曰彊良。亦在畏獸畫中。懿行案：後漢禮儀志説十二神云：「强梁、祖明共食磔死寄生。」疑强梁即彊良，古字通也。

大荒之中，有山名曰成都載天。有人珥兩黄蛇，把兩黄蛇，名曰夸父。后土生信，懿行案：后土，共工氏之子句龍也，見昭十九年左傳，又見海内經。信生夸父。夸父不量力，欲追日景，逮之于禺谷。禺淵，日所入也，今作「虞」。懿行案：列子湯問篇夏革説本此，「禺谷」作「隅谷」。將飲河而不足也，將走大澤，未至，死于此。渴死。懿行案：夸父逐日已見海外北經。應龍已殺蚩尤，又殺夸父，上云夸父不量力，與日競而死，今此復云爲應龍所殺，死無定名，觸事而寄，明其變化無方，不可揆測。乃去南方處之，故南方多雨。言龍水物，以類相感故也。

又有懿行案：藏經本無「又」字。無腸之國，爲人長也。懿行案：海外北經云無腸國「其爲人長」，是此注所本。是任姓。

無繼子食魚。「繼」，亦當作「脊」，謂膞腸也。懿行案：「膞腸」即「腨腸」，其聲同也，見海外北經無脊國。「繼」、「脊」聲相近。淮南墬形訓作「無繼民」。

共工臣名曰相繇，相柳也，語聲轉耳。懿行案：相柳見海外北經。九首蛇身，自環，言轉旋也。食于九土。言貪殘也。懿行案：海外北經作「九山」。其所歍所尼，歍，嘔，猶噴吒。尼，止也。懿行案：説文云：「歍，心有所惡，若吐也。」又云：「歐，吐也。」爾雅釋詁云：「尼，止也。」即爲源澤，言多氣力。不辛乃苦，言氣酷烈。百獸莫能處。言畏之也。禹堙洪水，殺相繇，禹塞洪水，由以溺殺之也。其血腥臭，不可生穀，其地多水，不可居也。言其膏血滂流，成淵水也。禹湮之，三仞三沮，言禹以土塞之，地陷壞也。乃以爲池，羣帝是因以爲臺，地下宜積土，故衆帝因來在此共作臺。懿行案：即帝堯、帝嚳等臺也，見海内北經。在昆侖之北。懿行案：海内北經云：「臺四方，在昆侖東北。」

有岳之山，懿行案：李善注張協七命引此經，作「岳山」，無「之」字。尋竹生焉。尋，大竹名。懿行案：玉篇作「⿱竹尋」，云：「竹長千丈。」然海外北經有「尋木長千里」，尋竹猶尋木也。玉篇作「⿱竹尋」，失之。李善注張協七命引此經及郭注，竝止作「尋」，可證玉篇之非。

大荒之中，有山名曰不句，海水入焉。懿行案：藏經本「水」下有「北」字。

有係昆之山者。有共工之臺，射者不敢北鄉。言畏之也。懿行案：共工之臺已見海外北經。有人衣青衣，名曰黄帝女魃。音如旱妭之魃。懿行案：玉篇引文字指歸曰：「女妭，秃無髮，所居之處天不雨也，同魃。」李賢注後漢書引此經，作「妭」，云：「妭亦魃也。」據此則經文當爲「妭」，注文當爲「魃」，今本誤也。太平御覽七十九卷引此經，作「妭」可證。蚩尤作兵伐黄帝，懿行案：大戴禮用兵篇云：「問曰：『蚩尤作兵與？』曰：『蚩尤，庶人之貪者也，何器之能作。』」是以蚩尤爲庶人。然史記殷本紀云：「昔蚩尤與其大夫作亂百姓，帝乃弗予，有狀。」是知蚩尤非庶人也。又五帝本紀云：「諸侯咸來賓從，而蚩尤最爲暴，莫能伐。」則蚩尤爲諸侯審矣。管子地數篇云：「蚩尤受葛盧山之金而作劒、鎧、矛、戟。」太平御覽二百七十卷引世本曰：「蚩尤作兵。」宋衷注曰：「蚩尤，神農臣也。」又引春秋元命苞曰：「蚩尤虎捲威文立兵。」宋均注曰：「捲，手也。手文威字也。」又龍魚河圖説此極詳，見史記正義。黄帝乃令應龍攻之冀州之野。冀州，中土也。黄帝亦教虎、豹、熊、羆，以與炎帝戰於阪泉之野而滅之，見史記。懿行案：古以冀州爲中州之通名，故郭云「冀州，中土也」。又引史記云，黄帝「與炎帝戰於阪泉之野」，此五帝本紀文。然其下方云「與蚩尤戰於涿鹿之野」，郭氏未引此文，蓋漏脱也。周書嘗麥篇云：「蚩尤乃逐帝，争于涿鹿之阿，九隅無遺。赤帝大懾，乃説于黄帝，執蚩尤，殺之于中冀，用名之曰絶轡之野。」周書所説，即此經云「攻之冀州之野」也。焦氏易林云：「白龍赤虎戰鬪，俱怒，蚩尤敗走，死于魚口。」即此經云「令應龍攻之」也。應龍畜水，蚩尤請風伯、雨師縱大風雨。懿行案：「縱」當爲「從」。史記正義引此經云：「以從大風雨。」藝文類聚七十九卷及太平御覽七十九卷引此經，亦作「從」。黄帝乃下天女曰魃，懿行案：御覽引此經，「魃」作「妭」；藏經本此下亦俱作「妭」。史記正義引龍魚河圖云：「黄帝以仁義不能禁止蚩尤，乃仰天而歎。天遣玄女下授黄帝兵符，伏蚩尤。」雨止，懿行案：史記正義引此經，有「以止雨」三字，在「雨止」句之上。遂殺蚩尤。懿行案：初學記九卷引歸藏啓筮云：「蚩尤出自羊水，八肱八趾疏首，登九淖以伐空桑。黄帝殺之于青丘。」史記索隱引皇甫謐云：「黄帝使應龍殺蚩尤於凶黎之谷。」魃不得復上，所居不雨。旱氣在也。叔均言之帝，後置之赤水之北。遠徙之也。叔均乃爲田祖。主田之官。詩云：「田祖有神。」魃時亡之，畏見逐也。懿行案：亡，謂善逃逸也。所欲逐之者，令曰：「神北行！」向水位也。懿行案：「北行」者，令歸赤水之北也。先除水道，決通溝瀆。言逐之必得雨，故見先除水道。今之逐魃是也。懿行案：藝文類聚一百卷引神異經云：「南方有人，長二三尺，袒身而目在頂上，走行如風，名曰魃，所見之國大旱，赤地千里。一名狢。遇者得之，投溷中乃死，旱災消。」是古有逐魃之説也。魏書載，咸平五年晉陽得死魃，長二尺，面頂各二目。通考言永隆元年長安獲女魃，長尺有二寸。然則神異經之説蓋不誣矣。今山西人説旱魃神，體有白毛，飛行絶迹，而東齊愚人有打旱魃之事。其説怪誕不經，故備書此正之。

有人方食魚，名曰深目民之國，懿行案：深目國，已見海外北經。盼姓，食魚。亦胡類，但眼絶深。黄帝時姓也。懿行案：「盼」，府文切，見玉篇，與「滕」、「荀」二字形聲俱近。晉語説黄帝之子十二姓中有滕、荀，疑郭本「盼」作「滕」，或「荀」，故注云「黄帝時姓也」。

有鍾山者。有女子衣青衣，名曰赤水女子獻。神女也。懿行案：穆天子傳云：赤烏之人丌好獻女于天子，曰：「赤烏氏，美人之地也。」似與此經義合。

大荒之中，有山名曰融父山，順水入焉。懿行案：上文云「有順山者，順水出焉」，即此。有人名曰犬戎。黄帝生苗龍，苗龍生融吾，融吾生弄一作「卞」。明，弄明生白犬，懿行案：漢書匈奴傳注引此經，作「弄明」；史記周本紀正義引此經，作「并明」，「并」與「卞」疑形、聲之譌轉。匈奴傳索隱引此經，亦作「并明」，又云：「黄帝生苗，苗生龍，龍生融，融生吾，吾生并明，并明生白，白生犬，犬有二牡，是爲犬戎。」所引一人俱爲兩人，所未詳聞。白犬有牝牡，言自相配合也。懿行案：史記周本紀正義、漢書匈奴傳注引此經，竝作「白犬有二牝牡」。蓋謂所生二人相爲牝牡也。藏經本作「白犬二犬有牝牡」，下「犬」字疑衍。是爲犬戎，肉食。有赤獸，懿行案：説文云，赤狄「本犬種，从犬，亦省聲。」馬狀無首，名曰戎宣王尸。犬戎之神名也。

有山，名曰齊州之山、君山、鬵山、音潛。鮮野山、魚山。

有人一目，當面中生。懿行案：此人即一目國也，見海外北經。「當面中生」四字，藏經本作郭注，非。

一曰：是威姓，少昊之子，懿行案：晉語云青陽與夷鼓皆爲巳姓。説者云，青陽即少昊，是少昊巳姓。此云威者，「巳」、「威」聲相轉。食黍。

有繼無民。懿行案：「繼無」，疑當爲「無繼」，即上文無繼子也。繼無民任姓，無骨子，言有無骨人也。尸子曰：「徐偃王有筋無骨。」食氣、魚。懿行案：「食氣、魚」者，此人食氣兼食魚也。大戴禮易本命篇云：「食氣者，神明而壽。」

西北海外，流沙之東，有國曰中輻，懿行案：「輻」，玉篇云：「符善切。」集韵云：「婢善切，音扁。」藏經本「輻」作「輪」。顓頊之子，食黍。

有國名曰賴丘。有犬戎國。懿行案：犬戎國已見海内北經。有神，懿行案：犬戎，黄帝之玄孫，已見上文。是犬戎亦人也，「神」字疑譌。史記周本紀集解引此經，正作「人」字。人面獸身，名曰犬戎。

西北海外、黑水之北，有人有翼，名曰苗民。三苗之民。懿行案：三苗國已見海外南經。史記五帝紀正義引神異經云：「西荒中有人焉，面目手足皆人形，而胳下有翼，不能飛，爲人饕餮，淫逸無理〔一〕，名曰苗民。」引此經文。顓頊生驩頭，懿行案：驩頭國亦見海外南經。驩頭生苗民。苗民釐姓，懿行案：「釐」與「僖」同，説已見上。食肉。有山名曰章山。

大荒之中，有衡石山、九陰山。洞野之山，懿行案：水經若水注、文選甘泉賦及月賦注、藝文類聚

〔一〕「理」，還讀本同；郝本、龍本校改作「禮」。

八十九卷引此經，竝作灰野之山。上有赤樹，青葉赤華，名曰若木。生昆侖西，附西極，其華光赤下照地。懿行案：「若」，説文作「叒」，云：「日初出東方湯谷所登。榑桑，叒木也。」象形。今案説文所言是東極若木，此經及海内經所説乃西極若木，不得同也。離騷云：「折若木以拂日。」王逸注云：「若木在昆侖西極，其華照下地。」淮南墬形訓云：「若木在建木西，末有十日，其華照下地。」皆郭注所本也。又文選月賦注引此經，「若木」下有「日之所入處」五字。水經若水注引此經，「若木」下有「生昆侖山西，附西極」八字，證以王逸離騷注「若木在昆侖西極」，則知水經注所引八字，古本蓋在經文，今誤入郭注爾。又郭注「其華光赤下照地」，王逸離騷注亦有「其華照下地」五字，以此互證，疑此句亦當在經中，今本誤入注文也。藝文類聚八十九卷引郭氏讚云：「若木之生，昆山是濱。朱華電照，碧葉玉津。食之靈智，爲力爲仁。」

有牛黎之國。懿行案：牛黎蓋即柔利也，其人反厀，曲足居上，故此經云「無骨」矣。柔利國見海外北經。

有人無骨，儋耳之子。儋耳人生無骨子也。

西北海之外，赤水之北，有章尾山。懿行案：海外北經作「鍾山」，此作「章尾山」，「章」、「鍾」聲近而轉也。文選注雪賦引此經文，又注舞鶴賦引十洲記曰：「鍾山在北海之中地，仙家數千萬，耕田種芝草，課計頃畝也。」即此。有神，人面蛇身而赤，身長千里。懿行案：「身長千里」，見海外北經。藝文類聚七十九卷引，此四字作經文，「里」字作「尺」。今案四字作經文是也，海外北經可證。直目正乘，直目，目從也。正乘，未聞。懿行案：畢氏云：「『乘』恐『朕』字假音，俗作『眹』也。」其瞑懿行案：李善注思玄賦引此經，作「眠」，俗字也。乃晦，其視乃明，言視爲晝，眠爲夜也。不食不寢不息，風雨是謁，言能請致風雨。是燭九陰，照九陰之幽陰也。

是謂燭龍。離騷曰：「日安不到，燭龍何燿？」詩含神霧曰：「天不足西北，無有陰陽消息，故有龍銜精以往照天門中云。」淮南子曰：「蔽於委羽之山，不見天日也。」懿行案：楚詞天問作「燭龍何照」，郭引「照」作「燿」也。李善注雪賦引詩含神霧云：「有龍銜火精以照天門中。」此注所引脱「火」字也。又引淮南子者，墬形訓云：「燭龍在鴈門北，蔽於委羽之山，不見日。」高誘注云：「委羽，北方山名。一曰：龍銜燭以照太陰，蓋長千里。」云云。

山海經第十八

海内經

東海之内、北海之隅，有國名曰朝鮮、朝鮮，今樂浪郡也。　懿行案：朝鮮已見海内北經。天毒，其人水居，天毒，即天竺國，貴道德，有文書、金銀、錢貨，浮屠出此國中也。晉大興四年，天竺胡王獻珍寶。　懿行案：史記大宛傳云「有身毒國」，索隱云：「身，音乾；毒，音篤。孟康云：『即天竺也，所謂浮圖胡也。』」案大宛傳説身毒云：「其人民乘象以戰，其國臨大水焉。」後漢書西域傳云：「天竺國，一名身毒，其國臨大水，修浮圖道，不殺伐。」水經注引康泰扶南傳曰：「天竺土俗道法流通，金寶委積，山川饒沃，恣所欲。」大意與郭注同也。偎人愛之。偎，亦愛也，音隱隈反。　懿行案：「愛之」，藏經本作「愛人」，是也。列子云：「列姑射山，有神人，不偎不愛，仙聖爲之臣。」義正與此合。袁宏漢紀云：「浮屠，佛也。天竺國有佛道，其教以修善慈心爲主，不殺生。」亦此義也。玉篇云：偎，「愛也。」本此；又云：「北海之隈，有國曰偎人。」以偎人爲國名，義與此異。

西海之内、流沙之中，有國名曰壑市。音郝。　懿行案：水經注禹貢山水澤地云：「流沙在西海郡，北又逕浮渚，歷壑市之國。」

西海之内、流沙之西，有國名曰氾葉。音如氾濫之氾。　懿行案：水經注無此國，疑脱。

流沙之西，有鳥山者，懿行案：水經注云：流沙「歷壑市之國，又逕於鳥山之東」。三水出焉。三水同出一山也。爰有黄金、璿瑰、丹貨、銀、鐵，皆流于此中。言其中有雜珍奇貨也。懿行案：「皆流于此中」，藏經本作「皆出此水」四字。穆天子傳云：「天子之瑤，玉果、璿珠、燭銀、黄金之膏。」即此類。又有淮山，好水出焉。

流沙之東、黑水之西，有朝雲之國、懿行案：水經注云：流沙「又逕於鳥山之東」、朝雲之國。司彘之國。黄帝妻雷祖，生昌意。世本云：「黄帝娶于西陵氏之子，謂之纍祖，産青陽及昌意。」懿行案：雷，姓也；祖，名也。西陵氏姓方雷，故晉語云「青陽，方雷氏之甥也。」「雷」通作「纍」，郭引世本作「纍祖」，大戴禮帝繫篇作「嫘祖」，史記五帝紀同，漢書古今人表作「絫祖」，竝通。昌意降處若水，懿行案：大戴禮帝繫篇與此同。史記索隱云：「降，下也。言帝子爲諸侯。若水在蜀，即所封國也。」生韓流。竹書云：「昌意降居若水，産帝乾荒。」乾荒即韓流也，生帝顓頊。懿行案：竹書帝乾荒蓋即帝顓頊也，此經又有韓流生顓頊，與竹書及大戴禮、史記皆不合，當在闕疑。郭氏欲以此經附合竹書，恐非也。詳見大荒東經。韓流擢首謹耳，擢首，長咽。謹耳，未聞。懿行案：説文云：「顓，頭顓顓謹皃。」「項，頭項項謹皃。」即謹耳之義。然則顓頊命名，豈以頭似其父故與？説文又云：「擢，引也。」方言云：「擢，拔也。」拔引之則長，故郭訓「擢」爲長矣。人面豕喙，懿行案：韓詩外傳姑布子卿説孔子云「汙面葭喙」，「葭」蓋與「豭」通，即豕喙也。麟身渠股，渠，車輞，言跰腳也。大傳曰：「大如車渠。」懿行案：「跰」當爲「胼」，依字當爲「骿」，見説文。尚書大傳云：「取大貝，大如大車之渠。」鄭康成注云：「渠，車罔也。」是郭注所本。豚止，止，足。懿行案：止即趾也。士昏禮云：「皆有枕北止。」鄭注云：「止，足也。古文『趾』作『止』。」又漢書郊祀歌云：「獲白麟，爰五止。」顏師古注亦訓「止」爲足也。取淖子曰阿女，生帝顓頊。世本云：「顓頊母濁山氏之子，名昌僕。」懿行案：大戴禮帝繫篇云：「昌意娶于蜀山氏之子，謂之昌僕氏，產顓頊。」郭引世本作「濁山氏」，「濁」、「蜀」古字通，「濁」又通「淖」，是淖子即蜀山子也。曰「阿女」者，初學記九卷引帝王世紀云：「顓頊母曰景僕，蜀山氏女，謂之女樞。」是也。

流沙之東，黑水之閒，有山名不死之山。即員丘也。懿行案：水經注云：流沙「又歷員丘不死山之西」。郭知不死山即員丘者，員丘山上有不死樹，食之乃壽，見海外南經注。

華山、青水之東，有山名曰肇山。有人，名曰柏高。柏子高，仙者也。懿行案：據郭注，經文當爲「柏子高」，藏經本正如是，今本脱「子」字也。莊子天地篇云：「堯治天下，伯成子高立爲諸侯。」禹時，「伯成子高辭爲諸侯而耕」。史記封禪書説神僊之屬，有羨門子高，未審即一人否？又郭注穆天子傳云：「古『伯』字多从木。」然則柏高即伯高矣。伯高者，管子地數篇有「黃帝問於伯高」云云，蓋黃帝之臣也。帝乘龍鼎湖而伯高從焉，故高亦仙者也。

柏高上下于此，至于天。言翱翔雲天，往來此山也。

西南黑水之閒，有都廣之野，懿行案：海內西經云：「后稷之葬，山水環之，在氐國西。」其地蓋在今甘肅界也。魯語云：「稷勤百穀而山死。」韋昭注云：「死於黑水之山。」淮南墬形訓云：「南方曰都廣，曰反户。」高誘注云：「都廣，國名，山在此國，因復曰都廣山；在日之南，皆爲北鄉户，故反其户也。」墬形訓又云：「后稷壠在建木西。」又云：「建木在都廣。」高誘注云：「都廣，南方山名。」史記周本紀注引此經，作「黑水、青水之閒，有廣都之野」。與今本異；又作大荒經，誤。后稷葬焉。其城方三百里，蓋天下之中，素女所出也。離騷曰：「絶都廣野而直指號。」懿行案：楚詞九歎云：「絶都廣以直指兮。」郭引此句，於「都廣」下衍「野」字；又作「直指號」，「號」即「兮」字之譌也。王逸注引此經，有「其城方三百里，蓋天地之中」十一字，是知古本在經文，今脱去之，而誤入郭注也。因知「素女所出也」五字，王逸注雖未引，亦必爲經文無疑矣。素女者，徐鍇説文繫傳云：「黄帝使素女鼓五十弦琴，黄帝悲，乃分之爲二十五弦。」今案黄帝，史記封禪書作「太帝」，風俗通亦云「黄帝書：『泰帝使素女鼓瑟而悲，帝禁不止。』」云云。然則素女蓋古之神女，出此野中也。又郭注「天下之中」，當爲「天地之中」。爰有膏菽、膏稻、膏黍、膏稷，言味好，皆滑如膏。外傳曰「膏粢之子，菽豆粢粟」也。懿行案：趙岐注孟子云：「膏粱，細粟如膏者也。」郭注「味好」，藏經本作「好米」。又引外傳「膏粢之子」，晉語作「膏粱之性」，與此異文，所未詳。百穀自生，懿行案：劉昭注郡國志引博物記云：「扶海洲上有草，名蒒，其實食之如大麥，從七月稔熟，民歛穫，至冬乃訖，名曰自然穀，或曰禹餘糧。」即此之類。楊慎補注云：「齊民要術引此，作『百槃自生』云，『槃』即『馨』字。」此言非也。「槃」蓋「穀」字之譌，古無此字。論衡偶會篇云：「禄惡殖不滋之槃。」是也。其字从殸，从禾，不从木。冬夏播琴。播琴，猶播殖，方俗言耳。懿行案：畢氏云：「播琴，播種也。水經注云：『楚人謂冢爲琴。』『冢』、『種』聲相近也。」今案畢説是也。又劉昭注郡國志鮦陽，引皇覽曰：「縣有葛陂鄉，城東北有楚武王冢，民謂之楚武王岑。」然則楚人蓋謂「冢」爲「岑」。「岑」、「琴」聲近，疑初本謂之「岑」，形聲譌轉爲「琴」耳。鸞鳥自歌，鳳鳥自儛，靈壽實華，靈壽，木名也，似竹有枝節。懿行案：爾雅云：「椐，樻。」即靈壽也。詩釋文引毛詩草木疏云：「節中腫，似扶老，即今靈壽是也。今人以爲馬鞭及杖，弘農共北山皆有之。」漢書孔光傳云：「賜太師靈壽杖。」顔師古注云：「木似竹，有枝節，長不過八九尺，圍三四寸，自然有合杖制，不須削治也。」草木所聚。在此叢殖也。爰有百獸，相羣爰處。於此羣聚。此草也，懿行案：此草，猶言此地之草，古文省耳。冬夏不死。

南海之外，黑水、青水之閒，懿行案：水經若水注引此經，無「青水」二字。有木名曰若木，樹赤華青。懿行案：大荒北經説若木云「赤樹，青葉赤華」，此注「華」蓋「葉」字之譌。若水出焉。懿行案：地理志云：蜀郡旄牛，「鮮水出徼外，南入若水。若水亦出徼外，南至大莋入繩」。水經云：「若水出蜀郡旄牛徼外，東南至故關，爲若水。」注云：「若水之生非一所也。黑水之閒，厥木所植，水出其下，故水受其稱焉。」有禺中之國。有列襄之國。有靈山，有赤蛇在木上，名曰蝡蛇，木食。言不食禽獸也。音如耎弱之耎。懿行案：大荒南經云宋山「有赤蛇，名育蛇」，但此在木上爲異。

有鹽長懿行案：太平御覽七百九十七卷引作「監長」，「有」上有「西海中」三字；藏經本亦作「監長」；北堂書鈔一百五十七卷引與今本同。之國。有人焉，鳥首，名曰鳥氏。今佛書中有此人，即鳥夷也。懿行案：「鳥氏」，御覽引作「鳥民」，今本「氏」字譌也。鳥夷者，史記夏本紀及地理志竝云「鳥夷皮服」；大戴禮五帝德篇云：「東有鳥夷。」是也。又秦本紀云：「大費生子二人，一曰大廉，實鳥俗氏。」索隱云：「以仲衍鳥身人言，故爲鳥俗氏。」亦斯類也。

有九丘，懿行案：北堂書鈔引，「有」上有「地繚」二字，與鳥民連文。以水絡之，絡，猶繞也。懿行案：文選遊天台山賦及景福殿賦注引此注，竝云「絡，繞也」。名曰陶唐之丘、陶唐，堯號。有叔得之丘、懿行案：

書鈔引，「叔」上有「升」字。孟盈之丘、懿行案：叔得、孟盈蓋皆人名號也。孟盈或作蓋盈，古天子號。昆吾之丘、此山出名金也。尸子曰：「昆吾之金。」懿行案：昆吾之山已見中次二經。此經昆吾，古諸侯號也。大戴禮帝繫篇云，陸終產六子，「其一曰樊，是爲昆吾。」淮南墬形訓云：「昆吾丘在南方。」黑白之丘、赤望之丘、參衛之丘、武夫之丘、此山出美石。懿行案：南次二經會稽之山「其下多砆石」，郭注云：「砆，武夫石，似玉。」是也。神民之丘。言上有神人。懿行案：文選遊天台山賦注引此經，作「神人之丘」；書鈔仍引作「神民」。以郭注推之，似「民」當爲「人」。

有木，青葉紫莖，玄華黃實，名曰建木，懿行案：海内南經云建木在弱水上，郭注本此經爲說。百仞無枝，有九欘，枝回曲也。音如斤斸之斸。懿行案：玉篇云：「欘，枝上曲。」本此。藏本經文「枝」下有「上」字，今本脱也。下有九枸，根盤錯也。淮南子曰：「木大則根欋。」音劬。懿行案：見淮南説林訓篇。「欋」、「枸」音同。其實如麻，似麻子也。其葉如芒。芒木似棠梨也。懿行案：芒木如棠，赤葉，可毒魚，出葌山，見中次二經。大暤爰過，言庖犧於此經過也。懿行案：庖犧生於成紀，去此不遠，容得經過之。黃帝所爲。言治護之也。有窫窳，龍首，是食人。在弱水中。懿行案：窫窳居弱水中，已見海内南經。有青獸，人面，懿行案：郭注海内南經云狌狌「狀如黃狗」，此經云「青獸人面」，與郭異。太平御覽九百八卷引此經，無「青獸」二字，蓋脱。藝文類聚九十五卷引作「有獸」，無「青」字，當是。今本「青」字衍也。名曰猩猩。能言。懿行案：呂氏春秋本味篇云：「肉之美者，猩猩之脣。」高誘注云：「猩猩，獸名也，人面狗軀而長尾。」案狌狌知人名見海内南經，猩猩能言見曲禮。

西南有巴國。今三巴是。大皞懿行案：列子黄帝篇云：「庖犧氏蛇身人面而有大聖之德。」帝王世紀云：「大皞母曰華胥，履大人迹於雷澤而生庖犧於成紀。」地理志云：天水郡，「成紀」。生咸鳥，咸鳥生乘釐，乘釐生後照，懿行案：太平御覽一百六十八卷引此經，「照」作「昭」。後照是始爲巴人。爲之始祖。有國名曰流黄辛氏，即酆氏也。懿行案：海内西經云流黄酆氏之國，即此。又南次二經云柜山「西臨流黄」，亦此也。其域中方三百里，其出是塵土。言殷盛也。懿行案：塵坌出是國中，謂人物喧闐也。藏經本「域」字作「城」，「出」字上下無「其」、「是」二字。有巴遂山，澠水出焉。懿行案：水經若水注云：「繩水出徼外。」引此經，亦作「繩水」。地理志云：蜀郡旄牛，「若水出徼外，南至大莋入繩」。即斯水也。

又有朱卷之國。有黑蛇，青首，食象。即巴蛇也。懿行案：巴蛇已見海内南經。

南方有贛巨人，即梟陽也。音感。懿行案：梟陽國已見海内南經。今南康人説深山中亦有此物也。人面長臂，懿行案：「臂」當爲「脣」字之譌，見海内南經。黑身有毛，反踵，見人笑亦笑，懿行案：當依古本作「見人則笑」，説見海内南經。牟廷相曰：「『亦』，古『掖』字，言見人則笑而掖持之也，下『笑』字屬下句讀。」懿行案：此讀可通，而於海内南經之文微闔，姑存之以備一解。脣蔽其面，因即逃也。懿行案：藏經本「即」作「可」。

又有黑人，虎首鳥足，兩手持蛇，方啗之。

有嬴民，鳥足。音盈。有封豕。大豬也，羿射殺之。懿行案：楚詞天問云：「馮珧利玦，封豨是射。」

王逸注云：「封豨，神獸也。言羿獵射封豨，以其肉膏祭天地。」淮南本經訓云，堯之時，封豨爲民害，堯乃使羿「禽封豨於桑林」。是皆郭所本也。然大豬所在皆有，非必即羿所射者。初學記及藝文類聚引符子曰：「有獻燕昭王大豕者，邦人謂之豕仙，死而化爲魯津伯。」又吴志云：孫休永安五年，「使察戰到交阯調孔爵、大豬」。斯皆封豕之類也。類聚九十四卷引郭氏讚云：「有物貪婪，號曰封豕。荐食無饜，肆其殘毁。羿乃飲羽，獻帝效技。」有人曰苗民。三苗民也。有神焉，人首蛇身，長如轅，大如車轂，澤神也。左右有首，岐頭。衣紫衣，冠旃冠，名曰延維。委蛇。人主得而饗食之，伯天下。齊桓公出田於大澤，見之，遂霸諸侯。亦見莊周，作「朱冠」。懿行案：莊子達生篇云：「委蛇其大如轂，其長如轅，紫衣而朱冠，其爲物也，惡聞雷車之聲，則捧其首而立，見之者殆乎霸也。」有鸞鳥自歌，鳳鳥自舞。鳳鳥首文曰德，翼文曰順，膺文曰仁，背文曰義，見則天下和。言和平也。懿行案：鳳狀已見南次三經丹穴之山，與此小異。又有青獸，如菟，名曰𡿺狗。音如朝菌之菌。懿行案：「𡿺」蓋古「菌」字，其上从屮，即古文「艸」字也。如「芬」「薰」之字，今皆从草，古从屮，作「芬」「薰」字，是其例也。𡿺狗者，周書王會篇載伊尹四方令云：正南以「菌鶴短狗爲獻」。疑即此物也。有翠鳥。懿行案：爾雅云：「鷸，翠。」王會篇云：「倉吾翡翠。」王逸注楚詞招魂云：「雄曰翡，雌曰翠。」李善注鸚鵡賦引異物志曰：「翡赤色，大於翠。」劉逵注蜀都賦云：「翡翠常以二月、九月羣翔，興古千餘。」又注吴都賦云：「翡翠巢於樹巔生子，夷人稍徙下其巢，子大未飛，便取之，皆出於交阯鬱林南。」有孔鳥。孔雀也。懿行案：王會篇云：「方人以孔鳥。」劉逵注蜀都賦云：「孔雀特出永昌南涪縣。」又注吴都賦云：「孔雀尾長六七尺，緑色，有華彩，朱崖、交阯皆有之，在山草中。」案吴志云：孫休「使察戰到交阯調孔爵」。

南海之内，有衡山，南嶽。 懿行案：郭注中次十一經衡山云：「今衡山在衡陽湘南縣，南嶽也，俗謂之峋嶁山。」宜移注於此。 衡陽郡湘南見晉書地理志。 有菌山，音芝菌之菌。 懿行案：「菌」即「芝菌」之字，何須用音？知郭本經文不作「菌」，疑亦當爲「箘」字，見上文。 有桂山。 或云：「衡山有菌桂，桂員似竹。」見本草。 懿行案：劉逵注蜀都賦引神農本草經曰：「菌桂出交阯，圓如竹，爲衆藥通使。」 有山名三天子之都。 一本「三天子之鄣山」。 懿行案：注「一本」下當脱「作」字，或「云」字。 三天子鄣山已見海内南經。 藏經本經文直作三天子之鄣山，無郭注。

南方蒼梧 懿行案：王會篇作「倉吾」。 之丘，蒼梧之淵，懿行案：李善注思玄賦及李賢注後漢書及藝文類聚引此經，竝作「川」，蓋避唐諱也。 其中有九嶷山，音疑。 舜之所葬，在長沙零陵界中。 山今在零陵營道縣南，其山九谿皆相似，故云九疑，古者總名其地爲蒼梧也。 懿行案：蒼梧之山，帝舜葬于陽，已見海内南經。 説文云：「九嶷山，舜所葬，在零陵營道。」楚詞、史記竝作「九疑」；初學記八卷及文選上林賦注引此經，亦作「九疑」；琴賦注又作「九疑」，蓋古字通也。 羅含湘中記云衡山、九疑皆有舜廟，又云：「衡山遥望如陣雲，沿湘千里，九向九背，乃不復見。」

北海之内，有蛇山者，懿行案：海内北經之首有蛇巫山，疑非此。 蛇水出焉，東入于海。 有五采之鳥，飛蔽一鄉，漢宣帝元康元年，五色鳥以萬數過蜀都，即此鳥也。 懿行案：思玄賦舊注引此經，作「飛蔽日」，蓋古本如此。 名曰翳鳥。 鳳屬也。 離騷曰：「駟玉虬而乘翳。」 懿行案：廣雅云：「翳鳥、鸞鳥，鳳皇屬也。」今離騷「翳」作「鷖」，王逸注云：「鳳皇别名也。」史記司馬相如傳張揖注及文選注、後漢書張衡傳注引此經，竝作「鷖鳥」；上林賦注仍引作「翳鳥」。又有不距之山，巧倕葬其西。倕，堯巧工也，音瑞。懿行案：義均是始爲巧倕，始作下民百巧，見下文。郭知爲堯臣者，以虞書云：「咨垂，女共工。」垂、倕蓋一人也。淮南本經訓云：「周鼎著倕，使銜其指以明大巧之不可爲也。」高誘注云：「倕，堯之巧工。」是皆郭注所本。玉篇云：「倕，黄帝時巧人名也。」與郭義異。藏經本「音瑞」作「音垂」。

北海之内，有反縛盜械、懿行案：吳氏引漢紀云：「當盜械者皆頌繫。」注云：「凡以罪著械皆得稱盜械。」帶戈常倍之佐，名曰相顧之尸。亦貳負臣危之類。

伯夷父生西岳，懿行案：周語云：「胙四岳國，命爲侯伯，賜姓曰姜氏，曰有吕。」此經言「伯夷父生西岳」，蓋其父本爲四岳，至其子纂修舊勳，故復爲西岳也。大荒西經有南岳，未審是此何人。西岳生先龍，先龍是始生氐羌，氐羌乞姓。伯夷父，顓頊師，今氐羌其苗裔也。懿行案：竹書云：「成湯十九年，氐羌來貢。」「武丁三十四年，氐羌來賓。」周書王會篇云：「氐羌鸞鳥。」孔晁注云：「氐地之羌不同，故謂之氐羌。」郭云「伯夷父，顓頊師」者，漢書古今人表云：「柏夷亮父，顓頊師。」新序雜事五云：「顓頊學伯夷父。」是郭所本也。「柏」與「伯」通，凡古人名「伯」者，表皆書作「柏」字也。

北海之内，有山名曰幽都之山，懿行案：爾雅釋地云：「有幽都之筋角焉。」高誘注淮南墬形訓云：「古之幽都在雁門以北。」又案大戴禮五帝德篇云：「北至于幽陵。」疑幽陵即幽都。黑水出焉。其上有玄鳥、玄蛇、懿行案：上文云：朱卷之國「有黑蛇」「食象」。大荒南經云：「黑水之南，有玄蛇，食麈。」玄豹、懿行案：中次十一經云即谷之山「多玄豹」。李善注子虚賦引此經。玄虎，黑虎名虪，見爾雅。玄狐蓬尾。蓬，叢也，阻留反。説苑曰：「蓬狐、文豹之皮。」懿行案：小雅何草不黄篇云：「有芃者狐。」蓋言狐尾蓬蓬然大，依字當爲「蓬」，詩假借作「芃」耳。郭云「阻留反」，於文上無所承，疑有闕脱。太平御覽九百九卷引此注，作「蓬蓬其尾」也，無「阻留反」三字，非。牟廷相曰：「『叢』字可讀如『菆』，則『阻留』當是『叢』字之音也。」有大玄之山，有玄丘之民。言丘上人物盡黑也。懿行案：「人物盡黑」，疑本在經中，今脱去之。水經温水注云：林邑國人以黑爲美，所謂玄國。亦斯類也。有大幽之國。即幽民也，穴居無衣。懿行案：郭注疑本在經中，今脱去。有赤脛之民。厀已下正赤色。

有釘靈之國，其民從厀已下有毛，馬蹏善走。詩含神霧曰：「馬蹏，自鞭其蹏，日行三百里。」懿行案：「釘靈」，説文作「丁零」，一作「丁令」。通考云：「丁令國有二，烏孫長老言：『北丁令有馬脛國，其人聲音似鴈鶩，從膝以上身頭，人也；膝以下生毛，馬脛馬蹄。不騎馬而走，疾於馬。』」案通考所説，見裴松之注三國志引魏畧云。

炎帝之孫伯陵，懿行案：周語云：「大姜之姪，伯陵之後，逄公之所馮神。」昭二十年左傳云：「有逄伯陵因之。」杜預注云：「逄伯陵，殷諸侯。」以此經文推之，伯陵非親炎帝之孫，蓋其苗裔也。伯陵同吴權之妻阿女緣婦，同，猶通，言淫之也。吴權，人姓名。緣婦孕三年，孕，懷身也。是生鼓、延、殳。始爲侯，三子名也。殳，音殊。鼓、延是始爲鍾，世本云：「毋句作磬，倕作鍾。」懿行案：初學記十六卷引此經，與今本同。説文云：「古者毋句氏作磬，垂作鐘。」與郭引世本同。又初學記引世本，「毋」作「無」，蓋古字通用；又引樂録云：「無句，堯臣也。」爲樂風。作樂之曲制。

黄帝生駱明，駱明生白馬，白馬是爲鯀。即禹父也。世本曰：「黄帝生昌意，昌意生顓頊，顓頊生鯀。」懿行案：郭引世本云「昌意生顓頊，顓頊生鯀」，與大戴禮帝繫世次相合，而與前文「昌意生韓流，韓流生顓頊」之言卻復相背，郭氏蓋失檢也。大抵此經非出一人之手，其載古帝王世系尤不足據，不必彊爲之説。**帝俊生禺號，禺號生淫梁，淫梁生番禺，**懿行案：北堂書鈔一百三十七卷引此經，「淫」作「經」。大荒東經言「黄帝生禺虢」，即禺號也。禺虢生禺京，即淫梁也。「禺京」、「淫梁」聲相近。然則此經帝俊又當爲黄帝矣。**是始爲舟。**世本云：「共鼓、貨狄作舟。」懿行案：初學記二十五卷引此經，又引世本云：「共鼓、貨狄作舟，黄帝二臣也。」**番禺生奚仲，奚仲生吉光，吉光是始以木爲車。**世本云：「奚仲作車。」此言吉光，明其父子共創作意，是以互稱之。懿行案：説文云：「車，夏后時奚仲所造。」**少皞生般，**音班。**般是始爲弓矢。**世本云：「牟夷作矢，揮作弓。」弓矢一器，作者兩人，於義有疑。此言般之作，是。懿行案：説文云：「古者夷牟初作矢。」郭引世本作「牟夷」，疑文有倒轉耳。宋衷云：「夷牟，黄帝臣也。」説文又云：「揮作弓。」與世本同。吴越春秋云：「黄帝作弓。」荀子解蔽篇又云：「倕作弓，浮游作矢。」俱與此經異也。**帝俊賜羿彤弓素矰，**彤弓，朱弓；矰，矢名，以白羽羽之。外傳「白羽之矰，望之如荼」也。懿行案：楚詞天問篇云：「馮珧利玦。」王逸注云：「珧，弓名也。玦，射韝也。」是即帝賜羿弓矢之事。太平御覽八十二卷引帝王世紀曰：「羿其先，帝嚳以世掌射故，于是加賜以弓矢，封之于鉏，爲帝司射。」蓋本此經爲説也。説文云：「矰，谁䠶矢也。」郭云「白羽羽之」，疑下「羽」字誤。所引外傳者，吴語文。**以扶下國，**言令羿以射道除患，扶助下國。**羿是始去恤下地之百艱。**言射殺鑿齒、封豕之屬也。有窮后羿慕羿射，故號此名也。**帝俊生晏龍，**懿行案：帝俊生晏龍，晏龍生司幽，已見大荒東經。**晏龍是**懿行案：北堂書鈔一百九卷引此經，「是」下有「始」字。

為琴瑟。世本云：「伏羲作琴，神農作瑟。」懿行案：說文云：「琴，神農所作。」「瑟，庖犧所作。」此注蓋傳寫之譌也。初學記十六卷引琴操曰：「伏犧作琴。」又引世本、說文、桓譚新論，竝云：「神農作琴。」二說不同。據初學記所引說文，是與世本同之證。

帝俊有子八人，是始為歌舞。懿行案：初學記十五卷、藝文類聚四十三卷、太平御覽五百七十二卷引此經，竝云：「帝俊八子，是始為歌。」無「舞」字。

帝俊生三身，三身生義均，懿行案：帝俊妻娥皇，生三身之國，已見大荒南經。義均者，竹書云：「帝舜二十九年，帝命子義鈞封于商。」楚語云：「舜有商均。」韋昭注云：「均，舜子，封於商。」是也。此經又云「三身生義均」，與竹書、國語俱不合。

義均是始為巧倕，是始作下民百巧。懿行案：巧倕葬不距山西，已見上文。

后稷是播百穀，懿行案：魯語云：「昔烈山氏之有天下也，其子曰柱，能殖百穀百蔬，夏之興也。周棄繼之，故祀以為稷。」是柱、棄二人相代為后稷。此經所指，蓋未審何人也。

稷之孫曰叔均，懿行案：大荒西經云：「稷之弟曰台璽，生叔均。」是叔均乃后稷之猶子，與此復不同。

是始作牛耕。始用牛犁。

大比赤陰，或作「音」。懿行案：「大比赤陰」四字難曉，推尋文義，當是地名。大荒西經說叔均始作耕，又云「有赤國妻氏」，然則大比赤陰豈謂是與？

是始為國。得封為國。

禹、鯀是始布土均定九州。布，猶敷也。書曰：「禹敷土，定高山大川。」

炎帝之妻、赤水之子聽訞生炎居，炎居生節竝，節竝生戲器，懿行案：史記索隱補三皇本紀云：「神農納奔水氏之女曰聽詙為妃，生帝哀，哀生帝克，克生帝榆罔」云云。證以此經，「赤水」作「奔水」，「聽訞」作「聽詙」，及「炎居」已下文字俱異。司馬貞自注云：「見帝王世紀及古史考。」今案二書蓋亦本此經為說，其名字不同，或當別有依據。然古典逸亡，今無可攷矣。「訞」與「妖」同。

「詖」音拔。戲器生祝融。祝融，高辛氏火正號。懿行案：老童生祝融，見大荒西經，與此又異。祝融降處于江水，生共工，共工生術器。術器首方顛，頭頂平也。懿行案：「顛」字衍，藏經本無之。是復土穰，以處江水。復祝融之所也。懿行案：竹書云：「帝顓頊七十八年，術器作亂，辛侯滅之。」即斯人也。然則經言「復土穰，以處江水」，蓋即其作亂之事。「穰」當爲「壤」，或古字通用，藏經本正作「壤」。共工生后土，懿行案：韋昭注周語引賈侍中云：「共工，諸侯，炎帝之後，姜姓也。顓頊氏衰，共工氏侵陵諸侯，與高辛氏爭而王也。」或云：共工，堯時諸侯，爲高辛所滅。昭謂：爲高辛所滅，安得爲堯諸侯？又，堯時共工與此異也。」據韋昭所駁，蓋從賈逵前説也。然魯語云：「共工氏之霸九有也，其子曰后土，能平九土。」韋昭注云：「共工氏，伯者，在戲、農之閒。」懿行案，若在戲、農之閒，即不得謂「炎帝之後，姜姓」，是韋昭不從賈逵所説也。高誘注淮南原道訓亦云：「共工，以水行霸於伏羲、神農閒者，非堯時共工也。」與韋昭後説同。后土名句龍，見左傳。又韋昭注魯語云：「其子共工之裔子句龍也，佐黄帝爲土官，使君土官，故曰后土。」管子五行篇云：「黄帝得后土而辯於北方。」是韋昭注所本也。后土生噎鳴，噎鳴生歲十有二。生十二子，皆以歲名名之，故云然。懿行案：大荒北經云：「后土生信。」大荒西經云：「下地是生噎。」疑噎即噎鳴，或彼有脱文也。洪水滔天，滔，漫也。鯀竊帝之息壤以堙洪水，息壤者，言土自長息無限，故可以塞洪水也。開筮曰：「滔滔洪水，無所止極，伯鯀乃以息石、息壤以填洪水。」漢元帝時，臨淮徐縣地踊，長五、六里，高二丈，即息壤之類也。懿行案：竹書云：「周顯王五年，地忽長十丈有餘，高尺半。」天文志云：「水澹地長。」地長即息壤也。淮南墜形訓云：「禹乃以息土填洪水，以爲名山，掘昆侖虚以下地。」高誘注云：「『地』，或作『池』。」據淮南斯語，是鯀用息壤而亡，禹亦用息壤而興也。史記甘茂傳云：「王迎甘茂於息壤。」索隱引此經及啓筮，與今本同。

不待帝命。帝令祝融懿行案：祝融即高辛氏之火正黎也，死爲火官之神，葬於衡山。思玄賦舊注云：「楚靈王之世，衡山崩而祝融之墓壞，中有營丘九頭圖矣。」殺鯀于羽郊。羽山之郊。懿行案：羽山已見南次二經。晉語云：「昔者鯀違帝命，殛之於羽山，化爲黃能，以入於羽淵。」水經淮水注引連山易曰：「有崇伯鯀伏于羽山之野。」是也。鯀復生禹，開筮曰：「鯀死三歲不腐，剖之以吳刀，化爲黃龍也。」懿行案：初學記二十二卷引歸藏云：「大副之吳刀，是用出禹。」呂氏春秋行論篇亦云：「副之以吳刀。」蓋即與郭所引爲一事也。楚詞天問云：「永遏在羽山，夫何三年不施？伯禹腹鯀，夫何以變化？」言鯀死三年不施化，厥後化爲黃熊。故天問又云：「化而爲黃熊，巫何活焉？」郭引開筮作「黃龍」，蓋別有據也。「伯禹腹鯀」，即謂「鯀復生禹」，言其神變化無方也。玉篇引世本云：「顓頊生骸，骸生高密，是爲禹也。」「骸」即「鯀」字。帝乃命禹，卒布土以定九州。鯀績用不成，故復命禹終其功。懿行案：楚詞天問云：「纂就前緒，遂成考功。」又云：「鯀何所營？禹何所成？」言禹能纂成先業也。

懿行案：右大荒、海內經五篇，大凡五千三百三十二字。

山海經圖讚一卷

隋、唐書經籍志竝云：「圖讚二卷，郭璞撰。」中興書目：「山海經十八卷，郭璞傳，凡二十三篇，每卷有讚。」案：今本竝無圖讚，唯明藏經本有之，茲據補。其文字舛誤，今略訂正，及臧氏校正竝著之，疑則闕焉。

南山經

桂

桂生南裔，枝華岑嶺。廣莫熙葩，凌霜津穎。氣王百藥，森然雲挺。

迷穀

爰有奇樹，産自招搖。厥華流光，上映垂霄。佩之不惑，潛有靈標。

狌狌

狌狌似猴，走立行伏。櫰木挺力，少辛明目。飛廉迅足，豈食斯肉？

水玉

水玉沐浴，潛映洞淵。赤松是服，靈蜕乘煙。吐納六氣，昇降九天。

白猿

白猿肆巧，由基撫弓。應眄而號，神有先中。數如循環，其妙無窮。

鹿蜀

鹿蜀之獸，馬質虎文。驤首吟鳴，矯足騰羣。佩其皮毛，子孫如雲。

鯥

魚號曰鯥，處不在水。厥狀如牛，鳥翼蛇尾。隨時隱見，倚乎生死。

類

類之爲獸，一體兼二。近取諸身，用不假器。窈窕是佩，不知妒忌。

猼訑

猼訑似羊，眼反在背。視之則奇，推之無怪。若欲不恐，厥皮可佩。

祝茶草、懿行案：經作「祝餘」，注云：「或作『桂茶』。」**旋龜**、**䳋鵂鳥**

祝茶嘉草，食之不飢。鳥首蚖懿行案：「蚖」當爲「虺」，即「虺」字。尾，其名旋龜。䳋鵂六足，三翅竝暈。

灌灌鳥、**赤鱬**

厥聲如訶，厥形如鳩。佩之辨惑，出自青丘。赤鱬之狀，魚身人頭。

鴸鳥

彗星橫天，鯨魚死浪。鴸鳴于邑，賢士見放。厥理至微，言之無況。

猾褢

猾褢之獸，見則興役。膺政而出，匪亂不適。天下有道，幽形匿跡。

長右、彘

長右四耳，厥狀如猴。實爲水祥，見則横流。彘虎其身，厥尾如牛。

會稽山

禹徂會稽，爰朝羣臣。不虔是討，乃戮長人。玉贛懿行案：「贛」，藝文類聚作「匱」。表夏，玄石勒秦。

患經作「𪊨」。

有獸無口，其名曰患。害氣不入，厥體無間。至理之盡，出乎自然。

犀

犀頭似豬，形兼牛質。角則併三，分身互出。鼓鼻生風，壯氣隘溢。

兕

兕推壯獸，似牛青黑。力無不傾，自焚以革。皮充武備，角助文德。

象

象實魁梧，體巨貌詭。肉兼十牛，目不踰豕。望頭如尾，動若丘徙。

纂雕、瞿如鳥、虎蛟

纂雕有角，聲若兒號。瞿如三手，厥狀似鵁。魚身蛇尾，是謂虎蛟。

鳳

鳳皇靈鳥，實冠羽羣。八象其體，五德其文。羽翼來儀，應我聖君。

育隧谷經作「育遺」。

育隧之谷，爰含凱風。青陽既謝，氣應祝融。炎雰是扇，以散鬱隆。

鱄魚、鵸鳥

鵸鳥栖林，鱄魚處淵。俱爲旱徵，災延普天。測之無象，厥數推玄。案：太平御覽作「厥類惟玄」。

白菩

白菩睪蘇，其汁如飴。食之辟穀，味有餘滋。逍遥忘勞，窮生盡期。

西山經

羬羊

月氏案：今本作「氐」。之羊，其類甚案：御覽作「在」。野。厥高六尺，尾赤案：御覽作「亦」。

如馬。何以審之，事見爾雅。

太華山

華嶽靈峻，削成四方。爰有神女，是挹玉漿。其誰由之，龍駕雲裳。

肥遺蛇

肥遺爲物，與災合契。鼓翼陽山，以表亢厲。桑林既禱，倏忽潛逝。

螐渠、赤鷩鳥、文莖木、䳋鳥

螐渠已殃，赤鷩辟火。文莖愈聾，是則嘉果。䳋亦衛災，厥形惟麽。

流赭

沙則潛流，亦有運赭。于以求鐵，趍在其下。蠲牛之癘，作采于社。

豪彘

剛鬣之族，號曰豪彘。毛如攢錐，中有激矢。厥體兼資，自爲牝牡。

黄雚草、肥遺鳥、䶂獸

浴疾之草，厥子赭赤。肥遺似鶉，其肉已疫。䶂獸長臂，爲物好擲。

槖𩇯

有鳥人面，一脚孤立。性與時反，冬出夏蟄。帶其羽毛，迅雷不入。

桃枝

嶓冢美竹，厥號桃枝。叢薄幽藹，從容鬱猗。簟以安寢，杖以扶危。

杜衡

狌狌犇人，杜衡走馬。理固須因，體亦有假。足駿在感，安事御者。

蓇容草、經作「蓇蓉」。 **邊谿獸**、經作「谿邊」。 **櫟鳥**

有華無實，蓇容之樹。邊谿類狗，皮厭妖蠱。黑文赤翁，鳥愈隱痔。鸚䳇慧鳥，青羽赤喙。臧庸曰：「『鳥愈隱痔』當作『隱痔可愈』，方有韵。末二句當係下文鸚䳇讚，誤衍於此。」

礜石

稟氣方殊，件錯理微。礜石殺鼠，蠶食而肥。□性雖反，齊之一歸。

玃如

玃如之獸，鹿狀四角。馬足人手，其尾則白。貌兼三形，攀木緣石。

鸚䳇

鸚䳇慧鳥，栖林喙桑。案：「喙桑」誤，初學記引作「啄蘂」。四指中分，行則以觜。自貽伊籠，見幽坐趾。案：「趾」字誤，類聚引作「技」。

數斯鳥、𤜱獸、䴈鳥

數斯人腳，厥狀似鴟。𤜱獸大眼，有鳥名䴈。案：「䴈」，玉篇作「鸓」。兩頭四足，翔若合飛。

鸞鳥

鸞翔女牀，鳳出丹穴。拊翼相和，以應聖哲。擊石靡詠，韶音其絶。

鳧徯鳥、朱厭獸

鳧徯朱厭，見則有兵。類異感同，理不虚行。推之自然，厥數難明。

蠻蠻

比翼之鳥，似鳧青赤。雖云一形，氣同體隔。延頸離鳥，翻飛合翮。

丹木、玉膏

丹木煒煒，沸沸玉膏。黄軒是服，遂攀龍豪。眇然升遐，羣下烏號。

瑾瑜玉

鍾山之寶，爰有玉華。符彩流映，氣如虹霞。君子是佩，象德閑邪。

鍾山之子鼓、欽䲹

欽䲹及鼓，是殺祖江。帝乃戮之，昆侖之東。二子皆化，矯翼亦同。

鰩魚

見則邑穰，厥名曰鰩。經營二海，矯翼閑霄。唯味之奇，見歎伊庖。

神英招

槐江之山，英招是主。巡遊四海，撫翼雲儛。實惟帝囿，有案：「有」，疑「是」字之譌。謂玄圃。

櫾木

櫾惟靈樹，爰生若木。重根增駕，流光旁燭。食之靈化，榮名仙録。

昆侖丘

昆侖月精，水之靈府。惟帝下都，西老案：「老」當爲「姥」。類聚作「羗」，又「老」之譌。之宇。嵥然中峙，號曰天柱。臧庸曰：「『桂』乃『柱』之譌，以韵讀之可見。」天柱山見爾雅注。

神陸吾

肩吾得一，以處昆侖。開明是對，司帝之門。吐納靈氣，熊熊魂魂。

土螻獸、欽原鳥

土螻食人，四角似羊。欽原類蜂，大如鴛鴦。觸物則斃，其鋭難當。

沙棠

安得沙棠，制爲龍舟。汎彼滄海，眇然遐遊。案：郭注銘詞小異。聊以逍遥，任彼去留。

䳋鳥、沙棠實、薲草

司帝百服，其鳥名䳋。沙棠之實，惟果是珍。爰有奇菜，厥號曰薲。

神長乘

九德之氣，是生長乘。人狀犳尾，其神則凝。妙物自潛。世無得稱。

西王母

天帝之女，蓬髮虎顔。穆王執贄，賦詩交歡。韻外之事，難以具言。

積石

積石之中，實出重河。夏后是導，石門涌波。珍物斯備，比奇崑阿。

白帝少昊

少昊之帝，號曰金天。磈氏之宮，亦在此山。是司日入，其景則員。

狰

章莪之山，奇怪所宅。有獸似豹，厥色惟赤。五尾一角，鳴如擊石。

畢方

畢方赤文，離精是炳。旱則高翔，鼓翼陽景。集乃災流，火不炎正。案：「正」字誤，匡謬正俗引作「上」，「上」與「炳」、「景」韵，是也。

文貝

先民有作，龜貝爲貨。貝以文彩，賈以小大。簡則易從，犯而不過。

天狗

乾麻不長，天狗不大。厥質雖小，攘災除害。氣之相王，在乎食帶。

三青鳥

山名三危，青鳥所解。往來昆侖，王母是隸。穆王西征，旋軫斯地。

江疑、獓狃獸、鵜鳥案：「鵜」，疑當爲「鴟」，下同。

江疑所居，風雲是潛。獸有獓狃，毛如披蓑。鵜鳥一頭，厥身則兼。

神耆童

顓頊之子，嗣作火正。鏗鏘其鳴，聲如鍾磬。處于騩山，唯靈之盛。

帝江

質則混沌，神則旁通。自然靈照，聽不以聰。强爲之名，曰在案：「在」，疑當作「惟」。

帝江。

獂獸、案：「獂」，經本作「讙」，注或作「原」。**鵸鵌鳥**

鵸鵌三頭，獂獸三尾。俱禦不祥，消凶辟眯。君子服之，不逢不踕。

當扈

鳥飛以翼，當扈則鬒。廢多任少，沛然有餘。輪運於轂，至用在無。

白狼

矯矯白狼，有道則遊。應符變質，乃銜靈鉤。惟德是適，出殷見周。

白虎

甝虪案：「虪」字誤，說見箋疏。之虎，仁而有猛。其質載皓，其文載炳。應德而擾，止我交境。

駮

駮惟馬類，實畜之英。騰髦驤首，嘘天雷鳴。氣無馮凌，吞虎辟兵。

神䰠、蠻蠻、髯遺魚經作「冉遺」。

其音如吟，一腳人面。鼠身鼈頭，厥號曰蠻。目如馬耳，食厭妖變。

櫰木

櫰之爲木，厥形似槤。案：「槤」，經文作「棠」。「槤」字見郭注，江賦云：「栛槤。」若能長服，拔樹排山。力則有之，壽則宜然。

鳥鼠同穴山

鵌鼵二蟲，殊類同歸。聚不以方，或走或飛。不然之然，難以理推。

鴽魮魚

形如覆銚，包玉含珠。有而不積，泄以尾閭。闇與道會，可謂奇魚。

丹木

爰有丹木，生彼淆盤。厥實如瓜，其味甘酸。蠲痾辟火，用奇桂蘭。

窮奇獸、蠃魚、孰湖獸

窮奇如牛，蝟毛自表。案：郭氏注經諸稱「銘曰」，皆即圖讚之文，唯此全乖，可疑。濛水之蠃，匪魚伊鳥。孰湖之獸，見人則抱。臧庸曰：「此乃窮奇、蠃魚、孰湖三物合讚，故與郭注窮奇銘有乖。」

鰠魚

物以感應，亦有數動。壯士挺劒，氣激白虹。鰠魚潛淵，出則邑悚。

北山經

水馬

馬實龍精，爰出水類。渥洼之駿，是靈是瑞。昔在夏后，亦有何駟？

儵魚

涸和損平，莫慘於憂。詩詠萱草，帶山則儵。壑焉遺岱，聊以盤遊。

臛疏獸、鵸鵌鳥、何羅魚

厭火之獸，厥名臛疏。有鳥自化，號曰鵸鵌。一頭十身，何羅之魚。

孟槐

孟槐似貆，其豪則赤。列象畏獸，凶邪是辟。氣之相勝，莫見其迹。

鰼鰼魚

鼓翮一揮，十翼翩翲。厥鳴如鵲，鱗在羽端。是謂怪魚，食之辟燔。

橐駝

駝惟奇畜，肉鞍是被。迅騖流沙，顯功絶地。潛識泉源，微乎其智。

耳鼠

蹠實以足，排虚以羽。翹尾翲飛，奇哉耳鼠。厥皮惟良，百毒是禦。

幽頞

幽頞似猴，俾愚作智。觸物則笑，見人佯睡。好用小慧，終是嬰繫。

寓鳥、孟極、足訾獸

鼠而傅翼，厥聲如羊。孟極似豹，或倚無良。案：此語難曉。見人則呼，號曰足訾。臧庸曰：「末二句無韵，疑有誤。」

鵁鳥

毛如雌雉，朋翔羣下。飛則籠日，集則蔽野。肉驗鍼石，不勞補寫。

諸犍獸、白鵺、竦斯鳥

諸犍善吒，行則銜尾。白鵺竦斯，厥狀如雉。見人則跳，頭文如繡。

磁石

磁石吸鐵，瑇瑁取芥。氣有潛感，數亦冥會。物之相投，出乎意外。

旄牛

牛充兵機，兼之者旄。冠于旌鼓，爲軍之標。匪肉致災，亦毛之招。

長蛇

長蛇百尋，厥鬣如彘。飛羣走類，靡不吞噬。極物之惡，盡毒之厲。

山𤟤

山𤟤之獸，見人歡謔。厥性善投，行如矢激。是惟氣精，出則風作。

窫窳、諸懷獸、鱳魚、肥遺蛇

窫窳諸懷，是則害人。鱳之爲狀，羊案：「羊」字疑誤。鱗黑文。肥遺之蛇，一頭兩身。

鮆魚

陽鑒動日，土蛇致宵。微哉鮆魚，食則不驕。物在所感，其用無標。

狍鴞

狍鴞貪惏，其目在腋。食人未盡，還自齦割。圖形妙鼎，是謂不若。案：《讚》與《郭注銘詞》

異。臧庸曰：「『割』字非韻。」

狕閭、䮝馬、獨𤞞

有獸如豹，厥文惟縟。閭善躍嶮，䮝馬一角。虎狀馬尾，號曰獨𤞞。

鵥鶻

禦暍之鳥，厥名鵥鶻。昏明是互，晝隱夜覿。物貴應用，安事鸞鵠。

居暨獸、嚻鳥、三桑

居暨豚鳴，如彙赤毛。四翼一目，其名曰嚻。三桑無枝，厥樹唯高。

驒獸

驒獸四角，馬尾有距。涉歷歸山，騰嶮躍岨。厥貌惟奇，如是旋舞。

天馬

龍馮雲遊，騰蛇假霧。未若天馬，自然凌翥。有理懸運，天機潛御。

鵸居經作「鵸」。

鵸居如鳥，青身黄足。食之不飢，可以辟穀。内案：「内」疑當爲「肉」。厥惟珍，配彼丹木。

飛鼠

或以尾翔，或以髯凌。飛鼠鼓翰，儵然背騰。用無常所，案：藏本此句闕二字。惟神是馮。

鵺、案：此及經皆單作「鵺」，讚作「鵺鵺」，重文協韵。**象蛇鳥、䱻父魚**

有鳥善驚，名曰鵺鵺。象蛇似雉，自生子孫。䱻父魚首，厥體如豚。

酸與

景山有鳥，稟形殊類。厥狀如蛇，腳二翼四。見則邑恐，食之不醉。

鴣鸖、黄鳥

鴣鸖之鳥，食之不瞧。爰有黄鳥，其鳴自叫。婦人是服，矯情易操。

精衛

炎帝之女，化爲精衛。沈所案：類聚作「形」。東海，靈爽西邁。乃銜木石，以堙波海。臧庸曰：「類聚作『以填攸害』，『害』與『衛』、『邁』皆脂類也，若作『海』，則爲之類矣，必當從類聚。」

辣辣、羆九獸、大蛇

辣辣似羊，眼在耳後。竅生尾上，號曰羆九。幽都之山，大蛇牛呴。

東山經

鱅鱅魚、從從獸、蚩鼠經作「從從」，讚作「猣猣」。

魚號鱅鱅，如牛虎鮫。案：「鮫」字譌，御覽作「駮」。猣猣之狀，似狗六腳。蚩鼠如雞，見則旱涸。

偹鱅

偹鱅蛇狀，振翼灑光。憑波騰逝，出入江湘。見則歲旱，是維火祥。

狪狪

蚌則含珠，獸胡不可？狪狪如豚，被褐懷禍。患難無由，招之自我。

堪孖魚、軨軨獸

堪孖軨軨，殊氣同占。見則洪水，天下昏墊。豈伊妄降，亦應牒讖。

珠蟞魚

澧水之鮮，形如浮肺。體兼三才，以貨賈害。厥用既多，何以自衛。

犰狳

犰狳之獸，見人佯眠。與災協氣，出則無年。此豈能爲，歸之於天。

狸力獸、鴷胡鳥

狸力鴷胡，或飛或伏。是惟土祥，出興功築。長城之役，同集秦域。

朱獳

朱獳無奇，見則邑駭。通感靡誠，維數所在。因事而作，未始無待。

獙獙、蠪蚳獸、絜鉤鳥

獙獙如狐，有翼不飛。九尾虎爪，號曰蠪蚳。絜鉤似鳧，見則民悲。

㟅㟅

治在得賢，亡由夫陳壽祺曰：「『夫』當爲『失』。」人。㟅㟅之來，乃致狡賓。歸之冥應，誰見其津。

蠵龜

水圓四十，潛源溢沸。靈龜爰處，掉尾養氣。莊生是感，揮竿傲貴。

𩶮胡、精精獸、鮯鮯魚

𩶮胡之狀，似麋魚眼。精精如牛，以尾自辨。鮯鮯所潛，厥深無限。

猲狚獸、鬿雀

猲狚狡獸，鬿雀惡鳥。或狼其體，或虎其爪。安用甲兵，擾之以道。

芑木

馬維剛駿，塗之芑汁。不勞孫陽，自然閑習。厥術無方，理有潛執。

鮆魚、薄魚

有魚十身，虈蕪其臭。食之和體，氣不下溜。薄之躍淵，是維災候。

合窳

豬身人面，號曰合窳。厥性貪殘，物爲案：「爲」當作「無」。不咀。至陰之精，見則水雨。

當康獸、鮹魚

當康如豚，見則歲穰。鮹魚鳥翼，飛乃流光。同出殊應，或災或祥。

蜚

蜚則災獸，跂踵厲深。會所經涉，竭水槁林。禀氣自然，體此殃淫。案：郭注銘詞即圖讚也，此讚乃全與銘異，可疑。

中山經

桃林

桃林之谷，實惟塞野。武王克商，休牛風馬。阨越三塗，作險西夏。

鳴石

金石同類，潛響是韫。擊之雷駭，厥聲遠聞。苟以數通，氣無不運。

旋龜、人魚、修辟

聲如破木，號曰旋龜。修辟似黽，厥鳴如鴟。人魚類鰟，出于洛伊。

帝臺棋

茫茫帝臺，維靈之貴。爰有石棋，五彩焕蔚。觴禱百神，以和天氣。

若華、案：經作「苦辛」。**烏酸草**

療瘧之草，厥實如瓜。烏酸之葉，三成黄華。可以爲毒，不畏蚖蛇。

䔄草

䔄草黄華，實如菟絲。君子是佩，人服媚之。帝女所化，其理難思。

山膏獸、**黄棘**

山膏如豚，厥性好駡。黄棘是食，匪子匪化。雖無貞操，理同不嫁。

三足龜

造物維均，靡偏靡頗。少不爲短，長不爲多。賁能三足，何異黿鼉。

嘉榮

霆維天精，動心駭目。曷以禦之，嘉榮是服。所正者神，用口腸腹。

天楄、牛傷、文獸、案：「文」，經作「文文」。**鰧魚**

牛傷鎮氣，天楄弭噎。文獸如蜂，枝尾反舌。鰧魚青斑，處于逵穴。

帝休

帝休之樹，厥枝交對。竦本少室，曾陰雲霨。君子服之，匪怒伊愛。

泰室

嵩維岳宗，華岱恒衡。氣通元漠，神洞幽明。嵬然中立，衆山之英。

栯木

爰有嘉樹，厥名曰栯。薄言采之，窈窕是服。君子惟歡，家無反目。

莴草

莴草赤莖，實如蘡薁。食之益智，忽不自覺。殆齊生知，功奇于學。

鶡鳥

鶡之爲鳥，同羣相爲。畸類被侵，雖死不避。毛飾武士，兼厲以義。

鳴蛇、化蛇

鳴化二蛇，同類異狀。拂翼俱遊，騰波漂浪。見則竝災，或淫或亢。

赤銅

昆吾之山，名銅所在。切玉如泥，火炙有彩。尸子所歎，驗之彼宰。

神熏池

泰逢虎尾，武羅人面。熏池之神，厥狀不見。爰有美玉，河林如蒨。

神武羅

有神武羅，細腰白齒。聲如鳴佩，以鐻貫耳。司帝密都，是宜女子。

鵸鳥

鵸鳥似梟，翠羽朱目。既麗其形，亦奇其肉。婦女是食，子孫繁育。

荀草

荀草赤實，厥狀如菅。婦人服之，練色易顏。夏姬是豔，厥媚三還。

馬腹獸、飛魚

馬腹之物，人面似虎。飛魚如豚，赤文無羽。食之辟兵，不畏雷鼓。

神泰逢

神號泰逢，好遊山陽。濯足九州，出入流光。天氣是動，孔甲迷惶。

薊柏

薊柏白華，厥子如丹。實肥變氣，食之忘寒。物隨所染，墨子所歎。

橘櫾

厥苞橘櫾，奇者維甘。朱實金鮮，葉蒨翠藍。靈均是詠，以爲美談。

蓇

大騩之山，爰有苹案：「苹」字蓋誤。草。青華白實，食之無夭。雖不增齡，可以窮老。

鮫魚

魚之别屬，厥號曰鮫。珠皮毒尾，匪鱗匪毛。可以錯角，兼飾劒刀。

鴆鳥

蝮維毒魁，鴆鳥是噉。拂翼鳴林，草瘁木慘。羽行隱戮，厥罰難犯。

椒

椒之灌殖，實繁有倫。拂潁霑霜，朱實芬辛。服之洞見，可以通神。

神䰠圍、計蒙、涉䰠

涉䰠三腳，䰠圍虎爪。計蒙龍首，獨稟異表。升降風雨，茫茫渺渺。

岷山

岷山之精，上絡東井。始出一勺，終致森案：「森」，類聚作「淼」。冥，作紀南夏，天清地靜。

夔牛

西南巨牛，出自江岷。體若垂雲，肉盈千鈞。雖有逸力，難以揮輪。

崍山

邛崍峻嶮，其坂九折。王陽逡巡，王尊逞節。殷有三仁，漢稱二哲。

狏狼、雍和、𤣶獸

狏狼之出，兵不外擊。雍和作恐，𤣶乃流疫。同惡殊災，氣各有適。

蜼

寓屬之才，莫過於蜼。雨則自懸，塞鼻以尾。厥形雖隨，案：「隨」字似誤。列象宗彝。

熊穴

熊山有穴，神人是出。與彼石鼓，象殊應一。祥雖先見，厥事非吉。

跂踵

青耕禦疫，跂踵降災。物之相反，各以氣來。見則民咨，實爲病媒。案：此讚與郭注銘詞全異，可疑。

蛟

匪蛇匪龍，鱗彩炳煥。騰躍波濤，蜿蜒江漢。漢武飲羽，佽飛疊斷。

神耕父

清泠之水，在乎山頂。耕父是遊，流光灑景。黔首祀禜，以弭災眚。

九鍾

嶢崩涇竭，麟鬭日薄。九鍾將鳴，凌霜乃落。氣之相應，觸感而作。

嬰勺

支離之山，有鳥似鵲。白身赤眼，厥尾如勺。維彼有斗，不可以酌。

獜

有獸虎爪，厥號曰獜。好自跳撲，鼓甲振奮。若食其肉，不覺風迅。

帝臺漿

帝臺之水，飲蠲心病。靈府是滌，和神養性。食可逍遥，濯髪浴泳。

狙如

狙如微蟲，厥體無害。見則師興，兩陣交會。物之所感，焉有小大。

帝女桑

爰有洪桑，生瀆案：「瀆」，類聚作「濆」。淪潭。厥圍五丈，枝相交參。園客是採，帝女所蠶。

梁渠、犭多即、聞獜獸、䴅餘鳥

梁渠致兵，犭多即起災。䴅餘辟火，物各有能。聞獜之見，大風乃來。

神于兒

于兒如人，蛇頭有兩。常遊江淵，見于洞廣。乍潛乍出，神光忽恍。

神二女

神案：「神」當作「帝」。之二女，爰宅洞庭。遊化五江，惚怳窈冥。號曰夫人，是維湘靈。

飛蛇

騰蛇配龍，因霧而躍。雖欲登天，雲罷陸略。仗案：「仗」字疑誤。非啓體，難以云託。

海外南經

自此山來，蟲爲蛇，蛇號爲魚

賤無定貢，貴無常珍。物不自物，自物由人。萬事皆然，豈伊蛇鱗。

羽民國

鳥喙長頰，羽生則卵。矯翼而翔，龍飛不遠。人維倮屬，何狀之反。

神人二八

羽民之東，有神司夜。二八連臂，自相羈駕。晝隱宵出，詭時淪化。

讙頭國

讙國鳥喙，行則杖羽。潛于海濱，維食杞秬。實維嘉穀，所謂濡黍。

厭火國

有人獸體，厥狀怪譎。吐納炎精，火隨氣烈。推之無奇，理有不熱。

三珠樹

三珠所生，赤水之際。翹葉柏竦，美壯案：「壯」，疑當爲「狀」。若彗。濯彩丹波，自相霞映。臧庸曰：「『映』字無韻，蓋誤。」

𢧵國

不蠶不絲，不稼不穡。百獸率儛，羣鳥拊翼。是號𢧵民，自然衣食。

貫匈、交脛、支舌國

鑠金洪爐，灑成萬品。造物無私，各任所稟。歸於曲成，是見兆眹。

不死國

有人爰處，員丘之上。案：「上」讀市郢反。赤泉駐年，神木養命。稟此遐齡，悠悠無竟。

鑿齒

鑿齒人類，實有傑牙。猛越九嬰，害過長蛇。堯乃命羿，斃之壽華。

三首國

雖云一氣，呼吸異道。觀則俱見，食則皆飽。物形自周，造化非巧。

焦僥國

羣籟舛吹，氣有萬殊。大人三丈，焦僥尺餘。混之一歸，此亦僑如。

長臂國

雙肱三尺，初學記作「三丈」。體如中人。彼曷爲者，長臂之民。修腳自負，捕魚海濱。

狄山，帝堯葬于陽，帝嚳葬于陰

聖德廣被，物無不懷。爰乃殂落，封墓表哀。異類猶然，矧乃華黎。

視肉

聚肉有眼，而無腸胃。與彼馬勃，頗相髣髴。奇在不盡，食人薄味。

南方祝融

祝融火神，雲駕龍驂。氣御朱明，正陽是含。作配炎帝，列位于南。

海外西經

夏后啓

筮御飛龍，果儛九代。雲融「融」，當作「翮」。是揮，玉璜是佩。對揚帝德，禀天靈誨。張澍曰：「『果儛九代』，『果』宜作『樂』字。」

三身國、一臂國

品物流形，以散混沌。增不爲多，減不爲損。厥變難原，請尋其本。

奇肱國

妙哉工巧，奇肱之人。因風構思，制爲飛輪。凌頹遂軌，帝湯是賓。

形夭案：「夭」，本作「天」。

争神不勝，爲帝所戮。遂厥形夭，臍口乳目。仍揮干戚，雖化不服。

女祭、女戚

彼姝者子，誰氏二女。曷爲水間，操魚持俎。厥儷安在，離羣逸處。

鶖鳥、鶬鳥

有鳥青黄，號曰鶬鶖。與妖會合，所集會至。類則梟鷗，厥狀難媚。

丈夫國

陰有偏化，陽無產理。丈夫之國，王孟是始。感靈所通，桑石無子。

女丑尸

十日並熯，女丑以斃。暴于山阿，揮袖自翳。彼美誰子，逢天之厲。

巫咸

羣有十巫，巫咸所統。經技是搜，術藝是綜。采藥靈山，隨時登降。

并封

龍過無頭，并封連載。物狀相乖，如驥分背。數得自通，尋之愈閡。

女子國

簡狄有吞，姜嫄有履。女子之國，浴于黄水。乃娠乃字，生男則死。

軒轅國

軒轅之人，承天之祜。冬不襲衣，夏不扇暑。猶氣之和，家爲彭祖。

乘黄

飛黄奇駿，乘之難老。揣角輕騰，忽若龍矯。實鑒有德，乃集厥阜。

滅蒙鳥、大運山、雄常樹

青質赤尾，號曰滅蒙。大運之山，百仞三重。雄常之樹，應德而通。

龍魚

龍魚一角，似狸處陵。俟時而出，神聖攸乘。飛騖九域，乘龍案：「龍」，類聚作「雲」。上昇。

西方蓐收

蓐收金神，白毛虎爪。珥蛇執鉞，專司無道。立號西阿，恭行天討。

海外北經

無脅國

萬物相傳，非子則根。無脅因心，構肉生魂。所以能然，尊形者存。

燭龍

天缺西北，龍衝案：「衝」，類聚作「銜」。火精。氣爲寒暑，眼作昏明。身長千里，可謂至神。案：「神」，類聚作「靈」。

一目國

蒼四不多，此一不少。子野冥瞽，洞見無表。形遊逆旅，所貴維眇。

柔利國

柔利之人，曲腳反肘。子求之容，方此無醜。所貴者神，形於何有。

共工臣相柳

共工之臣，號曰相柳。禀此奇表，蛇身九首。恃力桀暴，終禽夏后。

深目國

深目類胡，但□絕縮。軒轅道降，欵塞歸服。穿胸長腳，同會異族。

聶耳國

聶耳之國，海渚是縣。雕虎斯使，奇物畢見。形有相須，手不離面。

夸父

神哉夸父，難以理尋。傾河逐日，遯形鄧林。觸類而化，應無常心。

尋木

渺渺尋木，生于河邊。竦枝千里，上干雲天。垂陰四極，下蓋虞淵。

跂踵國

厥形雖大，斯腳則企。跳步雀踴，踵不閡地。應德而臻，款塞歸義。

歐絲野

女子鮫人，體近蠶蚌。出珠非甲，吐絲匪蛹。化出無方，物豈有種。

無腸國

無腸之人，厥體維洞。心實靈府，餘則外用。得一自全，理無不共。

平丘

兩山之間，丘號曰平。爰有遺玉，駿馬維青。視肉甘華，奇果所生。

騊駼

騊駼野駿，產自北域。交頸相摩，分背翹陸。雖有孫陽，終不能服。

北方禺彊

禺彊水神，面色黧黑。乘龍踐蛇，淩雲附翼。靈一玄冥，立于北極。

海外東經

君子國

東方氣仁，國有君子。薰華是食，雕虎是使。雅好禮讓，禮委論理。案：末句有誤。

天吳

眈眈水伯，號曰谷神。八頭十尾，人面虎身。龍據兩川，威無不震。

九尾狐

青丘奇獸，九尾之狐。有道翔見，出則銜書。作瑞周文，以標靈符。

豎亥

禹命豎亥，青丘之北。東盡太遠，西窮邠國。步履宇宙，以明靈德。

十日

十日竝出，草木焦枯。羿乃控弦，仰落陽烏。可謂洞感，天人懸符。

毛民國

牢悲海鳥，西子駭麋。或貴穴倮，或尊裳衣。物我相傾，孰了是非。

黑齒國、雨師妾、玄股國、勞民國

陽谷之山，國號黑齒。雨師之妾，以蛇挂耳。玄股食鷗，勞民黑趾。

東方句芒

有神人面，身鳥素服。銜帝之命，錫齡秦穆。皇天無親，行善有福。

海内南經

梟陽

髴髴怪獸，被髪操竹。獲人則笑，脣蔽其目。終亦號咷，反爲我戮。

狌狌

狌狌之狀，形乍如犬。厥性識往，爲物警辯。以酒招災，自貽纓罥。

夏后啓臣孟涂

孟涂司巴，聽訟是非。厥理有曲，血乃見衣。所請靈斷，嗚呼神微。

建木

爰有建木，黄實紫柯。皮如蛇纓，葉有素羅。絶蔭弱水，義人則過。

氐人

炎帝之苗，實生氐人。死則復蘇，厥身爲鱗。雲南案：「南」，疑當爲「雨」。是託，浮遊天津。

巴蛇

象實巨獸，有蛇吞之。越出其骨，三年爲期。厥大何如，屈生是疑。

海内西經

貳負臣危

漢擊磐石，其中則危。劉生是識，羣臣莫知。可謂博物，山海乃奇。

流黃酆氏國

城圍三百，連河案：「河」，疑當作「阿」。比棟。動是塵昏，烝氣霧重。焉得遊之，以敖以縱。

大澤方百里

地號積羽，厥方百里。羣鳥雲集，鼓翅雷起。穆王旋軫，爰榮騄耳。

流沙

天限内外，分以流沙。經帶西極，頹唐委蛇。注于黑水，永溺餘波。

木禾

昆侖之陽，鴻鷺之阿。爰有嘉穀，號曰木禾。匪植匪藝，自然靈播。

開明案：「明」下疑脱「獸」字。

開明天獸，禀兹金精。虎身人面，表此桀形。瞪視崑山，威懾百靈。

文玉、玗琪樹

文玉玗琪，方以類叢。翠葉猗萎，丹柯玲瓏。玉光争焕，彩豔火龍。

不死樹

萬物暫見，人生如寄。不死之樹，壽蔽天地。請藥西姥，烏得如羿。

甘水、聖木

醴泉璿木，案：「璿」，當作「睿」。養齡盡性。增氣之和，祛神之冥。何必生知，然後爲聖？

窫窳

窫窳無罪，見害貳負。帝命羣巫，操藥夾守。遂淪溺淵，變爲龍首。

服常、琅玕樹

服常琅玕，崑山奇樹。丹實珠離，緑葉碧布。三頭是伺，遞望遞顧。

海内北經

吉良

金精朱鬣，龍行駿跱。拾節鴻騖，塵下及起。是謂吉黄，釋聖牖里。

蛇巫山、鬼神、蜪犬、羣帝臺、大蜂、朱蛾

蛇巫之山，有人操杯。鬼神蜪犬，主爲妖災。大蜂朱蛾，羣帝之臺。

闒非、據比尸、袜、戎

人面獸身，是謂闒非。被髮折頸，據比之尸。戎三其角，袜豎其眉。

騶虞

怪獸五彩，尾參於身。矯足千里，儵忽若神。是謂騶虞，詩歎其仁。

冰夷

禀華之精，練食八石。乘龍隱淪，往來海若。是謂水仙，號曰河伯。

王子夜尸

子夜之尸，體分成七。離不爲疏，合不爲密。苟以神御，形歸於一。

宵明、燭光

水有佳人，宵明燭光。流燿河湄，禀此奇祥。維舜二女，別處一方。

列姑射山、大蟹、陵魚

姑射之山，實西「西」，當作「有」。神人。大蟹千里，亦有陵鱗。曠哉溟海，含怪藏珍。

蓬萊山

蓬萊之山，玉碧構林。金臺雲館，皜哉獸禽。實維靈府，玉主甘心。

海内東經

郁州

南極之山，越處東海。不行而至，不動而改。維神所運，物無常在。

韓鴈、始鳩、雷澤神、琅琊臺

韓鴈始鳩，在海之州。雷澤之神，鼓腹優遊。琅琊嶕嶢，邈若雲樓。

豎沙、居繇、埻端、璽㬇國

豎沙居繇，埻端璽㬇。沙漠之鄉，絶地之館。或羈于秦，或賓于漢。

大江、北江、南江、浙江、廬、淮、湘、漢、濛、温、潁、汝、涇、渭、白、沅、贛、泗、鬱、肄、潢、洛、汾、沁、濟、潦、虖池、漳水

川瀆交錯，涣瀾流帶。通潛潤下，經營華外。殊出同歸，混之東會。

大荒東經

案：荒經已下圖讚，明藏本闕，此從諸書增補，尚多闕畧云。

竫人國 初學記。

僬僥極麽，竫人又小。四體取足，眉目纔了。

九尾狐

青丘奇獸，九尾之狐。有道翔案：類聚作「祥」。見，出則銜書。作瑞周文，以標靈符。

大荒南經闕。

大荒西經

弱水藝文類聚。

弱出昆山，鴻毛是沈。北淪流沙，南暎火林。惟水之奇，莫測其深。

炎火山藝文類聚。

木含陽氣，精構則然。焚之無盡，是生火山。理見乎微，其傳在傳。懿行案：「其傳」，當爲「其妙」之譌。

大荒北經

若木藝文類聚。

若木之生，昆山是濱。朱華電照，碧葉玉津。食之靈智，爲力爲仁。

封豕藝文類聚。

有物貪婪，號曰封豕。薦食無饜，肆其殘毀。羿乃飲羽，獻帝效技。

海内經闕。

補臧氏校正。玉贛表夏。庸按：廣韻四十八「感」曰「𠥹」，方言云：「箱類，古禫切。」此「贛」當爲「𠥹」，「玉𠥹」猶言金匱耳。說文：「𠥹，小桮也。」義別。

旋軫斯地。按：顧寧人、段若膺皆以「地」讀如「沱」，古音在歌類。余謂「地」字古音與今同，本在支類，此讚以地韻解，皆支類也。隸，从隶聲，在脂類，「支」、「脂」相通，與歌類則遠，亦其一證也。

厥號曰蠻。按：目稱「蠻蠻」，經曰「其中多蠻蠻」，此讚又云「厥號曰蠻」者，皆本一字而重言之。古人每有此種文法，猶下目「鵙」字，讚曰「鵙鵙」，經單稱「鵙」也。

亦有數動。按：御覽九百三十九「有」作「不」，又「白虹」作「江涌」，「邑悚」作「民悚」，皆較今本爲勝。

淍和損平。按：御覽九百三十七引作「汨和」，此作「淍」，誤。又下文「帶山則儵」，亦當從御覽作「山經則儵」，「山經」對上文「詩」字更善。

鼓翮一揮，十翼翩翻。按：御覽三百三十九「一揮」作「一運」，當從之；又「翩翻」作「翾翻」，古字通。

頭文如繡。按：上文「尾」與「雉」韻，脂類也，「繡」字肅聲，在幽類，出韻，當誤。

瑇瑁取芥。按：藝文類聚六作「琥珀取芥」，未聞其審。

畸類被侵。按：類聚九十引作「疇類」，此誤。

員丘之上。按：「上」疑當爲「正」，二字形相近，與前畢方讚互誤也。

山海經訂譌一卷

南山經

䧿山，臨于西海之上。在蜀伏山山南之西頭。「伏」當爲「汶」。

有草焉，其狀如韭。爾雅云「藿」。「藿」，當爲「藿」。

其名曰祝餘。或作「桂茶」。「桂」，疑當爲「柱」。

堂庭之山，多棪木。棪，别名連其。「連」，當爲「速」。

又東三百七十里，曰杻陽之山。音紐。經「杻」當爲「杻」，注「紐」當爲「細」。

又東三百里，柢山。「柢」上疑脱「曰」字。

基山有獸，其名曰猼訑。「施」，一作「陁」。「施」當爲「訑」。

有鳥名曰鵸鵂。鵸鵂，急性，敞、孚二音。經文「鵸」當爲「鵜」，注文「鵸鵂」當爲「憋怤」，「敞」當爲「敝」。

英水，其中多赤鱬。音懦。「懦」字譌，明藏經本作「儒」。

凡䧿山之首，自招摇之山以至箕尾之山，凡十山，二千九百五十里。今才九山，二千七百里。

其祠之禮：毛。周官曰：「陽祀用騂牲之毛。」當爲「毛之」。

糈用稌米。稌，稌稻也。疑注衍一「稌」字。

僕勾之山。「勾」，一作「夕」。「夕」疑當爲「多」。

其中多芘蠃。「芘」當爲「茈」。

其上多梓、枏。爾雅以爲「枏」。王引之云：「『枏』，疑當作『梅』。」

凡南次二經之首，自柜山至于漆吳之山，几〔一〕十七山，七千二百里。今七千二百一十里。

糈用稌。稻穬也。疑「穬」或「稉」之譌。王引之曰：「穬與稉不同，『穬』字非譌。」臧庸曰：「疑注當爲『稌，稻也』。」

禱過之山，其下多犀、兕。重三千觔。「三」字衍。

多怪鳥。廣雅曰：「鵽鶡、鶬明、爰居、鴟雀，皆怪鳥之屬也。」今廣雅作「鶟離、延居、鵽雀，怪鳥屬也」。

其汗如漆。「汗」當爲「汁」。

有穴焉，水出輒入。「出」，當從藏經本作「春」。

〔一〕「几」，還讀本同；郝本、龍本校改作「凡」，是。

凡南次三經之首，自天虞之山以至南禺之山，凡一十四山，六千五百三十里。今才一十三山，五千七百三十里。

右南經之山志，大小凡四十山，萬六千三百八十里。經當有四十一山，萬六千六百八十里。今才三十九山，萬五千六百四十里。

西山經

錢來之山，有獸，名曰羬羊。羬，音針。「針」，當爲「鍼」。

小華之山，鳥多赤鷩。冠金，皆黃。「皆」，當爲「背」。

其木多椶、枏。椶，樹高三丈許，無枝條，葉大而員，枝生梢頭。「員枝」，「枝」字譌，藏經本作「岐」。

食之已癘。韓子曰：「癘人憐主。」「人」字衍，「主」當爲「王」。

大如笄而黑端。笄，簪屬。文選注引此經，下有「以毛射物」四字。

浮山，多盼木。音「美目盼兮」之盼。郭既音「盼」，經文不當爲「盼」，未審何字之譌。

嶓冢之山，漢水出焉，而東流注于沔。江即沔水。郭本經文當作「注于江」，今本譌爲「注于沔」。

又郭注「江」上當脱「入」字，「江」下又脱「漢」字，遂不復可讀。

有草，名曰萯蓉。爾雅曰：「榮而不實，謂之萯。」音骨。「萯」上脱「英」字。

天帝之山，有鳥，黑文而赤翁。翁，頭下毛。「頭」當爲「頸」。

皐塗之山，有獸，名曰玃如。音猳嬰之嬰。經當爲「玃」，注當爲「貜」。

黄山，盼水出焉。音「美目盼兮」之盼。經文不當爲「盼」，未審何字之譌。

其鳥多鸓。音壘。「鸓」當爲「⿰疊鳥」，「壘」當爲「疊」，見玉篇。

騩山，是錞于西海。錞，猶隄埻也。「埻」字衍，見玉篇所引。

凡西經之首，自錢來之山至于騩山，凡十九山，二千九百五十七里。今三千一百一十七里。

泰冒之山，浴水出焉。「浴」當爲「洛」。

高山，其下多青碧。今越巂會稽縣東山出碧。「會稽」當爲「會無」。

鹿臺之山。今在上郡。「上郡」中間脱「黨」字。

庢陽之山。音旨。「庢」當爲「底」字之譌。

其木多櫻、枏、豫章。豫章，大木，生七年而後復可知也。注「復」字衍。

皇人之山，其下多青雄黄。即雌黄也。「雌」，疑當爲「雄」。

凡西次二經之首，自鈐山至于萊山，凡十七山，四千一百四十里。今四千六百七十里。

毛采。言用雄色雜也。「雄」字譌，藏經本作「雜」。

崇吾之山，有木，員葉而白柎。經當爲「拊」，故郭音「府」。其「音符」者，乃當从木旁作「柎」耳，傳寫譌謬，遂不復可別。經傳此類，亟須栞正。

有獸焉，其狀如禺而文臂豹虎。臧庸曰：「『豹虎』，疑『豹尾』之譌。」

不周之山，東望泑澤，河水所潛，其源渾渾泡泡。郭注「蒲澤」當爲「鹽澤」，「三百餘里」上當脱「千」字，水經注可證。

黃帝是食是饗。所以得登龍於鼎湖而龍蜕也。注「龍蜕」二字疑譌，太平御覽引作「靈化」。

堅粟精密。禮記曰：「瑱密似粟。」「粟」，或作「栗」。經文「粟」疑當爲「栗」，注文「粟」、「粟」亦當爲「栗」、「栗」，「作粟」當爲「作栗」，竝形近而譌。王引之說。

濁澤有而光。「有而」，當爲「而有」。

五色發作。言符彩互映色。郭注「色」，藏經本作「也」。

其陰多榣木之有若。國語曰：「榣木不生花也。」「花」，當爲「危」。

爰有淫水，其清洛洛。水留下之貌也。淫，音遥也。案：「留」，當爲「溜」，或爲「流」。陳壽祺曰：「『淫』無遥音，經『淫』字疑譌。」

名曰沙棠，可以禦水，食之使人不溺。刻以爲舟。「刻」，當爲「制」。

桃水，其中多䱻魚。音滑。「䱻」當爲「⿰魚胃」，「滑」當爲「渭」。

玉山，有獸，其名曰狡，其音如吠犬，見則其國大穰。狀如豹文。「豹文」上脱「狗」字。

其音如録。音録，義未詳。經文作「録」，郭復音「録」，必有誤。

積石之山，其下有石門，河水冒以西流。今在金城河門關。「門」字衍。

其音如擊石，其名如狰。京氏易義曰：「音如石相擊。」音静也。經文「如狰」之「如」，當爲「曰」字之譌；注文「音静」之上當脱「狰」字。

三危之山，有獸，名曰㠭㹲。㠭、噎兩音。「㠭」當爲「獒」，「㹲」當爲「猢」。

有鳥，其狀如鸈，其名曰鴟。扶狩則短。當爲「扶獸則死」。今諸本竝作「死」；一本作「短」，譌。

有神焉，其狀如黄囊。「焉」，當爲「鳥」。

泑山，神蓐收居之。亦金神也，人面、虎爪、白尾。「尾」，當爲「毛」。

其音如奪百聲。「奪」，當爲「奪」。

凡西次三經之首，崇吾之山至于翼望之山，凡二十三山，六千七百四十四里。今才二十二山，六千二百四十里，加流沙四百里，才六千六百四十里。

䍐父之山。「父」，當爲「谷」，見玉篇、廣韵。

盂山，其獸多白狼、白虎。白虎，虎名虦虪。注有脱誤，當爲「白虎名虦，黑虎名虪」。

其名自號也。或作「設」。設，亦呼耳。「設」，當爲「詨」。

凡西次四經，自陰山以下至于崦嵫之山，凡十九山，三千六百八十里。今才三千五百八十五里。

右西經之山，「山」下脱「志」字。凡七十七山，一萬七千五百一十七里。經當有七十八山，一萬七千五百二十一里，今則一萬八千一十二里。

北山經

滏水，其中多芘石。「芘」，當爲「茈」。

彭水，其中多儵魚，其狀如雞而赤毛，三尾、六足、四首。「儵」當爲「鯈」，「首」當爲「目」。

邊春之山，有獸，名曰幽鴳。鴳，音遏。「鴳」，當爲「頞」。

單張之山，有獸名曰諸犍。音如犍牛之犍。郭既音「犍」，經文不當爲「犍」，疑「楗」字之譌。而玉篇仍作「犍」字，又似不譌。

凡北山經之首，自單狐之山至于隄山，凡二十五山，五千四百九十里。今五千六百八十里。

管涔之山，汾水出焉，而西流注于河。至汾陽縣北，西入河。「汾陽」，當爲「汾陰」。

敦頭之山，旄水東流注于印澤。下文北踯山作「卬澤」，説文作「邙澤[一]」。

梁渠之山，其獸多居暨，其狀如彙而赤毛。彙，似鼠，赤毛如刺猬。郭注「赤」字、「猬」字竝衍。

湖灌之水，其中多䱇。亦鱓魚字。文選注四子講德論引郭氏此注曰：「鱓魚似蛇，時闡切。」疑即今本注下脱文也。

凡北次二經之首，自管涔之山至于敦題之山，凡十七山，五千六百九十里。今才一十六山，六千一百四十里。

太行之山，有獸，其名曰驒，善還。還，旋，旋儛也。「還」，當音旋，注「旋」上脱「音」字。

王屋之山。今在河東東垣縣北。「東垣」，「東」字衍。

景山，南望鹽販之澤。即鹽池也。「鹽池」上當脱「解縣」二字。

謁戾之山，沁水出焉，南流注于河。或出穀述縣羊頭山。「述」，當爲「遠」。

神囷之山。音如倉囷之囷。「囷」即「倉囷」之「囷」，郭氏復音如之，知經文必不作「囷」。廣韵引作「箘」，疑是也。

少山，清漳之水出焉，東流于濁漳之水。清漳出少山大繩谷，至武安縣南暴宫邑入於濁漳。或曰：

〔一〕「邙澤」，原誤作「印澤」，據諸本改。

「東北至邑城入於大河也。」「大繩」當爲「大要」，「暴宮」當爲「黍窖」，「邑城」當爲「阜成〔一〕」。

繡山，洧水出焉，其中有鱯黽。鼀黽，似蝦蟇。「鼀黽」疑當爲「耿黽」。馬瑞辰曰：「『鼀』，疑『䵹』之或體也。」

敦與之山，溹水出於其陽，而東流注于泰陸之水。今鉅鹿北廣平澤。「平」，當爲「阿」。泜水出于其陰，而東流注于彭水。今泜水出中丘縣西窮泉谷。「中丘」上當脱「常山」二字。

秦戲之山，虖沱之水出焉。今虖池水出鴈門鹵成縣南武夫山。「成」當爲「城」。其川在尾上。川，竅也。王引之曰：「『川』似當爲『州』，字形相近而誤。」

又北水行五百里，至于鴈門之山。此經不言有水出焉，當有脱文。

西望幽都之山，浴水出焉。浴，即黑水也。郭注「浴」下當脱「水」字。

凡北次三經之首，自太行之山以至于無逢之山，凡四十六山，萬二千三百五十里。今四十七山，一萬二千四百四十里。

右北經之山志，凡八十七山，二萬三千二百三十里。經當有二萬三千五百三十里，今則八十八山，二萬四千二百六十里。

〔一〕「成」，還讀本同；郝本、龍本改作「城」，是。

東山經

番條之山，減水出焉。音同減損之減。郭既音「減」，經文不當爲「減」，未審何字之譌。

高氏之山，其下多箴石。可以爲砥針。「砥」，當爲「砭」。

又南三百里，曰泰山。從山下至頂四十八里。史記正義引此，作「百四十八里」。

有獸，名曰狪狪。音如吟恫之恫。「吟」，當爲「呻」。

東流注于江。一作「海」。據水經注，當作「汶」。竹山亦同。

竹山，激水出焉，其中多茈羸。「羸」，當爲「蠃」。

凡東山經之首，自樕螽之山以至于竹山，凡十二山，三千六百里。今才三千五百里。

祈聃用魚。公羊傳云：「蓋叩其鼻以聃神。」公羊傳當爲穀梁傳，「聃」疑當爲「衈」。

澧水，其中多珠蟞魚，其狀如胏而有目。「有」，當爲「四」。

餘莪之山，有獸，名曰犰狳。仇、餘二音。「犰」當爲「犱」，「仇」當爲「几」。

鳧麗之山，有獸，名曰蠪姪。龍、蛭二音。經當爲「蛭」，注當爲「姪」。

又南五百里，曰䃘山。音一真反。注「一」、「反」二字疑衍。中次十一經嬰䃘之山，「䃘」音真，可證。

孟子之山，其草多菌蒲。未詳，音咽昭之咽。「咽」，當爲「𦥑」。

鮯鮯之魚，其名自叫。「名」，藏經本作「鳴」。

東望榑木。扶、桑二音。臧庸曰：「經多古文，此必作『東望榑叒』，故郭云『扶、桑二音』。說文『叒』即『桑』字也。唐音而灼切，非。」

凡東次三經之首，自尸胡之山至于無皋之山，凡九山，六千九百里。今才六千四百里。

北號之山，有獸，名曰猲狙。葛、苴二音。經當爲「獦狚」，注當爲「葛旦」。

凡東次四經之首，自北號之山至于太山，凡八山，一千七百二十里。此經不言神狀及祠物所宜，疑有闕脱。

右東經之山志，凡四十六山，萬八千八百六十里。今才萬八千二百六十里。

中山經

金星之山，多天嬰，其狀如龍骨，可以已痤。癰，痤也。當爲「痤，癰也」。

陰山，其中多彫棠。「彫」，疑當爲「彤」。

凡薄山之首，自甘棗之山至于鼓鐙之山，凡十五山，六千六百七十里。今才九百三十七里。

煇諸之山，其鳥多鶡。似雉而大，青色有毛。「有毛」，當爲「有毛角」。

又西三百里，曰陽山。「三百」，當爲「三十」。

昆吾之山，其上多赤銅。尸子所謂「昆吾之劍」。「劍」當爲「金」。郭又云「銅劍一枝」，「枝」當爲「枚」。

有獸，名曰蠪蚳。上已有此獸，疑同名。「蚳」，疑當爲「蛭」。

凡濟山經之首，自煇諸之山至于蔓渠之山，凡九山，一千六百七十里。今一千七百七十里。

南望墠渚。郭云：「墠，音填。」水經注引此經，「墠」作「禪」；又引郭注云：「禪，一音暖。」今本疑有譌脱。

實惟河之九都。九水所潛，故曰九都。郭注「潛」字誤，藏經本作「聚」。

凡萯山之首，自敖岸之山至于和山，凡五山，四百四十里。今才八十里。

甘水，其中多泠石。泠石，未聞。「泠」，或作「涂」。經「泠」當爲「汵」，注「涂」當爲「淦」。

鳌山，有獸焉，名曰獺。音蒼頡之頡。「獺」字諸書所無，文選注引作「獺」，然「獺」無頡音，未詳。

牡山，其下多竹、箭、竹䈾。「䈾」上「竹」字疑衍。

成侯之山，其草多芃。「芃」，當爲「艽」。

凡薄山之首，自苟林之山至于陽虛之山，凡十六山，二千九百八十里。今才十五山。

實惟蜂蜜之廬。蜜，赤蜂名。「赤」，當爲「亦」。

槀山，多橫木。穗成如有鹽粉著狀，可以酢羹。「酢」，當爲「作」。

凡縞羝山之首，自平逢之山至于陽華之山，凡十四山，七百九十里。今八百二里。

其實如菟丘。菟丘，兔絲也，見爾雅。爾雅，當爲廣雅。

有草焉，其狀葉如榆。「狀葉」，當爲「葉狀」。

有草焉，其名曰嘉榮，服之者不霆。音廷搏之廷。當爲「脡脯之脡」。

其葉狀如荻。荻，亦蒿也，音狄。「荻」當爲「萩」，「狄」當爲「秋」。

又東三十里，曰大騩之山。今滎陽密縣有大騩山。騩固，溝水所出。「固」、「溝」當爲「山」、「潩」。

有草，名蒗。音狼戾。「蒗」當爲「蒗」，「狼」當爲「狠」。

服之不夭。言盡壽也。「盡」，當爲「益」。

凡苦山之首，自休與之山至于大騩之山，凡十有九山，千一百八十四里。今才一千五十六里。

東南流注于江。今睢水出新城魏昌縣東南發阿山。「魏昌」，晉書地理志作「昌魏」。

東北百里，曰荊山。今在新城沭鄉縣南。「沭」，當爲「沶」。

漳水，其中多鮫魚。鮫，鮒魚類也。「鮒」，當爲「鯌」。

其獸多閭、麋。似鹿而大也。「麋」，當爲「麈」。

女几之山，多閭、麋、麖、麂。麂，似麞而大，偎毛豹腳。「偎」當爲「猥」，「豹」當爲「狗」。

光山，其下多木。「木」，疑當爲「水」。

石山，其上多邽石。未詳。疑當爲「封石」。

讙山，多邽石。疑當爲「封石」。

凡荊山之首，自景山至琴鼓之山，凡二十三山，二千八百九十里。今三千一十里。

東北流注于海。至廣陽縣入海。廣陽縣當爲廣陵郡。

其獸多夔牛。此牛出上庸郡，人弩射殺。「射殺」下當脱「之」字。

蛇山，有獸，名狏狼。音巴。「巴」當爲「巳」。

勾檷之山。音絡椐之椐。「椐」當爲「柅」。

騩山，其木多桃、枝、荊、芭。「芭」當爲「芑」，「芑」又「杞」之假借字。

葛山，其下多瑊石。瑊石，勁石，似玉也。郭注「瑊石」，「石」字衍，「勁」當爲「玏」。

凡岷山之首，自女几山至于賈超之山，凡十六山，三千五百里。今三千六百五十里。

熊山，席也。席者，神之所馮止也。「席」，當爲「帝」，字形相近而譌。

凡首陽山之首，自首山至于丙山，凡九山，二百六十七里。今三百一十里。

騩山，帝也，其祠：羞酒，太牢其。「牢」下之「其」，疑當爲「具」。

翼望之山，湍水出焉。鹿摶反。疑注有譌文。

東流注于濟。今湍水逕南陽穰縣而入清水。經文「濟」、注文「清」，竝當爲「淯」，「南陽」當爲「義陽」。

貺水出焉。音況。「貺」，當爲「貺」，見玉篇。

神耕父處之，常遊清泠之淵。清泠水在西號郊縣山上。「西號郊」當爲「西鄂」，字之誤衍。

有九鍾焉，是知霜鳴。霜降則鍾鳴，故言知也。經、注「知」竝當爲「和」，見北堂書鈔所引。

支離之山，濟水出焉，南流注于漢。今濟水出酈縣西北山中。經文「濟」及注文「濟」，竝當爲「淯」。

袟筒之山，其上多松、柏、机、柏。柏，葉似柳。經、注「柏」竝當爲「桓」。

即谷之山，多玄豹。即今荆州山中出黑虎也。「出」，當爲「之」。

高前之山，其上有水，甚寒而清，帝臺之漿也。今河東解縣南檀首山上有水。「檀首」，當爲「檀道」。

鮮山有獸，其狀如膜大。「大」，當爲「犬」，見廣韵。

又東三十里，曰章山。或作「童山」。經「章山」當爲「臯山」，注「童山」當爲「章山」。

其中多脃石。魚脆反。「脆」，藏經本作「跪」。

大支之山，無草木。「木」字衍，藏經本無。

歷石之山。或作「磨」。「磨」，疑當爲「磨」。

名曰䳜鵌。音如枳柑之枳。「柑」，當爲「椇」，見曲禮注。

几山，有獸，名曰聞獜，見則天下大風。「獜」，一作「麟」。「麟」，疑當爲「粼」。

凡荆山之首，自翼望之山至于几山，凡四十八山，三千七百三十二里。今四千二百二十里。

堵山、玉山，冢也。堵山見中次十經，玉山見中次九經。此經都無此二山，未審何山字之譌。

凡洞庭山之首，自篇遇之山至于榮余之山，凡十五山，二千八百里。今才一千八百四十九里。

右中經之山志，大凡百九十七山，二萬一千三百七十一里。今二萬九千五百九十八里。

右五臧山經五篇，大凡一萬五千五百三字。今二萬一千二百六十五字。

海外南經

其爲人小頰赤肩。當脾上正赤也。「脾」，當爲「髆」。

生火出其口中。藝文類聚引此經，無「生」字，疑是。

羿射殺之，在昆侖虚東。鑿齒，亦人也。經文「之」下衍「在」字，注「人」下脱「貌」字，見北堂書鈔所引。

焦僥國在三首東。外傳云：「焦僥民長三尺。」「民」當爲「氏」。又引詩含神霧曰：「從中州以東西。」「西」字衍。

狄山，帝堯葬于陽。今陽城縣西。「陽城」，當爲「城陽」。

爰有熊、羆、文虎。尸子曰：「中黄伯：余。」「伯」下脱「曰」字。

視肉。有兩目，食之無盡，尋復更生如故。「無」字衍，北堂書鈔引作「有眼，食之盡」。

海外西經

奇肱之國。後十年西風至。據博物志，「西」當爲「東」。

軒轅之國，在此窮山之際。「此」字衍。

此諸夭之野。夭，音妖。「此」字亦衍，「妖」當爲「沃」。

龍魚陵居，在其北，狀如貍。或曰：「龍魚，似貍一角。」經、注「貍」竝當爲「鯉」。鯉，龍類也。

一曰：鼈魚。鼈，音惡横也。鼈無横音，疑注譌。王引之曰：「『横』當爲『憖』，憖訓惡也。」

有樹名曰雄常，先入伐帝，于此取之。其俗無衣服，中國有聖帝代立者，則此木生皮可衣也。經文「伐」當爲「代」，幸有郭注可證。然經句義尚未足，恐更當有脱文。

長股之國，在雄常北，被髮。長臂人身如中人，而臂長二丈。「二」當爲「三」，見海外南經。

海外北經

無脣之國，爲人無脣。脣，肥腸也。「肥」，當爲「腓」。

燭龍，居鍾山下。淮南子曰：「龍身一足。」「一」，當爲「無」。

禹厥之，三仞三沮。掘塞之而土三沮滔。「滔」，當爲「陷」。

平丘，爰有甘柤。其樹枝榦皆赤，黄華白葉，黑實。吕氏春秋曰：「其山之東有甘柤焉。」音如柤梨之柤。郭注「黄華白葉」當爲「黄葉白華」。據郭音甘柤「如柤梨之柤」，證知經文不當作「柤」。淮南墬形訓作「樝」，即「柤」本字，説文作「櫨」，疑經當爲「櫨」也。

甘華。亦赤枝榦，黄華。「黄華」，亦當爲「黄葉」。

海外東經

君子國，使二大虎在旁。「大虎」當爲「文虎」，後漢書東夷傳注引此經云。

青丘國，其狐四足九尾。汲郡竹書曰：「柏杼子征于東海及王壽。」「王」當爲「三」。

黑齒國在其北。東夷傳曰：「倭國東四十餘里。」「十」當爲「千」。

爲人黑，食稻啖蛇。「黑」下當脱「齒」字。

爲人黑首。「首」當爲「齒」，古文形近。

九日居下枝，一日居上枝。若搜之常情，則無理矣。「搜」，疑當爲「揆」。

爲人身生毛。爲人短小而體盡有毛。「而」，當爲「面」。

海内南經

三天子鄣山在閩西海北。「海」字疑衍。

桂林八樹在番隅東。八樹而成林，信其大也。「信」，當爲「言」。

鬱水出湘陵南海。鬱水見海内東經，與此有異，疑經有譌文。

見人笑亦笑。古本作「見人則笑」，今本疑非是。

左手操管。爾雅云「髴髴」。當爲「狒狒」。

狌狌知人名，其爲獸如豕而人面。頭如雄雞，食之不眯。此八字誤衍，當刪。郭又云「今交州封谿」，「州」當爲「趾」。

犀牛，其狀如牛而黑。犀牛，似水牛，豬頭庳腳，三角。注文當如是，今本誤分離其文，遂不復可讀。

丹山在丹陽南，丹陽居屬也。此十一字乃郭注誤入經文，「居」又「巴」字之譌。

海内西經

繫之山上木。物稟異氣，出於不然。「不」，當爲「自」。

后稷之葬，山水環之。在廣都之野。當爲「都廣」。

面有九井。淮南墬形訓作「旁有九井」，初學記引此經作「上有九井」，疑「面」字譌。

一曰：挺木牙交。淮南作「璇樹」。璇，玉類也。「璇」當爲「琁」，「琁」與「挺」形近。「樹」，古文爲「尌」，傳寫者破壞之，因爲「木牙交」。臧庸曰：「『挺木牙交』爲『曼兑』之異文。曼，長也；兑，讀爲鋭。言聖木之樹長而葉鋭也。「挺」當爲「梃」。梃，長皃；牙交，言枝柯之交互也。」

伺琅玕樹。莊周曰：「有人三頭，遞卧遞起，以伺琅玕與玗琪子。」「與玗琪子」四字衍。

海内北經

大蠭，其狀如螽。「螽」，疑當爲「蠭」，古文「蠭」字。

蟜，其爲人虎文，脛有䏿。言腳有膞腸也。「膞」當爲「腨」。

騶吾，乘之日行千里。周書曰夾林酋耳。「夾」，周書作「央」。

冰夷人面，乘兩龍。畫四面各乘靈車，駕二龍。「靈」當爲「雲」。

海内東經

都州在海中。一曰：郁州。世傳此山自蒼梧從南徙來。「從南」二字疑衍。

始鳴在海中，轅厲南。「轅厲」，疑當爲「韓鴈」，字形相近。

浙江出三天子都，在其東。「其」字疑譌，據太平寰宇記作「蠻」，與地理志及說文合。

淮水出餘山，餘山在朝陽東。朝陽縣今屬新野。新野，當爲義陽，見晉書地理志。

入海淮浦北。至廣陵縣入海。據水經，「廣陵」下當脱「淮浦」二字。

湘水出舜葬東南陬，西環之。今湘水出零陵營道縣陽湖山。「湖」當爲「海」，或「朔」字之譌。

一曰：東南西澤。疑文有脱誤。

漢水出鮒魚之山。此經漢水所出既誤，又不見所入處，蓋脱。北堂書鈔引「漢水」作「濮水」，似得之。

温水出崆峒山，在臨汾南。「汾」，當爲「涇」。又郭注云：「今温水在京兆陰盤縣。」京兆當爲安定也。

入江州城下。此言白水入江也。「城下」二字疑誤衍。

沅水山出象郡鐔城西。「山」字衍。

入東注江。「入」字疑衍，或「又」字之譌。

肄水出臨晉西南。音如肄習之肄。若經文作「肄」，何復音「肄」？疑當從水經注作「肆」。「臨晉」當爲「臨武」。

濟水，絶鉅鹿澤。鉅鹿今在高平。「鹿」當爲「野」。

入齊琅槐東北。今碣石也。當爲「今河竭」也，見水經注所引。

潦水出衛皋東。有潦山，小潦水所出，西河注大潦。「西河」，當爲「西南」。

入越章武北。章武，郡名。「越」字疑衍，「郡」當爲「縣」。

入章武南。新城汴陰縣亦有漳水。「汴陰」當爲「泝鄉」。

大荒東經

東海之外大壑。「大壑」上當脱「有」字。

有大人之國。長者不過十丈。「十丈」當爲「十之」，見魯語。郭注又云：「佻人國，長三十丈。」「佻」當爲「洮」，「十」字衍。

中容人，食獸，木實。此國中有赤木、玄木，其華實美。「華」當爲「葉」，見呂氏春秋。

司幽生思士，不妻；思女，不夫。白鵠相視，眸子不運而感風化。「鵠」當爲「鶂」，「感」字衍。

有山名曰鞠陵于天、東極、離瞀。三山名也。音穀、瞀。「穀」、「瞀」二字疑俱譌。

名曰折丹。神人。「名曰折丹」上疑脱「有神」二字，北堂書鈔引作「有人」。

東方曰折。單吁之。「吁」當爲「呼」。臧庸曰：「『吁』、『呼』通。經文『折』疑『吁』字，涉上文『折丹』而誤。」

有困民國，勾姓而食。「勾姓」下「而食」上，當有闕脱。

不得復上。應龍遂住地下。「住」，當爲「在」。

大荒南經

舜與叔均之所葬也。基今在九疑之中。「基」，當爲「墓」。

有玄蛇食麈。今南山蚺蛇吞鹿。「山」，當爲「方」。

有山名曰去痓。音如風痓之痓。此即「風痓」之字，郭又音如之，疑有譌文。

楓木，蚩尤所棄其桎梏。已摘棄其械。「摘」，當爲「擿」。

羲和者，帝俊之妻，生十日。言生十子，各以日名名之，故言生十日，數十也。郭注「生十日」下疑脱「日」字。

有小人，名曰菌人。音如朝菌之菌。此即「朝菌」之「菌」，郭又音如之，疑有譌文，或經當爲「菌狗」之「菌」。

大荒西經

有白氏之國。「氏」，當爲「民」。

有先民之國。「先」，當爲「天」，古字形近。

西有王母之山。「西有」，當爲「有西」。

璇瑰、瑶碧。璇瑰，亦玉名，枚、回二音。　經當爲「璿瑰」，注當爲「旋回」。

爰有百樂歌儛之風。爰有百種伎樂歌儛風曲。　注「爰」，明藏本作「言」，是也。

有神，人面無臂，兩足反屬于頭山。「山」，當爲「上」。

下地是生噎。后土生噎鳴，見海内經，此經疑有闕脱。

有赤犬，名曰天犬，其所下者有兵。周書云。　「周」，當爲「漢」。

名曰西王母。西王母雖以昆侖之宫。　「以」，當爲「居」，古字相近。

女祭、女薎。或持觶。　「薎」當爲「蔑」，「觶」當爲「鱓」。

有壽麻之國。呂氏春秋曰「南服壽麻」。　「南」，當爲「西」。

有樹，赤皮支榦，青葉，名曰朱木。「青葉」，當爲「青華」，見大荒南經。

顓頊死即復蘇。淮南子曰：「后稷龍在建木西，其人死復蘇，其中爲魚。」　「龍」當爲「壠」，「中」當爲「半」，見淮南墬形訓。

大荒北經

皆出衛于山丘。古本當「衛」、「丘」連文，而以「皆出于山」四字相屬，今本誤倒耳。

有三桑無枝。皆高百仞。郭注四字當在經中，誤入注文耳，見藝文類聚所引。

有人衣青衣，名曰黄帝女魃。音如旱妭之魃。據後漢書注所引，經文當爲「妭」，注文當爲「魃」。

有神，人面獸身，名曰犬戎。「神」當爲「人」，見史記周本紀集解所引。

名曰若木。生昆侖西，附西極。郭注七字當入經文。

有神，人面蛇身而赤。身長千里。郭注四字當在經文，誤入注中耳，見藝文類聚所引。

是謂燭龍。有龍銜精以往照天門中云。「精」上脱「火」字。

海内經

有人名曰柏高。柏子高，仙者也。據郭注，經文「柏」、「高」之閒當脱「子」字。

有都廣之野，后稷葬焉。其城方三百里，蓋天下之中，素女所出也。郭注一十六字當入經文。又引離騷曰：「絶都廣野而直指號。」「號」，當爲「兮」。

有木，名曰若木。樹赤華青。「華」，當爲「葉」。

名曰鳥氏。「氏」，當爲「民」。

神民之丘。「民」，當爲「人」。

有青獸，人面。「青」字疑衍。

南方有贛巨人，人面長臂。「臂」，當爲「脣」。

有菌山。音芝菌之菌。經文「菌」，疑亦當爲「𦵔」。

有山名三天子之都。一本「三天子之鄣山」。「一本」下當脱「作」字，或「云」字。

玄狐蓬尾。蓬，叢也，阻留反。「阻留反」三字，文無所指，當有脱誤。牟廷相云：「『叢』字可讀如菆，則『阻留』當是『叢』字之音也。」

般是始爲弓矢。世本曰：「牟夷作矢。」當爲「夷牟」。

帝俊賜羿彤弓素矰。以白羽羽之。下「羽」字疑譌。

晏龍是爲琴瑟。世本云：「伏羲作琴，神農作瑟。」當云「伏羲作瑟，神農作琴」。

是復土穰，以處江水。「穰」，當爲「壤」。

經内逸文

北次三經空桑之山。上已有此山，疑同名也。今上文無此山。

海外東經勞民國，其爲人黑。食果草實也，有一鳥兩頭。

大荒南經有獸，左右有首，名曰跊踢。出猣民國。黜、惕兩音。

有卵民之國，其民皆生卵。即卵生也。

大荒西經有人反臂，名曰天虞。即尸虞也。

海内經有大幽之國。即幽民也，穴居無衣。

以上見本經，以下見各書。

論衡通别篇云：「董仲舒覩重常之鳥，劉子政曉貳負之尸，皆見山海經。」案：「重常」，玉篇作「鶇鶬」。

論衡訂鬼篇引此經云：「滄海之中，有度朔之山，上有大桃木，其屈蟠三千里，其枝閒東北曰鬼門，萬鬼所出入也。上有二神人，一曰神荼，一曰鬱壘，主閱領萬鬼，惡害之鬼執以葦索而以食虎。於是黄帝乃作禮，以時驅之，立大桃人，門户畫神荼、鬱壘與虎，懸葦索以禦凶魅。」案：所引與後漢禮儀志注文字小異，故録之。

應劭漢地理志「泫氏」注云：「山海經『泫水所出』者也。」

玉篇「鱟」字注引此經云：「形如車文，青黑色，十二足，長五六尺，似蟹，雌常負雄。漁者取之，必得其雙，子如麻子，南人爲醬。」案：「車」當爲「惠」，劉逵注吴都賦正作「惠文冠」；「尺」作「寸」，「似蟹」句下有「足悉在腹下」五字，而無「子如麻子」二句，其餘則同，而不云出山海經。唯廣韵引作「郭璞注山海經」云云，其文同玉篇。證知二書所引，乃郭注逸文也。李善注江賦引廣志曰：「鱟魚似便面，雌常負雄而行，失雄則不能獨活，出交趾南海中。」

廣韵九「魚渠紐」下云：「𧳜獀，獸名，食猛獸，出山海經。」案：太平御覽九百十三卷引同，唯「𧳜」作「㺘」，無名字。

廣韵四十七「寑沈紐」下云：「⿰木審，木名。山海經云：『煮其汁味甘，可爲酒。』」

廣韵一「屋卜紐」下云：「獛鉛，南極之夷，尾長數寸，巢居山林，出山海經。」

廣韵二十八「盍欱紐」下云：「魶⿰魚欠，魚名，出山海經。」案：二十七「合納紐」下云：「魶，魚名，似鼈無甲，有尾，口在腹下。」

文選西京賦注引此經云：「閬風之上，或上倍之，是謂玄圃；或上倍之，是謂大帝之居。」案：此淮南墬形訓文，疑李善誤引。

文選海賦及左思招隱詩、江淹雜體詩注竝引此經郭注云：「橫，塞也。」

文選郭氏游仙詩注引此經郭注云：「遯者，退也。」

北堂書鈔一百五十二卷引此經云：「東南荒山，有銅頭鐵額兵，日飲天酒三斗。酒，甘露也。」

藝文類聚二卷引此經云：「列缺，電名。」

類聚八十六卷引此經云：「箕山之東，有甘樝；洞庭之上，其木多樝。甘樝列於昆侖。」

初學記二十八卷引此經云：「雲山之上，其實乾腊。」郭注云：「腊乾，梅也。」今案：中次十二經有雲山，無此文。

初學記三十卷引此經云：「鯷魚，赤目赤鬣者，食之殺人。」案：北山經首敦薨之水其中多赤鮭，郭注云：「今名鯸鮐爲鮭魚，音圭。」此郭據時驗而言也。今所見鯸鮐魚，背青腹白，目解開闔都無赤色者，與經云「赤鮭」不合。而初學記引經：「鯷魚，赤目赤鬣者，食之殺人。」鯷即鮎也，「鯷」與「鮭」聲相近，經之赤鮭疑此是也。將初學記所引本在郭注，今脱去之邪？

李肇國史補引此經云：「水獸好爲害，禹鎖之，名巫支祈。」案：輟耕録云：「山海經：『水獸好爲雲雨，禹鎖于軍山之下，名無支祈。』」

韓鄂歲華紀麗引此經云：「狼山多毒草，盛夏鳥過之不能去。」

李珣海藥本草引此經云：「木香生東海崑崙山。」

太平御覽九卷引此經云：「大極山東有温水，湯不可過也。」

御覽十二卷引此經云：「仙丘降甘露，人常飲之。」案：吴淑事類賦引，「人」上有「仙」字。

御覽三十五卷引此經云：「離魚見，天下大穰。」案：西次二經泰器山鰩魚與此同。

御覽三十八卷引此經云：「蓬萊山，海中之神山，非有道者不至。」案：海内北經有蓬萊山。

御覽四十二卷引此經云：「陸渾山，伊水出焉，今亦號方山。」案：楊慎外集：「陸渾山，山海經作『賁渾』。按古『陸』字作『畬』，『賁渾』當是『畬渾』之誤。」

御覽四十三卷引此經云：「祭水，源伏流三百餘里。」云云。

御覽四十五卷引此經云：「湯山，湯水出焉。」此湯能愈疾，爲天下最。

御覽四十五卷引此經云：「大翮山、小翮山有神廟、神宇。」云云。

御覽一百六十六卷引此經云：「甘松嶺，亦謂之松桑嶺，江水發源於此。」

御覽三百六十七卷引此經云：「反舌國，其人反舌。一曰：交。」案：「交」當爲「支」，即海外南經岐舌國。

御覽九百十卷引此經云：「果然獸似獼猴，以名自呼，爲蒼黑，羣行，老者在前，少者在後，得果食輒與老者，似有義焉。交阯諸山有之，獠人射之，以其毛爲裘褥，甚温煖。」

郭注引水經

南山經首青丘之山。水經云：「即上林賦云『秋田於青丘』。」

西次三經積石之山。水經引山海經云：「積石山在鄧林山東，河所入也。」

北次三經碣石之山。水經曰：「碣石山今在遼西臨渝縣南水中。」

中次七經末山，末水出焉，北流注于役。水經作「沫」。

海内東經漢水出鮒魚之山。案水經：漢水出武都沮縣東狼谷，經漢中魏興至南鄉，東經襄陽至江夏安陸縣入江。别爲沔水，又爲滄浪之水。

合洞庭中。水經曰：「沅水出牂牁且蘭縣，又東北至鐔城縣爲沅水，又東過臨沅縣南，又東至長沙下雋縣。」

洛水出洛西山，東北注河，入成皋之西。案：水經：「漢水今出上洛冢嶺山，東北經弘農至河南鞏縣入河。」

入齊琅槐東北。諸水所出又與水經違錯。

以上見本經，以下出各書。

陶弘景刀劍録云：「水經云：『伊水有一物，如人，膝頭有爪，人浴輒没不復出。』」案：酈注水經沔水云：「沔水又南與疎水合。」「水中有物，如三、四歲小兒，鱗甲如鯪鯉，射之不可入，七、八月中好在磧上自暴，膝頭似虎，掌爪常没水中，出膝頭，小兒不知，欲取弄戲，便殺人。或曰：人有生得者，摘其皐厭，可小小使，名爲水虎者也。」即與刀劍録所引爲一物。

初學記三十卷引水經曰：「海鰌且由反。魚長數千里，穴居海底，入穴則海水爲潮，出穴則水潮退，出入有節，故潮水有期。」案：此條或又引作山海經，所未詳。

補嬰以百珪百璧。嬰，謂陳之以環祭也。或曰：「『嬰』即古『罌』字，謂盂也。」徐州云。吳其濬曰：「一切經音義卷二十一引漢書『嬰城固守』音義曰：『以城自繞也。』華嚴經音義卷下引漢書集注『嬰，繞也，加也』。正與環之以祭義合，解作『罌』字似遠。」

句餘之山至會稽之山。嚴可均謂懿行曰：「經内道里計算不同，有直行者，有旁通者，有曲繞者，故里數參差互異。即如南次二經之句餘、會稽，中閒豈容一千五百里，恐皆從經首之柜山起算也。若推是而言，諸山里數或多有合，但須按全經一一計之。」懿行嘗謂山海經古圖不可見，世有好古而工畫者，本嚴氏之説繪諸尺幅，百里之迴一覽可盡，誠希古之絶業。其繪圖之法，南山經至中山經本二十六篇，爲二十六圖，海外經以下八篇，大荒經以下五篇，又爲若干圖，鳥獸神怪之屬，別爲若干圖。

冉遺之魚。錢侗曰：經文「冉」字疑「毋」字，傳寫之譌。郭氏圖讚作「髯遺」，後人誤加「髟」也。

名曰肥遺。侗案：西山經太華之山有肥𧔥，六足四翼，見則天下大旱。郭云「復有肥遺蛇」，疑是同名，即謂此經之肥遺也。經云「一首兩身」，即管子所稱一頭兩身之蟡。「蟡」字緩言之則爲「肥遺」，其爲同物無疑。「涸水」、「蹶水」，亦一聲之轉。

發鳩之山。侗案：淮南子發包山，當是「發勽」之譌，即此發鳩山也。説文：「勽，聚也，讀若鳩。」二字本通用，傳寫誤爲「包」耳。

是多僕纍、蒲盧。侗案：夏小正、廣雅之蒲盧，國語之蒲嬴，皆蜃蛤之屬，與僕纍同類同聲，實非同物，故經文並著之。郭注以蒲盧爲螟蛉，固誤。箋疏謂蒲盧聲轉爲僕纍，亦未安。

有山名曰常陽之山。侗案：吕氏春秋論大篇：「地大則有常祥、不庭、歧母、羣抵、天翟、不周。」高注惟以不周爲山名，箋疏駮之，良是。今檢不庭、顛羝、不周皆見於大荒東、西兩經，此文云「大荒之中有山，名曰常陽，日月所入」，當即是常祥山也，「祥」、「陽」同聲。後文又有常羊之山，古字「吉祥」通作「吉羊」。以此又大荒東經有皮母之山，即吕覽歧母，字形相近。然則常祥以下六山，吕覽即據大荒諸經爲説，皆爲山名無疑。惜天翟未得其證耳。

南山經　柤陽之山，其中多玄龜，可以爲底。底，躪也；爲，猶治也。洪頤煊案：底無躪訓，「底」是「胝」字之借，「躪」是「繭」字之譌。戰國策：「百舍重繭。」高誘注：「重繭，累胝也。」後人「繭」加足旁，故譌作「躪」。臧庸案：戰國策：「足重繭而不休息。」鮑彪注：「足傷皮皺如蠶繭也。」文選難蜀父老：「躬腠胝無胈。」唐劉良注曰：「胝，繭也；胈，股上小毛也。言艱苦至使皮膚縈繭而不生毛。」「胝」作「繭」字，與戰國策文合。檢明刻六家注、胡刻李善注引三蒼解詁，皆曰：「胝，躪也，竹施切。」惟毛本誤爲「躪」耳。

單張之山，有鳥焉，可以已痸。痸，癡病也。　頤煊案：說文：「瘛，小兒瘛瘲病也。」又云：「引縱曰瘛。」玉篇：「瘛，癡也；小兒瘛瘲病也。痸同上。」疑此注及玉篇「癡」字皆「瘲」字之譌。

京山，其陰有玄礵。黑石砥也。尸子曰：「加玄黄砥。」明色非一也。　頤煊案：太平御覽七百六十七卷引尸子曰：「磨之以礱礪，加之黄砥。」注蓋本作「加之黄砥」，今本後人誤改也。

燕山，多嬰石。言石似玉，有符彩嬰帶，所謂燕石者。　頤煊案：玉篇引埤蒼云：「瓔珢，石似玉也。」西山經瑜次之山「多嬰垣之玉」，蓋即此經所謂嬰石，郭注非。

中山經　崍山，有草多韰、韭，多葯、空奪。即蛇皮脱也。　頤煊案：蛇皮脱非草。升山、熊山，其草多寇脱，空奪即寇脱也，形、聲皆相近。

大荒東經　有女和月母之國。有人名曰鳧，北方曰鳧，來之風曰狻。言亦有兩名也。　頤煊案：上文「來風曰俊」注：「未詳來風所在也。」此來風亦地名，「之」字衍。大荒西經：「有人名曰石夷，來風曰韋。」大荒南經：「有獸名曰跊踢。」注：「出狻名國。」今本無此國。集韻引「有國曰狻氏」，「名」即「氏」之譌。

西山經　槐江之山，爰有淫水，其清洛洛。郭注：「淫，音遥也。」陳梅修云：「『淫』無遥音，經『淫』字疑譌。」　張澍按：漢書岑彭傳：「更始遣將軍徭偉鎮淮陽。」東觀記作「淫偉」，是「淫」與「徭」通也。

黄帝是食是饗。郭注：「所以登龍于鼎湖而龍蜕也。」　澍按：「龍蜕」宜作「靈蜕」。御覽作「靈化」，亦非。

積石之山。郭注：「今在金城河門關。」訂譌云：「『門』字衍。」　澍按：「門」字不衍，宜移今「在」字上，原釋經文「石門」字也。

北山經　倫山獸，川在尾上。箋疏：王伯申以「川」當爲「州」。澍續黔書内有「辨川字」一條，附于此：黔之人呼牛馬之竅爲春，余莫如其解，思之，知當爲穿爲川，乃信土俗方言果符訓詁之旨也。按山海經：「倫山有獸，狀如麋，其川在尾上。」郭注：「川，竅也。」而姚旅露書引「川」作「穿」，蓋川可訓穿，故釋名云：「川，穿也。」顔師古漢書李尋傳注云：「川者，水貫穿而通流也。」裴氏廣州記云：「南海龍川縣本博羅縣之東海，有龍穿地而出，即穴流東泉，因以爲號。」是川之訓穿，傳記多有之。又伯樂相馬經：「有馬白州。」亦當是「川」字。畢中丞山海經校本疑當爲「州」，蓋據爾雅「白州驠」，不知郭氏彼注亦以爲竅即「州」，爲後人譌寫無疑也。

東山經　子桐之山。箋疏：司馬相如梓桐山賦即斯山。澍按：長卿蜀人，所賦者宜是梓橦山，「桐」、「橦」字通，此經地域似不在蜀。

中山經　實惟河之九都。郭注：「九水所潛，故曰九都。」訂云：「郭注『潛』字誤。」澍按：「潛」宜作「渚」，渚，聚也，都亦聚也。藏經本作「聚」，誤。

半石山嘉榮。箋疏：本草經蘘荷與巴焦同類。澍按：宗懍亦以蘘荷爲周禮之嘉草，可除蠱毒也。王逸大招注：「苴蓴，一名蘘荷。」史記相如游獵賦注，闞駰云：「猼且，蘘荷也。」與逸注同。「猼且」，漢書作「巴且」。楊用修引急就章注云：「蘘荷，即今甘露。」蓋誤以巴焦爲蘘荷也。司馬賦既有「諸蔗猼且」，又有「茈薑蘘荷」，猼且非蘘荷明矣。詳見澍續黔書毒蠱篇。

海外北經　禺彊。箋疏：禺京、禺彊、玄冥實一人。澍按：禺彊即禺京是也，前人已言之。若謂玄冥即京、彊，則未能信。考禺京爲禺猇之子，禺猇爲黄帝之子，則梁簡文所云「禺京爲黄帝孫」者合矣。而玄冥乃少昊之子也，不得合爲一人。

大荒南經　有女子名羲和。箋疏：常儀、羲和通爲一人。澍按：世本、吕氏春秋並云羲和占日、常儀占月，顯係兩人，不得云羲和即常儀矣。

海外西經圖讚　夏后啓「果儛九代」。澍按：「果」宜作「樂」字。

訂譌　崇武之山，有木，員葉白柎。訂云：「『柎』當爲『拊』。」澍按：柎即詩之鄂不也，與跗通，花足也。經文宜作「柎」，不宜作「拊」。

山海經叙録

西漢劉秀上山海經表曰：　侍中奉車都尉光禄大夫臣秀領校、祕書言校、祕書太常屬臣望所校山海經，凡三十二篇，今定爲一十八篇，已定。山海經者，出於唐、虞之際。昔洪水洋溢，漫衍中國，民人失據，欹嶇於丘陵，巢於樹木。鯀既無功，而帝堯使禹繼之。禹乘四載，隨山栞木，定高山大川。益與伯翳主驅禽獸，命山川，類草木，别水土，四嶽佐之，以周四方，逮人跡之所希至，及舟輿之所罕到，内别五方之山，外分八方之海，紀其珍寶奇物，異方之所生，水土、草木、禽獸、昆蟲，麟鳳之所止，禎祥之所隱，及四海之外、絶域之國、殊類之人。禹别九州，任土作貢，而益等類物善惡，著山海經，皆聖賢之遺事，古文之著明者也。其事質明有信。孝武皇帝時嘗有獻異鳥者，食之百物，所不肯食；東方朔見之，言其鳥名，又言其所當食，如朔言；問朔何以知之，即山海經所出也。孝宣帝時擊磻石於上郡，陷得石室，其中有反縛盜械人；時臣秀父向爲諫議大夫，言此貳負之臣也；詔問何以知之，亦以山海經對，其文曰：「貳負殺窫窳，帝乃梏之疏屬之山，桎其右足，反縛兩手。」上大驚，朝士由是多奇山海經者，文學大儒皆讀學，以爲奇可以考禎祥變怪之物，見遠國異人之謠俗。故易曰：「言天下之至賾而不可亂也。」博物之君子，其可不惑焉。

臣秀昧死謹上。

東晉記室參軍郭璞注山海經叙曰：世之覽山海經者，皆以其閎誕迂誇，多奇怪俶儻之言，莫不疑焉。嘗試論之曰，莊生有云：「人之所知，莫若其所不知。」吾於山海經見之矣。夫以宇宙之寥廓，羣生之紛紜，陰陽之煦蒸，萬殊之區分，精氣渾淆，自相濆薄，遊魂靈怪，觸象而構，流形於山川，麗狀於木石者，惡可勝言乎？然則總其所以乖，鼓之於一響；成其所以變，混之於一象。世之所謂異，未知其所以異；世之所謂不異，未知其所以不異。何者？物不自異，待我而後異；異果在我，非物異也。故胡人見布而疑黂，越人見罽而駭毳。夫翫所習見而奇所希聞，此人情之常蔽也。今略舉可以明之者，陽火出於冰水，陰鼠生於炎山，而俗之論者莫之或怪；及談山海經所載而咸怪之，是不怪所可怪，而怪所不可怪也。不怪所可怪，則幾於無怪矣；怪所不可怪，則未始有可怪也。夫能然所不可，不可所不可然，則理無不然矣。案汲郡竹書及穆天子傳，穆王西征，見西王母，執璧帛之好，獻錦組之屬；穆王享王母於瑤池之上，賦詩往來，辭義可觀，遂襲昆侖之丘，遊軒轅之宮，眺鍾山之嶺，玩帝者之寶，勒石王母之山，紀跡玄圃之上，乃取其嘉木豔草，奇鳥怪獸，玉石珍瑰之器，金膏燭銀之寶，歸而殖養之於中國；穆王駕八駿之乘，右服盜驪，左騄耳，造父爲御，犇戎爲右，萬里長騖，以周歷四荒，名山大川，靡不登濟；東升大人之堂，西燕王母之廬，南轢黿鼉之梁，北躡積羽之衢，窮歡極娛，然後旋歸。案史記，說穆王得盜驪、騄耳、驊騮之驥，使造父御之，以西巡狩，見西王母，樂而忘歸，亦與竹書同。左傳曰：「穆王欲肆其心，使天下皆有車轍馬跡焉。」竹書所載，則是其事也。而譙周之徒，足爲通識瑰儒而雅不平此，驗之史考，以著其妄。司馬遷敘大宛傳亦云：「自張騫使大夏之後，窮河源，惡覩所謂昆侖者乎？至禹本紀、山海經所有怪物，余不敢言也。」不亦悲乎！若竹書不潛出於千載，以作徵於今日者，則山海之言，其幾乎廢矣。若乃東方生曉畢方之名，劉子政辨盜械之尸，王頎訪兩面之客，海民獲長臂之衣，精驗潛效，絶代懸符。於戲！羣惑者其可以少寤乎？是故聖皇原化以極變，象物以應怪，鑒無滯賾，曲盡幽情，神焉廋哉！神焉廋哉！蓋此書跨世七代，歷載三千，雖暫顯於漢，而尋亦寢廢。其山川名號，所在多有舛謬，與今不同，師訓莫傳，遂將湮泯，道之所存，俗之所喪，悲夫！余有懼焉，故爲之創傳，疏其壅閡，闢其茀蕪，領其玄致，標其洞涉。庶幾令逸文不墜於世，奇言不絶於今，夏后之跡靡刊於將來，八荒之事有聞於後裔，不亦可乎！夫蘙薈之翔，叵以論垂天之凌；蹏涔之遊，無以知絳虯之騰。鈞天之庭，豈伶人之所躡；無航之津，豈蒼兕之所涉。非天下之至通，難與言山海之義矣。嗚呼，達觀博物之客，其鑒之哉！

山海經箋疏叙

山海經古本三十二篇，劉子駿校定爲一十八篇，即郭景純所傳是也。今攷南山經三篇、西山經四篇、北山經三篇、東山經四篇、中山經十二篇，并海外經四篇、海内經四篇，除大荒經已下不數，已得三十四篇，則與古經三十二篇之目不符也。隋書經籍志山海經二十三卷，舊唐書十八卷，又圖讚二卷，音二卷，並郭璞撰，此則十八卷又加四卷，才二十二卷，復與經籍志二十三卷之目不符也。漢書藝文志山海經十三篇，在形法家，不言有十八篇。所謂十八篇者，南山經至中山經本二十六篇，合爲五臧山經五篇，加海外經已下八篇及大荒經已下五篇，爲十八篇也。所謂十三篇者，去荒經已下五篇，正得十三篇也。古本此五篇皆在外，與經别行，爲釋經之外篇，及郭作傳，據劉氏定本，復爲十八篇，即又與藝文志十三篇之目不符也。酈善長注水經云：「山海經薶緼歲久，編韋稀絶，書策落次，難以緝綴，後人假合，多差遠意。」然則古經殘簡非復完篇，殆自昔而然矣。藝文志不言此經誰作，劉子駿表云出於唐、虞之際，以爲「禹别九州，任土作貢，而益等類物善惡，著山海經」。王仲任論衡、趙長君吴越春秋亦稱禹、益所作。顔氏家訓書證篇云：「山海經禹、益所記，而有長沙、零陵、桂陽、諸暨，由後人所羼，非本文也。」今攷海外南經之篇，而有說文王葬所；海外西經之篇，而有說夏后啓事。夫經稱夏后，明非禹書；篇有文王，又疑周簡：是亦後人所羼也。至於郡縣之名，起自周代，周書作雒篇云：「爲方千里，分以百縣，縣有四郡。」春秋哀公二年左傳云：「克敵者，上大夫受縣，下大夫受郡。」杜元凱注云：「縣百里，郡五十里。」今攷南次二經云「縣多土功」、「縣多放士」，又云「郡縣大水」、「縣有大繇」，是又後人所羼也。大戴禮五帝德篇云：「使禹敷土，主名山川。」爾雅亦云：「從釋地已下至九河，皆禹所名也。」觀禹貢一書，足覘梗槩。因知五臧山經五篇，主於紀道里，說山川，真爲禹書無疑矣。而中次三經說青要之山云：「南望墠渚，禹父之所化。」中次十二經說天下名山，首引「禹曰」。一則稱禹父，再則述禹言，亦知此語必皆後人所羼矣。然以此類致疑本經，則非也。何以明之？周官大司徒以天下土地之圖，周知九州之地域廣輪之數；土訓掌道地圖、道地慝；夏官職方亦掌天下地圖；山師、川師掌山林川澤，致其珍異；邍師辨其丘陵、墳衍、邍隰之名物；秋官復有冥氏、庶氏、穴氏、翨氏、柞氏、薙氏之屬，掌攻夭鳥、猛獸、蟲豸、草木之怪蠥。左傳稱禹鑄鼎象物而爲之備，使民知神姦，民入山林川澤，禁禦不若，螭魅蝄蜽，莫能逢旃。周官、左氏所述，即與此經義合。禹作司空，灑沈澹灾，燒不暇撌，濡不給扢，身執虆垂，以爲民先。爰有禹貢，復著此經，尋山脈川，周覽無垠，中述怪變，俾民不眩。美哉禹功，明德遠矣，自非神聖，孰能修之！而後之讀者，類以夷堅所志，方諸齊諧，不亦悲乎？古之爲書，有圖有説，周官地圖各有掌故，是其證已。後漢書王景傳云：「賜景山海經、河渠書、禹貢圖。」是漢世禹貢尚有圖也。郭注此經而云「圖亦作牛形」，又云「在畏獸畫中」；陶徵士讀是經詩亦云「流觀山海圖」，是晉代此經尚有圖也。中興書目云：「山海經圖十卷，本梁張僧繇畫；咸平二年，校理舒雅重繪爲十卷，每卷中先類所畫名，凡二百四十七種。」是其圖畫已異郭、陶所見。今所見圖復與繇、雅有異，良不足據。然郭所見圖即已非古，古圖當有山川道里。今攷郭所標出，但有畏獸、仙人，而於山川脈絡即不能案圖會意，是知郭亦未見古圖也。今禹貢及山海圖遂絶跡不復可得。禹貢雖無圖，其書説要爲有師法，而此經師訓莫傳，遂將湮泯。郭作傳後，讀家稀絶，途徑榛蕪，迄於今日，脱亂淆譌，益復難讀。又郭注南山經兩引「璨曰」，其注南荒經「昆吾之師」又引音義云云，是必郭已前音訓注解人，惜其姓字爵里與時代俱湮，良可於邑！今世名家，則有吴氏、畢氏。吴徵引極博，汎濫於羣書；畢山水方滋，取證於耳目。二書於此經，厥功偉矣。至於辨析異同，栞正譌謬，蓋猶未暇以詳。今之所述，并採二家所長，作爲箋疏。箋以補注，疏以證經。卷如其舊，別爲訂譌一卷，附於篇末。計創通大義百餘事，是正譌文三百餘事，凡所指擿，雖頗有依據，仍用舊文，因而無改，蓋放鄭君康成注經不敢改字之例云。嘉慶九年甲子二月廿八日，棲霞郝懿行撰。